国家社科基金
GUOJIA SHEKE JIJIN HOUQI ZIZHU XIANGMU
后期资助项目

国家社科后期资助项目资助（项目批准号：21FFXB001）
2024年度教育部哲学社会科学研究专项"党的二十届三中全会精神研究"
河北省高校人文社科重点研究基地"国家治理法治化研究中心"资助

德日法益说的"四维改良"及实践贯彻研究

牛忠志　著

天津出版传媒集团
天津人民出版社

图书在版编目(CIP)数据

德日法益说的"四维改良"及实践贯彻研究 / 牛忠
志著 . -- 天津 : 天津人民出版社, 2024. 11. -- ISBN
978-7-201-20559-5

Ⅰ. D924.01

中国国家版本馆 CIP 数据核字第 20249M8Y53 号

德日法益说的"四维改良"及实践贯彻研究
DE RI FAYI SHUO DE "SIWEI GAILIANG" JI SHIJIAN GUANCHE YANJIU

出　　版	天津人民出版社
出 版 人	刘锦泉
地　　址	天津市和平区西康路 35 号康岳大厦
邮政编码	300051
邮购电话	(022)23332469
电子信箱	reader@tjrmcbs.com

责任编辑	王　玎
美术编辑	汤　磊

印　　刷	天津新华印务有限公司
经　　销	新华书店
开　　本	710 毫米×1000 毫米　1/16
印　　张	19
字　　数	350 千字
版次印次	2024 年 11 月第 1 版　2024 年 11 月第 1 次印刷
定　　价	98.00 元

国家社科基金后期资助项目
出版说明

后期资助项目是国家社科基金设立的一类重要项目，旨在鼓励广大社科研究者潜心治学，支持基础研究多出优秀成果。它是经过严格评审，从接近完成的科研成果中遴选立项的。为扩大后期资助项目的影响，更好地推动学术发展，促进成果转化，全国哲学社会科学工作办公室按照"统一设计、统一标识、统一版式、形成系列"的总体要求，组织出版国家社科基金后期资助项目成果。

全国哲学社会科学工作办公室

序　言

　　历史是一面镜子,以史为鉴知得失;读史使人明智,鉴以往而知未来。这个道理对刑法理论也是一样。所以,刑法学上有一种解释方法叫作"历史解释",就是根据刑法规范制定时的刑事政策、社会条件等历史背景、规范形成之后的演变关系,阐明刑法规范的含义的解释方法。刑法理论是一个不断深化的历史进程,学者们对犯罪本质的认识也是一样。国外有关犯罪本质的理论观点是全人类共同的精神财富,其中的精华部分,值得我们汲取。因此,对犯罪本质进行科学把握,有赖于研究过去和现在的有关国内外学说状况,通过比较和去伪存真,逐步接近事物的真相,达成科学认识。

　　近代中国,由于奉行封建专制制度,失去了世界领先地位,逐步沦为半殖民地半封建状态。1949年,中国人民在中国共产党领导下推翻了三座大山,成立了新中国,中国人民从此站立起来。中国的刑法理论与国家和民族共患难、同命运。新中国成立之后,我们借鉴苏联的刑法理论构建中国特色的社会主义刑法理论体系。借鉴苏联刑法理论的观点形成的关于犯罪本质的社会危害性理论,在相当长一段时间里居于无可争议的通说地位。但是到20世纪末,随着国家民主法治进程发展和对外学术交往,国内刑法学者们开始引介欧洲大陆法系和英美法系的刑法理论,尤其是同样具有成文法传统的德国、日本等国家的刑法理论,对以社会危害性为核心的现有理论构成了巨大的冲击。有的学者开始指责作为通说的社会危害性理论,倡导移植德日法益说和规范违反说等。由此,形成了关于犯罪本质问题的争鸣局面。

　　犯罪本质问题是刑法理论大厦中极为重要的基础性问题,故需要加以深入研究。本书本着古为今用、洋为中用的思路,梳理我国犯罪本质的社会危害性理论形成和发展过程;考查德日国家的犯罪本质观的历史沿革,在此基础上,加以纵横比较分析,提出自己的见解并在刑法立法、释法、司法等环节贯彻和实证检验，以期推动我国刑法学犯罪本质理论的丰富和发展。党的二十届三中全会描绘了全面建设社会主义现代化国家的宏伟蓝图，本研究是聚焦建设社会主义文化强国的一份学术努力。

导　论

　　犯罪本质问题是整个刑法理论的逻辑起点。"犯罪侵害了什么"与"刑法保护什么",是一个问题的两个方面。长期以来,我国刑法理论认为,犯罪是具有严重的社会危害性、触犯刑法、应受刑罚惩罚的行为;"严重的社会危害性"是犯罪最根本的属性,是刑事违法性和应受刑罚惩罚的前提和基础。我国传统的犯罪本质理论被概括为"社会危害性理论"。进入20世纪以来,随着我国刑法理论的发展和开放,德日的刑法理论被大量地移植到我国,其犯罪本质理论当然成为重要的移植内容。在今天德日犯罪本质理论中,法益侵害说(简称法益说)具有重要地位。法益说认为,犯罪本质在于侵害了法益。法益是指法律所保护的利益。所有的法益都是生活利益,包括个人利益与社会共同利益。产生这种利益的不是法秩序而是生活,但法律的保护使生活利益上升为法益。德日法益说的移植导致了与传统的社会危害性理论激烈对抗:法益说强力入侵与社会危害性理论坚决排异。如果任由各种学说对抗冲突,那么鉴于犯罪本质的基底地位,整个刑法理论和整个刑法规范体系将因为丧失了统一的基础而信马由缰、荒腔走板,注定会成为一团乱麻。所以,这种矛盾必须加以解决。

　　笔者认为,社会危害性理论与德日法益说可取长补短,本书的思路是以社会危害性理论为指导改造德日法益说,从而使改造之后的法益说替代社会危害性理论。

　　第一,社会危害性理论从根本上没有错,犯罪的"严重的社会危害性"在质与量两个方面都不同于一般违法的社会危害性。这一认识是实质性的进步。只是"严重的社会危害性"这种提法毕竟有些抽象,需要形而下地追问"严重的社会危害性"之具体内容是什么?

　　第二,法益说尽管具有保障人权的优点,但也绝非完美无缺。法益说的历史嬗变表明,法益说是对权利侵害说①的辩证否定,有助于限缩刑法的调整范围,增强理论的刑事法治实践价值。在德日国家,法益说一度是刑法理论的通说;但一战后到二战期间一度衰落,其统治地位曾被犯罪本质的义务违反说取代。不过,在二战期间,义务违反说被德意日国家的法西斯当局所滥用,战争狂人们借由义务违反说迫害进步人士、践踏人权,故二战之后,人们痛定思痛,为保障人权,果断地抛弃义务违反说而重拾法益说,法益说再度居于主要地位。不得不说的是,法益说之所以衰落,是因为其固有的缺陷。德日理论认为,对下列问题存在不一致的理解是法益说衰落的原因:这里的"法益",到底是规范意义上的法益,还是前实定法意义上的法益? 刑法的法益与民法的法益要不要区分,如何区分? 法益的主体范围怎样? 法益的内容是状态还是利益?

　　第三,社会危害性理论和法益说有着共同的渊源,都发端于资产阶级启蒙思想家(如孟德斯鸠)、刑事古典学派(如贝卡利亚)对犯罪本质的概括:国家存在的价值在于"最大多数人分享最大的幸福";犯罪有害于"这种公共福利"价值,刑法是保护这种价值的利器。贝卡利亚指出:"衡量犯罪的真正标尺,是犯罪对社会的危害。"在谈到罪刑必须相称时,他曾精辟地指出:"犯罪对公共利益的危害越大,促使人们犯罪的力量越强,制止人们犯罪的手段就应该越强有力。"②由此,社会危害性理论与法益说从历史渊源上看并不是完全排斥的关系,是可以相互补充、相互借鉴的。德日法益说虽然有其优点,但与我国刑法不吻合,需要改良,才能移植到我国并可持续地存在和发展;传统的社会危害性理论虽然从根本上讲没有错误,但因其过于抽象而难以把握。本书的思路是,在社会危害性理论的指导下,对法益说进一步在刑法意义上予以定性与定量的限定;法益说经由改造来填充"严重的社会危害性"的具体内容。鉴于此,本书即以社会危害性理论(坚持犯罪本质二元论)为指导,对德日法益说实施四维改良,并在理论的各个方面及与立法司法环节的贯彻方面加以研究,以期为中国式刑事法治尽微薄之力。

---

① 权利侵害说的"权利"最初是指"自然法意义上的权利",其外延十分宽泛。如果自然权利不经过实定法的遴选、不为实定法所过滤,就都由刑法来保护的话,势必导致刑法调整范围泛泛,在实践上不可行。

② [意]贝卡利亚:《论犯罪与刑罚》,黄风译,中国法制出版社,2005年,第79—85页。

一、四维法益说及其与德日法益说、传统的社会危害性理论的相通性

人们对"一维""二维""三维"比较熟悉,但对"四维"可能比较陌生。但是科学证实,多维是存在的。"四维"属于多维范畴,"一维"是指一个参数,这里的"四维"改良,意指在四个参数上展开对德日法益说的改良。

四维法益说,是以当代刑法理念为基础,对德日法益说的改良,即在宪法上为法益的适正性寻求根据,实现由"部门法法益"向"刑法法益"的提升(如将民法法益这一私法法益提升为公法法益),强调刑法法益的量的限定性,在一些情况下需要把刑法法益的内涵往前延伸至"抽象危险"。可见,四维法益说的刑法哲学根基是当代刑法理念,其规范根据是我国现行刑法。四维法益说不是对德日法益说的彻底抛弃,而是以德日法益说为基础的改良。四维法益说也不是对社会危害性理论的彻底背离,而是顺着德日法益说的思路将犯罪的社会危害性进一步具体化,使其不再过分抽象和难以把握。四维法益说与"传统的社会危害性理论""依法应受刑罚惩罚的社会危害性说"等具有内在一致性,互相贯通。

二、四维法益说对犯罪定义选择和犯罪成立条件的要求

(一)四维法益说对犯罪定义的选择

我国刑法对犯罪的规定不同于德日国家,有较高的量的限定。从形式和实质两个方面给予犯罪的综合定义能够取"单纯实质定义"和"单纯形式定义"之长,避它们之短,因而是科学的。四维法益说要求综合的犯罪定义,即四维法益说与刑法关于犯罪定义中但书规定相适应。如果取消但书,则会最终滑向形式的犯罪定义;既要取消总则的但书,又要保持分则对具体犯罪的量的规定性之想法,是没有系统观念、没有深思熟虑的不切合实际的见解。在功能上,刑法总则的但书,不可以作为入罪依据,但可以作为出罪依据——对于一个具体案件,法官根据专业知识和法律职业思维,如果对案件事实分析所获得的是"情节显著轻微危害不大"的知觉,那么该案就不再作为刑事案件处理了——这就是但书可以用来出罪的思维过程。

(二)四维法益说对犯罪成立条件的要求("立体化犯罪构成体系"的提出)

犯罪的内涵包括"行为的危害(主观恶性和客观危害)+行为人的社会危险性"等内容,加上犯罪的社会危害性既包括实害又包括危险,因而犯罪

具有前述四维本质。作为犯罪的成立条件就应当能够全面反映犯罪的内涵和完整体现犯罪的四维本质。不过,无论是传统的犯罪构成四要件,还是德日的阶层论犯罪论体系,都不能圆满地做到对犯罪内涵的全面反映和对犯罪本质的完整体现,因而都需要一定程度地改造。相比之下,由于传统的犯罪构成四要件理论在我国流行了七十多年,加上与我国刑法的立法特点相吻合,而德日的阶层体系犯罪论距离对我国犯罪内涵的全面反映和对犯罪本质的完整体现的目标较为遥远,故改良我国传统的犯罪构成四要件相对容易,具有经济性。由此,本书选择了这一路径。

基于犯罪是具有严重的社会危害性的行为,是客观危害、主观恶性和行为人社会危险性的统一,以及犯罪的危害性既包括实害又包括危险等认识,为贯彻四维法益说:

首先,需要将传统的犯罪构成四要件进行立体化修正,包括对其各个要件从形式和内容、质和量、静态和动态、纵向和横向等多个维度"加宽、加厚、加高,前后延伸"。具体而言,第一,把犯罪客体修正为刑法保护的而为犯罪行为所侵害或者威胁的社会关系及其载体的统一,以使之成为看得见、摸得着的实体,以便增强其测量功能。第二,在危害行为的定义中加入"犯罪工具"和行为"强度"的限定,既突出实施危害行为对犯罪工具的利用,又满足我国刑法对犯罪规定既定性又定量的特点。第三,在刑事责任能力的基础上把行为人的社会危险性人格也纳入主体要件,以形成动静结合的主体要件内容。第四,强调主观要件关于行为人主观恶性的"量"的衡量要素,赋予犯罪动机的选择要件地位。

其次,还应在全体的犯罪构成四要件的基础上增加一个行为人危险品格要件。把行为人的危险人格的要素纳入犯罪成立条件,即行为人再次犯罪的可能性,可选取罪前的一贯表现、罪中和罪后的行为情况等来考察。由此,犯罪的成立条件(新犯罪构成体系)=传统的犯罪构成四要件立体化修正×行为人的危险人格要素(简称为对行为考量的指标体系×对行为人考量的指标体系)。鉴于把偶发犯罪人之社会危险性确定为"1"个当量,那么在多次实施危害行为的情况下,其社会危险性大于"1"。值得说明的是,"传统的犯罪构成四要件立体化修正体系"与"衡量行为人危险人格要素的指标体系"是相乘关系,不是简单的相加关系,由此,本书主张新犯罪构成是两个阶层,其中第一个阶层是主要的、主体性的,第二个阶层是次要的、调剂性的。

三、四维法益说对实行行为的限定和对既遂形态的制约

四维法益说揭示了犯罪社会危害性的质和量,即揭示了犯罪对以法益为核心的国家整体法律秩序的侵犯,揭示了犯罪所包含的行为人的危险品格。这些观点对于实行行为的定性和着手的限定和判断,对犯罪的"完成"即既遂形态的标准和衡量指标的选取,都有重要的指导意义。

一是四维法益说对实行行为的限定。实行行为起始于着手。着手的判断与对实行行为的限定是一个问题的两面:第一,关于着手的标准,意大利现行刑法"行为的相称性和行为指向的明确性"规定在着手标准问题上坚持了主客观的统一,可资借鉴;第二,在此基础上,基于我国刑法的规定,着手的时点需要加上对危害行为的量的限定;第三,在刑法将"多次危害行为"作为入罪条件的情况下(这里对多次行为强度可以降低但其间隔具有连续性),最后一次行为的开始才算着手,其实施的前几次行为都不算着手;第四,通过对于特殊情形(如不作为犯的着手、间接正犯的着手、原因自由行为的着手、结合犯)的着手与具体犯罪的实行行为着手(如抢劫罪、强奸罪等具有手段与目的关系之复合行为的着手、诬告陷害罪的着手、假冒专利罪的实行行为及其着手等)进行分析,来验证本书见解的可适应性和正确性。

二是四维法益说对既遂形态的标准和衡量指标的选取。与四维法益说相适应,犯罪的成立条件=立体化的犯罪构成四要件+行为人的危险人格要素。犯罪的既遂就是一个危害行为事实全部满足上述条件。基于四维法益说,根据我国刑法,选择科学的犯罪既遂标准需要首先明确:犯罪既遂与否不是依据自然的行为完成,而是法律认为的犯罪行为的完成。其次,既遂标准必须是对犯罪事实既能定性分析又能定量考核的标准。最后,犯罪构成齐备说,是妥当的。这里的"齐备",不仅是指犯罪构成四个要件都有(缺一不可),更是指四个要件都是"十足""充足"而不能是"有略微的欠缺""瘪的"。笔者通过对盗窃罪既遂标准、绑架罪既遂标准和抢劫罪既遂标准的分析,以实证检验上述既遂标准的正确性。

四、四维法益说与刑事责任的配置和科处

世界范围内看,刑事古典学派和刑事新派都有合理性,也都有其不足。当代刑法理念是对刑事古典学派和刑事新派的扬弃。二战以后,刑法理论沿着后期旧派所开辟的折中、调和道路继续前进,形成了立足旧派,兼采新

派的当代刑法理念。当代刑法理念把犯罪解读为两个侧面的有机统一:主要侧面是行为人的主观恶性和客观现实危害(或者危险),次要侧面是行为人的社会危险性(再犯可能性)。由此,责任的根据既有行为的危害性(或者危险性),又有行为人的社会危险性格,即人格责任论。刑罚观也相应地转变为并合主义的刑罚观:以报应为主,兼采功利主义。

我国刑法总体上奉行了当代刑法理念。这种奉行体现在设罪、制刑、释罪和量刑等刑法的全部运行过程之中。犯罪本质观是设罪制刑的实质价值准则。在设罪制刑之后的刑法实施中,无论是对犯罪构成的解释,还是对具体案件的量刑和行刑,犯罪本质观牢牢地起着控制作用。

笔者运用四维法益说,选取了"犯罪本质对相应具体条文'暴力'内涵的限定""犯罪本质立法评价的变化对该罪的犯罪成立条件的影响""犯罪本质对量刑原则的制约""犯罪本质对共同犯罪的刑罚配置的制约"等典型例子,进行实证分析,佐证了四维法益说的可适用性。

五、四维法益说对数罪并罚规则、复杂数罪处罚规则的制约

一是四维法益说对数罪并罚规则的制约。犯罪,是行为人基于其相对的自由意志的行为之违反法律规范性并具有法益侵害性(行为人的行为依法具有严重的社会危害性因而应受刑罚惩罚),刑法的目的是双面预防。相应地,刑罚观也转变为并合主义的刑罚观:以报应为主,兼采功利主义;刑事责任的合理性根据包含行为的社会危害性和行为人的社会危险性两个层面(即人格责任论)。罪责刑的配置应当合理化、科学化,罪责刑相适应原则是现代刑法的基本原则之一。当今世界主要国家,如德国、日本、意大利、瑞士、俄罗斯、法国等的刑法"基本上"贯彻了当代刑法理念。

我国刑法在总体上奉行了当代刑法理念。在立法阶段,这种奉行集中体现为《刑法》总则第五条规定的罪责刑相适应基本原则和第六十一条规定的量刑原则;刑法分则对各罪的法定刑错落有序的配置。在刑法运行阶段,体现在释罪、定罪量刑、行刑等过程之中。当然,现行刑法的一些规定、理论上对于一些问题的解读也存在一些背离当代刑法理念的地方,这是需要认真研究并花大力气加以整改的。

从奉行了当代刑法理念的我国现行刑法所确立的罪责刑相适应基本原则出发,既然犯罪的主要方面是已然之恶而未然之恶是次要方面,并合主义的刑罚观是立足于报应而兼采功利,那么,则必然要求与之相适应的数罪并罚的规则是"以并科为原则,刑法有特别规定为例外"。

二是运用四维法益说分析复杂数罪的处罚规则。对于想象竞合犯、连续犯和牵连犯等实质数罪场合,应该贯彻刑法的规定和刑法条文所蕴含的当代刑法理念,即也应该奉行数罪并罚原则,以不并罚(刑法的特别规定)为例外。目前,我国刑法规定的数罪并罚制度、刑法理论对于想象竞合犯、连续犯和牵连犯等实质数罪"不以并罚为原则"的解释,其关键错误是违背了当代刑法属于"行为刑法主导、道义报应为主"的基本格调,因而需要改正。

目　录

第一章　我国刑法理论
关于犯罪本质的不同观点

第一节　1997年以前关于犯罪本质各种观点

我国刑法理论对犯罪本质的认识,是在对犯罪的概念、犯罪的基本特征的认识的进程中不断发展的,是随着我国刑事法治的不断推进、人权保障的观念不断深入人心而不断深化和深刻的。这里以我国1997年《刑法》(以下简称97《刑法》)的修订为分水岭,分两个阶段加以分析。

一、犯罪本质的社会危害性说

犯罪本质的社会危害性是我国刑法理论通说。该说认为,犯罪的基本特征有三:一定的社会危害性、刑事违法性与应受刑罚惩罚性。[①]这三个特征密切联系,其中,一定的社会危害性是基本的属性,是刑事违法性和应受刑罚惩罚性的基础,其他两个特征都是社会危害性的衍生或者延伸。从逻辑和时间顺序上讲,行为的社会危害性对于刑事违法性和应受惩罚性具有前置性意义,因此具有最基本特征的地位。就社会危害性与刑事违法性的关系而言,刑事违法性是社会危害性在法律上的表现形式。通过刑事违法性,立法者将社会危害性纳入刑法的范畴,使某一行为与刑法规定发生一定的联系。因此,社会危害性是第一性的,而刑事违法行为是第二性的。某种行为不是因为违法才具有社会危害性,而是因为具有社会危害性才违法。就社会危害性与应受惩罚性的关系而言,应受惩罚性是具有社会危害性的犯罪行为的必然归宿。无论在立法上还是在司法上,总是在行为具有社会危害性的基础上,才考虑行为的应受惩罚性问题。总之,刑事违法性

---

① 高铭暄主编:《中国刑法学》,中国人民大学出版社,1989年,第72页。

和应受惩罚性都以严重的社会危害性为基础并由其决定。[①]

在坚持犯罪本质的社会危害性说阵营内部,学者们对于社会危害性的内涵外延的理解也有一定的差异。

第一,有学者主张,对犯罪的社会危害性的内在属性从以下四个方面加以揭示:一是犯罪的社会危害性的质量统一性。行为的社会危害性达到相当严重的程度,才构成犯罪。行为是否具有相当严重程度的社会危害性是区分犯罪与其他违法行为的根本标准,也是犯罪所独具的特征。犯罪的社会危害性的质量统一性意味着犯罪的社会危害性具有不同于其他违法行为的社会危害性的质与量,也即犯罪与一般违法行为的社会危害性,不仅有"量"的区别,也有"质"的差别。

二是犯罪的社会危害性的主、客观要素统一性。首先,犯罪的社会危害性就其形成而言,是主观见之于客观的行为造成的。其次,犯罪的社会危害程度的大小,不仅取决于犯罪造成的客观损害结果,而且也取决于犯罪人的主观恶性程度。

三是犯罪的社会危害性是现实危害与可能危害的统一。前者是指本次犯罪给社会造成的危害,后者即犯罪分子再次犯罪危害社会的趋势。

四是犯罪的社会危害性作为认识对象的客观性。犯罪的社会危害性是客观存在着的。这种客观存在着的严重的社会危害性及其程度反映到立法者的头脑中,就把造成这种危害的行为规定为犯罪,认为这种行为违反刑事法律,应当受刑罚处罚,从而产生了犯罪的刑事违法性与应受刑罚惩罚性这两个法律特征。这是一个主观反映客观的问题。犯罪之所以具有严重程度的社会危害性,并不在于它是被刑事法律所禁止的。恰恰相反,它之所以被法律所禁止,正是因为它具有严重程度的社会危害性。由此,犯罪的社会危害性是主观认识与客观实际的统一。[②]

第二,有的学者提出"犯罪关系本质论"学说。该论者认为,综观纷繁的犯罪现象,可以将犯罪本质表述为行为人破坏社会而与国家的特殊矛盾关系积极对立的双向刑事法律关系,简称犯罪的关系本质论。这种关系的要点有四:一是一种客观存在;二是一种由刑事法律规范调整的法律关系;三是一种特殊矛盾关系,首先是对社会的破坏,其次这种破坏在刑法范围内构成了不可调和的对立性关系;四是通过人的活动在行为人与国家之间

---

① 高铭暄主编:《刑法学原理》(第1卷),中国人民大学出版社,1993年,第394页。
② 朱建华:《论犯罪的社会危害性的内在属性》,《法学研究》1987年第1期。

2

构成特定的客观的关系。犯罪关系本质论的立论依据有两个:一个是理论依据,即马克思、恩格斯在《德意志意识形态》一书中指出的"犯罪—孤立的个人反对统治关系的斗争"的经典性论述;另一个是事实依据,即整个人类社会均处于一种由多种关系交织在一起的状态之中,每个人的行为或活动背后都体现着种种相互联系的关系。相应地,犯罪作为行为人的行为或活动也无法例外,它必然要以一种特定的关系表现出来。[①]

该观点仍然属于社会危害性理论的范畴,即犯罪具有严重危害社会的特性。社会危害性既是一种事实,也是一种行为属性,是对社会有危害的行为与危害社会的事实相统一的特性。社会危害性以客观行为的存在为前提,寓于行为事实之中,包含着对社会危害这种特定内容,并抽象为犯罪行为的共同特性,因而是社会对犯罪行为内容的概括和评价。[②]

第三,有学者主张犯罪本质二元论。犯罪的本质既包括社会危害性,又包括行为人的人身危险性。其中,社会危害性是主观恶性和客观危害的统一,是质和量的统一、内容与形式的统一、评价对象与评价标准的统一;行为人的人身危险性包括初犯可能和再犯可能。[③]

第四,犯罪的本质特征是行为的严重社会危害性。[④]首先,行为的严重社会危害性是犯罪的本质特征提法,其根据有三:一是犯罪具有严重程度的社会危害性,一般违法行为的社会危害性尚未达到这样严重的程度。二是这一提法符合马克思主义创始人的犯罪观。如恩格斯在《英国工人阶级状况》中指出的:"蔑视社会秩序最明显、最极端的表现就是犯罪",这里用"蔑视社会秩序"是否达到"最明显、最极端"的程度来概括犯罪的根本特征。三是这一提法有刑法根据,如《刑法》第十三条规定、分则条文的规定等,都是把犯罪归结为社会危害性严重的行为。

其次,所谓行为的严重社会危害性,是指行为对我国社会主义社会关系实际造成的损害或者可能造成的损害。前者如实害犯,后者如预备犯或者未遂犯场合。

再次,行为的严重社会危害性是主客观统一的,既包括客观危害,也包括行为人的主体要件和主观要件。

最后,对行为的严重社会危害性的认定,需要考虑的因素:一是行为所

---

① 青峰:《犯罪本质新论》,《法学家》1991年第1期。

② 青峰:《犯罪的社会危害性新论》,《法学季刊》(即《现代法学》)1991年第3期。

③ 陈兴良:《刑法哲学》,中国政法大学出版社,1997年,第130—152页。

④ 马克昌主编:《犯罪通论》,武汉大学出版社,1991年,第14—19页。

侵犯的社会关系,即犯罪客体,这是认定行为的严重社会危害性程度的首要因素。二是行为的性质、方法、手段或者其他情节。三是行为是否造成危害结果、危害结果大小或者可能造成严重的危害结果。四是行为人本身的情况,包括行为人是否具有刑事责任能力,或者是否具有一定的身份等。五是行为人主观方面的情况,包括故意或者过失、犯罪目的、犯罪动机等。六是其他情节,如初犯还是累犯等。七是行为实施时的社会形势,即实施行为时,社会的政治经济和社会治安等综合情况。

第五,有的主张应表述为"应受刑罚惩罚程度的社会危害性"。考虑到用"一定的""严重的"来限定犯罪的社会危害性并不理想,因为"一定的""严重的"究竟到何种程度,还需要进一步限定,故用"应受刑罚惩罚程度"来代替"一定的""严重的",则更准确。由此,犯罪的本质,首先是社会危害性,但不是一般意义的社会危害性而是应受刑罚惩罚程度的社会危害性。以违反《治安管理处罚法》的行为为例,违反治安管理的行为与犯罪行为的"质"的区别,是通过量的差异反映出来的:应受刑罚惩罚程度的社会危害行为是犯罪行为;应给予治安处罚程度的社会危害行为是违反治安管理的行为。因此,既不能将"社会危害性"作为独立的特征,也不能将"应受刑罚惩罚"作为犯罪的独立特征。①

二、关于犯罪本质的其他观点

(一)主张应受刑罚惩罚性是犯罪的本质

这种主张主要基于以下三个主要理由:

第一,应受刑罚惩罚性体现了犯罪和其他危害行为之间的内部联系。刑罚是组成国家的统治阶级所使用的最严厉惩罚手段。统治阶级所认为应受最严厉惩罚方法惩罚的行为,不可能不是危害统治阶级利益的社会关系。由于统治阶级的利益总是通过一定的社会关系内容体现出来,所以应受惩罚的行为必然在一定程度上危害符合统治关系的社会关系。因此,犯罪的应受刑罚惩罚性体现了犯罪是危害统治阶级社会关系的行为这一本质。

第二,应受刑罚惩罚性也表现了犯罪本身特有的内部联系——社会危害性已达到一定程度。在所有法律调整手段中,刑罚是最严厉的。统治阶级用以调整其统治关系的手段是多样的,如行政的、民事的、刑事的等。对

---

① 张明楷:《刑法学》(第二版),法律出版社,2003年,第94—95页。

统治阶级来说,对什么样的行为用什么样的手段来调整是依行为本身的社会危害性程度而定的。国家认为某种行为应用刑罚方法来调整,这本身就表明了该行为的社会危害性已达到高于其他危害行为的程度,达到犯罪程度的社会危害性在这里就直接由应受刑罚惩罚性表现出来了。

第三,应受刑罚惩罚性不仅直接地、全面地反映了犯罪的本质,能为人们的直觉所把握,而且也是区分犯罪与其他行为的科学标准,因此它是犯罪的本质特征。从立法上讲,划定一个行为是否为犯罪,关键不是看这种行为是否有社会危害性,而是看其社会危害性是否达到了一定程度即应不应受刑罚惩罚。从司法角度看,有了这个标准,我们不仅可以将形式上具备刑法所禁止的行为特征,但社会危害性还没有达到应受刑罚惩罚程度的行为排除于犯罪之外;而且可以将我国刑法目前还没有明文规定,但其社会危害性已达到应受刑罚惩罚程度的犯罪行为,根据刑法关于类推的规定纳入犯罪之列,从而不枉不纵,保证刑法的正确执行。用这个标准,还可以正确认定其他法律规定的犯罪行为,如违反《食品卫生法》的行为,等等。要正确认定犯罪,用刑事违法性为标准不行,因为这些法的名称不叫刑法,唯一的标准只能是看其社会危害性是否达到了应受刑罚惩罚的程度。①

(二)主张刑事违法性是犯罪的本质

这种主张认为,从司法意义上坚持罪刑法定原则就是要坚持刑事违法性是犯罪的本质。

有的学者基于此提出以下三点:第一,行为的社会危害性,不足以把犯罪与民事违法、行政违法等一般的违法行为区分开,即使是"严重社会危害性""极端的社会危害性""犯罪的社会危害性""可罚的社会危害性""具有相当程度的社会危害性"等提法以强调犯罪行为的社会危害性与其他危害社会行为在程度上的不同。这些"严重的""极端的""犯罪的"等修饰词,限制了社会危害性的外延,表明只有当社会危害性达到一定程度时,行为才能构成犯罪。但依然没有揭示出犯罪的本质特征,因为社会危害性究竟达到什么程度才算"严重""极端"或者是"可罚",在这些提法中无法找到一个可以衡量的标准。第二,由于应受惩罚性只是犯罪的法律后果,是由刑事违法性引申出的特征,因此,应受惩罚性也不是犯罪的本质特征。第三,刑事违法性是犯罪的本质特征。有三点需说明:其一,这里的刑法是广义的刑法。其二,这里的刑事违法是主观和客观的统一,即客观上实施了刑法

---

① 陈忠林:《应受刑罚惩罚性是犯罪的本质特征》,《现代法学》1986年第2期。

所禁止的行为,主观上又具有过错。也即刑事违法性概括了犯罪构成的全部内容。据此,任何危害社会的行为,如果客观上没有达到法律所要求的程度,以及正当防卫、紧急避险等正当行为,都不具有刑事违法性。其三,这也是罪刑法定原则的要求。刑事违法性已经包容或承认了行为的社会危害性,又易于为人们所理解和掌握,刑事违法性就成为区分犯罪与一般违法的标志。因此,刑事违法性是犯罪的本质特征。将社会危害性作为犯罪的本质特征,与罪刑法定的基本原则不相一致。在刑事违法性已经承认社会危害性的情况下,没有必要在法律上再把社会危害性看作是犯罪的本质特征。①

另有学者主张,在司法意义上,我们应该奉法为尊。我们无疑应当依奉法为尊的理念,在司法意义上将犯罪的形式定义和犯罪的法律特征置于至尊的核心地位,坚持相涉于犯罪的严重社会危害性是以刑事违法性为载体的社会危害性或表现为刑事违法性的社会危害性。如果我们承认行为的刑事违法性是行为严重社会危害性的法律表现,那么我们也就应当承认,任何离开刑法载体的所谓社会危害性在法律上是没有意义的。"行为因为具有严重的社会危害性才会具有刑事违法性",该命题当然是正确的(在立法意义上)。但另一方面只有表现、上升为刑事违法性的严重社会危害性才相当于犯罪而具有法律意义。遗憾的是,我们始终无视于此。我们从未从反向的角度考虑法律准绳的至尊问题,刑事违法性决定社会危害性法律意义的作用,始终被隐没在一味强调甚至膨胀夸大严重社会危害性正向决定作用的观念的喧噪中。我国的法律,亦由此而始终未能在司法意义上获得至尊的地位。②

(三)德日犯罪本质的法益说在我国初次被系统地介绍和推崇

有学者在考察了西方刑法学中法益的产生和沿革的基础上,运用马克思主义观点对刑法法益进行分析,指出在对犯罪本质乃至犯罪客体的概括上,用"法益侵害说"取代传统的"社会关系侵害说"等观点,更具有全面性和直接性;认为刑法法益是刑法保护的利益和价值;刑法法益具有决定刑法存立和发展方向的作用,它是刑事立法的指导形象,同时在刑法的解释论上也始终体现着刑法法益的重要意义。③该论者所讨论的内容包括法益

① 沈柳兰:《刑事违法性是犯罪的本质特征》,《江苏公安专科学校学报》1995年第2期。
② 朱伟临:《论对"社会危害性是犯罪的本质特征"表述的限定与奉法为尊》,《甘肃政法学院学报》1996年第1期。
③ 杨春洗、苗生明:《论刑法法益》,《北京大学学报(哲学社会科学版)》1996年第6期。

概念的由来及沿革、刑法法益的含义、从刑法法益看犯罪的本质、刑法法益的作用等。这是迄今为止，笔者所能查阅到的最早系统地介绍德日犯罪本质法益说的期刊文章。

三、评析

第一，作为通说的犯罪本质社会危害性理论，其关于"一定的社会危害性是基本的属性，是刑事违法性和应受刑罚惩罚性的基础，其他两个特征都是社会危害性的派生或者延伸"，也即从犯罪的社会危害性能够推导出犯罪的刑事违法性和应受刑罚惩罚性的观点。这在1979年《刑法》(以下简称79《刑法》)的立法背景下是成立的。

79《刑法》第七十九条规定了类推制度："本法分则没有明文规定的犯罪，可以比照本法分则最相类似的条文定罪量刑，但是应当报请最高人民法院核准。"依据该条，79《刑法》的"刑事违法性"是一个相对开放的体系，79《刑法》是一个相对开放的体系。因为即使刑法分则没有明文规定，但只要一个行为事实具有严重的社会危害性，就可以通过刑法规定的类推制度来定罪判刑——类推为犯罪，推导出行为的刑事违法性；接下来则可以比照刑法分则最相类似的条文量刑(推导出了应受刑罚惩罚性)。这一制度是适合当时我国国情的，是我国拨乱反正初期及法制初创阶段的必然选择。当时的立法没有明文规定罪刑法定原则，同时还实行有限类推定罪制度，因而刑事违法性具有相对开放性，故在当时的立法背景下刑事违法性不能担当犯罪本质的角色。

但是当97《刑法》明确规定了罪刑法定原则，废除了类推制度，重新规定从旧兼从轻原则，由此，打断了这种定罪判刑的类推关系。

第二，关于犯罪的社会危害性与一般违法行为的社会危害性，是否只有量的区别而没有质的差异呢？

只有个别学者仅仅承认量上的差异。多数学者则认为，犯罪的社会危害性与一般违法行为的社会危害性在质和量两个方面都有区别。运用辩证唯物主义关于质和量辩证原理，以及马克思主义经典作家关于犯罪的表述等引经据典加以分析，犯罪与一般违法行为二者在社会危害性的质和量两个方面都有差异。同时，考虑到犯罪的社会危害性与一般违法的社会危害性具有质与量的不同，又鉴于"严重的""一定的"这些限定词具有弹性，故为了准确起见，把"应受刑罚惩罚的社会危害性"或者说"可罚的社会危害性"作为犯罪的本质特征是可取的。

第三,关于社会危害性的结构,应当"理解为行为的客观属性,还是理解为行为的主客观统一",学者们存在一定的分歧。

针对当时把"犯罪的社会危害性"只是理解为"客观危害"的片面认识,有学者认为,这种理解把犯罪的社会危害性视为纯粹客观性的范畴,撇开了行为人主观方面、主体方面等对犯罪社会危害性的影响,势必得出"同样的结果就有同样的社会危害性"的结论,而不能够把犯罪与自然灾害区别开来,也不能够把具有相同结果的不同犯罪区别开来(如强奸杀人、防卫过当杀人和过失杀人),从而难以正确定罪量刑。故主张犯罪的社会危害性是主观与客观的统一。①主要理由有二:首先,犯罪的社会危害性究其形成过程而言,是主观见之于客观的行为造成的。只有在故意或者过失支配下实施的行为,才具有犯罪的社会危害性。没有把自己意志对象化的"思想犯",或者不是出于故意或过失,不是自己意志对象化的危害行为,都不具有犯罪的社会危害性。我国刑法在犯罪概念中规定"危害""破坏""侵犯"等术语,表明犯罪的社会危害性的形成需要是主观方面罪过和客观方面危害行为的统一。其次,犯罪的社会危害性是主观与客观的统一,就意味着犯罪的社会危害程度的大小,不仅取决于犯罪造成的客观损害,而且也取决于犯罪人的主观恶性程度。也就是说,犯罪分子的犯罪方法、时间、地点、环境、对象,以及犯罪前一贯表现、犯罪后态度等都表明其对人民、社会、国家造成危害的意识的强弱,表明其犯罪意志的强弱,从而这些因素也都综合起着影响犯罪的社会危害程度的作用。相关研究也认为,犯罪的社会危害性既体现着主观的内容,也具有客观属性,并统一于客观上的危害实施。②遗憾的是,进入21世纪后,仍然有学者认为社会危害性的判断不包括主观要素。③

第四,关于犯罪的社会危害性是否包括再犯可能,学者们也有不同见解。

有的认为,犯罪的社会危害性仅包括现实危害。④而有论者指出,犯罪的社会危害性是现实危害和可能危害的统一。⑤理由有二:首先,它是指犯罪分子再犯罪的趋势。这是被犯罪分子的现实犯罪行为、犯罪意志的强弱

---

① 朱建华:《论犯罪的社会危害性的内在属性》,《法学研究》1987年第1期。

② 高铭暄主编:《刑法学原理(第1卷)》,中国人民大学出版社,1993年,第389—391页。

③ 黎宏:《法益侵害说和犯罪的认定》,《国家检察官学院学报》2006年第6期。

④ 青峰:《犯罪的社会危害性新论》,《法学季刊》(即《现代法学》)1991年第3期。

⑤ 朱建华:《论犯罪的社会危害性的内在属性》,《法学研究》1987年第1期。

和犯罪前后的一贯表现等证明了的、具有充分现实根据的可能。它不仅通过实施犯罪行为时故意或过失的大小，引起犯罪故意的动机、目的，犯罪的时间、地点，方法、手段等因素来表现，还要通过是否累犯、犯罪之后有无自首、立功表现，是否坦白交代、一贯表现等多种因素来表现。其次，79《刑法》第六十七条规定的缓刑制度、第七十三条规定的假释制度等制度肯定了犯罪分子再犯罪可能性这一概念。最后，可能的危害性不是凭空想象的，它根植于现存的现实之中，应该从犯罪时及犯罪前后犯罪分子的表现和态度等现实中确定它的有无和大小。不过，在坚持犯罪的危害性包括现实的危害和可能的危害的前提下，需要强调可能的危害性不能与现实的危害性相并列，再犯罪的可能性只能依附于犯罪的现实危害：只有当行为人已经构成犯罪时，才有可能考虑犯罪人的再犯罪的可能性，才允许把这个因素纳入对犯罪社会危害性的综合评价中，而在行为并未构成犯罪时，则不应以某人有犯罪的可能性而予以刑罚惩罚。

其中，陈兴良与朱建华观点的分歧不在于犯罪的属性是否包含再犯可能性（都承认犯罪包括三方面的属性：主观恶性、客观危害、社会危险性），而在于"再犯可能性"的位置处理上的不同，即问题的关键是如何对这三个要素进行组合。朱建华主张将三者统合起来用社会危害性来概括，但强调社会危险性的次要地位；陈兴良把主观恶性和客观危害性结合为社会危害性，而后再将社会危害性与社会危险性结合起来作为犯罪的本质。笔者认为陈兴良把"社会危险性"区隔于犯罪的社会危害性之外的观点欠妥。扬弃两位教授的观点，主张将主观恶性和客观危害结合起来称之为"已然的社会危害性"；社会危险性是再犯可能性，属于"未然的社会危害性"。由此，"已然的社会危害性"和"未然的社会危害性"①统一为"犯罪的社会危害性"，即犯罪的社会危害性＝（主观恶性＋客观危害性）×人格危险性。在当今立足于客观主义立场的并合主义刑罚观占主导地位的时代，已然的社会危害性居于主导地位；未然的社会危害性居于次要的、辅助的地位。已然的社会危害性产生责任刑，未然的社会危害性产生预防刑。

第五，"应受刑罚惩罚性是犯罪本质"的观点，在理论上有助于我们深刻认识和把握犯罪的本质属性，实践上对于刑事立法和司法都具有应用价值。但是从逻辑上看，应受刑罚惩罚性是犯罪的法律后果，是因为有了严

---

① 陈兴良教授关于"未然之罪"的提法，不如这里"未然的社会危害性"的表达更准确，更具有可接受性。

重的社会危害性所以才会有应受刑罚惩罚性;不是因为应受刑罚惩罚,行为才具有严重的社会危害性,应受刑罚惩罚性不是犯罪的本质特性。可以用应受刑罚惩罚性对社会危害性的程度加以限定。所以张明楷用"应受刑罚惩罚的社会危害性"替代"严重的社会危害性"较为可取。

第六,与改革开放相伴相生,我国刑法学逐步解放思想、加速发展、不断走向繁荣。刑法学界思想活跃,学者们从移植苏联的刑法理论到拷问苏联刑法理论的得失利弊,思考如何构建中国特色的刑法理论;许多人还不局限于苏联的刑法理论,把目光转向德日法意等其他大陆法系国家,以及英美等判例法国家。可以说,经过近五十年的发展,当代刑法理论正孕育着巨大的变革。其间,一些学者提出的犯罪本质的刑事违法性说、犯罪本质的刑罚当罚性说和介绍德日的犯罪本质法益说,这些学者可以看作是21世纪我国刑法学关于犯罪本质理论发展的改革者,尽管其声音微弱,科学性也有限,但在97《刑法》颁布之后一段时期内,这三个犯罪本质观便生根发芽、开花结果,形成几股强大的势力,与具有通说地位的社会危害性说分庭抗礼。

第二节 1997年以来我国关于犯罪本质的诸家学说

1997年以来,我国逐渐形成了关于犯罪本质的百家争鸣局面。一是在立法上,97《刑法》明确规定了罪刑法定原则,同时废除了类推制度,在刑法的时间效力上重新确立了从旧兼从轻原则等变化,尤其是罪刑法定原则的确立,行为具有严重的社会危害性是犯罪的充分必要条件这一命题被颠覆,从行为的"严重的社会危害性"推导出"刑事违法性"的逻辑关系被切断,原来的犯罪之三个基本特征的逻辑关系需要重设。二是我国学者将德日法意等外国刑法理论大量引入,一些学者不愿意受限于苏联的理论束缚,矢志移植德日刑法理论,对作为通说犯罪本质社会危害性说的质疑、诘难,甚至有学者毅然决然主张清理苏俄理论(去苏俄化),彻底抛弃社会危害性理论、直接移植德日犯罪本质法益说。同时,有相当多学者为社会危害性理论辩护,企图重新审视、解释、丰富社会危害性理论以继续维护其主导地位。此外,在这一论争的主旋律之下,还有其他势力,如犯罪本质的规范说、犯罪本质的应受刑罚惩罚性说、人格犯罪论等也登台亮相,纷呈精彩。

一、主张刑事违法性是犯罪的唯一特征

陈兴良2000年在其研究中对该说力倡。[①]他基于97《刑法》确立了罪刑法定原则,对犯罪本质重新思考,主张刑事违法性是犯罪的唯一特征。其理由主要有:

首先,犯罪的形式概念与罪刑法定主义具有内在精神上的一致性,犯罪的实质概念与罪刑法定主义在逻辑上则是相悖的。在罪刑法定原则已经确立的背景下应该彻底否定社会危害性理论。立足罪刑法定原则,确立刑法中的犯罪概念的时候,应当以刑事违法性为出发点,将刑事违法性作为犯罪的唯一特征。这里的刑事违法需要坚持形式违法与实质违法的统一,主观违法与客观违法的统一。

其次,社会危害性理论是我国刑法中的传统理论,社会危害性理论所显现的实质价值理念与罪刑法定主义所倡导的形式的价值理念之间,存在着基本立场上的冲突。冲突的具体表现有:行为具备刑事违法性但不具备社会危害性的情形和行为具备社会危害性但不具备刑事违法性的情形。在形式合理性与实质合理性冲突的情况下,我们应当选择前者而不是后者。因此,在犯罪的概念中,对于认定犯罪来说,刑事违法性是根本标准,社会危害性离开了刑事违法性就不能成为犯罪的特征。从注释刑法学的角度上说,犯罪只是一种法律规定的行为。离了法律规定就没有犯罪可言。在这种情况下,需要始终把握犯罪的刑事违法性。社会危害性只有从刑法规定的构成条件中去寻找;社会危险性只有从刑法规定的犯罪情节中去认定。

在当前法治国家的建设中,之所以将形式合理性置于首要的位置,是由以下三点原因决定的:第一,以刑事违法性作为认定犯罪的根本标志的形式合理性体现了刑事法治的要求。只有法律才能设置犯罪,也只有根据法律规定才能认定犯罪。在这种情况下,法律成为区分罪与非罪的唯一标准。第二,以刑事违法性作为认定犯罪的根本标志的形式合理性体现了人权保障的要求。以刑事违法性作为认定犯罪的根本标志,就意味着司法机关只能在法律规定的范围内认定与处罚犯罪。没有触犯刑律,就没有犯罪,也就没有刑罚。这样,就明确地划清了通过司法机关行使的国家刑罚权与公民个人自由之间的界限。只有在这种情况下,刑法才能真正成为公

---

① 陈兴良:《社会危害性理论:进一步的批判性清理》,《中国法学》2006年第4期。

民个人自由的大宪章。第三,以刑事违法性作为认定犯罪的根本标志的形式合理性体现了一般公正的要求。刑法为确定犯罪的一般概念和认定犯罪提供了具体标准。司法主要根据法律规定,结合具体案情,使一般公正转化为个别公正(或曰个案公正)。在认定犯罪的时候,严格坚持法律标准,以是否具有刑事违法性为根据,尽管可能使个别具有较为严重的社会危害性的行为无法受到法律制裁,但这是为维护法律的尊严、实现一般公正所付出的必要的丧失。同时,将社会危害性的概念逐出注释刑法学领域,避免使注释刑法学中的犯罪概念变成一个纯粹的法律形式,需要引入一个具有实质意义的概念:法益及法益侵害。具体设想是把犯罪客体还原为刑法法益;然后将刑法法益纳入犯罪概念,以法益侵害作为犯罪的本质特征,由此取代社会危害性概念。法益侵害与社会危害性相比,具有"规范性""实体性""专属性"等优越性。[1]

这一观点后来得到了一些学者的赞同。有学者认为,在罪刑法定原则之下,犯罪只有一个特征,就是刑事违法性,即行为违反刑法规范,符合刑法规定的犯罪构成。但是要判断某一行为是否具有刑事违法性,需要考虑该行为是否具有应受刑罚惩罚程度的社会危害。[2]

另有学者认为,社会危害性作为一个内涵不清、外延不明的政治性的概念,继续作为犯罪的本质而存在于刑法学之中是不合适的。通过对哲学上"本质"这一范畴的考察,可以得出结论,刑事违法性才是犯罪的本质。判定刑事违法性的过程,从犯罪构成角度讲,也是对构成要件符合性的认定过程。将刑事违法性作为犯罪的本质,是罪刑法定原则的题中应有之义。[3]

二、对德日法益侵害说的进一步大力倡导

在我国,曾有学者于1996年较为系统地在期刊上撰文提倡法益说,如前文提到的《论刑法法益》[4]一文。前述《社会危害性理论———一个反思性检讨》一文虽然也提倡用"法益侵害"替代"社会危害性"术语,但没有系统论证。故这里以张明楷发表在《法学研究》2000年第1期上的专题文章为起点展开梳理。

① 陈兴良:《社会危害性理论———一个反思性检讨》,《法学研究》2000年第1期。
② 黎宏:《罪刑法定原则下犯罪的概念及其特征》,《法学评论》2002年第4期。
③ 孟伟:《犯罪本质思辨》,《江苏警官学院学报》2004年第3期。
④ 杨春洗、苗生明:《论刑法法益》,《北京大学学报(哲学社会科学版)》1996年第6期。

张明楷结合当时新修改的刑法（即97《刑法》）对法益说进一步倡导。[①]之后，张明楷反复撰文试图完善犯罪本质法益说，包括以下四点：

第一，犯罪的本质在于法益侵害性。法益是根据宪法的基本原则，由法所保护的、客观上可能受到侵害或者威胁的人的生活利益。这是一般性的法益概念。从法益的一般概念出发，张明楷主张，由刑法所保护的人的生活利益，则是刑法的法益。

第二，97《刑法》贯彻了法益侵害说。其论据是，在犯罪本质问题上，97《刑法》从许多方面认同了法益侵害说。主要表现如下：一是在修改刑法的讨论过程中不少人提出增设通奸罪、卖淫罪、乱伦罪等以违反社会伦理为内容的犯罪，但没有被97《刑法》采纳。也有人提出增设吸食毒品罪，同样不被97《刑法》所取。这足以说明97《刑法》没有以行为的反伦理性作为决定处罚范围的界限，因而没有采取规范违反说，而是采取了法益侵害说。二是97《刑法》第二条规定刑法的任务与目的是保护合法权益（法益），而不是对社会伦理规范或伦理秩序的保护；第十三条关于犯罪的规定说明犯罪的本质是一定的社会危害性，而社会危害性的内容是对合法权益的侵犯。这两个条文从正反两个角度肯定了法益侵害说。三是97《刑法》对某些具体犯罪所属类别的调整，也突出了以保护法益为核心，因而突出了犯罪的本质是侵害法益。四是97《刑法》第一百四十条将《关于惩治生产、销售伪劣商品犯罪的决定》中的违法所得数额修改为销售金额（还有几个条文也是如此）。立法将违法所得数额修改为销售金额，实际上具体地肯定了犯罪的本质是侵害法益；《刑法》第一百四十条所规定的销售金额标准没有差别地适用于自然人与单位，也说明采取了法益侵害说。五是97《刑法》为了使具体犯罪的构成要件进一步明确，对新增加的犯罪以及旧刑法中已有的部分犯罪，突出了犯罪结果的规定（有的是在"情节严重"之前突出了犯罪结果的规定）。

有论者认为，97《刑法》对法益侵害说的认同，值得称赞。首先，以法益侵害说为根据确定刑法的处罚范围与界限，可以使处罚范围适当、使处罚界限明确。其次，采取法益侵害说有利于同时发挥刑法的法益保护机能与自由保障机能。再次，采取法益侵害说有利于合理区分刑法与道德。又

[①] 张明楷：《新刑法与法益侵害说》，《法学研究》2000年第1期。论者在文章中阐述了他在犯罪本质上的基本观点：刑法目的是保护法益、犯罪本质是侵犯法益。并论述了法益侵害说及其与规范违反说的区别；论证新刑法采取了法益侵害说以及法益侵害说的合理性；剖析了有悖法益保护目的的现象，并提倡全面贯彻法益侵害说。

次,采取法益侵害说有利于正确评价行为的社会危害性。最后,坚持法益侵害说有利于正确理解和适用刑法规范。

第三,坚持法益说下的结果无价值论,因为与行为无价值相比,其具有优势:法益说的结果无价值论主张,违法的实质(或者根据)是法益侵害及其危险,即刑事可罚性是对于行为现实引起的对法益的侵害或者威胁(危险)所做的否定评价;没有造成法益侵害及其危险的行为,即使违反社会伦理秩序,因缺乏社会的相当性,不能成为刑法的处罚对象。①

第四,针对法益侵害说不能说明轻微行为的非犯罪性指责,这一观点认为坚持实质的犯罪论,对犯罪构成需要进行实质的解释,就可以将轻微侵害法益的行为或者侵害轻微法益的行为排除出犯罪构成之外。②

对法益说的倡导得到了国内不少学者的赞同。有学者认为,把法益侵害作为犯罪客体比较妥当,即犯罪客体,应当是指被犯罪行为所侵害的、由我国刑法所保护的法益。犯罪客体的法益说深刻揭示了犯罪之所害的实质,其在理论逻辑上无懈可击,切合了现代民主政治和人权观念的新发展;法益具有其特殊的机能,法益说完全切合刑事立法和司法实践。③

有学者从法益侵害说与规范违反说相比较的角度分析了法益说的优越性,认为宪法的价值观即"人权保障的宪法价值观"内在地需要法益侵害说,而不是规范违反说。④

有学者主张,对违法性的判定离不开对犯罪本质的认识,违法性的判定包括两个方面的内容:一是违法性的形式判定,二是违法性的实质判定。其中,违法性的本质着重于对法益是否予以侵害。建立对实质性违法的双重判定标准是完善犯罪构成体系较为理想的切入点;双重标准体现为一是积极侧面的判定,行为符合危害行为的三个特质即可推定为行为的实质违法性;二是消极侧面的判定,正当化事由的存在则阻却行为的实质违法性。⑤

有学者以污染环境罪为例阐述了法益的解释机能。污染环境罪所侵

① 张明楷:《刑法学(上)》(第五版),法律出版社,2016年,第110页。

② 张明楷:《法益初论》,中国政法大学出版社,2000年,第335页。

③ 魏东:《论作为犯罪客体的法益及其理论问题》,《政治与法律》2003年第4期。

④ 欧阳本祺:《规范违反说之批判——与周光权教授商榷》,《法学评论(双月刊)》2009年第6期。

⑤ 徐岱、沈志民、刘余敏:《犯罪本质与实质违法性的判定》,《吉林大学社会科学学报》2009年第6期。

害的实质客体包括生态法益与秩序法益,其中生态法益是该罪侵害的核心实质客体,也是该罪司法判定过程中法益识别与度量的主要对象。人的生态法益是污染环境罪法益位阶度量的首要标准,但在生态文明理念下,其他主体的生态法益也应作为度量标准。生态法益价值量的判定需与人身法益、财产法益进行转化,并应以生态价值评估方法科学确定生态价值的损害程度。①

有学者主张,随着宽严相济刑事政策的实施及对法的正义性之期待,现代刑法需要重视法益保护优先性的价值。基于法益保护的优先性及现代刑法优先保护国家安全、人身权利之规范目的的考虑,犯罪构成解释需要立足于实质解释立场,以法益保护位阶为基本划分而有所区别对待:当以侵犯人身权利的犯罪或价值性冲突犯罪在遭遇罪与非罪、此罪与彼罪的区分难题时,刑法解释应该强化一种入罪或罪重解释。这是合理组织对犯罪反映的现代刑法教义学的应有立场。②

有学者论证了法益保护与罪刑均衡的关系,认为刑事体系是一个有机的统一,其内部的有序协调乃是刑事立法的基本要求,对于法益保护的刑法目的来说,罪刑关系的合理化显得尤为重要。应立足于行为侵害法益的性质及程度,协调罪与罪之间的刑罚分配。刑法的价值只能在合理的罪刑关系中得到体现,也只有建构合理的罪刑关系才能实现保护法益的刑法任务。合理的罪刑关系应具有公平性、人本性、明确性、系统性和科学性。建构合理的罪刑关系,需要遵循法益保护优先性原则、罪刑均衡原则及罪刑关系明确性原则。③

有学者论述了规范法学视野下法益原则的解释机能,认为刑法教义学领域中的法益原则应当以方法论上的法益概念为基础,通过对具体案件的构成要件要素进行合目的性的解释,以实现指导构成要件解释的功能。具体到抽象危险犯中,法益原则可以通过对不同侵害法益类型的厘定和识别,实现对抽象危险犯的既有构成要件要素进行合目的性解释的机能。④

上述学者的论述主要表达了对法益说的赞成立场。同时,还有许多学者把法益论(或称"法益理论")作为分析工具,对当前刑法立法和刑法学存

① 焦艳鹏:《法益解释机能的司法实现——以污染环境罪的司法判定为线索》,《现代法学》2014年第1期。

② 姜涛:《基于法益保护位阶的刑法实质解释》,《学术界》(月刊)2013年第9期。

③ 韩轶:《论法益保护与罪刑均衡》,《刑法论丛》2016年第1卷。

④ 高巍:《刑法教义学视野下法益原则的畛域》,《法学》2018年第4期。

在的问题进行探究,如王世洲、孙国祥、刘艳红、苏永生、陈家林、叶良方、赵书鸿、陈璇等学者都发表了专文论述。但限于篇幅,这里难以一一梳理,在后文的相应部分再作细致的分析。

三、主张借鉴德日规范违反说

规范违反论是德日理论关于犯罪本质唯一能与法益说在犯罪本质问题上分庭抗礼的另一派别,从宾丁的创立开始到现在的雅克布斯等,该说强韧发展,生生不息,历久弥新,对德国的立法也产生了巨大影响。在我国,同样有一些学者极力倡导犯罪本质规范论,具体又有折中的规范论、基本社会伦理规范违反说等差异。

(一)周光权在我国首倡德国的规范违反说

在规范违反说看来,违法性的实质是违反法秩序或者法规范,而法规范的实质是社会伦理规范。基于规范违反说,犯罪就实施某一行为,侵害他人权利,根据社会中存在的规范关联性,认为是造成了损害的行为。这样的犯罪概念,不是要否定法益的重要性,而是强调刑法只有在行为对法益的侵害或者威胁达到反规范的程度才能实施惩罚。①直观地看,犯罪是对一种生活上的利益的侵犯。但是还应该进一步看到,犯罪通过对个别化的生活秩序的侵害,破坏了存在于社会中的规范联系,使整个社会陷入现实的及未来可估算的危险,这才是问题的实质(犯罪的本质)。也就是说,犯罪是对隐藏于生活利益背后的法规范、社会同一性和公众规范认同感的公然侵犯,而不仅仅是对法益本身的侵害。②犯罪的本质是违反社会共同体内的伦理规范,从而在一定程度上侵害法益的行为。③该论者的主张与日本学者大谷实关于犯罪本质的"规范违反说为主兼采法益说"是一致的。

有学者也赞成规范违反说。法益说无法解释德国《刑法典》第三百二十三条c"见危不助罪"的可罚性。在当前风险社会与陌生人社会并存的状态下,刑法需要设立一种"团结、互助的义务",而只有在规范论中,才能很好地解释见危不助罪的可罚性,见危不助行为侵犯了一种历史性、社会性和伦理性形成的"相互救助以保全群体"的制度性期待,也能够自洽地解释

① 周光权:《论刑法学中的规范违反说》,《环球法律评论》2005年第2期。
② 周光权:《犯罪论体系的改造》,中国法制出版社,2009年,第99页。
③ 周光权:《刑法学的向度》,中国政法大学出版社,2004年,第200页。

实践中的难题。①

（二）有的学者赞成日本的犯罪本质基本社会伦理规范违反说

基本社会伦理规范违反说是日本学者对德国规范违反说的改造。我国有学者赞成该说。犯罪的本质在于其对基本的社会伦理规范的违反。论据有三：第一，在犯罪本质的要素中，社会伦理规范是"里"，法益侵害是"表"。法益侵害是违反社会伦理规范的行为构成犯罪的客观表现和限制因素，在刑法评价上起着客观的界限机能，而社会伦理规范违反，是犯罪最起码的社会本质属性。第二，犯罪需要违反基本的社会伦理规范，它和重大法益或者严重的社会危害性有内在联系。而何时存在基本社会伦理规范的违反，一方面由重大法益被侵害或面临侵害的危险所表现；但另一方面，当没有具体的重大法益侵害可以衡量时，基本社会伦理规范的违反就不可能一味强调行为的结果或者具体危险，只要行为人实行了行为或者特定举动，也可以构成犯罪，这对于行为犯和举动犯来说，应该是比较恰当的解释。第三，社会伦理规范除了法益侵害的可能是必要的外，还要求犯罪者具有适法可能性，即行为人具备接受社会伦理规范命令的能力和遵从社会伦理规范的可能。所以基本社会伦理规范违反说包含三重因素：法益侵害，这是判断的客观基础；规范可能性，这是主体性条件；社会伦理规范之违反，这是实质标准。当有关法益的判断不明确时，应该充分运用社会伦理的观念。法益就是法律所保护的、可能被侵害或者危险的利益。社会伦理观念，则是一个比较综合的概念，它应当包含国家的文化习俗和文化传统，国民的一般社会伦理观念及文明发展所追求的价值。②

四、主张移植德日"行为无价值论"

（一）对在我国主张全面贯彻所谓的法益侵害论的效果持怀疑态度

因为，法益说之所以在二战之后再度复兴，主要是法益说为刑法中规定了许多以宗教观念或一般伦理观念为背景的犯罪，如自杀、卖淫、同性恋、兽奸、近亲相奸、堕胎、出版淫秽书刊、亵渎神灵等方面的犯罪为非犯罪化运动提供理论根据。然而，由于基督教在我国的影响较弱，刑法中规定宗教、伦理观念背景的犯罪很少，因此，这个运动的影响并不大。而且我国

---

① 贾健：《法益还是规范：见危不助究竟侵害了什么——以德国刑法典323条c为基点》，《安徽师范大学学报（人文社会科学版）》2012年第2期。
② 童德华：《犯罪本质的新诠释》，《湖北警官学院学报》2005年第3期。

刑法中,在西方国家要以法益侵害说为基础加以质疑的犯罪,如同性恋、近亲相奸、兽奸、通奸、亵渎神灵之类的罪名完全没有;即便是在所谓世俗的犯罪中,我国刑法通过"情节显著轻微危害不大的,不构成犯罪"的总则及"情节严重"等分则性规定,将许多即便在观念上具有社会危害性但实际上没有达到特定程度的危害行为排除在刑法所规定的犯罪之外。换句话说,在我国,几乎不存在要通过贯彻"法益侵害论"加以确证或加以排除的犯罪。在这种现实之下,提倡全面贯彻"法益侵害论",其实际意义如何,值得考虑。

就国外的情况来看,在违法性即社会危害性的判断上,即便全面贯彻所谓法益侵害说,也不得不考虑法益侵害之外的其他因素。这就是说,实际上完全凭侵害法益是不能对违法性的实质(即社会危害性)进行说明的。这也是对在我国主张全面贯彻法益侵害论的效果持怀疑态度的重要原因。对于社会危害性的判定,鉴于刑法本质上是保护或调整社会关系的工具,并且,从我国目前的社会一般观念来看,主张结果无价值的法益侵害说也难以接受。如,在将死尸当作活人加以杀害的场合,按照主张结果无价值的法益侵害说的观点,应当是不构成犯罪,对于此结论,我国目前的社会一般观念看来是难以接受的,况且,从考虑维持社会秩序的角度出发的话,对这种行为亦不能放任不管。

(二)推崇行为无价值论

行为无价值论是从行为的违反规范的特征方面寻求违法性的本质的见解。日本学者大谷实提出以下三点:第一,虽然杀人罪和过失致人死亡罪在侵害合法权益这一点上是相同的,但在人们心目中,对其社会危害性程度的评价是完全不同的。第二,在当今复杂多变的社会中,由于各种合法权益复杂地交织在一起,所以仅以对法益的侵害来判断社会危害性的程度是相当困难的,如国家利益、共同利益和个人生命利益,在具体情况下孰重孰轻就难以比较衡量了。第三,刑法是通过刑罚这种道义谴责具体化的痛苦来制止对合法权益的侵害的。因此,完全不顾刑法谴责所具有的社会伦理性的一面来把握社会危害性的实质,这是无视刑罚所具有的道义谴责性质的表现。犯罪的本质需要从违反社会伦理规范的法益侵害方面来把握违法性的实质。[①]我国有学者认为,从我国刑法的任务和目前对于犯罪的一般观念来看,在社会危害性的有无和大小的判定方面,可以考虑采用

---

① [日]大谷实:《新版刑法讲义总论》,成文堂,2000年,第247页。

上述"法益侵害的行为无价值论"的见解。①

五、犯罪本质的应受刑罚惩罚性说的流行

在我国,西南政法大学是刑法学教学与研究的重镇。陈忠林自1987年创立犯罪本质的应受刑罚惩罚性说②以来一直秉持此通,矢志不移。受他的学术魅力影响,西南政法大学和重庆大学的一些刑法学博士进一步论证了犯罪本质的应受刑罚惩罚性说。

有学者认为,由于没有先弄清本质与特征这对哲学范畴的含义、没有弄清犯罪本质与犯罪本质特征的关系,故国内刑法学至今还在回避犯罪本质问题,对犯罪本质特征也没有提出令人信服的看法。从哲学的角度来看,应将本质与本质特征区别开来,本质是内在的规定性,特征是本质的外在体现。由此,犯罪本质是犯罪的内在规定性,决定着犯罪本质特征,而犯罪本质特征则是犯罪本质的外在体现;立于犯罪构成的内在联系及其结构和刑罚的目的与功能,犯罪本质应是犯罪人之于社会秩序的极端蔑视态度,而立于犯罪与一般违法行为的区别,犯罪本质特征应是应受刑罚惩罚性。③这里的关键是区别了犯罪本质与犯罪本质特征这两个范畴。

有学者针对"《犯罪通论》对犯罪本质的应受刑罚惩罚性说的批驳"进行了辩护。论据有三:应受刑罚惩罚性作为犯罪本质特征不是循环论证;从犯罪圈的划定来看其本质特征也是应受刑罚惩罚性;没有刑罚就没有犯罪,可罚性是根本和决定因素。④

本质与特征是一对哲学范畴,所以犯罪本质与犯罪本质特征是有差别的。犯罪本质特征作为现象层面的东西,体现"作为内部规定性的犯罪本质"。社会危害性不足以将犯罪与其他所有非犯罪的行为区别开来,不具有犯罪本质的资格。犯罪本质具有多样性,在狭义刑法学研究领域,基于技术性的考虑,其本质是主观恶性;犯罪的本质特征是应受刑罚惩罚性。总之,犯罪的应受刑罚惩罚性这一本质特征是由作为犯罪本质的主观恶性所决定的,两者互为表里。⑤这里的关键仍然是区分了犯罪本质与犯罪本

---

① 黎宏:《罪刑法定原则下犯罪的概念及其特征》,《法学评论》2002年第4期。
② 陈忠林:《应受刑罚惩罚性是犯罪的本质特征》,《法学季刊》(即《现代法学》)1986年第2期。
③ 马荣春:《犯罪本质与本质特征新界说》,《南昌大学学报》2006年第3期。
④ 姜敏:《犯罪本质特征检讨和重构》,《重庆工商大学学报(社会科学版)》2007年第5期。
⑤ 廖瑜:《从狭义刑法学技术层面看犯罪本质》,《西南民族大学学报(人文社科版)》,2007年第12期。

质特征这两个范畴。

六、高扬人格刑法大旗的人格犯罪观

张文自2004年开始正式发文吹响了"倡导人格刑法理论"的号角(《人格刑法学理论之推进与重建》《浙江社会科学》2004年第1期,与刘艳红合作;《刑事法人格化——21世纪的抉择》《中外法学》2004年第5期),并于2005年出版专著《人格刑法导论》(与刘艳红、甘怡群合著)(法律出版社,2005年)。之后,张文一直高举人格刑法学大旗,通过发表学术成果、做专题演讲等举措,推动人格刑法理论的中国化进程。张文在分析旧派主张的基于报应刑观的行为刑法与新派主张的基于行为人刑法的功利主义刑罚观之各自优劣得失的基础上,认为"意图糅合二者之长的并合主义刑法观由于只体现在刑罚论而未涉及刑法的核心——定罪,因而未能真正消除新、旧两个学派所存在的问题"。他主张应该建立起将犯罪行为与犯罪人格并重、以犯罪行为与犯罪人格二元因素为定罪与量刑机制的体系,即人格刑法学,才能有效解决当前刑法难题。[1]之后,他进一步认为,行为刑法已经出现危机,表现为犯罪圈不断扩大、司法资源浪费严重、刑罚效能低下、重新犯罪率不断提高等。危机原因主要在于犯罪原因观不科学、只考虑危害行为而不考虑犯罪人的人格。以绝对的一元犯罪原因观为基础的行为刑法制度,建立在虚幻的"理性人"和"绝对自由意志"的基础之上,其根基是非科学的。在司法中,要么会滥贴犯罪人标签,制造犯罪人,要么放纵犯罪人继续犯罪,所以这样不可能有效地抑制、减少犯罪,也不可能摆脱刑法资源投入高与犯罪率高的刑法危机局面。应将单一犯罪行为本位的行为刑法,逐步转向以犯罪人为规制对象,以犯罪危险性人格为核心的人格刑法。[2]其人格刑法学的核心要义,即犯罪不仅是行为,更是行为人社会危险性的体现;犯罪人是实施了法定犯罪行为的有犯罪危险性人格的特殊的社会群体。应该倡导以犯罪行为为基础,通过犯罪行为考察行为人的犯罪危险人格,坚持行为与人格在定罪问题上的等量齐观。[3]他主张根据实证检测结果和人格心理学理论,用"犯罪危险性人格"概念作为区分犯罪人与非犯罪人的根据。

---

[1] 张文、刘艳红:《人格刑法学理论之推进与重建》,《浙江社会科学》2004年第1期。

[2] 张文:《行为刑法危机与人格刑法构想》,《井冈山大学学报(社会科学版)》2014年第4期。

[3] 张文、刘艳红、甘怡群:《人格刑法导论》,法律出版社,2005年,第223—232页。

目前,在我国刑法学界,人格刑法学和人格犯罪观也有一些追随者。

七、主张犯罪本质的正当义务的严重违反说

犯罪本质的正当义务的严重违反说认为,刑法的根本目的是"保护国家的整体法秩序",犯罪是对"国家的整体法秩序"的侵犯,而不是简单地违法。①犯罪是危害行为所承载的行为人的主观恶性和行为的客观危害,以及该行为所表征的行为人的社会危险性格三者的有机统一;犯罪具有四个基本属性:犯罪的行为性(自然属性);触犯刑法性;犯罪的社会危害性;刑罚当罚性。②

该说首先分析了法益说存在的重大缺陷。主要有以下五点:第一,法益说无法确定和解释行政犯所侵害的法益。对于行政犯所侵害的法益的确定和解释是最令法益说头疼的事情,以至于对行政犯是否侵害法益的问题,有些学者干脆说"行政犯没有侵害法益"。第二,法益说容易导致"只见树木不见森林"效果。法益说强调的"法益"是权利主体的法益,极易导致一种错觉,"犯罪是对某一特定主体之法益的侵害"。实际上,犯罪被评价为对国家整体法律秩序的挑战,犯罪之所以是犯罪,主要不是加害人与被害人之间的事情,而是国家与加害人之间的事情。这是现代刑法不可动摇的信念。法益说不能恰当地说明犯罪行为对国家整体法律秩序的对抗性,对犯罪理解和评价与刑法的公法性质相矛盾。第三,法益说不能区分刑法所保护的法益与其他部门法所保护的法益。如果说在德日国家其不严格区分犯罪与一般违法还不是重大缺陷的话,那么在我国,由于犯罪与一般违法的严格区分,因而刑法理论需要着力解决刑法所保护的法益与其他法律所保护的法益的划界问题,从而法益说的固有缺陷在我国就被进一步地放大。界定犯罪就需要把刑法法益与其他法益进行严格区分,但法益说难以完成这一使命。第四,对法益说不进行深入的研究就照搬并不适当。在德日,法益说的发展史从昌盛到衰败,再到崛起,目前又面临着败落。我国移植该学说,缺乏的是进一步对法益说的深入研究,以及法益说与其他犯罪本质观的比较。如果不深入研究,不做比较分析,便人云亦云地搬用法益说,有盲目跟风、盲从时髦之嫌,并不能长久。第五,法益说存在致命的二律背反,其分歧的焦点在于,这里的"法益"是实定法所确立的法益,还是

---

① 牛忠志:《刑法目的新论》,《云南大学学报(法学版)》2006年第5期。
② 牛忠志:《犯罪内涵新释》,《昆明理工大学学报(法学版)》2007年第7期。

前实定法的法益。对此,德国学者至今也没有就法益的确切含义作出明确的回答。持法益说的学派内部关于法益的不同见解和学说自身的问题导致了该学说在德国的衰落。

其次,对正当义务的严重违反说进行立论。犯罪法律本质应该被解释为"首要是对特定义务的严重违反;其次才是对法益的侵害"。主要论据有以下六点:

第一,从法理学基本理论和其他部门法理论能推导出犯罪本质的义务违反说。法理学常识告诉我们,法律是特殊的行为模式;法律后果有肯定性和否定性之分;违法导致否定性法律后果;违法是指具有法定责任能力的组织或者个人违反法律规定,不履行法定义务,侵害他人权利,造成社会危害的行为。由此,违法实际就是义务违反。只有义务违反的行为(即违法)才会产生否定性法律后果,而否定性法律后果就是对违法行为的否定、撤销和制裁。犯罪也属于违法,只不过是严重的违法;犯罪产生刑事责任(或者刑事制裁),刑事责任属于否定性法律后果。由此,犯罪就应该是义务违反行为。只不过犯罪对义务的违反已经达到了立法者认为需要以刑罚加以制裁的严重程度。

第二,从"犯罪是行为人的行为"命题中推导出犯罪本质的义务违反说。犯罪是加害人与被害人双方矛盾运动的结果。对于犯罪实质的把握首先应该直接地从行为人(加害人)的行为本身去寻找能够标示其行为的社会危害性的要素。对犯罪行为社会危害大小的量定,应该首先考虑从加害人(行为人)本身来寻找计量标准——尽管我们既可以从加害人(行为人)一端来进行,也可从被害人一端来进行。基于加害与被害的逻辑关系,从逻辑上讲,行为人先违反义务,接下来才侵害被害人的法益。所以,犯罪的本质是行为人对其法律义务的违反。

第三,规范违反说实质即义务违反说。德日刑法理论中规范违反说是另一个影响很大的违法性实质的学说。即把犯罪归结为对规范的违反。如果进一步追问:犯罪违反了"规范"的什么呢? 当然是违反了规范所设定的义务或没有适当履行规范所设定的义务。

第四,从刑法的首要价值看义务违反说的适当性。刑法以秩序价值为最基本的价值,这一点是由刑法的保障法地位所决定的。现代社会,没有人会质疑刑法的保障法地位。"刑法在根本上与其说是一种特别法,还不如说是其他一切法律的制裁力量。"刑法的本质机能是行为规制机能,首先就表现为秩序维持机能。刑法首要价值——秩序价值决定了刑法重要特性,即安定性。秩序价值是刑法的首要价值,而秩序的维持就要求特定义务的适当和及时履行。而义务的不履行或者不适当、不及时履行——义务违反是导致秩序破坏的原因。这也决定了犯罪的本质是对法定义务的违反。

第五,从法律秩序被破坏的逻辑顺序看义务违反说的正当性。在现实生活中,社会关系经过法律调整在特定的主体之间产生了特定的权利义务关系,此即法律关系;错综复杂的法律关系共同构成了一定时期特定国家的法律秩序。当违法行为对法律秩序进行危害,属于不严重的情形时,就由民法、行政法等法律来调整和救济;而当对法律秩序严重危害时,民事制裁和行政法律制裁无能为力,于是,这时就不得不依靠刑法的介入和调整。这一过程显示了刑法的保障法地位,也显示了犯罪的本质是对法定义务的违反。由此,可以顺理成章地推导出犯罪的义务违反本质。

第六,我国刑法规范的立法表述证明了义务违反说的适当性。犯罪的不法内容主要是由行为实施的方式和方法所决定的;犯罪所固有的应受刑罚惩罚性存在于对法定义务违反的描述之中。例如,我国刑法并没有把所有的侵犯财产权的现象统统规定为侵犯财产罪,而只是针对特定的义务违反类型来设定具体的犯罪种类:以虚构事实或者隐瞒真相的方式造成的财产损害是诈骗行为;以公然的强力使被害人来不及反抗而取得财物的方式是抢夺行为;以秘密的方式使被害人当时不知道其财产被侵害的是盗窃罪。

第七,规范违反说有利于强化人们的规范意识,推动我国法治国家建设进程。我们切不可硬把义务违反说与刑事新派扯在一起。实际上,在日本就有许多学者虽持后期古典学派的立场,但同时承认义务违反说的合理性从而在坚持法益说基础上兼采了义务违反说。二战期间,义务违反说曾经被法西斯反动势力用于践踏人权的不光彩历史,并非义务违反说的本性必然所致。任何事物都是一分为二的,世界上不存在没有副作用的药物。正如法律是把双刃剑,武器、原子能和科学技术都是双刃剑一样,科学理论也是双刃剑。我们不能一朝被蛇咬十年(甚至是百年)怕"井绳",更不能也不应因噎废食;刑法理论应该克服"杯弓蛇影"之余悸,正视义务违反说的合理性,而不能谈"虎"色变,不加分析就盲目排斥和否定义务违反说。

不过,根据我国刑法的立法特点,需要对义务违反说从以下两点加以改进:一是根据刑法第十三条,犯罪是严重的违法行为,其违法性在质与量上都与一般违法行为不同。鉴于此,应该把义务违反说的"义务"限定为:重大的正当的义务。首先,强调法定义务的正当性、反对"恶法亦法",追求刑法处罚(范围和程度)的合理性。其次,强调义务的重大性,与"犯罪是严重的违法"相适应,意在贯彻刑法的谦抑性。二是为了避免重蹈"危险刑法"和"忠实刑法"的老路,避免受"恶法亦法"的诘难,也为了保持当代刑法的谦抑性,义务违反说的这一"义务"需要被限定为"正当""重大"的义务:首先是法律义务(被民法、行政法和诉讼法程序法等所确立);其次,因为这种义务是"正当的"和"重大的",才被刑事立法所保护。

总之,在我国,犯罪的本质是行为人对其应负担的"正当""重大"的义务的违反。①

犯罪的本质是对正当、重大的义务的违反,这一学说较之法益说的优越性包括以下五点:

一是该说有助于从国家整体法律秩序的立场来把握犯罪行为。刑法只是调整"违反国家整体法律秩序的行为"。这说明了"犯罪是违反国家整体法律秩序的行为"。

二是为什么危害行为侵害相同法益却构成不同犯罪并设置了不同的法定刑?法益说对此难以做出令人信服的解释。但该说则能够很容易地提供合理的解释:危害行为所违反的具体的法定义务不同,当然就会导致相应不同的法律后果——不同的刑事制裁及其强度。

三是法益说不能解释对真正的身份犯处罚的合理性和对不真正的身份犯的处罚轻或重问题。真正身份犯是指以特殊身份作为主体要件,无此特殊身份时该犯罪根本不可能成立的犯罪;不真正的身份犯是指特殊的身份不影响定罪但影响量刑的犯罪。该说对身份犯问题解决就用不着拐弯抹角,身份犯问题的解释就很简单:身份不同,社会地位就不同,其肩负的义务也就不同;无论是真正的身份犯,还是不真正的身份犯,对其行为的犯罪化与否、处罚的轻或者重,当然是各当其理。

四是法益说在解释对未遂犯、危险犯和预备犯处罚的合理性时,背离了其最初所倡导的"刑法谦抑"之旨趣。法益说原本主张:"犯罪的本质是对作为权利对象的、国家所保护的利益造成的侵害",之所以提出法益说,其初衷是为了实现刑法的谦抑性:限缩刑法对社会生活介入的深度与广度——以法益之侵害为标准来限缩刑法对社会的介入深度和广度。但是,在未遂犯、危险犯,犯罪预备行为的场合,法益的侵害不具有实害性。为了说明处罚未遂犯、危险犯和某些预备行为的合理性,不得不对法益说进行修正:在法益被侵害的基础上,增加了"对法益的威胁"的内容。这样,刑法

---

① 牛忠志:《犯罪本质之义务违反说论纲》,《山东社会科学》2014年第6期。

的调整范围的划定上就不再基于已然的、作为法律后果的法益之侵害,而把一种可能的趋势,即对法益的"威胁"情形也包括进来。其结果就背离了法益说最初的旨趣。而该说对危险犯、未遂犯、预备犯等的处罚根据就能够直接地、顺畅地予以说明:在上述诸种情况下,行为人都违反了相应的法律义务,因之,其义务违反行为;如果该义务违反行为是严重的,当然就可能获得"应受刑罚惩罚性",从而避免了法益说拐弯抹角的说明或者强词夺理的论证。

五是对不作为的行为性问题和处罚根据、对于疏忽大意犯罪的处罚根据等世界性刑法理论难题,法益说同样束手无策,而不得不转弯抹角去进行苍白无力的论证。如果直接采用义务违反说,则能够直接地、顺畅地予以说明:在不作为、疏忽大意犯罪的情况下,行为人违反了相应的法律义务,因而其义务违反行为在严重到需要用刑罚加以制裁时,就获得了应受刑罚惩罚性,即构成犯罪。这种解释也同样避免了法益说的拐弯抹角和强词夺理。①

该说发表之后在刑法学界得到了一定的重视,产生了较大的影响。

八、许多学者为犯罪本质的社会危害性理论辩护

与"否定社会危害性理论,倡导移植法益说"不同,国内许多学者为社会危害性的合理性进行辩护;有的学者更是进一步为社会危害性说科学化改良建言献策,为传统的犯罪本质理论站台。②以下按照文章发表的时间顺序进行梳理。

夏勇为"社会危害性理论"辩护,他认为区分立法与司法的不同角度是正确审视犯罪本质特征的关键。立法中的犯罪概念体现为一个从犯罪的

---

① 牛忠志:《论犯罪本质的义务违反说优越于法益说》,《法学论坛》2014年第1期。

② 前文有述,樊文的《罪刑法定与社会危害性的冲突——兼析新刑法第13条关于犯罪的概念》(《法律科学》1998年第1期)发表之后,李立众的《罪刑法定与社会危害性的统一》(《政法论丛》1998年第6期)和李立众、柯赛龙的《为现行犯罪概念辩护》(《法律科学》1999年第2期)进行了回应。这一争论可谓后面即将发生的社会危害性理论存废大战的先声。在2000年的世纪之交,我国的犯罪本质理论面临三条道路选择:一是像陈兴良所期望的直接把社会危害性理论驱逐出规范刑法学,二是如张明楷所主张逐步用法益说取代社会危害性理论,三是继续维护危害性理论。站在之后二十多年的今天回望,笔者看到,"武断地逐出去"的做法难以被多数学者所接受,虽然表现了作者坚定的信念和勇气,但转弯太大、太快;暗度陈仓式的用法益说置换社会危害性理论,采用温和的方式达到了移植的目的,后来有不少学者追随这条路;国内大部分学者至今仍然维持或者在维持的基础上奉行犯罪本质的社会危害性理论。

本质特征(或社会属性)到犯罪的形式特征(或法律属性)的过程,而司法中的犯罪概念体现为一个从犯罪的形式特征(或法律属性)到犯罪的本质特征(或社会属性)的过程。立法活动不可能仅仅停留在对犯罪本质的揭示,而最终要将这种本质体现为刑法规定;司法活动则不可能仅仅从法律要素上认定犯罪,却未把握犯罪的本质特征。因此,并不存在"犯罪的形式特征与实质特征发生冲突的情况"。在司法上坚持犯罪的形式概念,强调犯罪的法律形式特征,突出犯罪构成,主要是就定罪而言,并不排除在量刑时直接考虑犯罪的本质特征。犯罪本质特征是社会危害性的基本观点应当得到坚持,但犯罪本质特征不是单一的社会危害性,而是以社会危害性为中心的矛盾结构。从实践看,以社会危害性为中心的矛盾结构框架可以为刑事立法提供明确的指导,设定刑法罪名时既要充分考虑行为的社会危害性及其程度,也要充分考虑行为的社会危害性之外或者危害行为之外的限制社会危害性的因素,使刑事立法符合现代刑法理念,体现和实现正当、自主、公正、经济、宽容、科学等刑法应有的价值内涵。

值得注意的是,犯罪概念及其本质特征只是刑事立法所要深入研究的,绝不是刑事司法的主题。在罪刑法定的条件下,刑事司法永远依据现成的犯罪罪名,法定罪名意味着犯罪的本质问题已在立法时解决,司法的任务是要把握表现犯罪本质的犯罪构成及其要件,再用犯罪构成及其要件去衡量已有的事实,这里的出发点是犯罪而不是犯罪本质,否则,司法所依据的实然犯罪就会悄悄地被偷换成应然的犯罪而成为不确定的概念了。①

刘艳红认为,社会危害性不仅解决为什么,而且直接解决是什么的问题。社会危害性作为犯罪的本质,回答的正是犯罪是什么的问题,它告诉人们犯罪是危害社会的行为。当社会危害性作为犯罪本质被规定在犯罪概念之中时,它就会发挥这样的功能,即既昭示民众何为犯罪,还要说明立法者为什么将一个行为规定为犯罪,帮助他们在实质上寻找根据。在后一层面上,社会危害性起着回答"为什么"的作用。但我们不能因为社会危害性理论具有能够说明立法者之所以将一行为规定为犯罪的功能,就认为社会危害性回答的是犯罪"为什么"是犯罪的问题。我国刑法中的犯罪概念正是因为规定了社会危害性理论才更显其合理性;社会危害性理论不但不与罪刑法定原则相冲突,反而体现出与罪刑法定相

① 夏勇:《犯罪本质特征新论》,《法学研究》2001年第6期。

一致的价值立场。由此,主张继续以社会危害性为中心的刑法理论是可行的,也是必要的。①

聂立泽认为,犯罪的社会危害性与刑事违法性之间表现为内容与形式、征表与被征表的关系,两者互为表里,相互依存。社会危害性与刑事违法性都是作为犯罪的特征而存在的,之所以社会危害性与刑事违法性都是犯罪的特征,就是因为两者都不能单独从根本上来界定犯罪,尽管认定犯罪的唯一根据是刑事违法性,但刑事违法性本身只是严重的社会危害性在刑法的征表而已,或者说,严重的社会危害性是实质上的犯罪,刑事违法性是形式上的犯罪。所以,对有人提出的刑事违法性是犯罪唯一特征,聂立泽未能苟同。②

储槐植和张永红以《刑法》第十三条但书为切入点,论证但书与罪刑法定原则在价值和功能上的一致性,并认识到应该善待我国刑法中的社会危害性观念。《刑法》第十三条规定:"但是情节显著轻微危害不大的,不认为是犯罪"的这一但书,其功能发挥须借助于社会危害性理论;社会危害性与罪刑法定原则并不矛盾;在犯罪构成"既定性又定量"双重制约格局下,司法者不仅要判断行为的刑事违法性,而且要判断行为的社会危害性,不能将社会危害性"驱逐"出去。③

齐文远、周详认为,社会危害性与刑事违法性是一种对立统一的矛盾关系。在理想的、应然的层面,社会危害性与刑事违法性是统一的。但是在现实层面,社会危害性与刑事违法性二者之间由于立法技术、语言的特性、人的认识能力、社会生活的复杂多变等因素的影响而并非绝对一致,在现实的立法与司法中,或多或少会呈现出社会危害性与刑事违法性的对立状态和冲突。笔者在坚持通说基本观点的基础上,提出应通过在立法与司法两个过程运用"应罚"与"可罚"之社会危害性观念,在承认实然的社会危害性与刑事违法性对立与冲突关系的前提下,努力追求二者的相互统一的理想状态。④事情不可能像主张形式合理性和主张形式的犯罪概念的学者所描述的那样简单——"社会危害性标准是立法者、法学研究人员确立犯

---

① 刘艳红:《社会危害性理论之辩正》,《中国法学》2002年第2期。

② 聂立泽:《社会危害性与刑事违法性及其关系论》,《中山大学学报(社会科学版)》2003年第2期。

③ 储槐植、张永红:《善待社会危害性观念——从我国刑法第13条但书说起》,《法学研究》2002年第3期。

④ 齐文远、周详:《社会危害性与刑事违法性关系新论》,《中国法学》2003年第1期。

罪行为规范的重要因素,司法者和一般公民只能根据刑法规范一目了然地进行行为对照判断,而没有判断'社会危害性程度大小'注意义务"。

王政勋认为,近年来,社会危害性的概念一再受到质疑,甚至有人主张将社会危害性的概念逐出注释刑法学领域。在罪刑法定原则下,社会危害性概念固然暴露出一些缺陷,但承认社会危害性的地位,并不是对罪刑法定原则的破坏;相反,社会危害性理论和罪刑法定原则一起成为保障人权、限制随意发动刑罚权的两道防线。因而,不应简单地将这一概念完全抛弃,而应重新科学地确定其地位,发挥其应有的价值。社会危害性在立法上具有重要价值,这是毋庸置疑的。在刑法解释学中也具有其存在的价值。对于司法者而言,决定某一行为是否成立犯罪,应当以形式的正义为前提、基础,兼顾实质的正义。即首先根据罪刑法定原则的要求,考察行为是否具备分则所规定的犯罪构成;之后再进一步考察该行为是否具有犯罪的社会危害性、社会危害性程度是否达到了应当用刑罚制裁的程度,并最终根据行为的社会危害性的大小,决定对犯罪分子所判处的刑罚的轻重。所以,在刑法解释学上,社会危害性仍然具有限制的、补充的意义。具体而言,其司法价值体现在以下三个方面:决定行为是否属于正当行为、区分犯罪行为与一般违法行为、决定量刑的轻重。[①]

刘志远从合理性和合法性两个方面对社会危害性概念的正当性进行了论证。社会危害性与刑法规范之间是一种"体"与"用"的关系。在立法阶段,社会危害性是"体",是根本;刑法规范是"用",是承载社会危害性的手段。而在司法阶段,二者的"体""用"地位轮回互换,即刑法规范变成"体",变成根本;而社会危害性却成为"用",成为分析、解释和运用刑法规范的方法论。总之,在制定和适用阶段,刑法规范与社会危害性轮回占据"体""用"的位置,彼此对立统一、缺一不可。然而近年来,尤其是罪刑法定原则确立后,社会危害性概念却备受指责,有学者甚至主张将社会危害性概念逐出注释刑法学领域,实际上也就是主张将其从司法阶段赶走。笔者对此不敢苟同。尽管在司法阶段,社会危害性概念应该从"体"退为"用",但绝对不能被抛弃,我们仍然需要它发挥方法论的作用。[②]

赵秉志、陈志军分析了社会危害性与刑事违法性这一对刑法学基本范畴各自的特点。作为行为评价标准,社会危害性具有易变性、模糊性等特

---

① 王政勋:《论社会危害性的地位》,《法律科学(西北政法学院学报)》2003年第2期。
② 刘志远:《社会危害性概念之正当性考察》,《中国刑事法杂志》2003年第4期。

点,刑事违法性则具有稳定性、明确性等特点。二者之间的矛盾,源于刑法秩序价值与自由价值的对立。为了协调二者的矛盾,应注意以对立统一的视角看待二者的关系,并进行相应调整:在刑法理论坚持相对罪刑法定主义、刑事立法应坚持细密立法观和超前立法观;刑事司法上在此罪与彼罪的区分中,主要是以刑事违法性为评价标准;而在罪轻与罪重的区分中,主要以社会危害性为评价标准。①

韩永初认为,我国有学者主张用法益侵害说取代社会危害性说。这种观点是值得商榷的。在德国和日本的刑法理论中,法益侵害并不是一个明确统一的概念,而是一个争议颇多的概念。法益侵害说只是在名称上取代了权利侵害说,但并没有解决权利侵害说所面临的问题。这种取代并不成功。在我国刑法学界,用法益侵害说取代社会危害性说的做法是在重复法益侵害说取代权利侵害说的老路。我国传统的主观与客观相统一的社会危害性说的基本方向是正确的,但没有解决如何把主观和客观统一起来的问题。其实,主观与客观相统一应该统一于行为的客观方面,只有表现为客观危害行为的主观心态才能给社会造成危害。这种客观危害既包括犯罪行为给被害人造成的直接危害,也包括给社会带来的犯罪预防成本和处置犯罪的诉讼成本增加。因此,在本质上,犯罪的本质是结果无价值与行为无价值相结合的、给直接被害人造成危害的或危害可能性的、需要花费社会的预防成本和诉讼成本(即需要动用侦查、公诉和审判机关)的行为。②

许发民认为,行为具有严重的社会危害性,在社会学意义上无疑是犯罪,但在刑法学意义上讲却并非如此。刑法上的犯罪,离不开法律的规定。刑事违法性,是立法者将那些具有严重社会危害性的行为纳入犯罪圈的标识,是判定罪与非罪的唯一标准。在个罪成立与否的判定中,既要考虑刑法分则的规定,也要考虑刑法总则规定的犯罪定义,以防止形式的犯罪构成解释论。在刑法学中,犯罪的本质特征应该是立法者选定的行为的严重社会危害性,而非仅为行为的严重社会危害性。③

---

① 赵秉志、陈志军:《社会危害性与刑事违法性的矛盾及其解决》,《法学研究》2003年第6期。
② 韩永初:《犯罪本质论——一种重新解说的社会危害性理论》,《法制与社会发展(双月刊)》2004年第6期。
③ 许发民:《犯罪本质特征新说——社会学与刑法学立场分野下的认识》,《法律科学(西北政法学院学报)》2005年第3期。

由于犯罪社会危害性是罪刑均衡或罪刑相适应的标准,如何评价犯罪社会危害性对罪刑均衡,或罪刑相适应原则的贯彻和实现,有着极其重要的意义。但犯罪社会危害性评价不应是随意的,而应形成一套机制,即犯罪社会危害性评价机制。该评价机制应通过排他性、结构性、主次性、参照性、民众性与伦理性来表述。犯罪社会危害性评价首先包含着对犯罪行为的客观危害评价、主观罪过评价和社会危险性评价(即再犯可能性)等评价;其次,对社会危害性的评价应紧密扎根于民众基础和社会生活。①

犯罪是对刑法所保护的社会关系的侵害或威胁。以"刑法所保护社会关系的侵犯"来概括规范违反和法益侵犯是比较合适的。在刑法秩序为国家安全、公共安全、社会风尚、国家机关正常管理活动等时,相关犯罪的不法本质侧重于规范违反;在刑法秩序表现为生命权、财产权、名誉权等具体权利时,相关犯罪的不法本质就侧重于法益侵犯。从上述不同刑法秩序的侧重点可以看出,无论将不法本质片面地理解为规范违反还是法益侵犯,都是不正确的。②

社会危害性的刑法地位是困扰刑法学界多年的重大理论问题。在对现代刑事法治和罪刑法定的冀望中,刑法学界对社会危害性概念进行了批判和反思,诸多学者将社会危害性视为现代刑事法治之反动,社会危害性在罪刑法定面前迅速"祛魅"。然而,在争议远未止息的今天,这种全面否定社会危害性刑法地位并将其视为现代刑事法治对立面的观点失之偏颇。对社会危害性本身的理解,应站在理性的立场,注重其功能的还原。社会危害性对刑事立法的决定作用及在刑事司法中的出罪功能,说明其在现代刑事法治语境中仍不可或缺,具有理论价值。③

社会危害性是主观要素和客观要素的统一,将行为人和判断者的主观要素排除在社会危害性之外是错误的。社会危害性是一个法律规定,但它属于法律上的不确定条款,其内涵具有"空筐结构"的特征,其实体内容由裁判者根据具体的情形来加以确定。社会危害性是事实和价值的统一,认为它单纯是价值判断的观点并不可取。社会危害性符合实质的罪刑法定原则和实质正义的要求,具有保障人权的功能。④

犯罪危害性是我国传统刑法理论的核心概念。历来的学说对犯罪危

① 马荣春、韩丽欣:《论犯罪社会危害性评价机制的确立》,《中国刑事法杂志》2007年第4期。
② 王安异:《法益侵害还是规范违反》,《刑法论丛》2007年第11卷。
③ 孙国祥:《社会危害性的刑法地位刍议》,《江海学刊》2008年第4期。
④ 詹红星:《社会危害性理论研究的逻辑前提》,《法学评论(双月刊)》2005年第4期。

害性评价缺乏系统、全面的分析,致使犯罪危害性评价近年来多受诟病。实际上,犯罪危害性评价不仅具有深刻的理论内涵,而且也蕴含着丰富的辩证思想。运用辩证思维把握犯罪危害性评价的属性不仅有助于犯罪危害性评价的科学化与合理化,而且对于进一步明确犯罪社会危害性的学科地位也大有裨益。若要系统把握犯罪危害性评价的运行机制,就需要探求犯罪危害性评价的基本属性,把握犯罪危害性评价的一般规律。事实性与价值性是犯罪危害性评价的哲理属性,其中对事实性的考察依托于质定性与量定性的综合把握。由于犯罪危害性评价的对象即行为毕竟是人的行为,故犯罪危害性评价需要从人的个体性与社会性出发,注重个体性与社会性的综合分析。同时,由于犯罪是反秩序行为,而秩序主要包括伦理秩序与政治秩序,故犯罪危害性评价应当考量伦理性与政治性。另外,犯罪是具体时空境域中的行为,故犯罪危害性评价在方法上应当实现共时性与历时性的统一。而犯罪危害性评价的最终目的在于有效防控犯罪,故犯罪危害性评价应当注意控罪性与制罪性的并存与制衡,并且控罪性与制罪性的并存与制衡是犯罪危害性评价的事实性与价值性、质定性与量定性、个体性与社会性、伦理性与政治性、共时性与历时性的最终通向。①

　　社会危害性概念的刑法学地位关系到我国刑法学是否以纯粹的规范性作为自己将来发展的品性取向。社会危害性的刑法的地位可以联系社会危害性概念的刑法学体系作用、出罪功能、与刑事违法性和罪刑法定原则的关系及刑事科学一体化予以考察。考察发现,社会危害性概念仍在统一着刑法学体系,社会危害性概念仍然构成着刑法学的逻辑起点和逻辑终点、社会危害性在刑法学中发挥着"体"的作用;社会危害性概念具有出罪功能,社会危害性作为犯罪构成的整体说明发挥着出罪功能、社会危害性通过节制法益侵害性发挥着出罪功能;社会危害性概念拱举着刑事违法性理论,社会危害性内含于刑事违法性是刑事违法性的应然功能决定的、刑事违法性包含社会危害性是刑法立法决定的;社会危害性概念补益着罪刑法定原则,社会危害性对罪刑法定原则的补益符合马克思主义的刑法观、社会危害性对罪刑法定原则的补益符合贝卡利亚的刑法观;社会危害性概念是刑事科学一体化的支柱之一,社会危害性概念是犯罪学与刑法学的连接纽带、社会危害性概念是犯罪学和刑法学的共同基因。社会危害性概念

---

① 周建达、马荣春:《论犯罪危害性评价的属性》,《环球法律评论》2009年第1期。

的刑法学地位应被定位在刑法学的基础范畴。①

犯罪的本质应区分不同层面,分而论之。立法时,要确立出标准,划定犯罪圈,因而其本质是应受刑罚惩罚性;而在司法中,只能适用法定的标准,因而其本质是刑事违法性,以便与刑事类推相区隔,由此落实罪刑法定原则。②

社会危害性理论在苏俄刑法学一直占据中心地位。社会危害性被认为是犯罪的本质属性,成为区分罪与非罪的实质标准,在立法中,它一直作为犯罪实质概念的组成部分,并以此为基础建立了俄罗斯独特的刑法制度。在漫长的理论发展过程中,学者们在社会危害性的理论地位、社会危害性的构成要素及其判定方式上产生了激烈的论争:社会危害性作为一个政治属性是否应该继续成为犯罪概念的一部分;社会危害性是否包含主观要素;社会危害性作为一个抽象的概念,如何进行物质化判定。目前的主流观点仍然是将社会危害性视为一个主客观的统一体,它包含了主观与客观两个方面的决定要素与其他选择性评价要素,正因为有质的区别,才能够有效区分此罪与彼罪,由于量的不同,才会有刑法所规制的犯罪与情节轻微的非犯罪行为的划分。这些决定要素(评价要素)同时成为犯罪构成的基本要素,这样社会危害性贯穿于整个犯罪构成之中,二者完美地结合在一起,完成了对犯罪行为的筛选和评判。同时,在司法实践中,社会危害性作为刑罚个别化的第一要素起着重要的作用,传统的评判方式仍然占据主要地位。应该说,社会危害性理论仍然是今天俄罗斯刑法的核心。③

关于社会危害性与刑事违法性的关系,首先,社会危害性与刑事违法性不是冲突关系而是补充关系。其次,所谓的社会危害性是非规范性的概念,是对社会危害性的错误认识,并没有领会到社会危害性与法益侵害性的一致性和包容性。再次,社会危害性与法外定罪和量刑没有必然联系。不管是在刑法理论上,还是在司法实践中,社会危害性对犯罪的认定都起着重要的作用。最后,社会危害性具有可测量性。④

---

① 马荣春、周建达:《为社会危害性概念的刑法学地位辨正——兼与陈兴良教授商榷》,《刑法论丛》2009年第3卷。

② 许发民:《犯罪本质层次论》,《甘肃社会科学》2010年第1期。

③ 薛双喜:《苏俄刑法学关于社会危害性理论的论争》,《中国刑事法杂志》2010年第3期。

④ 游伟、赵运锋:《"社会危害性"的刑法地位及其运用》,《法律适用》2010年第9期。

社会危险性如何界定及其与主观恶性、社会危害性的关系是刑法理论中两个极为重要且复杂的问题,因为这两个问题直接关系犯罪的本体构成,进而关系刑法正义与刑法功利的实现。而只有立于刑法正义和刑法功利,我们才能正确解答这两个问题:社会危险性独立于主观恶性而包容于社会危害性。①

社会危害性是我国刑法中一个十分重要的概念。它与罪刑法定原则之间并不存在根本性的冲突,坚持社会危害性理论不会导致对刑事法治的破坏。刑事违法性不能完全取代社会危害性的评价功能,社会危害性理论在刑法中依然具有独立价值。②

社会危害性理论是指导我国刑事司法研究和实践的基本理论,它界定了刑事处分承受主体的行为界限和本质,厘清了定罪量刑的实质内容。我国的社会危害性理论传承于苏联刑法理论并进行了有益的发展,但在实践中仍饱受语意模糊之诉病。法益侵害说是大陆法系刑法理论的重要学说,该学说认为违法行为的本质是对法益的侵害。有人认为,该理论较之社会危害性的学说更为具体明确,有较强的可操作性,易于司法应用。社会危害性论的理论范畴其实亦涵盖了法益侵害的主要内容,但是却未发挥更强的实践作用。应当探究法益侵害内核在社会危害性理论中的理论地位,进一步明晰社会危害性理论的核心内涵,汲取大陆法系法益论的优势以完善我国危害性理论的内容和功能,从而使我国传统理论为司法实践发挥出更大的作用。③

社会危害性理论确实可以成为实质刑法观的理论基础,但是社会危害性理论与实质刑法观的关联性比较复杂,并非如部分学者所揭示的那样一一对应。就持有传统社会危害性理论立场的学者而言,他们其实并非可以简单地归入实质刑法观立场;而主张改革完善传统社会危害性理论的部分学者,反而坚持实质刑法观立场。在我国,实质刑法观面临的风险与批评,主要根源就在于作为实质刑法观理论基础的社会危害性理论具有太过强大的解释功能,且实质解释论的功能表现包括了保障人权的正面功能与严重侵犯人权的负面功能的两面,呈现出矛盾属性。为了防范风险,不但需

---

① 马荣春:《人身危险性之界定及其与主观恶性、社会危害性的关系——基于刑法学与陈兴良教授商榷》,《华南师范大学学报(社会科学版)》,2010年第5期。

② 张智辉、陈伟强:《社会危害性的刑法价值》,《国家检察官学院学报》2010年第5期。

③ 侯刚、杜国伟:《社会危害性中法益侵害的刑法蕴意》,《中国刑事法杂志》2010年第10期。

要发展实质刑法观,而且需要完善社会危害性理论。单面的实质刑法观(即只认可社会危害性理论具有出罪功能)主张通过实质罪刑法定原则的限制、实质犯罪论的限制与实质司法解释权的限制,以有效防范开放的实质刑法观可能存在的侵蚀人权保障机能的风险,因而应当成为当下我国最理想的选择。①

传统刑法理论将“社会危害性”理解为犯罪的本质,具有充分的合理根据。这可以借助社会现象的根本性得以再求证。近年来形成的“刑事违法性说”“法益侵害性说”“犯罪本质二元论”不能用来承担诠释犯罪本质的历史使命。对犯罪“社会危害性的评价”应当坚持“社会本位”与“个人本位”的有机结合(不同性质的犯罪应有所侧重);同时,还应当坚持“犯中因素”与“犯后因素”的有机结合等。②

基于“去苏俄化”的出发点,有论者主张将社会危害性概念从我国刑法理论中“驱逐”出去。不过,我们有必要对社会危害性理论在当代我国刑事法治建设进程中的地位进行全面审视。社会危害性是社会科学尤其是法学的基本概念,刑法立法之圭臬、刑事司法不可或缺的标尺,中外刑法共有的理论,从刑法学中“驱逐”社会危害性理论,既不可行也不可能。③

有学者论证了社会危害性理论在认识错误中的运用。我国刑法中的“故意”要求行为人有社会危害性认识作为积极要素,而认识错误则是阻却故意成立的消极因素。我国刑法中的社会危害性与德国刑法中的实质违法性类似,在经济刑法领域的适用仍应坚持社会危害性认识标准,同时要关注事实认识错误和法律认识错误的情形,在行为人能举证证明自己发生认识错误属于不可避免的情况下,当减免其刑事责任。④

近年来,犯罪本质社会危害性说遭受“具有政治色彩”“非专属性”“空泛、模糊和不确定性”“缺乏规范质量”“可能为随意出入人罪提供超法规依据”“与罪刑法定原则相冲突”等诸多质疑和批判。这些批判大可商榷。“社会危害性”是犯罪行为所共有的特征,在司法上,社会危害性受罪刑法定原则约束,不可能与之相冲突。在司法中,模糊评价不可或缺,非规范的实质判断与形势判断事实上难以截然剥离,评价行为的社会危害性受到罪刑法

① 魏东:《论社会危害性理论与实质刑法观的关联关系与风险防范》,《现代法学》2010年第6期。
② 陆诗忠:《对我国犯罪本质理论的思考》,《华东政法大学学报》2010年第6期。
③ 赵秉志、陈志军:《社会危害性理论之当代中国命运》,《法学家》2011年第6期。
④ 谢焱:《社会危害性认识在经济刑法中的适用》,《政治与法律》2017年第2期。

定原则的约束。①

我国刑法理论中的社会危害性源自苏俄刑法,而俄文的相应术语始终是"社会危险性"。我国在翻译时误译为"社会危害性"。但是,"社会危险性"一词无论在理论层面还是在立法层面上,始终居于主流,其作为对犯罪本质的描述包含客观要素和主观因素,更注重描述未来的动态;"社会危害性"一词,则主要强调行为的客观损害,而不包含主观因素。所以,我国应该加以反思,并对其进行中国化改造,纠正为社会危险性理论。这既尊重了历史客观事实,也有助于形成具有中国特色的社会危害性理论乃至犯罪构成体系。②

社会危害性是我国犯罪概念的核心,也是传统刑法理论研究的重要内容之一。其地位,从核心或本质特征到与刑事违法性共同作为犯罪的本质特征相互制约犯罪的成立。共识的达成,得益于刑法学理论界不遗余力地译介欧陆刑法理论,以及犯罪概念宜采取何种形式与罪刑法定原则相匹配,危害的实质是对社会关系的侵害还是对法益的侵害,社会危害性是在犯罪构成内评价还是并行评价等问题的持续争论。但是现有的研究,存在学术史方面梳理不够,西化现象严重导致主体性和创新性不足,缺少必要的实证方面的考察,理论上的争议未必是现实真问题等现象。社会危害性是否应逐出注释刑法领域,社会危害性的标准"法益侵害说"不仅要经受自主意识不断增强的我国刑法理论的拷问,也需要刑事司法的检验和认可。③

九、简要评析

1997年修订刑法,尤其是罪刑法定原则的明确确立和刑法分则的相应修订,使我国刑法真正进入严格意义的法治化轨道,走上了健康发展的高速路。刑法的立法重大理念和制度的变革,必然引起刑法理论和刑法解释的相应革新。因此,我国刑法理论界关于犯罪本质及由此引发的一系列刑法问题的学术之争是正常也是必要的,具有深远的理论意义和

---

① 韩劲松:《社会危害性与罪刑法定原则关系的分析与厘清》,《山东警察学院学报》2017年第2期。

② 徐岱、韩劲松:《论俄罗斯刑法的犯罪本质之争及中国反思》,《吉林大学社会科学学报》2017年第4期。

③ 孙燕山:《无法逐出注释刑法领域的社会危害性——社会危害性研究40年(1978—2018)的共识与再聚焦》,《学术论坛》2018年第5期。

实践价值。

"百花齐放、百家争鸣",是指导我国的文学艺术、科学研究工作的基本方针。学术争鸣有利于科技进步和观念创新。由于人都是社会人,科学家也不是神,纯粹的中性的学术研究和学术批判是不可能的,对刑法学问题的研究充满着价值判断。由此,实事求是,奉行尊重学术、尊重对立观点的信念,大公无私,不掺杂念地开展学术观点的争鸣,是十分难能可贵的,而需要加以推崇。

法学是实践性很强的学科,理论最终要回到实践中接受检验,任何一个理论,无论多么地悦耳动听、五彩斑斓,但如果指导不了社会实践,都注定是要被淘汰的。

事物因比较而存在,有比较才会有鉴别,知己知彼,是人们进行取舍的前提和基础。在移植外国理论之前需要认真研究德日犯罪本质学说,才能理性地取舍,优中选优。所以,笔者对目前我国存在犯罪本质的争议,暂时不下结论,等到细致分析德日理论之后再行定夺。

本章小结

犯罪本质的社会危害性理论曾经是我国刑法学的核心概念和整个刑法理论的逻辑起点。因为,79《刑法》不但没有明文规定罪刑法定原则,而且还在第七十九条规定了类推定罪制度。由此,一个具体行为如果具有严重的社会危害性,便可以推导出该行为的刑事违法性和应受刑罚惩罚性。社会危害性如此重要,以至于有人把我国的传统刑法理论概括为社会危害性理论。在1997年之前,我国刑法学界关于犯罪本质的社会危害性说居于绝对的主导地位,虽然也存在其他观点,但是都不足以撼动社会危害性理论的通说地位。

97《刑法》明确规定了罪刑法定原则、取消了类推制度、在刑法的溯及力上重申了从旧兼从轻原则,因此,对于犯罪的本质特征的社会危害性、刑事违法性和应受刑罚惩罚性之关系的认识发生了变化;同时,一些学习德日刑法理论的学者具有很强的移植德日刑法理论的欲望。于是,对我国传统的刑法理论发难,社会危害性理论便首当其冲:有的学者认为"犯罪的社会危害性"的提法,"具有政治色彩""非专属性""空泛、模糊和不确定性""缺乏规范质量""可能为随意出入人罪提供超法规依据""与罪刑法定原则相冲突"等不足,应该驱逐出规范性法学;有的学者主张对社会危害性进行具体化,用德日的"法益说"来置换"犯罪的社会危害性"概念。

面临主张去苏俄化学者和主张移植德日法益说的学者等多角度的商榷、质疑,甚至批判,我国大多数刑法学者对于质疑者的模糊认识予以澄清、对于先歪曲后批判的做法予以驳斥,对于社会危害性理论存在的不足提出了修正建议。

第二章　德日国家犯罪本质
学说的嬗变进程

第一节　犯罪本质学说在德日的产生和发展

按照历史唯物主义的观点,任何事物都有其孕育、萌芽、产生、发展、灭亡的历史进程。人类伴随着事物的发展过程,随着其社会实践的拓宽和加深,其认识水平也不断发展和提高。毛泽东指出了这一认识和实践辩证统一的动态过程:"实践、认识、再实践、再认识,这种形式,循环往复以至无穷,而实践和认识之每一循环的内容,都比较地进到了高一级的程度。"①对犯罪本质的认识历史,也同样留下了"一个由浅入深、由片面到全面"的发展轨迹。他山之石,可以攻玉。考察德日等大陆法系国家刑法理论对犯罪的法律本质理解,梳理不同学说之间的历史嬗变,对于本书的研究有所裨益。

德国的犯罪本质学说,经历了由权利侵害说到法益说,再到规范违反说,又到义务违反说,直到当今的法益说的嬗变过程。日本二战之前主要移植了德国的规范违反说;二战之后,移植德国的法益说并改造为目前的以法益说为主的多种折中说。

一、德国的犯罪本质学说的产生与发展

(一)权利侵害说及其产生的历史背景

德国是世界近代文明的先行者之一,为近代世界文明做出了贡献。要掌握当代法益说,需要了解法益说的历史;而法益说最初是对权利侵害说的扬弃而产生的。这就需要我们从权利侵害说及其当时社会背景的追溯开始。

---

① 毛泽东:《实践论》,人民出版社,1992年,第21页。

1.权利侵害说产生的历史背景

欧洲封建社会末期,其封建法制(以刑为主的法制体系)极端黑暗,突出体现三大特点:严刑峻法、刑法干涉性(道德与法律调整界限部分,刑法渗透到社会的各个领域)、等级特权、罪刑擅断(国家的立法、行政、司法职权不分)。面对封建法制的压迫、剥削,当时的平民阶层太不自由了,动辄得咎、动辄触犯刑法;地主阶级享有各种特权,并置身法律约束之外,为所欲为;封建刑罚制度惨无人道、灭绝人性。在这种时代背景下,新兴的资产阶级革命先驱高扬理性大旗,高呼"自由、平等、博爱"口号,动员本阶级和平民阶层开始了轰轰烈烈的资产阶级革命。资产阶级革命胜利,建立资本主义国家,其"自由、平等、博爱"的政治主张在刑法上转变为刑法的三大基本原则:罪刑法定原则、罪刑(刑法)平等原则和刑罚人道原则。在这一过程中,费尔巴哈在继承资产阶级启蒙刑法思想的基础上,提出了权利侵害说。

2.权利侵害说的基本内容

封建宗教(神学)观把犯罪视为对神(上帝、真主等)的意志的违反。以忤逆神意为基点来定义犯罪违背了历史唯物主义规律,是伪科学的。这种愚昧百姓的说教是套在民众身上的精神枷锁,已经随着封建制度的瓦解而被清扫到历史的垃圾堆里了。

权利侵害说是以启蒙运动的人权思想为基础,由费尔巴哈所提出的,旨在限缩刑法的调整范围,将刑法从宗教、道德领域抽出身来,确保公民的自由。该说在18世纪末至19世纪上半期的德国刑法学理论中占据统治地位。费尔巴哈继承并深化了资产阶级启蒙思想家贝卡里亚[1]犯罪本质的论断。"我们已经看到,什么是衡量犯罪的真正标尺,即犯罪对社会的危害。"即犯罪是对社会危害的行为,而不是人们的思想。而衡量犯罪的真正标尺是犯罪对社会的危害;并将社会危害性分为对国家利益的侵犯(对社会的代表利益的侵犯)、对个人利益的侵犯、对社会利益(对社会公共利益的侵犯)的侵犯三类;任何不属于上述范围之内的行为,都不能被称为犯罪或者以犯罪论处。为了限制立法权,罪刑法定原则要求将社会危害性引入到犯

---

[1] 贝卡里亚刑法思想集中地体现在《论犯罪与刑罚》,主要包括罪刑法定主义、双面预防刑罚目的论、增强刑罚效果的罪刑均衡、刑罚不可避免性和及时性原则、刑罚人道原则和法治国家彻底废除死刑主张等。

罪概念当中来。①费尔巴哈创立权利侵害说时,将"社会危害性"这一术语进一步细化为"对权利的侵害性"。②

费尔巴哈提出权利侵害说主要基于以下三个方面的考虑:第一,天赋人权,任何人都享有权利,犯罪的本质正是侵害权利;国家也有人格、享有权利,对国家的犯罪也是对权利的侵害。第二,法律与伦理有严格区别,内心的恶意不是法律规制对象,只有侵害权利的外部行为才是法律规制的对象。第三,将犯罪限定为侵害权利的行为,有利于限制国家权力的恣意,保证刑法的安定性,从而保障市民的自由。③该说认为,犯罪是侵害他人权利的行为。该说对于反对封建刑法的干涉性,收缩刑法的调整范围,限缩国家的刑罚权,保障公民的自由,发挥过积极作用,其功不可没。④

但是,该说处于一个自然法张扬的时代,把这里的"权利"归结为自然法上的权利,而不是实定法上的权利,而且当时的潮流是提倡绝对个体权利,只承认个人权利,而不承认社会权利或者国家的权利,加上自然法的权利是一个界限不清的范畴,由此决定了该说不能解释所有的犯罪现象,对社会的或者国家的犯罪,如赌博罪、没有被害人的犯罪等没有解释力。用权利的观念并不能完全说明实定法所规定的犯罪,有些行为如警察犯(后来的行政犯)、宗教犯罪、风俗犯罪等并没有侵害权利,但仍然被实定法规定为犯罪。例如,当面对警察犯是否侵犯权利的问题时,费尔巴哈认为,本来并不包含对权利的侵害但违反法律的行为是违警罪。按照他的权利侵害说的基本观点,对违警罪是不应当处罚的,但他又认为违警罪属于广义犯罪的一种,即犯罪包括狭义的犯罪与违警罪,狭义的犯罪侵害了权利,违警罪没有侵害权利,只是违反了法律。这显然与他的理论体系相矛盾。⑤由于"在犯罪中也包含着很多难以明确说是权利侵害的部分",如有关宗教和伦理秩序、虐待动物的犯罪及无被害人的犯罪等。于是,权利侵害说被法益侵害说取代,从此退出了历史舞台。

---

① [意]切萨雷·贝卡里亚:《论犯罪与刑罚》,黄风译,中国法制出版社,2005年,第82—85页。

② 陈兴良:《本体刑法学》,商务印书馆,2001年,第161—164页。

③ [日]伊东研佑:《法益概念史研究》,成文堂,1984年,第16页。

④ 费尔巴哈提倡权利侵害说、把罪刑法定主义思想上升为罪刑法定原则之实定法原则、创立了心理强制说、草创了犯罪构成理论,对于防止国家权力的恣意与保障刑法的不安定性,保护市民个人的自由,是近代刑法思想的奠基人因而被称为近代刑法学鼻祖。

⑤ 张明楷:《法益初论》,中国政法大学出版社,2000年,第16页。

（二）法益侵害说在德国的产生和发展

法益侵害说不是彻底否定权利侵害说的合理性,而是作为对权利侵犯说的扬弃而产生的。该说认为,犯罪的本质是对作为权利对象的、国家所保护的利益造成的侵害或者有造成侵害的危险。法益是指法律所保护的利益。所有的法益都是生活利益,包括个人利益与社会共同利益。产生这种利益的不是法秩序而是生活,但法律的保护使生活利益上升为法益。在德日国家,该说一度是通说,目前仍居重要地位。其不足是对下列问题存在激烈的冲突,难以达成一致:这里的法益,到底是规范意义上的法益,还是前实定法意义上的法益? 刑法的法益与民法的法益要不要区分? 如何区分? 法益的主体范围怎样? 法益的内容是状态还是利益等。

（三）规范违反说和社会伦理规范违反说

在德日三层次的犯罪构成判断中,需要进行违法性判断。那么,犯罪违反了什么,或者因何而具有违法性呢?

一是宾丁的规范说。犯罪所违反的不是刑罚法规本身,而是违反了作为刑罚法规前提的一定的行为法——规定禁止或者命令一定行为的规范。规范是专门使人们承受义务的法规,这便是服从义务。与此相对应使人们遵守规范的权利及要求服从的权利,即规范延伸出服从义务和服从要求权。它表现为国家为实现自己的目的而命令其国民及其国家机关为实现目的而进行必要的行为,禁止实行被认为有害的行为,体现的是国家意志。犯罪的本质在于蔑视法律规范的要求,即违反规范性。

二是之后的贝林格对规范的解说在形式上与宾丁的完全相同,认为规范是作为刑罚法规前提的法规范的命令或禁止。但贝林格的规范在实质内容上与宾丁的不同,他放弃了宾丁"具体的规范"立场,以"行为的规范性"来替代,具体来说,违反规范是指对"作为全体的法律秩序"的违反,是对"国家的一般规范意识"的反抗或不服从。

三是德国学者迈耶首倡"违反文化规范论"的犯罪本质观。他认为:"犯罪不仅是侵害国家的危险性的行为,实质上,也是国民道义不允许的行为,即反道义、反文化的行为。"迈耶这里的"规范",是指作为一切法规范的前提或者渊源的前实定的社会规范,即在人类的历史社会生活中自然发生和成立的,内在于现代所有人的意识之中、从内部指导其社会行动的道德、宗教、习俗等文化规范。犯罪是对存在于法律之前的文化规范的违反。鉴于文化规范的外延非常宽泛,为了准确解释违法性的实质,迈耶特意加上了"国家承认的文化规范"这一限定。不过,这一限定使得迈耶的文化规范与法规范的内容完全一致,由此,对犯罪的规定就依赖于立法者的规范评价。

(四)义务违反说

义务违反说是彻底否定法益说的产物。该说认为,犯罪的本质与其说是对法益的侵害,不如说是对义务的违反。该说产生的原因,一是进入20世纪后,人们逐渐对法益概念产生了不同认识:有人认为法益是刑法分则条文所认可的立法目的,有人认为法益是刑法解释与概念构成的目标,即这里的法益是指法律规范的法益,还是规范保护的法益;刑法的法益与其他法律调控的法益要不要区分等问题存在原则上的分歧,导致了法益说在德国的衰落。二是纳粹时代德国的部分学者强调个人对国家、社会的义务,迎合了法西斯政权的政治需要,义务违反说因而被推崇。义务违反说是规范分析的结果,与违法即义务违法的逻辑结论相统一,是由自由资本主义向帝国主义迈进的社会现实,要求适度提前刑法的调整时机相适应的。但是该说在二战期间被法西斯反动势力用来作为践踏人权的工具,二战后不久,这种学说陡然跌入低谷。

二、二战之前日本的犯罪本质学说

与二战之前的军国主义体制相适应,日本二战之前对于犯罪本质理论移植了德国的规范说。

日本的小野清一郎是20世纪中期日本刑法学派旧派阵营中的中坚力量,但他对犯罪本质的见解却受其老师牧野英一的影响。小野清一郎认为,犯罪是违反道义的行为:犯罪不仅是侵害国家的危险性行为,实质上,也是国民道义不允许的行为,即反道义、反文化的行为。就违法的本质而言,与其说是社会危害性或违反公序良俗,毋宁说是违反"国家的条理"或"文化规范",犯罪的本质是反道义、反文化(规范)。这种观点被称为伦理违法论。①

第二节　当今德日国家的犯罪本质学说

鉴于二战期间,义务违反说被法西斯用来践踏人权,二战之后,德日等国家总体上摒弃了义务违反说,又重新回归了犯罪本质的法益侵害说。但

---

① 马克昌主编:《近代西方刑法学说史略》,中国检察出版社,1996年,第278页。

具体的情况又有不同,这里对德国和日本相关学说加以梳理。

一、当代德国的犯罪本质观

在德国,当代的德国犯罪本质观主要是升级版的法益侵害说与升级版的规范违反说在对立中博弈;同时,也有学者走折中路线。

(一)坚持并改造法益说

一是以罗克辛为代表的学者总体上肯定法益说积极价值,反对规范违反说。二战后,德国刑法学借助法益论一直试图给刑法的暴力干预找到一个界限。其基本思想是:刑法只能保护具体的法益,而不允许保护政治或者道德信仰,宗教教义和信条,世界观的意识形态或者纯粹的感情。德国刑法在法益保护理论的影响下完成了对德国的性犯罪,诸如当时被评价为不道德的成人间的同性恋、交换配偶、与动物性交和其他的违反道德行为的除罪化。德国近几年重新燃起对法益概念的热烈讨论,而讨论的结果是对任何刑罚威胁的目的需要是防止法益损害,刑法限制于法益损害的信念被更加坚定。罗克辛对法益下了这样的定义:"对于安全、自由的、保障所有个人人权和公民权的社会生活所必要的,或者对于建立在此目标上的国家制度的运转所必要的现实存在或者目的设定就是法益。""刑法是一种补充性的法益保护。法益没有自然法的永恒效力,而是跟随宪法基础和社会关系的变迁而变化。"①

刑法的任务在于法益保护。德国等国宪法法院的多个判决说明,批判立法的法益概念在确定某一罪刑规范是否具有合法性的问题上,具有重要的实际意义。尽管作为一种最高法律原则,法益概念必然具有抽象性,但它可以通过一系列规则得以明确化。承认法益概念具有批判立法的功能,这与立法者享有一定创造空间的事实之间并不矛盾。行动犯所侵犯的同样也是法益,而不是感情。法益概念不仅具有刑事政策上的意义,而且还会对立法者产生约束力,即合比例性原则是判定某一规定是否合宪的决定性标准,而该原则的内容需要通过法益概念来得到具体化。②

二是从宪法中引导出法益,将法益的正当根据绑定宪法。罗克辛教授还认为,过去仅仅立足于狭隘的个体权利视角的各种法益定义是不适当

---

① [德]克劳斯·罗克辛:《刑法的任务不是法益保护吗?》,樊文译,《刑事法评论》,2007年第19卷,第146—165页。

② [德]克劳斯·罗克辛:《对批判立法之法益概念的检视》,陈璇译,《法学评论(双月刊)》2011年第1期。

的,而应该从宪法中引导出法益的概念。"对刑事立法者预先规定的唯一限制,存在于宪法的原则之中。一个在刑事政策中有约束力的法益概念,只能产生于我们在基本法中载明的建立在个人自由基础之上的法治国家的任务。这个任务就对国家刑罚权规定了界限。在此之后,人们就可以说:法益是在以个人及其自由发展为目标进行建设的社会整体制度范围之内,有益于个人及其自由发展的,或者是有益于这个制度本身功能的一种实现或者目标设定。"①在这里,罗克辛在宪法中寻找法益的根据,把法益的内涵扩展到制度本身或者制度设定的目标上(即承认违反与宪法目标一致的秩序之行为的法益侵害性);同时指出,专横的刑罚威胁保护的不是法益,纯粹的思想性目标设定所保护的不是法益,纯粹的违反道德行为所侵害的不是法益。

(二)对规范说的升级改造

雅克布斯坚持规范违反说并对宾丁的规范违反说、迈耶的伦理规范违反说加以扬弃,使之更加完善。

雅克布斯反对法益说,他认为,将法益保护作为刑法的任务比较勉强,因为许多法益是不可能纳入刑法保护的,而且有不少犯罪也不保护法益,刑法只是保护法益的辅助工具。刑法能够在万不得已时冒充为法益的保护法。然而,这有一点勉强。法律是人与人之间关系的组织,人从自身上说能够表现为特定角色的承担者;在此期间广泛承认的关于所谓客观归责的各种制度的不允许行为的规定,因为考虑了社会的上下关系,也被迫对否定性义务作出了一个角色的规定。肯定性义务(来自特定的制度)是存在于特定角色中的义务,并且,不能表述为尊重现有利益的义务。法益和道德违反性之间的确定界限并不存在。在刑事责任前置的界限上,把刑法作为法益保护的理论也不能提供什么帮助;在环境犯罪方面,这个理论得出了令人惊异的命题。这个理论的真正自由的内容,是纯粹的政治性选择。

刑法作为保护规范适用的理论,特别是在刑罚目的的理论上,证明是合适的:行为是对规范适用的损害;刑罚是对这种损害的清除。②法律是建构人与人之间社会关系的手段,人是特定社会角色的承担者,刑法的任务就是保护规范的有效性,犯罪是对规范有效性的破坏,刑罚是对这种损害

---

① [德]克劳斯·罗克辛:《德国刑法学总论(第1卷)》,王世洲译,法律出版社,2005年,第15页。

② [德]G.雅各布斯:《刑法保护什么:法益还是规范适用?》,王世洲译,《比较法研究》2004年第1期。

的否定。总之,刑法的机能不是保障法益,而是保障规范的有效性。刑罚的机能不是保障犯罪人在将来不再犯罪,而是证实人们对规范有效性的依赖是正确的,错误的是犯罪人。刑法用刑罚否定犯罪,促成人们对规范的承认和忠诚。

(三)德国刑法理论中关于犯罪本质的折中观点①

在刑法目的这一问题上,法益保护与规范效力的保障并非相互排斥,而是两个分属不同层次、完全能够彼此兼容的思想。刑法所规定的罪刑条文既说明了制裁规范,又揭示了行为规范的内容。行为规范的作用在于保护法益。法益概念不仅具有指导构成要件解释的方法论机能,而且也是检验罪刑条文是否正当的根据。客观上符合了构成要件的行为,未必违反了行为规范;同时,客观上不完全符合构成要件的行为,也未必没有违反行为规范。刑罚只能以通过维护行为规范的效力、强化国民对规范之信赖的方法,间接实现法益保护。因此,刑法制裁规范面向之目的在于保障行为规范的效力,而其行为规范面向之目的则在于保护法益。②

有学者指出,积极的一般预防论和法益论有理由被视为德国刑法学的基础。前一个理论解决的问题是,为什么要处罚,而另一个理论则回答处罚什么。美国刑法没有涉及上述理论,因此必然会产生出一个疑问:就这两点而言,德国刑法学对美国刑法的进一步发展是否就不可能做出重要贡献? 为了回答这个问题,自然有必要从美国的视角,对这两个潜在的出口

---

① 其实,美国学者也是折中观点。作者试图揭示法益概念和英美刑法上的损害原则之间的相似性。但是发现,在英语文献中,刑法规范的适正性,首先要归因于一个行为对于他人的损害(损害原则),接着还要进一步归因于对他人的侵扰原则(offence principle),温情主义原则(保护免于自我行为的后果)及最后的法律道德主义原则(legalmoralism)(比如,对于风俗和道德的保护)。在德国,刑法规范的适正性论据就只有一个:法益侵害。他的结论是"单个法益概念担当不起恰当犯罪化的理论任务",因此还需要进一步考虑,是否可能还有其他的"法益概念之外的犯罪化理由"。但是,损害原则是否"真的是一个与刑法的法益概念相契合的范畴",倒是受到了德国刑法学界普遍怀疑。根据笔者的观点,在本书所论述的英美"损害原则"和德国的法益概念之间的相似性,能够为法益的根据和结构提供一定的知识。同时,应该说很清楚的是,仅仅一个法益概念不可能担当起恰当犯罪化的理论任务。因此,还需要进一步讨论的是:是否可能还有法益概念之外的犯罪化的根据,如果存在这样的根据,那么它到底是什么以及它的界限究竟在哪里等这样的问题。见[英]安德鲁·冯·赫尔希:《法益概念与"损害原则"》,樊文译,《刑事法评论》2009年第2期。
② [德]乌尔斯·金德霍伊泽尔:《论刑法的目的(法益保护与规范效力的保障)》,陈璇译,《中外法学》2015年第2期。

商品进行仔细考察。或许从这种比较法性质的检视中最终能够受益的,不只是输入者,也包括输出者自己。笔者的结论是,对于美国刑法而言,积极的一般预防论和法益论的重要意义在于"构建一部严格的且自身充满逻辑性的刑法制度所进行的尝试和努力",对于美国刑法思维中日益流行的蛊惑人心的实用主义而言,是一种有益的平衡,尽管德国刑法解决具体问题的方法不能被简单地移植到美国刑法之中。然而鉴于当今美国刑罚体系令人恐怖的事实——美国监狱关押着200多万名罪犯,在押率全球最高——这种实用主义的思维倾向是很难停止的。①

二、当代日本的犯罪本质观

二战之前,日本曾颁布过一部宪法,即1889年由明治天皇"御赐"的《大日本帝国宪法》,也就是通常所说的《明治宪法》,这是一部带有浓烈神权色彩的专制宪法。1945年9月以美国为首的盟国占领日本后,负责占领日本事务的盟国远东委员会和麦克阿瑟领导的盟军东京总部逐步对日本进行了现代化改革和改造,包括建设现代化的电话系统、引进合格的厕所和卫生设施、树立现代营养和卫生观念、废除纳妾、废除租佃制、将土地分给农民等;同时,还对日本社会进行了民主改造,借以清除日本社会中的封建色彩,清除日本军国主义分子赖以发动战争的土壤。

其中,需要解决的首要问题就是为日本制定一部符合近代西方君主国家模式的新宪法。经过美国等盟国方面与日本的反复商讨,"和平宪法",即《日本国宪法》终于颁布并于1947年5月3日正式生效施行。有鉴于此,二战之后,作为战败国的日本出于适应现代民主进程和保障人权的需要,便从德国移植犯罪本质的法益说。

但是日本学者发现法益说并非完美无缺,而是有其内在的不足和瑕疵。"今天的日本,并不是纯粹地坚持法益说,而是折中说比较盛行。"②主要有两个分支:

一是以法益侵害为主,兼采义务违反的折中说。该说由日本学者团藤重光提倡,得到了大冢仁等学者的支持。该说主张犯罪首先是对法益的侵害或者威胁,将犯罪的本质理解为法益侵害基本上是妥当的。其次,犯罪

---

① [美]马库斯·德克·达博:《积极的一般预防与法益理论——一个美国人眼里的德国刑法学的两个重要成就》,杨萌译,徐久生校,《刑事法评论》2007年第21卷。

② [日]关哲夫:《现代社会中法益论的课题》,王充译,《刑法论丛》2007年第12卷。

也有对义务的违反的一面,因为刑法并不只是根据行为对法益的侵害结果来规定犯罪,刑法的某些条文因行为侵害或者威胁同类法益的具体样态之不同而规定为不同的犯罪,或者侵害或者威胁同类法益却因为主体身份不同而规定为不同的犯罪。这都说明犯罪的本质不只是对法益的侵害,还包括对义务的违反。"对以行为主体一定义务违反为中心要素的犯罪,为了弥补法益侵害说,有必要并用义务违反说。而且那些只有考虑到行为人的义务违反方面才能正确把握其性质的犯罪,可以称其为义务犯。"①这种折中说现已为不少日本学者所主张。

二是以社会伦理违反为主,兼采法益侵害的折中说。②日本学者大谷实认为,法益侵害说虽然基本上是正确的,但仅仅用法益说还不能把握犯罪的本质。因为,不重要的法益侵害行为,如民事侵权行为,委之于其他法律上的制裁就可以了。从维持社会秩序的观点看,没有必要将所有的法益侵害行为都规定为犯罪,只要将从维持社会秩序的目的上看的当罚行为规定为犯罪就够了,而在历史上形成的社会伦理规范则是社会秩序的基础。"这样,犯罪的本质应该理解为违反社会伦理规范的法益侵害行为,违法性、责任、刑罚也是要立足于这个社会伦理规范的。"③在这里,大谷实立足于社会伦理秩序违反的侵害法益来揭示犯罪的本质。

三、简要评析

德国的法益说有其不足,最为关键的是:法益概念的两难选择不可避免。一方面,如果坚持严格实质的、实体的法益概念,发挥法益概念的解释机能,那么,就无法保有法益的立法批判机能。另一方面,如果彻底放弃严格实质的、实体的法益概念,采用自然法意义的法益观念以满足法益概念的立法批判机能,那么这样的法益观念其内容就会非常的一般化、抽象化,因此就强烈具有保护普遍法益(例如,全体社会的安宁、全体体系的安定和平等)、中间法益(例如,部分社会的安宁、部分体系及社会对之信赖等)的倾向,其结果将会导致刑法的边界开放。法益概念的这个两难选择是法益论不可避免的困境。对于某些刑法法规而言,是坚持法益保护思想以维持

① 马克昌:《比较刑法原理——外国刑法学总论》,武汉大学出版社,2002年,第92页。
② 这里需要说明的是:中国学界一般认为该说是立足于法益说,兼采社会伦理违反的折中观点。但是从大谷实的维持社会秩序的目的看,此说应当可概括为立足于社会伦理违反,兼采法益说。
③ [日]大谷实:《刑法讲义总论》(第4版),成文堂,1994年,第101页。

法益概念,还是放弃法益保护思想准备以其他概念工具取代法益概念,在坚持法益保护思想以维持法益概念的情况下,是满足于一般的抽象的法益概念呢,还是探究实质的实体的概念呢? 对于这些疑问的解决,需要在法益概念的两难选择之间保持平衡。所以,折中说或者综合说,较为可取。

本章小结

德国的犯罪本质学说,经历了由权利侵害说到法益说,再到规范违反说,再到义务违反说,直到当今的升级版的法益说之嬗变过程。当代的德国犯罪本质观主要是升级版的法益侵害说与升级版的规范违反说在对立中博弈;同时,还有一些学者奉行折中观点。

二战之前,日本移植德国的犯罪本质规范违反说,只不过日本把这里的规范理解为"国家文化规范"。二战之后,日本又移植了德国的犯罪本质法益说。今天的日本,并不是纯粹地坚持法益说,而是或者立足于法益说辅之以义务违反说,或者以规范违反说为基础兼采法益侵害说。

折中的观点既能克服法益说的不足,又可以汲取其他学说优点,因而较为可取。比较而言,以规范违反说为基础兼采法益侵害说,更具有合理性。

第三章　犯罪本质"四维法益说"的证立

第一节　对传统的社会危害性理论的合理性分析

前述梳理了国内刑法学界关于犯罪本质社会危害性理论的争论。本书认为,传统的犯罪本质之社会危害性理论在根本上没有错误。其实,无论是法益侵害,还是规范违反(义务违反说),都是揭示犯罪所具有的社会危害性。当然,一些批判观点也有合理的成分,故需要将社会危害性理论深化,即将社会危害性的内容进一步具体化。所以,既不赞成抱持传统的社会危害性理论,也不赞成简单地抛弃"社会危害性理论"或者将其"驱逐"出去。关键是如何解决"严重的社会危害性"的高度抽象性,使之具有可操作性。就维护社会危害性理论的观点而言,有的论据比较勉强。结合争论双方的论述,对传统的社会危害性理论的合理性加以分析。

一、考察犯罪本质的逻辑思维起点因罪刑法定原则的确立而变化

是"鸡生蛋",还是"蛋生鸡"? 是先有刑法(鸡),还是先有犯罪(蛋)? 具体到犯罪本质问题上,是先有刑事违法性(鸡),还是先有社会危害性(蛋)? 对这一问题的正确回答需要有一个立论的场域。"严重的社会危害性"与"刑事违法性"源流关系取决于分析问题的视角。在立法学中,先有严重的社会危害性,后有刑事违法性;在解释学(法义学)、应用法学中,严重的社会危害性需要受到刑事违法性的限定。

从应用法学视角看,犯罪是按照刑法规范提供的犯罪标准(大前提)对现实中发生的"危害社会的行为事实"(小前提)进行评价而得出的结论。这一过程,判断的依据是一个"带着价值性的犯罪构成标准";考察的对象是一个"蕴含着行为人主观心态(意识和意志)、充满着行为人价值判断的行为事实",所以现实中的犯罪行为不是一个纯粹的"赤裸的客观事实",而

是一个充满了主观性和主观价值判断的"社会存在"。由此,犯罪本质是什么,需要基于刑法的立法规定来考量。

在1997年修订刑法之前,应用法学视角下的犯罪本质与立法视角下的犯罪本质,没有明显的差别,都是"严重的社会危害性"。因为79《刑法》不但没有明文规定罪刑法定原则,还在其第七十九条规定了类推定罪制度。由此,社会现实中出现了一个具体行为事实,只要具有严重的社会危害性,便可以借助于类推制度推导出该行为事实的"刑事违法性"和"应受刑罚惩罚性"。"严重的社会危害性"是犯罪行为的"刑事违法性"和"应受刑罚惩罚性"的前提和基础,是推导出犯罪行为的"刑事违法性"和"应受刑罚惩罚性"的"充分必要条件"。这一结论既符合逻辑,又符合法律,是对犯罪本质的科学概括。

97《刑法》明确规定了罪刑法定原则,相应地,取消了类推制度。罪刑法定原则的明确确立和刑法总则、分则的有关规定的相应修订使我国刑法进入新的刑事法治发展阶段。刑法的立法重大理念和制度的变革,必然引起刑法理论和刑法解释的相应革新。因此,对于犯罪的本质特征的社会危害性、刑事违法性和应受刑罚惩罚性之关系的认识也需要与时俱进。有鉴于此,在应用法学视角下,罪刑法定原则这一现代刑法的"铁则"要求"法无明文规定不为罪、法无明文规定不处罚",由此,一个行为事实是不是犯罪行为,其逻辑起点是现行刑法对这类行为"有无明文规定",而不是79《刑法》立法框架下首先去考量该行为是否有"严重的社会危害性"。

二、将"严重的社会危害性"修正为"依法应受刑罚惩罚的社会危害性"

罪刑法定基本原则要求"奉法为尊":需要以刑法的明文规定作为认定犯罪的依据和逻辑起点。"犯罪的刑事违法性"一跃成为犯罪的首要特性。所以,陈兴良力倡将刑事违法性作为犯罪根本特性,其逻辑思维的方向是值得肯定的。

但即使是应用法学视角,鉴于我国刑法不像德日国家的刑法规定那样对"犯罪行为的规定只定性不定量",故仅有"形式的刑事违法性"还不够,需要把刑事违法性加以实质化。根据《刑法》第十三条但书的规定,在司法视角下,犯罪应该被定义为:依法应受刑罚惩罚的危害社会的行为。由此,这里的刑事违法性,不应只是形式的刑事违法性,而应该是实质的刑事违法性——依法应受刑罚惩罚的社会危害性。这就是说,在司法视角下,犯罪的本质应采用"依法应受刑罚惩罚的社会危害性"的表述。

依法应受刑罚惩罚的社会危害性说与传统的社会危害性理论(立法视角犯罪本质"严重的社会危害性说")是有区别的:一是逻辑起点不同,在司法视角下是以刑法的明文规定为认定依据,刑法是司法的逻辑点,即以刑法规范为准绳对现实发生的行为事实加以认定;在立法视角下,是以"立法者认为社会中发生的某一些行为具有了值得动用刑罚加以惩治的社会危害性,需要用刑罚加以惩治"为逻辑起点,而对这类危害性严重的行为加以类型化、犯罪化。二是司法视角的"严重的社会危害性"是刑法规范明文限定了的"社会危害性";如果某类危害行为没有纳入刑法调整范围,即使现实中发生了这类行为并且具有巨大的社会危害性,也不能认定为具有刑事司法意义上"犯罪的社会危害性";在立法视角下,立法者发现一类行为事实具有"新的"严重的社会危害性,则会通过立法对"具有社会危害性的该类行为"加以犯罪化立法。三是该类行为与刑法规范的关系,在司法视角下,因为社会上发生的某一种行为具有了分则罪刑规范所设定的"应受处罚的社会危害性",所以该具体的行为可以构成犯罪("鸡生蛋"——刑法生犯罪);在立法视角下,因为某一类危害行为具有的"严重的社会危害性"达到了需要用刑罚加以处罚的程度,所以立法将其犯罪化("蛋生鸡"——社会中的严重危害社会的事实催生刑法)。

总之,与传统的社会危害性立论的理法视角不同,在司法视角下,犯罪的本质应采用"依法应受刑罚惩罚的社会危害性说"。刑事违法性是逻辑起点,但应实质地理解。与立法上"从实质走向形式"相悖,司法上是"由形式圈定实质"。

第二节　我国学者对德日犯罪本质理论的移植和改造建议

一、我国学者关于移植德日法益说争议和改造尝试

本节通过梳理21世纪以来所发表的文章,大致按照发文的顺序简要叙述并点评。

(一)张明楷对法益说的立场和初步改造

张明楷在《法学研究》2000年第1期上发表文章,结合我国新修订的97《刑法》对法益说在理论移植进行了有力的推动。

一是犯罪的本质在于法益侵害性。法益是根据宪法的基本原则,由法所保护的、客观上可能受到侵害或者威胁的人的生活利益。这是一般性的法益概念。由此出发,由刑法所保护的人的生活利益就是刑法上的法益。

二是97《刑法》贯彻了法益侵害说。在犯罪本质问题上,97《刑法》从许多方面认同了法益侵害说。主要表现如下:第一,在修改刑法的讨论过程中不少人提出增设通奸罪、卖淫罪、乱伦罪等以违反社会伦理为内容的犯罪,但没有被新刑法采纳。也有人提出增设吸食毒品罪,同样不被97《刑法》所取。这足以说明97《刑法》没有以行为的反伦理性作为决定处罚范围的界限,因而没有采取规范违反说,而是采取了法益侵害说。第二,97《刑法》第二条规定刑法的任务与目的是保护合法权益(法益),而不是对社会伦理规范或伦理秩序的保护;第十三条关于犯罪的定义说明犯罪的本质是一定的社会危害性,而社会危害性的内容是对合法权益的侵犯。这两个条文从正反两个角度肯定了法益侵害说。第三,97《刑法》对某些具体犯罪所属类别的调整,也显示出以保护法益为核心的犯罪本质法益侵害观。第四,97《刑法》第一百四十条将《关于惩治生产销售伪劣商品犯罪的决定》中的违法所得数额修改为销售金额(还有几个条文也是如此)。这样的修改实际上肯定了犯罪的本质是侵害法益。第五,97《刑法》为了使具体犯罪的构成要件进一步明确,对新增加的犯罪及旧刑法中已有的部分犯罪,突出了犯罪结果的规定(有的是在"情节严重"之前突出了犯罪结果的规定)。

三是坚持法益说下的结果无价值论。因为与行为无价值相比,其具有优势:法益说的结果无价值论主张,违法的实质(或者根据)是法益侵害极其危险,即刑事可罚性是对于行为现实引起的对法益的侵害或者威胁(危险)所作的否定评价;没有造成法益侵害或危险的行为,即使违反了社会伦理秩序,但因缺乏社会的相当性,故不能成为刑法的处罚对象。

四是针对法益侵害说不能说明轻微行为的非犯罪性指责,认为坚持实质的犯罪论,对犯罪构成需要进行实质的解释,就可以将轻微侵害法益的行为或者侵害轻微法益的行为排除在犯罪构成之外。

在这里,张明楷运用德日法益说来解释我国刑法规定,而对德日法益说的最大不足——不能说明刑法法益与民法法益等其他部门法之法益的区别,却没有涉及。

在其后的《法益初论》和《刑法学》多次再版的专著中,张明楷不断重申:"法益,是指根据宪法原则,由法所保护的、客观上可能受到侵害或者威胁的人的生活利益。其中由刑法所保护的人的生活利益,就是刑法法益。所谓'人的生活利益',不仅包括个人的生命、身体、自由、名誉、财产等利益,而且包括建立在保护个人的利益基础之上的因而可以还原为个人利益的国家利益和社会利益。"[1]关于刑法法益的特殊性质仍然没有深刻的剖析。

近年来,张明楷已经着手对德日法益说实行一个很有价值的改造。即用比例原则修正法益说。法益保护原则一直是刑事立法的基本指导原理,比例原则并无超越法益保护原则的内容。而且,比例原则缺乏目的正当性的审查,其标准也不明确。近年来,刑事立法中出现的法益概念的抽象化、处罚的早期化及重罚化现象,并不意味着法益保护原则面临危机,相反说明需要发挥法益概念的批判性机能。当然,比例原则对于贯彻法益保护原则具有方法论的意义。将比例原则引入刑法领域补充法益保护原则时,应当避免简单的话语转换与机械地套用。刑事立法的审查应当按五个步骤展开:目的是否具有合理性? 刑罚是不是达到合理目的的有效手段? 是否存在替代刑罚的手段? 利用刑罚保护法益的同时可能造成何种损害? 对相应的犯罪应当规定何种刑罚? [2]

这里,张明楷的主旨是不赞成用德日的比例原则替代法益侵害原则,因为法益概念的抽象化、处罚的早期化和重罚化现象,恰恰需要法益论来检视,是需要法益批判功能发挥作用的证明。不过,比例原则也不是一无是处,而是可以作为法益说的补充。"比例原则作为法益的补充",无疑是对刑法法益加以个性化第一步。本书对此抱有谨慎乐观态度。

(二)陈兴良的法益观

陈兴良2000年在《法学研究》第1期上发表文章,意在反思传统的犯罪本质和社会危害性理论,提倡刑事违法性应该是犯罪的第一本质属性,主张用法益侵害性来代替传统的社会危害性。他主张,与97《刑法》明确确立罪刑法定原则相适应,在当前法治国家的建设中应该将形式合理性置于首要的位置,并将社会危害性的概念逐出注释刑法学领域。在社会危害性理论被驱逐出去之后,为避免使注释刑法学中的犯罪概念变成一个纯粹的法律形式,则需要引入一个具有实质意义的概念——法益及法益侵害。具

① 张明楷:《刑法学(上)》(第五版),法律出版社,2016年,第63页。
② 张明楷:《法益保护与比例原则》,《中国社会科学》2017年第7期。

体设想是把犯罪客体还原为刑法法益；然后将刑法法益纳入犯罪概念，以法益侵害作为犯罪的本质特征，由此取代社会危害性概念。法益侵害与社会危害性相比，具有规范性、实体性、专属性等优越性。①

在其后出版的专著《本体刑法学》中，他再次重申了法益侵害说较之社会危害性理论的优越性，法益说更具有规范性、实体性、专属性。②至于法益的内涵是什么、外延怎样，没有讨论。

在其按照三阶层体系著述犯罪论体系的教科书中论述道："今天的通说，把犯罪的实质认定为对法益的侵害性或者威胁性的行为。这里说的法益，是指重要的生活利益，包括个人的生命、身体、财产以及其他有助于个体人格发展的个人利益，以及支持这些利益的国家的、社会的利益。"③缘于教材的性质和定位，该教科书直接承认了法益说在犯罪本质问题上的优越地位，而对于刑法法益与其他部门法的"法益"的区别等急待回答的深层次的疑问，则没有展开阐述。

（三）国内其他学者对法益说的移植和改造尝试

有学者主张，将法益作为犯罪客体比较妥当，即犯罪客体应当是指被犯罪行为所侵害的、由我国刑法所保护的法益。主要理由有四：法益说深刻揭示了犯罪危害的实质、法益说切合了现代民主政治和人权观念的新发展、法益具有其特殊的机能、法益说完全切合刑事立法和司法实践。该论者同时认为法益论本身也面临许多挑战与悖论，尤其是法益的价值构造与价值取向等方面还存在许多需要进一步研究的问题。就应如何夯实法益论的"地基"，充实法益论的内容，并适时发展法益论？该论者认为，一个重要的基础即刑法的价值定位：价值中立，相应地，法益也要价值中立（即法益整体价值中立），其基本含义是，法益是法通过合乎公平正义的、毫无偏私的、中道的权衡，从而使法所保护的价值或利益在整体上成为全社会所有主体的共同价值需求。法益价值中立需要"得到经常、一贯的强调"。④

应当说，该论者能够看到德日法益说面临的挑战和悖论，并试图提出解决思路，难能可贵。但是以法律价值的中立作为立论的基础，则殊不可取。法律本身就是立法者价值选择的产物，在法律基因天然地沁透了立法

① 陈兴良：《社会危害性理论：进一步的批判性清理》，《中国法学》2006年第4期。
② 陈兴良：《本体刑法学》，商务印书馆，2001年，第161—164页。
③ 陈兴良主编：《刑法学》，复旦大学出版社，2016年，第18—19页。
④ 魏东：《论作为犯罪客体的法益及其理论问题》，《政治与法律》2003年第8期。

者的自身利益和诉求,法律规范的每一根汗毛中都浸润着立法者的价值取舍的背景下,法律中的法益无法保持价值中立。

有论者认为,法益侵害说与规范违反说的争论主要在实质的犯罪概念和实质违法性领域。在实质犯罪概念领域内的争论主要是为了解释现行刑法和指导刑事立法;在实质违法性领域内的争论旨在为符合构成要件行为的正当化提供解释依据。按照我国刑法理论体系,讨论法益侵害说与规范违反说只能在实质的犯罪概念领域中进行。①

法益的体系性位置可以从法益与实定法的关系、讨论法益问题的领域两个角度来分析。在不同领域内讨论的法益有不同的概念选择,发挥不同的功能。犯罪立法概念中的法益只能是宪法性法益,其功能在于为刑事立法者提供适当的刑事政策标准。犯罪司法概念中的法益,在入罪判断时只能是后刑法法益,可以指导解释刑法规定的行为构成;在出罪判断时只能是宪法性法益,通过法益价值的衡量,对符合犯罪成立形式要件的行为进行正当化处理。②该论者对法益内涵的把握在宪法性法益和实定法法益之间游弋(尤其是司法实践中入罪时,运用刑法法益;需要出罪的,则用宪法性法益),则违背了逻辑上的不矛盾律,所以作者观点的可信度大打折扣。

有学者认为,在社会危害性的认定上,应当坚持结果无价值论的观念,体现这种观念的是法益侵害说。在分析法益是否受到侵害的时候,只能从客观方面来考虑。在我国的犯罪构成体系下,坚持法益侵害说,需要主张客观判断优先的观点,同时,在犯罪概念上,提倡多元的犯罪概念。③这与该论者曾经的观点:"行为社会危害性的判断基础不包括主观要素"④是一致的。问题是,犯罪的社会危害性只限于客观危害,不包括主观内容的观点,来源于德日等国家——德日国家的犯罪论体系是以刑事古典学派的理性人为基点构筑的,在刑事古典学派眼中,有责任的行为人是"千人一面",没有差别。但是现实中的人不是纯粹的理性人,而是经验人、经济人,是具有个体差异的"千姿百态"的人。而且,认为犯罪的社会危害性只取决于客观一方面,而与主观恶性无涉,这不符合刑法规定——刑法对故意杀人罪与过失致人死亡罪,以及故意伤害罪与过失致人重伤罪配置了迥异的法定

---

① 刘孝敏:《论法益侵害说与规范违反说之争》,《法学论坛》2006年第1期。

② 刘孝敏:《法益的体系性位置与功能》,《法学研究》2007年第1期。

③ 黎宏:《法益侵害说和犯罪的认定》,《国家检察官学院学报》2006年第6期。

④ 黎宏:《判断行为的社会危害性时不应考虑主观要素》,《法商研究》2006年第1期。

刑等立法例,足以说明,不同罪过支配下的犯罪行为,其社会危害性不同,因而其可谴责性也不同,法定刑的配置也不同。由此,该作者的观点难以令人信服。

有学者认为,我国的社会危害性的犯罪本质理论尽管存在不足,但还远没有一些学者说得那么缺陷明显。同时,法益侵害说也存在较大的不足,全面贯彻不免有失妥当。因此,对于犯罪本质问题,理性的态度应当是对我国现有的社会危害性理论予以完善,吸收刑法主观主义和刑法客观主义的合理思想,在现有的构架内进行有益的修补。将来我国的犯罪本质理论可以在社会危害性概念之下将法益说和规范违反说有机结合在一起,体现犯罪本质的国家与公民二元互动关系。将犯罪的本质归为国家与公民的二元有机互动,有利于在公民心中树立起刑法的权威;可使国家权威主义与个人自由主义这两种政治思潮有机融合,并将最终有助于缓和在传统社会架构中曾一度紧张的国家与公民之间的关系,真正形成两者之间的良性互动关系。[1]这一观点主张将法益说和规范违反说有机结合,但是如何进一步结合,由谁来折中谁(即"立足法益说来折中规范违反说",还是反之,"立足规范违反说来折中法益说"),该论者并没有指明。鉴于检验法益说与规范违反说的试金石恰恰在贯彻它们过程中发生冲突的场合和情形,故如何进行具体的折中,将是至关紧要的课题,必须做出回答。

有学者认为,社会危害性概念与我国现有的犯罪构成体系之间存在着紧张关系,其根源在于社会危害性(实质违法性)被理解为犯罪的一个特征。我国现有的成立犯罪的理论实际上可以理解为"四要件体系—社会危害性"双层结构,但应将社会危害性的概念置换为法益侵害的概念,并且将之理解为犯罪成立的一个阶层(违法性阶层)。此外,还需要细化构成要件的概念、析出责任阶层。我国的犯罪构成理论应改造为"构成要件该当性—违法性—有责性"的三阶层体系。[2]这一观点用法益替代社会危害性是值得称道的。但是在我国,四要件犯罪论体系必须进行实质解释,社会危害性当然包容在犯罪构成四要件体系之中,不能游离于该体系之外。

有学者认为,在构成要件的保护对象是复数法益时,被害人同意的出

① 郭泽强:《从学派论争角度解读犯罪本质》,《学习与实践》2006年第10期。

② 付立庆:《论违法性理论的应然位置》,《国家检察官学院学报》2007年第4期。

罪功能受到限制。以往的"选择性理论"和"累积性理论"不能妥当地说明同意在复数法益下的出罪效果。将复数法益"单一化"处理,也不是圆满的解决方案。故应该根据刑事政策和立法选择来确定复数法益中的"优势法益",只有当有效的同意指向"优势法益"时,同意才能排除整个构成要件的不法。①该文涉及了数个法益价值位序的比较问题,对几个法益经过比较,确定优势法益说。这一认识有助于推动刑法法益的个性化。

有学者通过对法益之"益"的多方考察,认为"益"概念是一个具有"二部四分"结构的复合概念。"益"的实部究竟应该是客观存在还是观念,"益"的虚部究竟应该具有批判作用还是因袭实定法,作者所持的立场是"益"可在"实"和"虚"二部上使用。确认法益之"益"是一个具有以特定方式结合的二部四分结构的复合体。满足这种结构的事物,均能担起充任法益之"益"的重任;不满足这种结构的事物,无论其多么接近法益之"益",也不足以成为刑法学眼中的"益"。即便有的事物内部元素均已满足法益之"益"的需求(例如,同时具备实体与价值两个层面),但不是以本书所论述的方式进行组合的(例如,该事物的价值层面与实体层面无关,或者两者相关的连接点不是人格,而是诸如"立法者之意志"之类的东西),则该物仍然不是现代刑法学视野中的"益"。法益之"益"具有如下四个特点:同时具有存在层面(实部)与价值层面(虚部);两层面的连接点在于人格;存在层面具有双轨性,即同时可拆分为实态物及机制,而机制正是用来保护实态物的规范运行效果;价值层面具有实然与应然双重功能层次,其中应然部分是法益概念之所以存在的根本价值。同时满足这四个要件的事物,即刑法视野中的法益之"益"。②我们或许不赞成该论者的观点,但其致力于刑法法益个性研究的努力是值得赞赏的。

有学者认为,现代社会逐渐进入后工业阶段,现代社会的风险所呈现出的诸多特征正潜移默化地影响和决定着刑法未来的方向。为了使刑法维系社会的功能最大化发挥作用,刑法通过对抽象危险犯类型的规制来防止特定危险实害化。这一做法的直接影响就是对传统作为刑法基石的法益论造成强烈冲击,致使法益概念逐渐抽象化、模糊化,使法益论陷入维系自身机能的困境。德国法益发展的三种倾向:法益的内涵由物质向精神扩

---

① 车浩:《复数法益下的被害人同意——"优势法益说"之提倡》,《中国刑事法杂志》2008年第5期。

② 熊琦:《论法益之"益"》,《刑法论丛》2008年第3期。

张、法益的范围蔓延至超个人法益、法益的基点扩展至非人本思维。鉴于法益发展这三种倾向,目前所要解决的主要问题不再是法益究竟是先在的(超验的)还是被建构的,法益到底是物质的还是精神的等争论不休的问题,而是面对现代刑法中出现的越来越多的抽象化的法益概念应如何把握的问题。鉴于法益概念不断突破自己的限定范围的功能化发展趋向,德国学者基本形成两种有代表性的观点:其一是抛弃法益概念;其二是重新解读法益概念,使其克服自身存在的矛盾。对这两种观点的取舍必然影响法益未来发展的命运。如果彻底抛弃法益概念,那么会使百年的法益理念精神荡然无存,这样无疑会对以法益为基础建立起来的刑法体系产生猛烈的冲击;而重新解读法益概念,使其能够克服其自身的功能障碍从而适应社会的变化成了目前维系法益概念的唯一出路。虽然这样的选择仍然会产生刑法理论不可解决的解释学上的诸多问题,但也为刑法学的深入发展提供了一个契机。[①]本书赞同该论者的关于重新解读法益概念的发展方向,我们不可能隔断历史,在没有提出更好的方案之前,用"旧瓶装新酒"的方法来解决新问题,一直是可行的、经济的途径。

有学者认为,刑法是规范性、功能性和文化性的统一体。虽然社会危害性说与法益侵害说都在一定程度上满足了刑法的功能性要求,但社会危害性说完全消解了刑法的规范性,而法益侵害说则忽视了刑法的文化性。因而,这两种学说在刑法规范意识较为缺乏且具有丰富的习惯法社会实践的少数民族地区的刑事法治发展中均有不适之处。与此不同,形式违法性与实质违法性相结合的规范违反说能同时兼顾刑法的规范性、功能性和文化性之要求,有利于刑法与民族习惯法之间的良性互动,因而在少数民族地区刑事法治建设中应当予以提倡,并应通过对我国犯罪构成理论的完善来加以贯彻。[②]该论者结合少数民族地区的习惯法特点来研究犯罪本质问题,有实证价值。

有学者认为,我国刑法学对法益与规范之关系的理解与定位,应放在对《刑法》第十三条的逻辑架构中,并以辩证分析方法和司法逻辑方法进行。犯罪概念应分析为刑事违法性与应受刑罚惩罚性,前者是刑法第十三条前段的着力点,体现形式理性,也体现控诉理性;后者是但书的着力点,

① 舒洪水、张晶:《法益在现代刑法中的困境与发展——以德、日刑法的立法动态为视角》,《政治与法律》2009年第7期。

② 苏永生:《犯罪本质理论的困境与出路——以我国民族地区的刑事法治发展为中心》,《北方法学》2010年第2期。

体现实质理性,也体现辩护理性。应受刑罚惩罚性是规范违反性与法益侵害性的统一。法益与规范的性质和存在方式明显不同,不可用一个囊括另一个,但法益的确定只有在规范的指引下才是可能的,规范立场决定法益侵害评价。如果不受到规范评价的限制与指导,法益概念就会丧失限制犯罪成立的出罪功能,从而很容易成为"欲加之罪,何患无辞"的口实。①该论者在此强调了这里的法益是国家实在法所确立的法益(实在法法益),并论证了法益的解释论功能。国家不同,法律不同,价值判断标准不同,因而不同场合下法益之内涵与外延,也有所差别。

有论者反对犯罪本质法益侵害说和规范违反说的二元论观点,为了维护法益概念的划界与理论批判机能,有必要坚持法益侵害一元论。法益保护是刑法理论的知识前见,但是法益的生成需要经过个体诉求、社会承认和法律确认三个不断递进的阶段,如此生成的法益概念关照了个体、社会、国家三者的立场,不但维持了法益的划界和理论批判机能,而且使得主体间的论辩尤其是刑法理论研究者的参与成为可能,从而保持了刑法理论回应动态社会发展的能力。法益概念在刑法理论中的真正价值在于国家为生活于社会中的个人撑起一片自由的天地。②这一观点认识到法益内涵与外延的动态发展,有可取的成分。

有学者探讨了行政犯的法益问题。行政犯侵犯了刑法秩序和行政法秩序,法秩序属于法益。行政犯的主要属性是行政违反性,规制行政犯主要是服务于实现行政上的利益(该行政上的利益已经属于刑法的法益)。规制行政犯所追求的行政上的利益本质上是一种派生性生活利益。行政犯所侵犯的法益以派生性生活利益为主,刑法秩序和行政法秩序为辅。③这一观点解释了刑法法益与行政法法益的联系,但是没有阐述二者的区别。然而关于刑法法益与行政法法益二者的区别,恰恰是最为重要的。

法益概念的模糊化、法益内容的精神化和法益机能的相对化使法益论在现代社会,尤其是风险社会中遭到了前所未有的危机,面对此种危机,有学者开始寻求用规范概念替代法益概念建立一套全新的刑法体系,但这一尝试并不成功。法益论应当在坚持中加以改良,现代法益论应当吸收规范

---

① 刘远:《规范 vs 法益:基于〈刑法〉第 13 条的司法逻辑分析》,《甘肃政法学院学报》2011年第 5 期。

② 刘军:《为什么是法益侵害说一元论?》,《甘肃政法学院学报》2011 年第 5 期。

③ 邱帅萍:《论行政犯侵害的法益》,《云南大学学报法学版》2011 年第 4 期。

理论的合理内核,正视法益的精神化及流动性,并承认超个人法益概念存在的独立价值。①

　　犯罪本质作为典型的刑法哲学问题是三大犯罪构成体系共同的命题。我国关于犯罪本质的大讨论集中体现在法益侵害说和社会危害性说的争议上,为限制国家刑罚权的发动,实现刑法的人权保护机能,需要厘清三大关系:犯罪本质与法益侵害说、社会危害性说的关系;犯罪本质与犯罪构成体系的关系;犯罪本质与刑法解释立场的关系。关于犯罪本质的观点可以打破法系、打破国家的界限而形成共同认知的结论。法益侵害说和社会危害性都是对犯罪本质的抽象概括,在褪去社会危害性说的政治阶级外衣后,两者具有同质性;犯罪本质是犯罪构成体系的基石,犯罪构成体系是犯罪本质的具体化体现;对犯罪本质的实质违法性的判定直接影响到刑法解释立场的选择,在罪刑法定原则深入人心的当下,形式解释论和实质解释论不是对立而是可能调和的。②

　　行为无价值论如欲告别道德主义的羁绊,就应该承认犯罪是违反行为规范进而指向法益的行为。在这个意义上的行为无价值论是“新规范违反说”和“法益侵害导向性说”的统一体。既然违法性兼具行为规范违反和法益损害(实害或者危险)的双重性质,那么,像一元的结果无价值论(纯粹的结果无价值论)那样,只将法益置于违法性评价的核心,完全不考虑行为本身的不妥当性的主张,存在诸多显而易见的缺陷,是令人难以接受的。行为规范违反和法益损害共同决定违法性的有无及其程度,但是这并不意味着法益要从属于行为;在对法益概念的具体使用上,行为无价值论和结果无价值论之间存在一些实实在在的差异。正是这些差异使得行为无价值论总体上呈现出与结果无价值论不同的理论面貌,而且最终导致两派在犯罪成立范围、认定犯罪的思维过程、犯罪和刑罚的关系、刑法和社会的关联度上都不相同。倡导行为无价值论的法益观,具有重大理论和实际意义。③

　　法益保护和权利保障是刑法的客观功能,强化法益保护要求我们设立环境具体危险犯和环境过失犯,完善权利保障要求我们不设立环境抽象危险犯,慎重在环境犯罪中规定严格责任。对于环境犯罪构成的解释

---

　　① 王拓:《法益理论的危机与出路》,《西南科技大学学报(哲学社会科学版)》2011年第4期。
　　② 徐岱、李佳欣:《犯罪本质下的三大关系论》,《吉林大学社会科学学报》2011年第5期。
　　③ 周光权:《行为无价值论的法益观》,《中外法学》2011年第5期。

应当持形式解释和实质解释相结合的立场以在实践中协调法益保护和权利保障。①

法益概念的精神化始终是法益论的重要趋势,然精神化的法益概念却存在着一定的缺陷及由此带来的风险。这种矛盾并非靠使用一个所谓的"客观的""物质的"法益概念就能解决。一方面应当根据变化着的社会现实不断探究立法者给予刑法保护的价值选择基准,另一方面针对法益概念的精神化积极进行自由主义、人性原则、宪法框架的合理限定。②

用法益取代权利和社会关系,将犯罪界定为侵害法益而不是侵害权利或社会关系的行为,并非简单的词语的变换和更替,而是涉及对犯罪本质认识的根本进步。法益的提出将价值的评判引入定罪的层面,使得犯罪的范畴不再仅仅局限于对公民个人权利的侵害,而是扩展到对社会和公众侵害的范畴。这也为当环境问题成为一个严重的社会问题、成为威胁人类生存根本利益的严重问题而其他法律又不足以规制和保护时,我们将生态作为一种法益列入刑法的保护对象,为将严重侵害或威胁生态利益的行为规定为犯罪提供了最大的空间。作为一种新型法益,生态法益的提出引发了我们对犯罪本质的重新思考。随着这种法益的受重视程度及受到或可能受到的侵害与威胁的严重程度,刑法必然作出相应的回应。③

法益在前实定法和实定法范畴内具有不同的意涵。前实定法范畴的先法性法益属于事实性法益概念;实定法范畴的宪法性法益和后刑法法益属于规范性法益概念。事实性法益相对于规范性法益是无限的,规范性法益内部的宪法性法益相对于后刑法法益具有无限性。罪刑法定是后刑法法益有限性的分界线,字面含义是后刑法法益指导对行为构成解释的最大边界。宪法性法益定义犯罪的立法概念,后刑法法益只能定义犯罪的司法概念;计算机诈骗行为在我国刑法中不能用具有有限性但边界模糊的后刑法法益作指导进行盗窃罪的扩张解释,应该以具有无限性的宪法性法益为

① 赵星:《法益保护和权利保障视域中的环境犯罪立法与解释》,《政法论坛》2011年第6期。
② 韩瑞丽:《刑法法益的精神化倾向及其限定原则》,《郑州大学学报(哲学社会科学版)》2011年第6期。
③ 高飞:《从生态法益视觉重新认识犯罪本质》,《重庆大学学报(社会科学版)》2011年第6期。

指导新立罪刑规范。①

传统损害主义的式微与危险主义的崛起,使刑法经历了从处罚实害犯向处罚危险犯的转型,而相对于实害犯来说,危险犯的设立就是法益保护的前置化。现代刑法中,法益保护前置化的主要体现是抽象危险犯的扩张。一方面,应当肯定这种扩张处罚的正当性;另一方面,应当限制处罚的界限,包括考察危险行为有无对人的法益的侵害、评估危险行为侵害法益的程度、检验"不前置处罚法益保护就不充分"的真实性等。我国刑法应当吸纳法益保护前置化的合理内核,采取渐进式的改革路径;同时,也应该扭转我国刑法一些罪状设计极端的"后置化"倾向,以应对日益增多的风险。②

针对行为无价值论的批驳,有学者反驳说,从来不存在所谓不考虑行为的纯粹的结果无价值论,因为作为构成要件要素,行为是不可或缺的内容。但是,行为的实质意义在于侵害或者威胁法益,而不是违反伦理、缺乏社会的相当性或者违反行为规范。符合构成要件的行为侵害或者威胁了刑法所保护的法益时,就具有刑法上的违法性(结果无价值论的法益观)。在刑法面前,公民不是被动的客体,更不是预防他人犯罪的工具,而是权利主体。公民有权利阻止、防卫侵害法益的行为,即使对于没有罪过的意外致人伤亡的行为,国民仍然有权阻止、防卫。因此,只能将故意、过失作为责任要素,而不能将故意、过失作为违法要素。③

法益概念在德国刑法学中有着独特的重要地位。一方面,理论界尽管对其内涵和功能理解不一、聚讼纷纭,但主流观点一直肯定,刑法的任务是保护法益,以法益为基础的犯罪的实质概念能够限制刑事立法。另一方面,德国刑事立法和司法界对于法益概念的这种批判立法功能一直心存怀疑。法益论的发展历史和最新发展告诉我们,法益论的历史精神体现在它对自由主义的坚守,是不屈从于国家权威和国家家长主义的独立判断和坚持。合比例原则与自治原则是对法益论的有益补充。④

在探讨犯罪的概念及实质的过程中产生的法益概念虽然至今都很难获得一个毫无争议的明确定义,德国立法和司法界至今都对法益概念的批

---

① 高仕银:《法益的无限性与有限性——以计算机诈骗行为的分析为例》,《中国刑事法杂志》2011年第12期。

② 姚贝、王拓:《法益保护前置化问题研究》,《中国刑事法杂志》2012年第1期。

③ 张明楷:《结果无价值论的法益观——与周光权教授商榷》,《中外法学》2012年第1期。

④ 杨萌:《德国刑法学中法益理论的历史发展及现状述评》,《学术界》2012年第6期。

判功能持怀疑态度,但这些事实和难题却都难掩有着近180年历史的法益论的宝贵价值。一元的——人本的系统批判的现实的法益观符合法益论的自由主义思想内涵,在后现代工业社会里不仅能够适应社会的发展,更应发挥对"现代刑法"的批判功能。相反,放弃法益论的自由主义思想基础,一味顺应对集体法益的扩张保护,是与法益论的历史精神背道而驰的一种错误选择。①

对于人身伤害,被害人同意通常被认为是无效的。现实中,法院往往以保护被害人或者第三人的利益为由,否定被害人同意的效力。然而,由于有大量的例外情况存在,且其得不到合理的解释,这使得被害人同意的效力充满了极大的不确定性。揭示同意对行为之评价产生影响的机制,则可以降低这种不确定性。根据规范说和伦理主义,被害人同意系故意伤害罪的正当化事由,并非犯罪构成要件要素。禁止故意伤害所保护的法益是人们的自决权和人格尊严等重大利益,被害人同意的效力实质上都是有效的,其只是否定行为的侵权性,并不否定行为对人格尊严的侵犯。这样,被害人同意只能阻却行为的部分违法性。如果在实体上有充分理由,被害人同意则可以完全阻却伤害行为的违法性。②

现代刑法扩张的新手段主要有两个:一是法益保护的提前化;二是刑事处罚的前置化。法益保护的提前化主要表现在将特定风险领域的集体法益作为对个人法益保护的前阶,直接作为刑法的保护对象。刑事处罚的前置化并不是减少了对于犯罪构成的刑事违法性的要求,而是减少了对于实行行为触动刑事处罚所需要满足的前提条件的要求。法益保护的提前化主要表现在刑事立法将特定风险领域的集体法益(又称超个人法益)作为对个人法益保护的前阶,直接作为刑法的保护对象,体现的是法益概念的扩张。刑事处罚的前置化以更周延地保护法益为目的,但与法益保护的提前化并非等同的概念,二者之间确切地说是手段与目的的关系。预备犯、累积犯和抽象危险犯都是刑事处罚的前置化的犯罪类型,这些犯罪类型虽然能更周延地保护法益的有效手段,但又可能过分扩大处罚范围的弊

---

① 杨萌:《德国刑法学中法益概念的内涵及其评价》,《暨南学报(哲学社会科学版)》2012年第6期。

② 杨春然:《论被伤害权对同意效力范围的限制——兼论被害人同意在三阶层犯罪论体系中的位置》,《清华法学》2013年第3期。

端,立法者不能随意地、普遍化地设立刑事处罚的前置化的犯罪类型。①

生态文明与法治文明的结合是我国生态文明建设的基本路径。生态文明建设迫切需要刑法对生态法益的有效保护,我国环境司法的结构性失衡呼唤刑法在环境保护中发挥更大效能。生态法益应成为刑事法律保护的客体,侵害生态法益的行为应纳入刑法评价范围。在刑事立法方面,应将严重侵害或威胁生态法益的行为纳入刑法规制范畴,优化生态法益的刑事法律保护机制,并促进人与其他主体生态法益刑事法律保护的协同。在刑事司法方面,应合理配置环境资源领域刑事案件的侦查权,明确环境资源犯罪罪状描述的"行政违法"尺度,并推进环境刑事司法专门化及环境犯罪刑事处罚方式的多元化。②

作为近代刑法学重要支柱之一的侵害法益原则,正面临着巨大的危机,具体表现是作为普遍法益的抽象法益大量出现,产生此种现象的原因主要是:风险社会观的影响和积极的一般预防论的影响。但是,法益概念的抽象化并不意味着法益论的衰落和可以被取代;不管法益如何被抽象,仍然难以偏离需要具体化为人的利益的传统立场;普遍法益的保护也需要遵循具体、可视的判断方式。③

侵害或威胁法益是所有犯罪的本质特征,抽象危险犯也应以法益侵害为基本判断原则。以结果无价值说为前提,对于抽象危险犯的法益侵害和犯罪成立的司法认定,可通过考虑有无法定的足以侵害法益的行为事实为标准予以间接判断。在以经验法则为标准进行司法认定时,应考虑法条背后蕴含的实质内容,综合考察刑法条文规定的各种要素和行为发生时法条要素之外的客观事实,进行全面判断。法条之外的客观要素对于犯罪成立也有重要意义。应避免出现处罚单纯违反行政管理规范的行为。④

现代刑法的发展使得法益概念既包括了个人法益,也包括了集体法益。随着社会价值的变化,集体法益获得了独立于个人法益的地位,二者之间不再仅仅是量的区别。理论上应继续维持统一的法益概念,重新梳理

① 王永茜:《论现代刑法扩张的新手段——法益保护的提前化和刑事处罚的前置化》,《法学杂志》2013年第6期。

② 焦艳鹏:《生态文明视野下生态法益的刑事法律保护》,《法学评论(双月刊)》2013年第3期。

③ 黎宏:《法益论德研究现状与展望》,《人民检察》2013年第7期。

④ 黎宏:《论抽象危险犯危险判断的经验法则之构建与适用——以抽象危险犯立法模式与传统法益侵害说的平衡和协调为目标》,《政治与法律》2013年第8期。

个人法益和集体法益的关系。在个人法益与集体法益发生冲突的场合,个人法益需要处于优先的保护地位。集体法益的重要性、集体法益的独特性和提前保护的有效性,决定了刑法对集体法益予以单独保护具有必要性。刑法需要对集体法益的保护范围设定限制性门槛,防止将不重大的、不真正的、不明确的、不符合比例原则的集体利益上升为刑法的保护对象。刑法采用何种犯罪构成来保护集体法益,关系到刑法的手段是否具有有效性和正当性。在保护集体法益的刑事处罚前置化的犯罪构成中,抽象危险犯是首选的犯罪类型。抽象危险犯保护法益具有抽象性,但其法益侵害性是实际的、能够被证明的,可以通过被危险行为所影响或者改变的对象呈现出来或者被具体化;此外,通过法益概念的具体化和实质责任原则,也可以合理地解决保护法益的抽象化问题。①

随着宽严相济刑事政策的实施及对法的正义性之期待,现代刑法需要重视法益保护优先位序价值。基于某一法益保护的优先性,诸如现代刑法优先保护国家安全、人身权利之规范目的的考虑,犯罪构成解释需要立足于实质解释立场,以法益保护位阶为基本划分而有所区别对待:当侵犯人身权利的犯罪或价值性冲突犯罪在遭遇罪与非罪、此罪与彼罪的区分难题时,刑法解释应该强化一种入罪或罪重解释。这是合理组织对犯罪反应的现代刑法教义学的应有立场。②

通过解读法益在我国刑法理论上的地位、概念、分类及其功能,同时凭借对法益论在犯罪未完成形态中重点概念澄清、处罚正当性依据和从轻或减免处罚根据中的适用等三个问题的具体展开,得出法益有如下几点缺陷值得我们注意:法益论为保持其生命活力,其概念内涵总是呈现出狂放不羁、与时俱进、开放包容、兼收并蓄的姿态,应对其加以限制,没有限制就等于没有自由,法益内涵自由扩张实则为无秩序之象征;法益论对犯罪未完成具体问题的解决不具有全面总括性解释或刑事政策机能,只能将法益原则作为分析角度之一,不能全盘接受法益原则对刑法理论的解说;实然层面上,在法益论指导下的我国刑法重视社会保护机能多于人权保障机能;在引进法益侵害说并进而取代社会危害性学术地位时,应考虑并且克服社会危害性本身的缺陷。③

---

① 王永茜:《论集体法益的刑法保护》,《环球法律评论》2013年第4期。
② 姜涛:《基于法益保护位阶的刑法实质解释》,《学术界(月刊)》2013年第9期。
③ 胡莎:《法益批判论——以犯罪未完成形态基本理论为突破口》,《中国刑事法杂志》
  2013年第10期。

法益论解释机能的实现有赖于刑事司法实践中对个案或类罪的法益判定。法益判定的逻辑过程主要包括法益类型识别、法益位阶度量及法益价值量确定。法益类型识别是法益解释机能司法实践的逻辑起点、法益位阶度量是法益解释机能司法实践的价值依据、法益价值量度量是法益解释机能司法实践的技术路线。污染环境罪所侵害的实质客体包括生态法益与秩序法益,其中生态法益是该罪侵害的核心实质客体,也是该罪司法判定过程中法益识别与度量的主要对象。人的生态法益是污染环境罪法益位阶度量的首要标准,但在生态文明理念下,其他主体的生态法益也应作为度量标准。生态法益价值量的判定需与人身法益、财产法益进行转化,并应以生态价值评估方法科学确定生态价值的损害程度。①

　　研究恐怖主义犯罪的法益,必先在确定恐怖主义犯罪概念论域的基础上界定恐怖主义犯罪的概念,并依据恐怖主义犯罪的主要特点将恐怖主义犯罪与恐怖型普通刑事犯罪区分开来,这是必要的前提条件。研究恐怖主义犯罪的法益还需要检讨现行刑法"恐怖活动犯罪"法益,而检讨现行刑法"恐怖活动犯罪"法益又必先对其内涵进行把握,进而认定"恐怖活动犯罪"与恐怖主义犯罪的同质性,并以此为基础反思关于"恐怖活动犯罪"法益的不当观点,从而确立研究恐怖主义犯罪法益问题的必要性。在这样的基础上,通过分析恐怖主义犯罪的历史与现实特点把握恐怖主义犯罪政治性犯罪的特点,并以此为基础把握恐怖主义犯罪侵害的法益与反恐刑事立法保护法益,从而确立恐怖主义犯罪国家安全法益的基本结论。从立法上确立恐怖主义犯罪的国家安全法益,不仅是确立恐怖主义犯罪本质特征必然要求,从法益的机能上看,确立恐怖主义犯罪的国家安全法益具有重大的理论与实践意义。②

　　虽然我国刑法学界对97《刑法》第三条从不同角度进行了解读,但是大都没有揭示出其真实含义。其实,该条前半段和后半段规定了不同的内容。如果说该条后半段规定的是罪刑法定原则的话,那么该条前半段规定的就是法益保护原则。法益保护原则既是大陆法系国家刑法中的一项基本原则,也是我国刑法中的一项基本原则。从刑法的价值层面看,罪刑法定原则应当对法益保护原则形成制约,并且应当通过建立"文义解释—其

　　① 焦艳鹏:《法益解释机能的司法实现——以污染环境罪的司法判定为线索》,《现代法学》2014年第1期。
　　② 喻义东:《恐怖主义犯罪法益问题研究》,《清华法治论衡》2014年第1期。

他解释—文义解释"的循环式刑法解释方法体系来具体化。①

社会利益价值的多元化导致法益概念的日渐扩展,生态法益成为新的法益类型,但并不必然意味着应当在刑法中改变现行基本体系和结构另起炉灶。为彰显生态刑法的重要性,生态犯罪的刑法体系应当以现行《刑法》第六章第六节破坏环境资源保护罪为基本体例。以风险防控为分析工具,改变生态刑法人本中心的价值观,重估生态在刑法法益中的独立意义。在生态犯罪的罪量认定标准上,通过弹性的罪量标准设计,建构多维的评价标准,从而最大限度地避免未被明确列举的危害行为处罚间隙的问题。②

《刑法修正案(八)》将携带凶器盗窃作为成立盗窃罪的一种情形,说明盗窃罪的保护法益已经有所变化,即从单纯保护财产占有权、所有权转向同时保护人身权。如果在刑法修正案对盗窃罪有重大修改之后,仍然坚持盗窃罪侵犯的法益只能是财产权,则对很多问题的解释可能会带来适用法律困难。从法益保护的角度看,既然禁止携带凶器盗窃在规范目的上具有保护人身权的侧面,那么,这里的"凶器"就应该是具有一定杀伤力、使用可能性的器械,而难以实际加以运用,或者从外观上看难以使一般人产生恐惧感的物体,不是这里所指凶器。③

强化了法益保护前置的理念。在传统刑法理论中,预备犯、帮助犯通常和实行犯适用同一法条定罪量刑。但是,暴力恐怖活动在实践中具有极强的社会危害性,一旦实施会给公民生命财产造成重大损失,事后的惩罚措施由于其无补救功能,往往使得反恐怖斗争陷入被动。因此,刑法不能坐等恐怖活动造成实害才加以处罚,而有必要将对恐怖活动的处罚时机提前,将一些预备犯、帮助犯分离出来单独定罪,规定独立的罪名和法定刑。随着反恐局势的日趋严峻,刑法对涉恐行为的干预度在逐步加强。《刑法修正案(九)》的一大特点,就是将特定的涉恐预备、帮助行为"实行行为化",更好地保护立法者认为需要重点考虑的重大法益。最为典型的就是将为实施恐怖活动进行策划或准备的行为规定为犯罪,从而在刑事立法领域贯

① 苏永生:《论我国刑法中的法益保护原则——1997年〈中华人民共和国刑法〉第3条新解》,《法商研究》2014年第1期。

② 邓国良、石聚航:《法益概念的扩张与生态刑法的重构》,《南昌大学学报(人文社会科学版)》2014年第6期。

③ 周光权:《从法益保护角度理解"携带凶器盗窃"》,《人民检察》2014年第6期。

彻"法益保护前置"的理念。①

"公民个人信息"是"个人法益"且具有"超个人法益属性",这影响对侵犯公民个人信息犯罪之犯罪构成要件的理解和认定。"违反国家规定""非法"是"弱意义"的构成要件,需要作宽松的形式解释,以未经公民同意为实质要件。个人信息既包括总称意义之"公民"的个人信息,也包括单称意义之"他人"的个人信息。出售、非法提供公民个人信息罪的行为主体是任何单位及其工作人员。认定"情节严重"需要注意从公民个人信息之"超个人法益属性"的角度把握。②

通过对入罪判断起决定作用的目的论解释及谨守出罪的实质解释,法益概念发挥着重要的解释论机能。对盗窃罪构成要件的解释,离不开法益观念的指导。"扒窃""入户盗窃"和"携带凶器盗窃"等新型盗窃行为入罪表明,盗窃罪的保护法益已经由一元的财产法益走向多元的"财产+人身"法益。盗窃罪保护法益的多元化必然会现实地改变其犯罪构成要件之该当。因此,只有通过法益观念指导新型盗窃罪构成要件的解释,才能得出具有实质合理性且合乎目的性的解释结论,从而为新型盗窃行为的入罪判断提供统一、规范的限定标准。③

刑事立法从保护法益的立场出发,将法益抽象化、类型化后对犯罪予以分类。有关法益性质的理解,不仅是决定犯罪本质不可缺少的要素,而且也成为立法上对犯罪进行分类的标准。刑事体系是一个有机的统一,其内部的有序协调乃是刑事立法的基本要求,对于法益保护的刑法目的来说,罪刑关系的合理化显得尤为重要。应立足于行为侵害法益的性质及程度,协调罪与罪之间的刑罚分配。刑法的价值只能在合理的罪刑关系中得到体现,也只有建构合理的罪刑关系才能实现保护法益的刑法任务。合理的罪刑关系应具有公平性、人本性、明确性、系统性和科学性。建构合理的罪刑关系,需要遵循法益保护优先性原则、罪刑均衡原则及罪刑关系明确性原则。④

法益概念是刑法教义学体系中最基本的概念,从其百年的发展史来看,自由主义是法益概念的内核。从前实定法的维度而言,其对刑事立

① 赵秉志、杜邈:《刑法修正案(九):法益保护前置织密反恐法网》,《检察日报》2015年9月28日。
② 曲新久:《论侵犯公民个人信息犯罪的超个人法益属性》,《人民检察》2015年第11期。
③ 熊亚文:《盗窃罪法益:立法变迁与司法抉择》,《政治与法律》2015年第10期。
④ 韩轶:《论法益保护与罪刑均衡》,《刑法论丛》2016年第1期。

法具有检视和批判的机能；从实定法的法益维度而言，其对犯罪本质和构成要件具有体系内的解释机能。此两种维度上的法益概念在现代工业社会的发展中，特别是在风险社会背景下产生了冲突和矛盾，使得法益概念本身逐渐丧失了实体化的内涵，出现了抽象化、精神化的趋势。这一背反现象反过来使得法益概念的立法检视机能逐渐失声，法益沦落为刑法目的论解释的工具，而丧失了独立的理论地位，并助长了刑法非理性的扩张。①

理解法益与行为规范的关系，不仅应静态地确定两个概念的基本语义，还应动态地(亦即按照辩证逻辑和司法逻辑)研究其基本用法。理解法律是以区分法益与行为规范为语言前提的。法益与行为规范的相互统一，不是谁统一谁，而是两者辩证统一于犯罪概念之中。贬斥规范的法益论和贬斥法益的规范论都是片面的。法益与行为规范都具有社会客观性，把行为规范予以立法意志化理解是不对的。只要意识到在司法过程中控、辩、审的相互关系具有正、反、合的辩证性，就不难理解法益具有"正"的司法功能，规范具有"反"的司法功能。而在法官那里，说犯罪是违反规范的法益侵犯行为，与说犯罪是侵犯法益的规范违反行为，都是片面的。②

近年来持有型犯罪立法呈现迅速扩张的趋势，而持有型犯罪与刑法人权保障机能存在天然紧张关系，在司法上应限制持有型犯罪的适用。除非法持有枪支罪外，不应认为持有型犯罪的正当性根据(处罚根据)在于持有行为本身的抽象性危险，而应认为持有型犯罪属于一种立法推定性规范。处罚吸毒者持有、运输毒品的行为，系变相处罚吸毒行为，有违罪刑法定原则。不应简单地将持有型犯罪看作继续犯；非法持有枪支罪以外的持有型犯罪，持有期间的法律变更不具有溯及力，追诉期限应从持有之日而非结束持有状态之日起算。主动交代存在来源不明的巨额财产，成立巨额财产来源不明罪的自首；巨额财产来源不明罪判决生效后查明来源的，应当撤销原判决，以所查明的来源定罪处罚。③

当行为人的利益受损，如果有正当的权利基础，其索赔行为就不构成

---

① 童德华等：《法益概念立法检视机能之衰落——以法益理论的流变为视角》，《湖北警官学院学报》2016年第6期。

② 刘远：《法益与行为规范的关系：从静态到动态的刑法学诠释》，《法治研究》2017年第2期。

③ 陈洪兵：《持有型犯罪的立法扩张与司法限缩——基于法益保护与人权保障的平衡》，《北方法学》2017年第2期。

敲诈勒索罪。权利可以是法定权利,也可以是道德权利。如果行为人主观上认为自己有索赔的权利,但这种权利在客观上缺乏相应的法律或道德基础,这就是假想的权利行使,可以按照禁止错误的处理原则来对待。如果一种错误在道义上不值得谴责,这种错误就是无法避免的,属于责任阻却事由,如果错误在道义上值得谴责,这种错误就是可以避免的,无法排除责任故意。在行为人利益未受损的情况下,行为人放弃权利要求他人给付财物,这被称为敲诈行为的悖论。对此悖论,道德理论中的禁止剥削原则可以提供合理的解释,因为行为人对被害人和第三人的双重剥削,所以具有惩罚的正当性。对于敲诈勒索的权利行使,单独的法益论很难做出合理的说明,只有在伦理道德的视野中,我们才能厘清该问题的本质。[①]

在我国刑法中"公民个人信息"长期的附属保护模式,加之"刑先民后"的立法现状,使得"公民个人信息"的内涵外延及法益属性未能得到清晰的界定,不利于侵犯公民个人信息罪的适用和"公民个人信息"的刑法保护。有必要立足于现有的刑法框架和司法解释,对当前"公民个人信息"的规范概念进行系统解读,进而明确"公民个人信息"的法益属性和刑法保护边界。刑法对于"公民个人信息"的保护思路应当是,在确认其人身属性、财产属性和相关法益依附属性的基础上,赋予其新型的权利地位。[②]

法益原则有批判立法的功能,也有指导构成要件解释的功能。在刑法教义学领域,法益原则不能推导出抽象危险为抽象危险犯的构成要件要素,因为法益原则缺乏构成要件要素的体系性定位,也不能依据不成文构成要素理论为支撑,更不能基于个案正义破坏法的安定性。在违法判断阶段,法益原则缺乏成为违法阻却事由的体系定位,且不能借助法益原则扩张超法规的违法阻却事由的范围。因此,刑法教义学领域中的法益原则应当以方法论上的法益概念为基础,通过对具体案件的构成要件要素进行合目的性的解释,以实现指导构成要件解释的功能。具体到抽象危险犯中,法益原则可以通过对不同侵害法益类型的厘定和识别,实现对抽象危险犯的既有构成要件要素进行合目的性的解释的机能。[③]

法益的本源性价值在于保护个人自由,集体法益的核心则是维护秩

---

① 罗翔:《法益理论的检讨性反思——以敲诈勒索罪中的权利行使为切入》,《中国刑事法杂志》2018年第2期。

② 于冲:《侵犯公民个人信息罪中"公民个人信息"的法益属性与入罪边界》,《政治与法律》2018年第4期。

③ 高巍:《刑法教义学视野下法益原则的畛域》,《法学》2018年第4期。

序。集体法益在形式上与个人自由是此消彼长的关系,但二者并非完全对立。真正稳定的个人自由,只有在社会共同体中通过各种制度性安排才能实现。自由的内在逻辑决定了,刑法保护集体法益通常也是在维护个人自由,是自由发展的必要外在条件。传统上以个人法益保护为中心的刑法,无法有效回应现代社会的各种风险和挑战,于是集体法益的保护在现代刑法中呈现扩张趋势。面对这一现象,不应过于夸大集体法益的抽象性、模糊性,从而全盘否定集体法益扩张的必要性和正当性。不过,集体法益也极具工具性扩张潜能,对集体法益的扩张仍需警惕。通过嵌入个人法益因素并以此作为刑法保护集体法益的"门槛",可以适度消解集体法益与个人法益的紧张关系。①

恰当的法益设定能够让刑法保障非常安全。法益是现代刑法学中不可或缺的理论基石,在不同的理论位置上形成了各种更具体的概念,包括犯罪对象、行为对象、犯罪客体、犯罪构成、犯罪成立等;不能在司法实践中脱离危害行为或者危害后果认定法益或者犯罪客体。法益概念的设定,强调刑法对个人自由发展和健康社会制度功能的保障,指引刑法成为有理想、有底线、有担当的法学。②

法益保护理论是费尔巴哈权利保护理论的继承与发展,以启蒙时期形成的自由主义哲学思想为基础,并以作为法治原则和刑法首要原则的罪刑法定原则、阶层式犯罪论体系及以文义解释为限度的刑法解释方法体系为逻辑前提。法益保护理论中国化过程中面临的核心问题是如何处理法益侵害说与社会危害性说的关系,就此形成了话语转换型和批判型两种解决思路。前者是社会危害性理论的延续,对法益保护理论中国化助益不大,后者才是真正的法益保护理论中国化之路,但具体建构不足。法益保护理论中国化不但要求提升罪刑法定原则的法律地位,而且要求提倡与贯彻符合我国国情的阶层式犯罪构成理论,同时应当坚持形式解释论,确立以文义解释为桂冠的刑法解释方法体系。③

犯罪是侵犯或威胁法益的行为,法定犯是单纯违反禁止规范的犯罪,是对国家规定的单纯不服从,并没有实质地侵害法益,其在法益侵害性的问题上存在先天不足。没有法益作为判断可罚性的理论支撑和限缩作用,

---

① 孙国祥:《集体法益的刑法保护及其边界》,《法学研究》2018年第6期。

② 王世洲:《科学界定法益概念指引刑法现代化》,《检察日报》2018年7月26日。

③ 苏永生:《法益保护理论中国化之反思与重构》,《政法论坛》2019年第1期。

导致其出罪机制不畅,以及司法实务中法定犯的日益口袋化。针对法定犯有别于自然犯的这一特性,基于法定犯构成要件要素主要为行政要素,即表达的是对行政法律法规的保护与强调而非刑法自体恶的要素,为弥补法定犯法益性欠缺所导致的法益甄别与限制刑法处罚范围作用的欠缺,宜对法定犯中的形式性与实质性行政要素进行双重限缩解释,以建立法定犯有效的出罪渠道,实现刑法处罚范围的正当性与合理性。[①]

在整个刑事立法正当性检验机制中,法益概念仅涉及目的正当性,它是一个全体法秩序共有的概念。从1834年至二战结束前的法益概念,并不具有限制立法的功能。直至二战结束后,法益论才找到了可能发展出立法批判力的实体根据,即宪法。法益论所奉行的专注保护对象的片面思维,决定了它对于划定刑事立法正当边界所能发挥的作用是极为有限的。由宪法高度开放性和包容性所决定,我们难以在完全脱离刑罚手段视角的情况下,对抽象的刑法保护目的进行有效的限制。未来,刑事立法的正当性理论一方面应借助宪法教义学,从真实目的的识别和目的合宪性的检验两方面拓展和深化目的正当性的内容;另一方面应实现思维重心从保护对象正当性向保护手段之合比例性的转移。[②]

法益概念与犯罪行为的社会危害性存在紧密的内在关联。实证主义的法益概念未能揭示犯罪的本质,不宜采纳。从前实定法的法益概念出发,犯罪是危害社会的行为,故应基于行为的社会危害性对法益进行定义。将法益界定为社会利益、文化价值、道德秩序或宪法价值的见解,以及我国传统的社会关系说均不能妥当阐释"社会危害"的内涵。根据社会系统理论,社会危害性是指社会系统的失效,而刑法的任务正是在于通过保护法益维持社会系统的存续。与此相应,法益应当是指社会共同生活的必要外在条件。社会危害性理论有助于实现法益概念的刑事政策机能,但无法替代法益概念的解释论机能。[③]

法益和犯罪客体在各自的理论与规范体系中具有重要地位。法益概念具有较大的流变性,犯罪客体概念相对稳定。法益与犯罪客体的内容具有不确定性与包容性。在德日等大陆法系国家刑法理论中,侵犯法益作为犯罪的本质特征,是与犯罪属于同等地位的概念。在我国传统刑法理论中

① 刘艳红:《"法益性的欠缺"与法定犯的出罪——以行政要素的双重限缩解释为路径》,《比较法研究》2019年第1期。
② 陈璇:《法益概念与刑事立法正当性检验》,《比较法研究》2020年第3期。
③ 王钢:《法益与社会危害性之关系辩证》,《浙江社会科学》2020年第4期。

犯罪客体是犯罪构成要件之一,从某一方面揭示犯罪的本质特征。学界对法益机能之类型和范畴均存在较大分歧,但对犯罪客体的机能存在共识。犯罪客体要件作为犯罪构成的要件之一,不能"驱逐"出犯罪构成体系。法益与犯罪客体不能相互替代。法益论中国化的关键,在于如何有效化解本土化过程中遇到的问题,切忌简单的理论移植。①

犯罪化和犯罪圈扩张是近年来刑事立法与司法实践的重要特征。犯罪圈扩张的表现,主要体现在增设新罪、扩充旧罪,以及强化对非实行行为的刑事处罚。犯罪圈扩张受到传统与现实因素的多重影响,是刑法领域对于社会治理的有效回应。在界定犯罪圈时,应当坚持法治理念,发挥刑法对现实的适应性,以积极刑法观作为立法的价值取向。在实现行为规制机能的同时,注意避免刑法过度运用。在学术品性上,应当秉承法益本位立场,提升法益内涵明确性,反对法益过度精神化,进而维护罪刑法定主义和谦抑主义。犯罪圈需要接受社会治理需求和刑法基本原则的双重考察,保持实践与理念的平衡。②

侵犯公民个人信息罪保护的法益在刑法学界存在着个人法益说与超个人法益说,之所以存在如此截然不同的两种立场,盖因学界对该罪究竟是自然犯还是法定犯的分歧所致。根据该罪前置法的规定及刑法对该罪的定位分析,侵犯公民个人信息罪是某种程度上的"自然犯的法定犯化",但其根本性质仍是自然犯,而不是欠缺法益侵害性或者侵害抽象法益的法定犯。为此,本罪法益应该坚守个人法益立场而抛弃超个人法益说。本罪具体保护的个人法益,不是以隐私权为代表的传统个人权利而是在网络信息时代作为新型权利的个人信息权。个人信息权是一项含有隐私权内容但又超越隐私权的权利,它是兼有精神性权利与物质性权利的综合权利;以之作为侵犯公民个人信息罪的保护法益,更能体现对公民个人信息的全面有效保护,并因应网络科技时代公民信息权利保障之诉求。③

法益论面临危机已是不争的事实。应当放弃对法益批判立法功能的追求,因为法益论要发挥立法规制机能,需要具备一系列的前提。而随着时代的变迁,这些前提皆已不复存在,法益论已经不可能再发挥规制立法的作用。对刑事立法的检讨与批判应直接借助于宪法性理论,并需要构建

---

① 彭文华:《法益与犯罪客体的体系性比较》,《浙江社会科学》2020年第4期。

② 付玉明、徐桢清:《犯罪圈划定的实践取向与学理基底》,《刑法论丛》2019年第1期。

③ 刘艳红:《侵犯公民个人信息罪法益:个人法益及新型权利之确证》,《中国刑事法杂志》2019年第5期。

相应的保障机制。刑法学应专注于法益的解释规制机能。并非所有的集体法益都可以还原成个人法益,在集体法益与个人法益并存时,应通过优越的利益原则、可罚的违法性理论等实现对行为的准确定性。①

法益,简言之,是指法律所保护之利益。故将法益的预设机能设定为解释论领域,是相对明智的选择。但法益论的发展,却向立法论领域渗透和扩张,以便发挥刑事政策上的批判立法、检视立法的机能。然而,脱离了实定法制约的法益,却存在内容的空洞化和抽象化,不能为利益衡量和价值判断提供任何智识上的指导。只有宪法的权利理论,才可成为刑事立法提供相应的标准。具体而言,宪法的价值秩序理论,可以为刑罚制裁的对象设定初步的范围和边界;合比例原则,则可以为刑罚制裁的发动及其强度提供具体的衡量尺度。②

近年来,我国刑事立法犯罪化的趋势引发了激烈争论,法益论的立法检视功能在这场争论中被虚置。从学说史来看,作为实体利益的法益始终与权利保持密切联系,法益只是权利包含的利益进入刑事法领域的产物。随着权利时代的来临,权利内容开始膨胀,这导致法益内容的不断增长。这给立法者判断法益保护的必要性带来困难,进而导致了法益概念在立法过程中的虚置。因此,解决问题的关键在于对法益内容的区分。根据人权理论可以将法益内容分为原生法益和派生法益,具体的区分要通过与个体的联系、侵害结果是否绝对来完成。原生法益在重要性、保护方式、侵害风险上都比派生法益更值得保护。派生法益本身的保护必要性判断则要注重与之相关的原生法益的保护现状、派生法益自身的其他保护手段及对个体的倾斜保护。③

法益的立法批判、解释机能是能够、应当且需要存在的。当前学界对法益抽象化、精神化之批判存在前提设置不当、循环论证,以及将"对法益进行抽象化、精神化理解"与"刑法是否应保护某些抽象化、精神化法益"二者相混淆的情况。唯有完成法益抽象化、精神化的理性形塑,才能合理认知法益论,进而实现刑法处罚的正义化。即使刑法不当保护了某些抽象化、精神化法益,也只能证明法益的立法批判机能需要得到进一步发挥。若从外在形式与内在内容这两个层面上理解"抽象"与"具体"之意,则刑法

---

① 陈家林:《法益理论的问题与出路》,《法学》2019年第11期。

② 叶良芳、武鑫:《法益概念的刑事政策机能之批判》,《浙江社会科学》2020年第4期。

③ 姜涛、杨睿雍:《法益理论之立法检视功能的困境与出路》,《学术界(月刊)》2020年第4期。

法益的抽象化不只是个例,诸如侮辱罪、诽谤罪等罪名的正当化已然表明某些精神化法益值得刑法保护。①

二、我国学者对德日法益说的反对

反对法益说的理由比较多元化:有的是赞成规范违反说;有的是为传统的犯罪本质的社会危害性理论辩护;有的是为犯罪客体要件辩护;有的是为犯罪本质的刑罚处罚性进行辩护;有的是为犯罪本质的刑事违法性理论辩护。这里也按新世纪以来文章发表的时间顺序梳理于下:

刑法中,行为违法性的本质是什么?是对法益的侵害还是对社会伦理规范的违反?对此问题的回答涉及对违法性及责任的判断,且影响到对刑法的功能乃至整个刑法理论的定位。本书基于刑法客观主义立场,在对行为无价值论和结果无价值论这两种有关违法性、犯罪本质的基本理论进行分析、评价的基础上,提倡与现代法治国家刑法理念相符的二元的行为无价值理论,并较为详尽地论述了该理论对我国刑法发展的特殊理论价值及对司法实践的指导意义。此处推论,诚望有助于并推动我国刑法学界对刑法基本价值和基础理论的思考和研究。②

刑法有没有自己独立的调整对象,一直是国内外刑法学界争议的焦点。我国刑法学界和法学界通说都认为刑法没有自己独立的调整对象。但是,如果刑法真的没有自己独立的调整对象的话,区别刑法和其他部门法的依据主要在于调整手段的不同的话,那么,为什么调整同样的社会关系要用不同的调整手段呢?是否完全只能靠立法者来决定什么是刑法的调整范畴?那么,这样又怎么能够防止立法者可能出现的误差呢?因此,刑法应该有自己独立的调整对象。研究刑法的调整对象只能从刑法和其他部门法之间的区别来界定,而刑法和其他部门法的区别就在于刑法调整的是破坏法律制度的行为,即刑法的调整对象是破坏法律制度的行为。③

刑法学中的规范违反说对于克服法益侵害说的缺陷,促进公众的刑法认同感,准确评价犯罪具有重要意义。本文对规范的含义和内容、社会伦理规范对于社会的价值、规范违反说的哲学根基进行了分析。由于人们的

---

① 冯文杰:《法益抽象化、精神化问题的中国型塑》,《北京理工大学学报(社会科学版)》2020年第4期。

② 周光权:《行为无价值论之提倡》,《比较法研究》2003年第5期。

③ 肖洪:《刑法的调整对象》,《现代法学》2004年第6期。

生活是由规范直接或者间接塑造的,对犯罪本质的解释也就需要从规范违反说入手,从而将犯罪界定为违反社会共同体内的伦理规范并在一定程度上侵害法益的行为。结合规范违反说来重新解释犯罪论体系,不仅可能,而且极具现实意义。①

有论者批判了规范违反说、法益侵犯说、折中说之后,认为我国传统的社会关系说是正确的,以"刑法所保护社会关系的侵犯"来概括规范违反和法益侵犯是比较合适的。在刑法秩序为国家安全、公共安全、社会风尚、国家机关正常管理活动等时,相关犯罪的不法本质侧重规范违反;在刑法秩序表现为生命权、财产权、名誉权等具体权利时,相关犯罪的不法本质就侧重于法益侵犯。从上述不同刑法秩序的侧重点可以看出,无论将不法本质片面地理解为规范违反还是法益侵犯,都是不正确的。②

犯罪客体要件地位问题是目前我国犯罪构成理论中争议最大的问题,否定其地位的论者大多对犯罪客体要件概念进行了重新界定,并且大多持法益说。本书从批判法益说出发,在对传统犯罪客体要件理论反思的基础上,同时明确犯罪客体要件、犯罪客体及犯罪对象各概念间的关系,最后肯定犯罪客体要件的构成要件地位。③

新中国成立以来,社会危害性说一直居于刑法学的帝统地位。近年来,受大陆法系的影响,不少学者主张以法益侵害说取代社会危害性说。但实质上法益概念具有多义性,极易落入形式概念之泥沼,实难以担此重任。可以说,在当前我国刑法学语境中,社会危害性说更胜一筹。④

对于犯罪本质问题,对传统的"社会关系说"一直存在很大争议,特别是近年来"法益说"异军突起,极大地撼动了通说的地位。站在唯物史观的立场看,犯罪本质和社会关系具有深层同一性,以"社会关系"概括犯罪本质,比脱离社会生产方式的法益侵害说更具有涵盖性。由于我国刑法的体系性特征,社会关系说缺乏操作性的缺陷不影响其合理性,但需要完善直接客体理论才能发挥实际作用。⑤

---

① 周光权:《论刑法学中的规范违反说》,《环球法律评论》2005年第2期。
② 王安异:《法益侵害还是规范违反》,《刑法论丛》2007年第1期。
③ 陈荣飞:《犯罪客体要件地位论——以批判法益说为出发点》,《求索》2007年第4期。
④ 肖敏:《社会危害性说地位之确证——以批判法益侵害说为视角》,《河南公安高等专科学校学报》2009年第3期。
⑤ 朱仕武:《论历史唯物主义视野下的犯罪本质——"社会关系说"与"法益侵害说"的比较分析》,《中南财经政法大学研究生学报》2009年第3期。

我国的犯罪本质理论研究应当在我国法治的语境中进行,并着力解决我国法治对刑法学提出的突出问题。社会危害性理论是在社会政治论域中对犯罪本质的认识,无法适应法治的要求;法益侵害说也不符合我国法治的实际;犯罪本质的规范违反说才是当下我国法治建设中的有关犯罪本质的理论。①

限制刑罚权是法益保护原则的重要机能,但该原则却很难解释冒犯型犯罪的正当化根据。费因伯格认为,给他人造成的不良心理感受是冒犯行为被犯罪化的根据所在。不良心理感受易受到利益主体主观的影响,因此,欲获得刑法的保护,还需将该利益进化成权利。然而,能够上升到权利的利益只能局限于最低的安宁权和一般性的利益。只有他们才能获得刑法的保护。这就是伤害原则解读冒犯型犯罪的根据所在。尽管如此,面对亲属间通奸罪,伤害原则与法益保护原则一样,也一筹莫展。②

罗克辛的具有立法批判功能的法益侵害说由于建立在启蒙契约论基础上,导致其虽然回应了后传统社会多元化表象,却无法回应后传统社会所关切的精神迷茫与对生存安全的焦虑。雅各布斯提出意义上的规范理论,虽在形式上为后传统社会提供了契合其时代特征的规范同一性指引,但由于其理论的规范性循环缺陷,完全抛弃了对立法的批判性,这可能使其理论本身成为一种危害民众安全的风险源。因此,也不能很好地回应后传统社会。③

刑罚不仅是制裁犯罪的措施,更是一种特殊的社会关系:国家的法律制度与公民个人基本权利之间的关系。正是因为犯罪行为侵害了国家的法律制度和全体公民的基本人权,国家"迫不得已"运用刑罚来维护国家法律制度的正常运行,并保护包括犯罪人在内的全体公民的基本人权。国家正当运用刑罚权的逻辑标准是其他法律部门已不能有效调整的行为,如果不对其动用刑罚,国家法律制度就会崩溃;实践标准是社会普通民众的容忍度,即社会民众普遍感到不用刑罚调整,自己的基本权利

---

① 张少冲:《试论中国法治语境下犯罪本质的理论选择——规范违反说之提倡》,《天水行政学院学报》2009年第5期。

② 杨春然:《冒犯型犯罪的根据:伤害原则对法益保护原则的一次超越——兼论犯罪的本质》,《中国刑事法杂志》2010年第2期。

③ 贾健等:《法益侵害论与规范违反论的后传统社会回应——以 Roxin 与 Jakobs 的理论为样本分析》,《甘肃政法学院学报》2011年第3期。

就会受到威胁。①

刑法的调整对象是刑法学的基本命题,有无独立的调整对象是刑法区别于其他部门法最重要的判断标准。本书从刑法自古以来就是一个独立的法律部门的事实出发,分析论证了现有调整手段说和调整对象说的缺陷,以刑法特有的制裁手段——刑罚所蕴含的社会关系为切入点,论证了刑法区别于其他部门法所特有的调整对象——国家的法律制度与公民个人基本人权之间的关系。②

法益说无法解释德国《刑法典》第三百二十三条 c "见危不助罪"的可罚性。在当前风险社会与陌生人社会并存的状态下,刑法需要设立一种"团结、互助的义务",而只有在规范论中,才能很好地解释见危不助罪的可罚性,见危不助行为侵犯了一种历史性、社会性和伦理性形成的"相互救助以保全群体"的制度性期待,也能够自洽地解释实践中的难题。③

何种行为才应当列入刑法禁止,学界一直争论不止。法益保护原则与伤害原则,是民法法系和普通法系划分刑法边界的主要标准,但面对侵权法,这两个标准却很难有所作为。作为道德理论的功利主义和道义论,在处理这个问题时,也往往难尽人意,故有必要将这些理论结合在一起划分刑法的边界,而结合的切入点则是普遍恐惧。普遍恐惧能够表达不当行为的外溢结果,且能吸收其他理论的优点,故可以担任划分刑法边界的标准。④

法益说存在着不足,而义务违反说能够克服法益说的不足。如在说明行政犯、身份犯、未遂犯、危险犯和预备犯、疏忽大意犯罪等处罚的合理性时,义务违反说较之法益说具有无比的优越性。义务违反是犯罪的本体属性,而法益侵害应作为对行为人义务违反的外在衡量标尺,即犯罪本质的间接的衡量指标,它与义务违反的关系,正如树木的高与测量高度的尺子——本体与喻体的关系一样,既不相同又相互关联。⑤

犯罪的法律本质应该是"正当的""重大的"义务的违反。这一结论,不

---

① 陈自强:《刑罚的本质与国家刑罚权的根据新论》,《社会科学研究》2011年第5期。

② 陈自强:《刑法的调整对象新界说》,《西南民族大学学报(人文社会科学版)》2011年第3期。

③ 贾健:《法益还是规范:见危不助究竟侵害了什么?——以德国刑法典323条c为基点》,《安徽师范大学学报(人文社会科学版)》2012年第2期。

④ 杨春然:《论划分刑法边界的标准》,《中国刑事法杂志》2012年第8期。

⑤ 牛忠志:《论犯罪本质的义务违反说优越于法益说》,《法学论坛》2014年第1期。

仅从法理学和其他部门法理论推导而得,从"犯罪是行为人的行为"的常识推导而得,也是犯罪本质的规范违反说或者犯罪实质的国家整体法律秩序破坏说的当然结论。从我国刑法规范的立法表述也能证明这一结论的适当性。主张犯罪的本性是义务违反,但不意味着否定"被害法益"的有用性,对法益的侵害可以作为对行为人义务违反的外在衡量标尺。犯罪本质问题与犯罪的认定、犯罪构成的指标选定是不同的,不能混淆。①

"法益"理论在我国刑法学领域的盛行,正好反映了我国刑法学创新能力的枯竭和某些似是而非、换汤不换药的刑法学观念的僵化与保守。犯罪和刑法以其固有的本质在其发展的轨道上向前运行的轨迹表明,在所谓的"作为社会关系的犯罪客体""法益"或者其他的说辞产生之前早就存在了,而且也不会改变。"法益"不过是在评价一种行为是否需要被规定为犯罪的一种价值观念的反映,起着价值引导的作用,但它本身并不是一种事实,也不能成为特定的规范内容。"法益"理论只是用来解释立法根据的一种理论性表达和一种体现刑法价值的标记性符号,它并没有提供新的知识信息和理论价值。就刑事立法而言,刑法的本质在于保护一定的社会利益、社会制度和社会秩序;就刑事司法而言,犯罪的本质在于刑事违法性。现代刑法原理表明,社会利益、社会制度和社会秩序是引导立法者设定一个又一个犯罪规定的原动力,犯罪具有社会危害性的本质根源于对社会制度和社会秩序保护的社会利益的侵害,植根于对社会成员即社会主义意志决定的价值选择,植根于对刑法规定的内容和规定的形式的违反和触犯。②

"法益"至今还没有自己固定的定义,只能借用原先犯罪客体的内容,以至于在表述时若将两者调换一下,就会发现它们所要叙述的内容完全一致。"法益"理论只是用来解释立法根据的一种理论性表达和一种体现刑法价值的标记性符号。犯罪的本质在于刑事违法性,而不是"法益"。③

尽管理论上有学者将刑法的任务理解为法益保护,从而根据法益就可以对犯罪化的正当性给出说明。但无论从前实证法的价值秩序,还是从实证法的宪法基本价值,法益论皆不能合理说明行为犯罪化的正当性,因此,法益保护并不具有任何说明犯罪化的正当性的基本理论功能。事实上,刑

① 牛忠志:《犯罪本质之义务违反说论纲》,《山东社会科学》2014年第6期。

② 杨兴培:《中国刑法领域"法益理论"的深度思考及商榷》,《法学》2015年第9期。

③ 杨兴培:《"法益理论"在步"犯罪客体"后尘》,《上海法治报》2018年1月10日。

法以现有给定的法律秩序和社会秩序为先决条件,其本身并不创设由它保护的法益。因此,刑法的对象和基准点是立法者颁布的举止规范并且通过刑罚威吓强化了规范的有效性,行为人通过承担责任表明受到有责行为威胁的规范有效性得到了维护。①

第三节 "四维法益说"的提出及其
与依法应受刑罚惩罚的社会危害性说的贯通

一、"四维法益说"的提出

(一)移植德日法益说需要解决的障碍

从历史渊源上看,德国民法学界率先使用"法益"概念,之后,德国刑法学界运用这一概念提出了犯罪本质的法益侵害说。不过,根据德国刑法规定,犯罪在立法上只定性不定量,所以,其刑法法益与民法法益、行政法法益的区分,就不那么迫切。然而,我国刑法与德日不同,对犯罪的规定既定性又定量,而且,我国进入社会主义现代化国家建设的新时期,人权保障更加受到重视,在此前提下,对德日法益说的移植将面临四个问题:

一是如何使刑法法益既能保证其方法论的机能,又能使其刑事政策机能不丢失,是值得研究的。

二是如何将刑法法益与其他部门法的法益区别开来。刑法与民法、行政法具有质的差别。首先,公法与私法在立法目的、价值取向、法律任务、制裁手段等方面有实质的区别。刑法是公法,民法是私法。刑法法益与民法法益有质的区别。公法以义务为本位,以维护公共利益为目标,私法以权利为本位,以赋予、保护市民的权利和利益为依归;公法调整国家、政府为一方法律主体的法律关系(比如犯罪不被认为是加害人与被害人之间的私事,而是挑战了国家所确立的法律秩序,由国家作为一方对加害人进行追诉和惩罚);私法调整的是平等主体的自然人、法人和非法人组织之间的财产关系和人身关系。正如德国学者基尔克所言:公法和私法的区别,是今日整个法律秩序的基础,缘此,刑法法益与民法法益需要加以区分。其次,即使行政法也属于公法,但刑法与行政法的立法目的、价值取向、法律

---

① 赵书鸿:《犯罪化的正当性:法益保护?》,《中国刑事法杂志》2019年第3期。

任务和法律责任等方面也有实质的差别,在我国,这种差别比德日国家而言,还要显著。①如果不区分刑法法益与民法法益、行政法法益,就不能体现刑法在整个国家法律体系中的保障法地位,是把刑法混同于一般的部门法。所以,既然刑法与民法、行政法有实质差别,那么,刑法法益与民法法益、行政法法益就也有差别而不能混同。

三是基于我国刑法立法规定,在我国刑法法益与民法法益、行政法法益,不仅有质的区别,而且有量的限定性。法益论是德日刑法理论的重要内容,是德国刑法学对世界的重要贡献。所以,我国刑法学界不能忽视,更不能排斥法益论。但是,对德日的法益概念,我国又不能简单地移植。德日刑法理论主流的法益说是违法一元论下的法益说,但我国现行刑法与德日的这种情况不同。德日国家的"所谓违法,就是指行为违反法律,行为为法律所不允许"②的观点,在我国立法框架下并不合理。在我国,《刑法》第十三条但书的存在和刑法分则对各个犯罪所作的照应性的"量"的限定(即使分则的法条中没有明文规定,司法解释或者司法实践也都把量的规定解释在犯罪构成之中),这就使我国坚守了民事违法、行政违法等一般违法与犯罪的严格区分的违法二元论。由此,我国的犯罪本质不能简单地归结为法益侵害(或者威胁)。以盗窃罪为例,典型的盗窃罪的构成,要求盗窃数额较大,如果某甲在北京盗窃了价值为2999元的财物(没有达到数额较大的标准3000元),这时,某甲侵害的是民法法益;假如某乙在北京盗窃了价值为3000元以上财物,某乙的行为在立法者看来由于动摇了国家所确立的整个所有权法律秩序因而不得不需要动用刑罚来惩治,所以构成犯罪,这时,某乙所侵害的是刑法法益。这样,刑法法益与民法法益、行政法法益等之间的关系,体现为前后关系或者称之为位阶关系,而不是像德日那样的并列关系。所以,将德日刑法理论中的"法益"不加限定而简单地移植到我国的刑法理论中,用以替代"刑法保护的,而为犯罪行为侵害的社会关系",只是迈开了移植进程的第一步。

在我国一般违法与犯罪严格区分的立法框架下,"法益说没有解释清楚为什么某种法益侵害被规定为犯罪,而另一种法益侵害却不规定为犯罪"③。如果说,在德日国家由于其奉行的是违法一元论,其刑法法益与民

① 牛忠志等:《民事违法与犯罪界分之我见》,《重庆文理学院学报(社会科学版)》2010年第6期。
② 张明楷:《外国刑法纲要》,清华大学出版社,2012年,第137—149页。
③ 马克昌:《比较刑法原理——外国刑法学总论》,武汉大学出版社,2002年,第93页。

法法益、行政法法益等部门法法益是并列关系,那么,基于我国一般违法与犯罪严格地区分刑法法益与民法法益、行政法法益等之间的关系,可以看出,由于刑法的保障法地位、刑法最后手段原则和《刑法》第十三条的但书规定,则体现为保障与被保障的关系(即前后关系)。这就决定了我国不能简单移植,需要加以改良,切实实现法益说的中国化,方能保证法益说在我国的健康发展。

四是因应风险社会的来临,简单移植法益说也面临着时代的拷问。现代刑法对法益保护的提前,出现了"环境""秩序"之类的,难以还原为人的生命、身体、自由、财产等具体生活利益的抽象法益(即保护法益的抽象化)。刑法对法益的保护提前,无须等到发生侵害,只要有发生侵害的危险——哪怕是抽象危险,就能让刑法介入(保护法益的早期化)。近年来,我国刑法因应当今多种新的风险,其调整范围不断扩张,《刑法修正案(八)》《刑法修正案(九)》和《刑法修正案(十一)》增设了大量的危险犯,如危险驾驶罪,准备实施恐怖活动罪,强制穿戴宣扬恐怖主义、极端主义服饰、标志罪,拒不履行信息网络安全管理义务罪,非法利用信息网络罪,高空抛物罪,非法采集人类遗传资源、走私人类遗传资源材料罪,非法植入基因编辑、克隆胚胎罪,非法引进、释放、丢弃外来入侵物种罪等。这种趋势显示,刑法保护的范围超出了传统法益论的法益范围。所以,需要拓展法益的内涵,把对法益的危险,甚至是抽象危险都包含进来,传统的法益说也因而需做必要的修正。

(二)德日法益说适应我国的"四维"改良之设想

在当今刑法学转型时期,中国学者要有世界眼光,同时结合我国国情,开展精细的研究,[1]这是中国式现代化的内在要求。对待德日的法益说,我们要积极接纳,同时要实施必要的中国化改良。

1.在宪法上为法益的适正性寻求根据

德日国家的犯罪本质法益侵害说包含着合理成分,即限制国家权力、保障人权:一是在立法阶段可以限制立法的恣肆,有助于刑法设立犯罪的正当性——犯罪必须是限定于对法益的侵害;二是从司法视角看,以法益说为基准进行目的解释,能够正确贯彻立法目的,对犯罪成立条件进行合目的性的实质解释,以确保犯罪圈的划定符合立法的目的。实践也证明,二战期间,由于德、意、日等法西斯军国主义不严格坚守法益侵害说,背离

---

① 陈泽宪:《关于我国刑法学研究转型的思考》,《法学研究》2013年第1期。

了刑法的人权保障品格,其结果是走专制主义道路,践踏基本人权,把刑法作为其血腥镇压异己势力的工具,大搞血腥恐怖,推行法西斯专制主义,倒行逆施,开历史倒车。可以说,在世界范围内,坚持法益说和抛弃法益说的正反两方面的经验教训要求我们要重视犯罪本质的法益说。

前述德日国家的法益论一直存在着"实在法法益"和"前实在法法益"之争。坚持自然法意义的法益,将理想中的应然状态的法益直接拿来作为法律保护的对象,其结果必将法益的外延扩张到难以把握。坚持实在法法益论者立足于清醒的现实主义,认为自然法意义的法益是理想国的概念,对这样的法益进行保护是一个难以企及的目标。不要说是刑法,即使是民法等权利之法也难以把自然法意义的权利完全落实在实在法层面,因而主张"法益"一定是实在法层面的法益。不过,坚持前实在法法益即自然法意义的法益论者担心,一旦把法益限定为实在法的法益(因为法律是统治阶级意志的产物,法益就是统治阶级根据其意志而由法律所确定的利益,这样的法益的内涵与外延就难逃统治阶级的"任性",甚至会出现完全听凭统治阶级之任性的法益)那么,法益就丧失了对统治阶级所划定的犯罪圈的检验核查机能。鉴于此情景,如何能够使法益保有前实定法法益概念的刑事政策机能,又不至于导致立法者在法益范围上的任性,则是法益论的一个重大难题。德国学者罗克辛从宪法高度为法益的内涵的正当性找到了根本法依据,值得我们借鉴。

立足我国刑法,我们应该坚持以下三点:一是必须区分利益、权利和法益这些概念。利益,是对主体而言,是"好"的东西,是一种存在论的描述;权利一词,根据不同的背景,既可以指存在论的天赋权利,也可以指实在法上的法定权利;法益,根据不同的背景,既可以指自然法上的利益,也可以是实在法所保护的利益。二是在刑法上应该坚持实在法的法益观念,前实定法的法益观念是不可行的。因为作为存在论的利益、权利,只有经过实在法的确认,成为实在法上的利益、实在法上的权利,才具有现实的意义。三是需要在更高的法规范层次(即在根本法的层面)为法益找到合理性根基。从基本法的价值层面为法益找到合理性的根本法依据,以便赋予法益的刑事政策的机能。刑法法益应根源于宪法。所以德国学者萨克斯(W. Sax)将法益提升到基本法层面来把握;罗克辛从宪法中寻找法益的界限,从宪法层面为法益找合理性根据并主张"有必要一开始就使刑法各个条文转到宪法性界限的限制之中"的见解,值得我们借鉴。以宪法为根本法依据的法益观,可以使法益具有对危害行为入罪的正当性评价的刑事政策机能,这就有助于避免"恶法亦法"的强权逻辑。

在承认法益是实在法的法益的前提下,如何克服法益的统治阶级意志选择的任性,是一个重要课题。为此,在宪法上为法益寻求根据,从基本人权和人类尊严的高度来限定法益的范围,就能保证法益的适正性,从而保持法益的刑事政策机能。

2.实现由"法益"向"刑法法益"的提升

将"法益"纳入国家整体法秩序,在性质上实现由其他部门法法益到"刑法法益"的提升。

从实体法角度看,刑法法益是纳入国家整体法律秩序的法益。刑法是公法,不是私法。由于刑法是规定犯罪和刑事责任(主要是刑罚制裁)的法律,犯罪行为被立法者标定为犯罪人对国家法治权威的反抗和挑战,刑法的主要任务是解决犯罪人与国家之间的矛盾,而不是为了解决犯罪人与被害人之间的纠纷,所以刑法对法益的保护不是直接的,而是间接的。德国学者也普遍认为,刑法对法益的保护,不是直接的,而是间接和附带的。刑法的目的是维护国家整体法律秩序,保证其他部门法的有效性。不过在现实中,具体的法律秩序不是空洞的,而是实实在在的客观存在。具体的法律秩序由一定的权利义务关系网结而成,其中的权利即为法益,并与其中的法定义务相对应。其中有的法律秩序在被严重破坏的时刻,关系到国家整体法律秩序的存亡,这时候,该种破坏行为纳入刑法的调整范围。德日的法益概念缺乏这种整体视角对刑法保护对象的强调,其或者是德日学者们的认识局限性所致,或者是由不同语言之间的翻译误差所致。微观视角下的法益,即具体法律主体的权利(或者法益),不可能成为作为整个法律体系的保障法——刑法的保护目标;只有纳入国家整体法律秩序、成为国家整体秩序的有机组成部分的具体法定权利(即法益),才能受到刑法的间接保护和附带保护。

首先,从刑法的特殊性质、立法目的和任务层面上看,刑法保护的法益与民法、行政法保护的法益不同。刑法是规定犯罪、刑事责任与刑罚的法律。刑法地位取决于其性质和特征,主要是刑法调整对象的特殊性和其制裁方法(主要是刑罚)的特殊性质:刑法是以犯罪行为及其刑事责任为调整对象;刑罚作为最严厉的制裁方法,是犯罪人承担刑事责任的主要方式。刑法以其严厉的制裁方式(主要是刑罚)惩治犯罪(严重的违法行为)以保障民法、经济法、行政法等其他部门法的有效性,是整个法律体系的保障法。

关于犯罪,马克思经典的论述:"犯罪——孤立的个人反对统治关系的斗争,和法一样,也不是随心所欲地产生的,相反的,犯罪和现行的统治都产生于相同的条件。同样也就是那些把法和法律看作是某种独立自在的一般意志的统治的幻想家才会把犯罪看成单纯是对法和法律的破坏。"紧接着,恩格斯也阐述道:"蔑视社会秩序的最明显最极端的表现就是犯罪。"①犯罪的本质只有从是否危害有利于统治阶级的统治关系和法律秩序来把握,才能给予科学的说明。这些论断肯定了刑法的保障法地位,说明了刑法法益不同于其他部门法法益的特殊性。

我国《刑法》第一条规定了刑法的目的、第二条规定了刑法的任务,展现了我国刑法的特殊性质、特有的立法目的和任务,从中可以实证刑法法益的特殊性质。例如,《刑法》第一条规定"为了惩罚犯罪,保护人民",第二条规定了我国刑法的任务是"用刑罚同一切犯罪行为作斗争,以保卫国家安全,保卫人民民主专政的政权和社会主义制度,保护国有财产和劳动群众集体所有的财产,保护公民私人所有的财产,保护公民的人身权利、民主权利和其他权利,维护社会秩序、经济秩序,保障社会主义建设事业的顺利进行"。请注意,该条规定刑法的任务最终落脚到"维护社会秩序、经济秩序,保障社会主义建设事业的顺利进行",而不是直接保护公民的利益。这一立法不仅是马克思、恩格斯关于犯罪本质的论断和卢梭的刑法观在立法上的相吻合,是前述正确的刑法观的我国刑法具体体现,而且还表明,刑法作为保障法,是直接维护社会秩序、维护国家整体法律秩序的,并不直接保护权利主体的法益。这从立法上确立了刑法法益的独立地位。

从对事物认识的历史进程上看,对事物既定性又定量的分析,要比只对事物定量分析或者只定性分析要深刻。这是不言而喻的、无须证明的断言。所以我国坚持违法与犯罪的严格区分,对犯罪的规定既定性又定量的立法模式,是先进于前述德日的违法一元论的立法现状的。我们应该对犯罪的规定既定性又定量的立法模式制度自信。尽管近年来日本学者提出了可罚的违法性理论,德国学者也逐步接受缓和的一元违法性理论,二者均没有彻底抛弃违法一元论,在对犯罪本质的认识上,与我国相比,德日在这问题上,仍然是落后的。况且,以日本为例,其可罚性违法理论要想付诸法治实践面临着诸多障碍:不但要在理论上战胜违法一元论;而且立法上还要改变其刑法关于犯罪的规定"只定性不定量"的立

---

① 《马克思恩格斯全集(第2卷)》,人民出版社,1998年,第379—410页。

法模式。这不是日本刑法理论所能完成的艰难任务。当代德国著名刑法学家罗克辛就刑法与法益的关系,认识到"刑法对法益的保护不是直接的,是间接的,是附带的"。如果这一认识在德国还只是最近理论上的新的认识,那么我国的刑法早已将这一认识立法化,并用于司法实践了。由此,我们千万不能认为德日刑法贯彻违法一元论,我们也应该取消《刑法》第十三条的但书规定。

其次是刑法法益形成过程描述。刑法是如何间接地、附带地保护法益的呢? 或者,如何清晰地看到刑法法益与民法法益、行政法法益定位为递进关系呢?

民法、行政法等部门法位于一国法律体系的第一防线,第一次对社会关系进行调整,在法律主体之间产生相应的权利义务关系——法律关系。如果义务主体不履行义务,违反法律的,就首先由相应民法、行政法等部门法进行制裁或者实施法律救济。只有在该部门法的制裁或者救济无效时,才需要刑法的介入调节。刑法作为保障其他部门法有效性的综合法,在法律体系中处于第二防线的地位:当"法律主体不履行法律义务,并且情节严重,以至于其他相应的法律部门的制裁措施根本不足以维持相应的法律秩序、救济相应的权利"时,在不得已的情况下,国家立法者才把这种义务违反行为通过立法程序确定为犯罪,用刑罚制裁手段来督责行为人履行相应的法律义务或者防止其他人效仿这种严重的义务违反行为,以维护国家的整体法律秩序。[①]当且仅当在这个时候,刑法才介入社会生活,民法、行政法保护的法益才转化为刑法保护的法益。

典型的,例如把民法法益这一私法法益提升为公法法益。以对所有权的侵害为例,加以说明。我们知道,所有权是民法上的一项重要的权利,其内容是指所有权人依法对自己财产所享有的占有、使用、收益和处分的权利。所有权是绝对权、对世权,权利主体之外的任何人,都有维护权利人权利的义务,不得侵害权利人的权利或者妨害权利人的权利行使。如果在现实社会中出现了有人以盗窃的方法非法占有他人的财产,那么首先就考虑使用民法或者行政法(如《治安管理处罚法》)的制裁手段对这种盗窃行为(侵权行为)、对违反治安管理的行为进行制裁,以保护权利人的所有权。只不过民事制裁和行政法律制裁的手段,如恢复原状、返还原物、赔礼道歉、赔偿损失,或者罚款、拘留等措施的威力是有限的,一般而言,在盗窃数

---

① 牛忠志:《刑法目的新论》,《云南大学学报(法学版)》2006年第5期。

额不是较大的场合,这种制裁对于保护公民的所有权是奏效的;但如果是盗窃的数额较大、巨大、特别巨大的场合,我们仍然采用民事制裁或者行政法律制裁的方法,那么,就根本抑制不住其他人对盗窃行为的效仿!试想,如果一个人盗窃价值一百万元的财物,即使被抓住了(没有被揭露的情况也是比较普遍的),适用民事制裁方法,判令行为人向被害人赔礼道歉、返还原物、恢复原状或者赔偿损失等,即便是这些制裁手段统统地加以适用;或者只是适用罚款、拘留的行政处罚方法,都难以阻止其他人的效仿。更何况,现实社会中发生的盗窃案件,盗贼真正被抓住并受到法律制裁的,只是一部分。所以,囿于民事(行政)制裁手段的局限性,如果仅仅依靠民事(行政)制裁来维护国家的所有权制度和所有权法律秩序,那么国家的所有权法律秩序注定是要崩溃的。

因此,对于严重的侵害所有权的行为,国家需要动用刑罚手段加以制裁,才能保证国家的所有权法律秩序不至于因严重的盗窃行为(即严重的义务违反行为)的破坏而坍塌。对这一过程的分析,揭示了在法治健全的理想状态下,任何利益都首先由民法、行政法等部门法直接保护,由此将特定的利益上升为法益;当法益被违法行为侵害但不严重时,就由相应的部门法来直接保护。在此之前,刑法没有用武之地,用不着刑法来介入,参与调整。只有在民法、行政法等部门法保护的法益受到严重侵害时,该法律部门的制裁不足以维护已存在的法律秩序,刑法才直接以维护民法、行政法等部门法的有效性的面目出现,以保证其他法律的有效性,维护国家整体的法律秩序。在这一过程中,刑法同时间接地、附带地保护相应的法益:刑法对国家法律秩序的保障性是直接的;对法益的保护不是直接的,只是附带地保护法益。这一过程还体现了刑法介入社会生活的第二防线地位(刑法与民法、行政法等部门法的关系不是并列的,而是递进的),以及刑法对已存在的法律关系调整的不得已性(先由其他部门法调整,不得已时刑法才介入社会生活)。考虑到刑罚制裁的最严厉性和刑法的人权保障机能,于是,刑法法益的独立地位更需要强调,因而刑法法益的特殊性也更加需要发掘:用"不得已性"来限定法益,使法益提升为刑法法益。

上述分析展现了刑法对国家法律秩序的直接维护,展现了刑法法益的形成过程,以及刑法法益与民法法益、行政法法益的递进关系,揭示了刑法法益与民法法益、行政法法益的既有共性,又有显著的个性的辩证关系。

刑法法益的特殊性也可以从刑事诉讼法的目的加以佐证。刑事诉讼法是调整刑事诉讼活动法律规范的有机统一体。刑事诉讼法的调整对象:一是公安司法机关进行刑事诉讼的活动;二是诉讼参加人参加刑事诉讼的活动。刑事诉讼活动是国家的公安司法机关在当事人以及其他诉讼参与人的参加下,依照法律规定的程序和要求,解决被追诉者的刑事责任问题的活动。这就告诉我们,刑事诉讼不是围绕如何弥补被害人因犯罪行为所遭受的法益损失而展开活动的。刑事诉讼的根本目的在于维护国家的政治和经济制度,促进社会文明和进步;直接目的则体现为惩罚犯罪和保障人权两个方面。[①]刑事诉讼的目的,与民事诉讼的目的根本不同,民事诉讼的目的是解决当事人之间的民事纠纷,保护当事人的合法权益。

3.给刑法法益加入量的限定

德日的法益说只定性不定量的特点,适应德日刑法对犯罪的规定,而不适合我国刑法,需要进行改良。如何改良呢?与我国《刑法》第十三条但书之"情节显著轻微危害不大"的行为不是犯罪的要求相适应,我国刑法法益说之中的法益需要是形式与内容的统一,具有质与量的规定性。只有危害行为侵害的法益达到了一定的质和量的规定性,被侵害的民法保护法益、行政法法益等才能晋升为刑法法益。这就是说,一个危害行为对于以法益为核心之国家整体法律秩序的破坏,需要达到一定的严重程度时,才能将其作为犯罪行为纳入刑法的调整范围。其实,由德国学者提出的,后被日本学者所发扬光大的"可罚的违法性理论"与这种改良是契合的:犯罪行为所侵害的法益是值得用刑罚加以惩治的侵害法益的行为,纳入刑法保护范畴的是"可罚的法益侵害行为"。"可罚的法益侵害行为"与我国刑法的但书具有相同的出罪功能。这种"值得动用刑法保护的法益"认识,有助于揭示刑法法益与民法、行政法保护的法益性质的不同。

4.把刑法法益的内涵继续往前延伸至"抽象危险"

本来,如果是坚持绝对的个人自由主义,坚持完全的结果无价值论立场,那么,德日法益说的"法益侵害"就应当只限于"实害"这一形态。但是,如果把法益侵害仅限于实害形态,那就不能说明对未遂犯处罚的正当性。于是,法益论便不得不适应立法和司法实践的需要,把法益侵害扩张为"实害+具体危险"两种情形。这里的具体危险是指在未遂犯的情况下,实行行为对法定结果具有侵害的具体危险性。这样,法益说对法益的侵害由"实害"扩展至"侵害的具体危险性"。正是在"可罚性"意义上,"所有的未遂犯

---

① 陈玉忠、马丽丽:《刑事诉讼法学》,法律出版社,2016年,第2—7页。

都是危险犯"的命题才得以成立。所以,当今德日刑法理论对法益说表述都是"对法益的侵害或者危险"。

不过,至此还不够,因应当代社会的各种风险侵袭,当今世界范围内的刑事立法表明,对法益的侵害的理解还应当继续向前延伸至有侵害法益的"抽象危险"。目前全世界范围内,包括德国、法国、意大利等欧洲国家,刑法不断增设环境犯罪、打击恐怖活动,以及关于高科技领域的犯罪,刑法的扩张已是不争的事实。我国也是一样,立法者奉行积极主义的刑法观,自《刑法修正案(八)》开始,包括之后的《刑法修正案(九)》和《刑法修正案(十一)》先后设立了大量的独立预备罪,增设了抽象危险犯(具体内容前已有述),把预备行为实行行为化。独立预备罪的犯罪化根据就是立法者认为这些"预备性的危害行为"对法益具有抽象危险性。可以肯定,随着未来风险社会的真正到来,适应风险社会,包括我国刑法在内的各国刑法会继续扩张,介入社会生活调整的时点会继续前移,立法将会设立更多的抽象危险犯。由此,法益说的"侵害法益的危险性"之观念,有时候不仅包括具体危险,还包括抽象危险。

二、"四维法益说"与依法应受刑罚惩罚的社会危害性说的贯通性

历史上,东西方的文化有着惊人的相似,曾出现过诸多的暗合之处。现在,中国、德日等关于犯罪本质的认识也是同样惊人地相似,仔细分析,我们会发现,"依法应受刑罚惩罚的社会危害性说"与"四维法益说"具有内在的统一性。

(一)二者统一的基础

从时间范围内看,二战之后,当代刑法理念逐步形成。尽管一些具体的内容还处在变动之中,但从宏观上看,当代刑法思想"以行为刑法为基础,兼采行为人刑法"的基本格局,是有目共睹的,没有争议的客观事实。

从这一认识出发,无论中外,德日和中国,犯罪的内涵都应该包括客观危害性、主观恶性和社会危险性。前文有述,在司法视角下,犯罪本质的"依法应受刑罚惩罚的社会危害性",即在表明刑法中规定的犯罪,需要以有刑法的明文规定为限、需要是刑法认为该行为事实具有了值得用刑罚加以惩处的社会危害性;犯罪的社会危害性包括应然的危害性和潜在的社会危害性两个面向。对德日的法益说改造之后的四维法益说也同样表明:这里所说的法益侵害性也包括实害、具体危险和抽象危险;四维法益说也强调犯罪行为的可罚的违法性品格(区别于一般的违法性);四维法益说把刑

法的视野拓展到整个国家的整体法律秩序的视野,而不再把刑法的法益局限于"微观地视为权利主体的权利",由此,揭示了犯罪行为的"社会危害性"而不是对"某一个体"之"危害性"的品质。

可以说,当代刑法理念以及由其决定的犯罪的内涵,是我们正确剖析犯罪本质的理念根基和逻辑原点。

(二)二者统一于"国家整体法律秩序"

无论是东方,还是西方,刑法的公法性质是没有疑问的。刑法目的在于维护国家的法律秩序,保证其他法律的有效性。卢梭早就说过"刑法在根本上与其说是一种特别法,还不如说是其他一切法律的制裁力量"①。这就是说,刑法是其他部门法的保障法,没有刑法作后盾、作保证,其他部门法往往难以得到真正贯彻实施。犯罪是对国家法律秩序的侵犯,这一思想来源于黑格尔:

黑格尔从法哲学的视角对犯罪本质加以论述:一方面,由于它侵犯了具体意义上人的自由意志的特定定在,即侵犯了他人的人格、权利或利益;另一方面,更重要的是同时它还危害了社会,即具有社会危害性。"因为在市民社会中所有权和人格都得到法律上的承认,并具有法律上效力,所以,犯罪不再只是侵犯了主观无限的东西,而且侵犯了普遍事物,这一普遍事物自身是具有固定而坚强的实存的。""由于对社会成员中一人的侵害就是对全体的侵害……犯罪行为不只影响直接的受害人的定在,而是牵涉到了整个市民社会的观念和意识。"②黑格尔这里的普遍事物就是社会整体利益,因而犯罪应看作对整个社会的侵犯,这就是犯罪社会危害性的根据。

黑格尔的"犯罪是对国家整体法律秩序的侵害"之法律规范违反理论为后来者宾丁、雅各布斯、乌尔斯·金德霍伊泽尔、埃里克·希尔根多夫等著名的德国刑法学者所继承。

在日本,小野清一郎的文化规范违法说直接把犯罪视为对国家伦理规范的违反;龙川幸辰作为日本旧派的代表人物,认为犯罪就其形式而言,是对法律规范的违反,究其实质而言,是对法益的侵害。团藤重光的人格责

---

① [法]卢梭:《社会契约论》,何兆武译,商务印书馆,1962年,第63页。

② [德]黑格尔:《法哲学原理》,范扬、张企泰译,商务印书馆,1961年,第228页。

任论把刑事责任的根据定位为犯罪人的人格形成责任,即对犯罪追究刑事责任,就是为了矫正其犯罪人格,实行人格重塑,使犯罪人不再违法。这在一定程度上与犯罪的规范违反说是契合的。

在中国,陈忠林是犯罪对国家整体法律秩序的侵害观点的力倡者。受其影响,笔者曾经撰文赞成陈忠林的这一见解。[①]现在看来,法益侵害说和规范违反说(即义务违法说)在某种程度上是统一的,其上位概念是对国家整体法律秩序的侵害(如图1所示)。

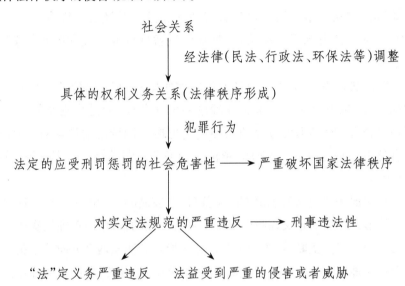

图1 社会关系转化为法律关系(国家法律秩序)被犯罪侵害图

注:社会关系经民法、行政法、环保法等的调整,在特定法律主体之间产生法定的权利和义务,形成法律秩序。违法行为对法律秩序的破坏先由刑法之外的部门法调整;当犯罪行为对法律秩序的破坏达到严重程度——破坏了国家整体法律秩序,因而需要用刑罚的方法加以惩治。这一过程可以看出,犯罪是经由法定义务的严重违反进而侵害法益的行为。当然,这里的法益,是经过了四维改造了的法益。

---

① 牛忠志:《刑法目的新论》,《云南大学学报(法学版)》2006年第5期。

本章小结

人们对"一维""二维""三维"，比较熟悉，可能对"四维"比较陌生。但是科学证实，"四维"属于多维范畴。这里的"一维"是指一个参数。这里的"四维"意指在四个参数上展开改良构想。

四维法益说，即在宪法上为法益的适正性寻求根据，实现由"部门法法益"向"刑法法益"的提升（比如民法法益这一私法法益提升为公法法益），给刑法法益加入量的限定，把刑法法益的内涵继续往前延伸至"抽象危险"。

四维法益说，不是对德日法益说的彻底抛弃，而是以德日法益说为基础的改良；也不是对社会危害性理论的彻底背离，而是将犯罪的社会危害性具体化，使其不再过分抽象和难以把握。四维法益说与对"传统的社会危害性理论"改良而来的"依法应受刑罚惩罚的社会危害性说"具有贯通性。

我国刑法对犯罪的规定不同于德日，有较高的量的限定。德日刑法理论中的形式的犯罪定义在我国根本不具有存在的合理性；单纯的实质定义也无法制约司法擅断，也落后于时代。从形式和实质两个方面给予犯罪的综合定义能够取"单纯实质定义"和"单纯的形式定义"之长，避它们之短，因而是科学的。应该明确的是，罪刑法定原则并不只要求犯罪的形式定义。在世界范围内看，罪刑法定原则越来越走向形式与实质的统一，由此，四维法益说所要求的综合的犯罪定义与这种趋势相适应，故代表着未来的发展方向。

四维法益说要求犯罪定义中但书的存在；如果取消但书，则会最终滑向形式的犯罪定义。既要取消总则的但书，又要保持分则对具体犯罪的量的规定性，这是没有系统观念、没有深思熟虑的不切合实际的想法。在功能上，总则的但书，不可以作为入罪依据，但可以作为出罪依据，即对于一个具体案件，法官根据自己专业知识和法律职业思维，如果获得的是"情节显著轻微危害不大"的知觉，那么该案就不再作为刑事案件处理了——这就是但书出罪的思维过程。

第四章　四维法益说对犯罪定义的选择

第一节　从犯罪本质看不同的犯罪定义

犯罪定义①是刑法理论中的一个基本问题。现行《刑法》第十三条明确规定："一切危害国家主权、领土完整和安全，分裂国家、颠覆人民民主专政的政权和推翻社会主义制度，破坏社会秩序和经济秩序，侵犯国有财产或者劳动群众集体所有的财产，侵犯公民私人所有的财产，侵犯公民的人身权利、民主权利和其他权利，以及其他危害社会的行为，依照法律应当受刑罚处罚的，都是犯罪，但是情节显著轻微危害不大的，不认为是犯罪。"这是立法上的犯罪定义。刑法学者从自己的价值立场和认识出发，出于追求至善至美的表达效果，对犯罪定义却有着不同的表述。

犯罪定义是对犯罪本质的揭示，反过来，对犯罪本质的认识会影响对犯罪定义的表述。那么，四维法益说要求什么样的犯罪定义与其相适应呢？

一、犯罪定义的具体表述及评析

从沿革上看，犯罪的概念(或称"犯罪定义")经过了从实质的犯罪定义到形式的定义，再到综合的犯罪定义的发展历程：

---

① 严格意义上讲，定义与概念是有区别的。定义，即对于一个事物本质的确切说明；概念是思维的基本形式之一，是对事物的本质属性及其特征的高度抽象概括。由此，定义属于本体论的范畴，概念属于认识论的范畴。不过，定义是从事物本质上直接揭示事物是什么；概念除了揭示事物的本质属性是什么之外，还描述这种本质属性被主观反映后的现象特征。从以上分析，可以看出，尽管二者区别很大，但是也有共通的地方，鉴于刑法学界对犯罪定义和犯罪概念这两个术语不加区别，本文也对它们在同一意义上使用。

（一）实质的犯罪定义

实质的犯罪定义，是只揭示犯罪行为与一般违法行为的区别，而不涉及犯罪的法律特性的定义形式。

古代，人们把犯罪视为违背道德的"恶"、马克思主义经典创始人关于犯罪的表述"孤立的个人反对统治关系的斗争"、犯罪学家加洛伐洛把刑事犯罪归结为"行为人缺乏正直和怜悯的情感"的产物等，都是从实质上对犯罪内涵加以揭示的。

立法上实质的犯罪定义，典型的如1922年苏俄刑法典第六条规定，威胁苏维埃制度的基础及工农政权向共产主义制度过渡时期所建立的法律秩序的一切危害社会的作为或不作为，都认为是犯罪。如封建时代，把犯罪视为是对神（上帝、真主等）的意志的违反，就是实质的犯罪观。马克思、恩格斯关于"犯罪是孤立的个人反对统治关系的斗争""蔑视社会秩序最明显、最极端的表现是犯罪"，都可以归结为对实质的犯罪界定。在罪刑法定时代，在规范刑法学领域里，坚持犯罪的实质定义的学者已经不多了。

有学者认为，犯罪是以一定方式或样态给被害人造成直接损害的、给社会带来犯罪预防成本的并需要动用刑罚资源加以处置的行为。犯罪的本质是结果无价值与行为无价值的相结合的、给被害人造成危害的或危害可能性的、需要花费社会的预防成本和诉讼成本（即需要动用侦查、公诉和审判机关）的行为。这种犯罪本质论能够把犯罪行为同一般违法行为区分开来。[①]在笔者看来，这一界定属于犯罪的实质定义。

无需多举例和论证，实质的犯罪定义曾在封建社会存在了几千年之后被形式的犯罪定义所取代，其最大的弱点在于不能限制立法权，也极易导致法官的司法擅断。当代是法治时代，民主、人权理念是绝对反对缺乏法律规范标准的实质犯罪定义的。

（二）形式犯罪定义

只揭示犯罪的法律特征，不解释立法者为什么将其规定为犯罪的定义，被称为犯罪的形式定义。形式的犯罪定义是与罪刑法定原则相适应的，典型的如1810年法国刑法典第一条："法律以违警罚所处罚之犯罪，为违警罪。法律以惩治刑所罚之犯罪，称轻罪。法律以身体刑或名誉刑所罚之犯罪，称重罪。"

---

① 韩永初：《犯罪本质论——一种重新解说的社会危害性理论》，《法制与社会发展》2004年第6期。

我国理论界也有学者主张犯罪的形式定义。如有学者认为,我国刑法,一方面,坚持把行为的社会危害性作为实质特征,并结合刑事危害性和应受惩罚性界定了犯罪;另一方面,又明确规定了罪刑法定原则,强调犯罪确定的规范标准(也即界定犯罪既选择了社会危害性标准,又规定了罪刑法定的规范标准)。这实际上存在着价值的冲突。怎么克服这种冲突,有学者主张,规范标准是在罪刑法定原则前提下界定犯罪概念的理性选择。①再如,有学者主张在罪刑法定原则之下,我国的犯罪概念应该坚持形式的犯罪概念。理由有四:②一是我国刑法典中的犯罪概念是犯罪的形式特征(刑事违法性)与实质特征(社会危害性)的统一。在这种形式特征与实质特征相统一的犯罪概念中,实质特征处于主导地位。形式特征与实质特征相统一的犯罪概念在面对形式合理性与实质合理性的冲突时主张选择实质合理性。这一犯罪概念与罪刑法定原则要求的形式合理性是相冲突的。二是《刑法》第十三条规定中就同时存在"社会危害性"标准和"刑事违法性"标准。一个定义中同时使用互相冲突、排斥的两个标准来界定犯罪,势必影响罪刑法定原则在犯罪定义中完全彻底体现。三是形式与实质相统一难以处理好法的一般公正与个别公正的关系。刑事违法性易于体现一般公正,而社会危害性更易于追求个别公正,刑事法律确定犯罪的一般概念和具体刑法规范时追求的应是一般公正,而司法机关在具体适用刑事法律时则可以考虑犯罪人的社会危险性和反映犯罪行为社会危害性的具体事实以实现个别公正。当实质公正与形式公正相冲突时,按照《刑法》第十三条的规定,两者统一的最后立足点仍然是实质合理性,但按照第三条罪刑法定原则需要放弃实质合理性,转而采纳形式合理性。这便存在着价值取向的冲突。刑法典只宜规定形式化的犯罪概念不仅具有理论上的合理性,(而且)是从罪刑法定主义中引申出的必然结论。四是我国刑法分则条文所采取的"定量模式"③也可为此提供制度保障。定量模式的存在就足以将违反治安管理行为(相当于国外的违警罪)排除在犯罪之外。因此,即使刑法现行犯罪概念改为形式概念,也不至于因但书规定的删除而导致凡是"具备刑事违法性的行为都是犯罪行为"的结论出现。

---

① 樊文:《罪刑法定与社会危害性的冲突》,《法律科学》1998年第1期。

② 陈兴良、刘树德:《犯罪概念的形式化与实质化辨正》,《法律科学》1999年第6期。

③ 所谓定量模式是相对于定性模式而言的,是指我国刑法分则的具体犯罪构成中包含了一系列的数量要件。储槐植:《刑事一体化与关系刑法论》,北京大学出版社,1997年,第269页。

由此,基于刑事法治的理念,理性地审视社会危害性理论,认为在注释刑法学中应当坚守形式理性,否定社会危害性理论。只有这样才能使罪刑法定原则真正得以实现。[①]有人赞成这种观点,认为在犯罪概念中不规定社会危害性和应受刑罚惩罚性,只以刑事违法性作为犯罪的特征。这不是说社会危害性和应受刑罚惩罚性对于犯罪构成无足轻重,而是立法在规定刑事违法性时已对社会危害性和应受刑罚惩罚性的因素进行了充分的考虑。由此建议,在立法上可把犯罪表述为"凡是用刑罚威胁所确定禁止的行为"[②]。

有学者反对形式的犯罪概念。认为形式的犯罪概念单纯强调犯罪的法律属性,只能满足形式上限制司法权的要求,是大陆法系特定历史背景的产物;综合的犯罪概念既强调犯罪的法律属性以限制法官的定罪权,又重视犯罪的社会属性来限制立法者的制罪权,满足了我国当前建设形式法治优先、兼顾实质法治的刑事法治国——既限制司法权又限制立法权的要求,是可取的。形式的犯罪概念只能体现罪刑法定原则形式侧面的内容,综合的犯罪概念则(同时)满足了现代罪刑法定原则形式侧面与实质侧面的要求。我国《刑法》第十三条之但书具有照应功能与出罪功能,且不存在逻辑上的前后矛盾。因而,主张我国刑法中犯罪概念形式化的观点不可取,我国刑法应提倡与维护综合的犯罪概念。[③]

在当今中国,单纯的形式的犯罪定义是不可取的,主要理由有两点:一是按照辩证唯物主义的观点,任何事物都是形式与实质的统一,只有形式上的特性,不限定实质内容,最终也难以廓清事物的界限。二是坚持犯罪形式定义的学者认为:"我国刑法分则条文所采取的'定量模式'也可为此提供制度保障。定量模式的存在就足以将违反治安管理行为(相当于国外的违警罪)排除在犯罪之外。因此,即使刑法现行犯罪定义改为形式定义,也不至于因'但书'规定删除而导致凡是'具备刑事违法性的行为都是犯罪行为'的结论出现。"[④]这个论证有问题。试想,如果《刑法》第十三条取消了但书,那么刑法分则还有什么依据继续保持对犯罪的量的规定?正是刑法总则规定了犯罪的"量"的限定,分则的具体个罪是为了贯彻总则、照应总

①陈兴良:《社会危害性理论——一个反思性检讨》,《法学研究》2000年第1期。
②王尚新:《关于刑法情节显著轻微规定的思考》,《法学研究》2001年第5期。
③苏彩霞、刘志伟:《混合的犯罪概念之提倡——兼与陈兴良教授商榷》,《法学》2006年第3期。
④陈兴良:《社会危害性理论——一个反思性检讨》,《法学研究》2000年第1期。

则规定,才具体地规定了犯罪的"量"的限定。然而一旦刑法总则取消了对犯罪的量的一般性限定,分则条文就没有依据继续保持量的规定。此所谓"皮之不存,毛将焉附?"

(三)综合的犯罪定义

借鉴苏联的刑法和刑法理论,我国刑法学者,一贯坚持马克思主义法学的阶级立场,即十分重视对犯罪本质的解释和把握,批判了资产阶级刑法和资本主义刑法理论只是限于从形式上界定犯罪,以掩盖其阶级本质的虚伪性。我国刑法理论普遍认同,《刑法》第十三条从实质内容与法律形式的结合上给犯罪下了定义。据此,犯罪是具有严重的社会危害性、触犯刑法、应受刑罚惩罚的行为。[①]这种综合的犯罪定义[②],作为马克思主义法学的显著特征,这种形式与实质相结合的犯罪界定,是优于资本主义仅对犯罪形式界定而不实质地揭示甚至是故意掩盖犯罪实质的虚伪做法的。犯罪的基本特征有三个:犯罪是危害社会的行为,即具有社会危害性;犯罪是触犯刑律的行为,即具有刑事违法性;犯罪是应受刑罚惩罚的行为,即具有应受惩罚性。[③]其中,社会危害性在犯罪的特征中起决定性作用,是其他两个特征的基础。尽管犯罪的社会危害性和刑事违法性、应受惩罚性是密不可分的辩证统一,但从逻辑和时间顺序上讲,行为的社会危害性对于刑事违法性和应受惩罚性具有前置的意义,因而具有最基本特征的地位。就社会危害性与刑事违法性的关系而言,刑事违法性是社会危害性在法律上的表现形式。通过刑事违法性,立法者将社会危害性纳入刑法的范畴,使某一行为与刑法规定发生一定的联系。因此,社会危害性是第一性的,而刑事违法行为是第二性的。[④]

(四)分立的犯罪定义

这里说的分立的犯罪定义,是指刑事立法与刑事司法、犯罪学与规范刑法学分立的犯罪定义。

[①] 高铭暄主编:《中国刑法学》,中国人民大学出版社,1989年,第72页;马克昌主编:《犯罪通论》,武汉大学出版社,1991年,第14页;高铭暄、马克昌主编:《刑法学》(第七版),北京大学出版社、高等教育出版社,2016年,第41—47页;贾宇主编(马工程教材):《刑法学(上册·总论)》,高等教育出版社,2019年,第83—85页。

[②] 学界多表达为"混合的犯罪定义",但是"混合"一词给人一种没有品位地"掺和在一起"的感觉,所以结合其真实意思,笔者将其称作"综合的犯罪定义"以期准确和雅致。

[③] 高铭暄主编:《中国刑法学》,中国人民大学出版社,1989年,第72页;高铭暄主编:《刑法学原理(第1卷)》,中国人民大学出版社,1993年,第382页。

[④] 高铭暄主编:《刑法学原理(第1卷)》,中国人民大学出版社,1993年,第394页。

犯罪的形式定义,包含着罪刑法定主义的重大进步价值。它告诉司法者和守法者判定是否构成犯罪的唯一标准就是刑法规定。刑事司法的任务就在于根据刑法来区分罪与非罪,追究依法构成犯罪者的刑事责任;守法者有权利拒绝接受法外定罪和法外量刑。所以,只要坚持罪刑法定主义观点,犯罪的形式概念是绝对不可以被忽视甚至被否定的。犯罪的实质概念是人类对犯罪认识的进步,对于刑事立法有着重要的指导意义。但不能以犯罪的实质概念否定犯罪的形式概念,否则极易导致法律虚无主义。有鉴于此,有学者主张并立的形式概念和实质概念,即犯罪有形式与实质两层含义:在立法政策的意义上,犯罪是应受刑罚惩罚的危害社会的行为;在司法准则的意义上,犯罪是指刑法规定应受刑罚惩罚的行为。①该论者特别指出,分立的犯罪概念系以类推的废止与分则的具体明确化,也即以严格的罪刑法定为前提的。

另有学者主张:"我国刑法理论的犯罪概念应当由'立法概念'与'司法概念'组成,就是把犯罪概念分为说明尚未在法律上规定为犯罪但是应当在法律上规定为犯罪的行为的'立法概念',和说明已经在法律上规定为犯罪的行为的'司法概念'。立法上的犯罪概念,是指具有严重的社会危害性、应当由刑法规定为犯罪、适用刑罚予以处罚的行为。司法上的犯罪概念,是指符合刑法规定的构成条件、应当适用刑罚予以处罚的行为。这种立法与司法分立的犯罪概念,将承担起不同的功能,从而具有不同的任务与使命。"该论者同时认为,把犯罪概念分为"应当规定为犯罪"的立法概念和"已经规定为犯罪"的司法概念,有利于明确法律界限,彻底消除类推适用在理论上的合理性与可能性,这种理论结构和理论功能安排对于促进我国刑事立法工作和刑事司法工作的健康有序的发展,对于为建设社会主义法治国家服务的需要来说,是非常有利的。②

有学者比较了犯罪学中的犯罪概念和规范法学中的犯罪概念,归纳出三点:一是犯罪学中的犯罪概念是立体的,因为它不但从个体行为的角度研究犯罪的产生和防治对策,更要在总体上将犯罪作为社会现象来研究,而规范刑法学以研究认定犯罪提供理论知识为己任,而要"认定"犯罪并施以刑罚,则只能归结到个人,其犯罪概念从法律规范看仅指个体行为,因此

---

① 贾宇、林亚刚:《犯罪概念与特征新论》,《法商研究——中南政法学院学报》1996年第4期。

② 王世洲:《中国刑法理论中犯罪概念的双重结构和功能》,《法学研究》1998年第5期。

刑法学对犯罪的研究仅在犯罪行为层面上。二是犯罪学中的犯罪的本质属性是社会危害性,而刑法学中的犯罪则是以刑法违法性为其本质属性的。三是犯罪学中的犯罪概念是以社会为研究背景的,它以社会利益为本位;而刑法学中的犯罪概念则以国家政治为背景,以国家利益为其本位。①

　　以上学者注意到了立法、司法阶段犯罪定义的差异,应该说是一种进步。不过,他们的司法视角下犯罪定义是否需要实质内容呢? 好像是不需要了。但是,仔细分析,即使按照他们的主张,司法上的犯罪定义仍然需要量的限定。为什么? 在我国,"违反刑法规范""具有刑事违法性",从来不是一个仅仅定性的范畴;司法意义上犯罪是依法"应该受刑罚处罚"的这种表述,在我国的刑法框架下仍需要量的限定。问题不是需要不需要社会危害性的实质内容,而是社会危害性与违法性的逻辑起点——谁是第一位的、谁是第二位的。

二、与四维法益说相适应的综合的犯罪定义之合理性

　　我国刑法学界许多学者为综合的犯罪定义辩护。例如,有学者认为,把社会危害性引入到犯罪定义,具有可取的一面,包括限制刑事立法权的需要使然、犯罪的形式定义无法限制立法权、实现刑事司法个案正义的需要使然等。②犯罪定义的行为指导功能与预防犯罪功能使然;马克思主义犯罪观使然。罪刑法定主义的首要使命是对立法权的制约。具体而言,在罪刑法定原则下,刑事立法权受到了"刑事处罚范围的合理性""刑法的内容适当、正当"的限制。"刑事处罚范围的合理性""刑法的内容适当、正当"需要有客观的标准,否则刑事立法权仍有被滥用的可能。这个标准就是社会危害性。不借助于社会危害性,罪刑法定原则就无法完成限制刑事立法权的使命,为了确保制定出的刑法是良好的,罪刑法定原则与社会危害性结盟。在立法意义上,社会危害性与罪刑法定原则并不矛盾。基于上述,论者认为,现行犯罪概念是一个科学的犯罪概念,其科学性在于以下两点:

---

① 方泉:《对犯罪概念的比较认识》,《江苏公安专科学校学报》2000年第5期。

② 论者认为:"社会生活纷繁复杂,具有刑事违法性但不具有严重社会危害性的行为在特定的情形下是完全可能存在的,如,刚满十六岁的甲与接近十四岁的幼女谈朋友,幼女主动与甲发生了性关系,甲奸淫幼女的行为就不具有严重的社会危害性;再如,出于善意为了减轻绝症病人的痛苦而实施安乐死的行为,如1984年汉中市的安乐死案也是如此;'但书'从法律的角度承认了具备刑事违法性但不具备严重社会危害性的行为是存在的。"李立众、柯赛龙:《为现行犯罪概念辩护》,《法律科学》1999年第2期。据此,笔者推断,该论者对刑事违法性的理解是形式意义的。

一是现行犯罪概念兼采社会危害性与刑事违法性这两个要件,克服了单纯的犯罪的形式概念或实质概念的局限性,吸取了两者的合理之处。这一犯罪概念既能限制刑事立法权,又能明确刑事司法的界限,实现刑事司法的个案正义,同时能充分发挥其行为指导功能与预防犯罪功能,因而是目前最科学的犯罪概念。二是现行犯罪概念充分、彻底地贯彻了罪刑法定原则。罪刑法定原则是作为限制刑罚权的一项基本原则提出来的。刑罚权包括制刑权、求刑权、量刑权、行刑权。制刑权、求刑权、量刑权、行刑权都应当受到罪刑法定原则的制约。犯罪概念不仅应当从根本上回答什么行为是犯罪(形式概念),而且应当回答为什么这些行为是犯罪(实质概念)。犯罪的形式概念体现了罪刑法定原则对求刑权、量刑权与行刑权的制约:只有对违反刑法的行为才能行使求刑权、量刑权与行刑权,凡不是违反刑法的行为都不能对其行使求刑权、量刑权与行刑权。犯罪的实质概念(即社会危害性)体现了罪刑法定原则对制刑权(刑事立法权)的制约。[①]

本书赞同前述学者为综合的犯罪定义所作的辩护,认为综合的犯罪定义总体是合理的,但为与四维法益说相适应,在具体的知识点上仍是需要改进的,具体有以下三点:

第一,对于事物从形式到内容的把握,比单纯地从形式上或者单纯地从实质内容上把握,要全面得多。形式的犯罪概念表面上看似符合罪刑法定原则,但在我国法律框架之下实际上难以贯彻罪刑法定原则,更不要说把罪刑法定原则贯彻到底。实质的犯罪概念与罪刑法定原则的要求相矛盾因而不足以采纳。规范刑法学应该采纳形式与内容相统一的犯罪概念。

第二,需要及时根据立法理念和具体规定的变化来调整刑法理论。在存在类推制度的情况下,社会危害性高于刑事违法性,居于第一位,即从行为具有严重的社会危害性能够类推出刑事违法性和应受刑罚惩罚性。但是,在罪刑法定原则已经被立法明确规定的情况下,刑事违法性制约了犯罪的社会危害性的地位和作用。"法无明文规定不为罪;法无明文规定不处罚",不能再进行有罪类推,于是,刑事违法性成为"闭合的";行为虽然具有严重的社会危害性,但只要没有法律的明文规定,就不应该受刑罚处罚,由此,刑事违法性就跃居第一位。因此,79《刑法》下的综合犯罪概念与97《刑法》下的综合犯罪概念,虽然都是综合的犯罪概念,但二者是有差别的:刑事违法性和应受刑罚惩罚的社会危害性之间的逻辑关系发生了天翻地

---

① 李立众、柯赛龙:《为现行犯罪概念辩护》,《法律科学》1999年第2期。

覆的变化。

第三,本书虽然不赞成形式的犯罪概念,但形式的犯罪概念的主张者强调刑事违法性的重要地位确实是功不可没的。正是该观点的呼声,让人们注意到了刑事违法性与社会危害性二者关系的变化。同样的道理,虽然不赞成实质的犯罪概念,但人们对犯罪的全面把握离不开从内容上揭示犯罪;虽然赞同混合的犯罪概念,但"混合"之提法显得低端,而且还应该因应罪刑法定原则的确立而在其具体认识上作出必要的修正。

四维法益说揭示了犯罪危害的是宪法性法益、犯罪严重侵害了作为国家整体法律秩序核心内容的法益、犯罪承载着行为人具有的社会危险性因而行为人具有潜在危害法益的可能性。综合的犯罪概念全面体现了犯罪的特殊属性。

综合以上,犯罪是刑事法律规定的、具有应受刑罚惩罚的社会危害性的行为。这里的关键变化是:"应受刑罚惩罚的社会危害性"是受到了刑事违法性限定了的社会危害性,即罪刑法定原则确立之后的当今,此时的严重的社会危害性不再像79《刑法》背景下可以推导出刑事违法性和应受刑罚惩罚性了。

第二节　从犯罪本质看但书存在的合理性

一、取消但书的主张

坚持犯罪的形式概念或者坚持刑事违法性是犯罪唯一特征的学者主张取消现行《刑法》第十三条的但书规定,可概括为以下两点:观点一,从《刑法》第十三条的立法定义分析,除了"一切"之后所列的六类行为外,均不是犯罪;在"一切"这样的外延之下,但书是不应该存在的,要用"一切"就不能用但书,要用但书就不能用"一切"。[①]观点二,需要反思我国三级制裁体系本身。应当将劳动教养司法化,使之成为轻微犯罪的制裁方式。在刑法的改革中,可以考虑建立统一的犯罪概念(包括一般犯罪与轻微犯罪),提升对被处罚者的人权保障程度。在这种情况下,犯罪概念的但书规定也

---

① 樊文:《罪刑法定与社会危害性的冲突——兼析新刑法第13条关于犯罪的概念》,《法律科学》1998年第1期。

就丧失了其存在的必要性。不仅从立法上来说,犯罪概念的但书规定存在重大弊端,而且在司法上适用率低,并会造成标准失衡。总之,从立法与司法两个方面分析,犯罪概念的但书规定都存在重大缺陷,这种缺陷恰恰源于其所依赖的社会危害性判断根据的不合理性。[1]

二、维护但书的观点

国内绝大多数学者不赞成前述关于取消但书的观点。

有学者对观点一批驳道,这种观点的不当之处在于没有把但书纳入我国刑法中犯罪的立法定义之中,错误地把《刑法》第十三条的前段当成了立法定义的全部,认为它已经划定了犯罪圈。但实际情况是,我国刑法中犯罪圈的划定是由《刑法》第十三条的正文和但书两段结合共同完成的。根据前段,一切具有社会危害性、刑事违法性和应受刑罚惩罚性的行为都是犯罪,这就大致框定了我国刑法的犯罪圈,但框入圈内的行为有些并非犯罪(即后来发生的行为的社会危害性变小或者变无);根据但书,那些已被框入圈内但情节显著轻微危害不大的行为,不认为是犯罪,就将一部分行为排除出去,这才是最终划定的犯罪圈。因此,对我国刑法关于犯罪的立法定义完整的理解是:除了情节显著轻微危害不大的行为外,一切危害国家主权……都是犯罪。该论者继续指出,从本源上看,一定程度的社会危害性是刑事违法性和应受刑罚惩罚性的前提,国家给予刑罚是表明对行为构成犯罪的社会危害程度的确认。因此,不能倒果为因,在表述犯罪概念时不能以刑事违法性和应受刑罚惩罚性这些特征来替代或者包含社会危害的"程度"这个本源素质。给犯罪下定义时,只有把我国《刑法》第十三条但书概括进去,才能准确体现立法原义。

据此,犯罪是社会危害达到一定程度而应予刑罚制裁的违法行为。在罪刑法定原则之下,但书的出罪功能符合罪刑法定原则的宗旨。如果强调国家利益,着眼于将具有一定程度社会危害性的行为入罪,则社会危害性起着扩大刑法打击面的作用,如79《刑法》第七十九条的类推即如此;如果强调公民权利,着眼于将不具有一定程度社会危害性的行为出罪,则社会危害性担负着缩小刑法打击面的功能,如79《刑法》与97《刑法》犯罪概念中的但书。社会危害性用于犯罪概念之中,也是一把双刃之剑,用于扩张犯罪范围(如类推),属用之不当,国家与个人两受其害;但用于缩小犯罪范

---

[1] 陈兴良:《社会危害性理论:进一步的批判性清理》,《中国法学》2006年第4期。

围(如但书),则属用之得当,国家与个人两受其利。这种情况下的社会危害性与形式主义罪刑法定原则存在冲突吗？如果说罪刑法定原则为缩小刑法打击范围、保障人权作了第一重限定,那么,但书则作了第二重限定。为什么但书不可以认为是对罪刑法定原则的一种增补呢？[①]

有的学者认为但书虽然有利有弊,但总体上利大于弊,故值得肯定。我国刑法对犯罪的界定采用"定性+定量分析模式",有利又有弊。定量犯罪概念的正面效应(有利的方面)有三:第一,适应我国社会治安三级制裁体系——刑罚、劳动教养和治安处罚——的结构要求;第二,可以减少犯罪数量,降低犯罪率;第三,可以使刑事司法力量集中打击那些事关国家稳固、社会发展,以及公民生命与财产安全的犯罪活动,避免把有限的刑事司法资源消耗在对付那些社会危害性不大的一般违法行为上,从而可能使刑事司法发挥最佳效能。

其负面效应有两个方面:第一,导致刑法理论的困惑和学理解释的尴尬。由于刑法在界定犯罪概念时引入了定量因素,这使得以定性分析为根基的犯罪构成理论面临着一些新的问题,出现一些无法解释的现象。例如,我国《刑法》第一百二十九条规定的"丢失枪支不报罪",学界在解释行为人对"造成严重后果"这一内含的定量是否需要有认识,进而对"丢失枪支不报罪"在主观上是故意还是过失时,产生了不同意见。这种理论困惑的"病因"主要在于刑法在界定犯罪概念时引入了"定量因素"。倘若我们舍弃犯罪概念中的定量因素而把"丢失枪支不报罪"界定为:"依法配备公务用枪的人员丢失枪支不及时报告的,处……"而把是否"造成严重后果"作为量刑情节予以考虑,立法解决定性问题,司法解决定量问题,那么这些"困惑"将不再成为"困惑"。第二,导致刑事法网粗疏,不利于控制和预防犯罪。法网严密,刑法提高定罪率(扩大犯罪圈)比单纯增加刑罚量(提高法定刑)更能有效地控制犯罪的发生。调整政策思想,用"严而不厉"的模式取代原来的"厉而不严"的模式,应该是治理犯罪的最佳选择。

尽管定量犯罪概念利弊兼具,不过,传统的法文化与现实的冲突决定了在我国刑法中,定量的犯罪概念应该有一席之地,其范围应该受到严格的限制。具体规范设计的设想是:其一,分则第三章破坏社会主义市场经济秩序罪中的多数犯罪可以采用"立法定性又定量"的模式。其二,除分则

---

① 储槐植、张永红:《善待社会危害性观念——从我国刑法第13条但书说起》,《法学研究》2002年第3期。

第三章中某些经济犯罪以外的其他罪,包括盗窃罪、诈骗罪和抢夺罪等传统的财产犯罪在内,均应采用"立法定性,司法定量"的模式。其三,因分则中有的经济犯罪概念既含有定性因素,又含有定量因素,所以为了与分则的规定相对应,总则第十三条中作为犯罪一般概念之定量因素的但书仍应保留。[①]

有观点认为,犯罪是依法应受刑罚惩罚的危害社会的行为,其中危害社会应该理解为侵害或威胁国家法律制度或全体公民基本人权。而但书恰好可以说明行为由量变到质变的过程,危害行为"情节显著轻微危害不大"表明尚未达到应受刑罚惩罚程度,意味着该行为没有侵害或威胁到国家法律制度或全体公民的基本人权,自然就不构成犯罪,因而但书有其存在的重要价值及意义。[②]

有学者以日本的"可罚的违法性"理论为借鉴为我国立法中但书提供论据。所谓"可罚的违法性",是指为了在刑法上把某行为认定为违法,需要具备一定严重程度的值得处罚的违法性。依据可罚的违法性理论,某种行为即使在形式上符合构成要件,也没有违法性阻却事由的存在,但如果不具有可罚的违法性,则在违法性判断环节出罪,从而就无须再对其进行是否有责的判断。[③]借鉴的思路是把但书规定理解为可罚性阻却事由,从而可以更有效地发挥其特有的出罪功能。这种把但书定位为可罚性阻却事由,于是就需要具备与正当化事由大致相当的要件,包括在法益衡量的基础上,严格考虑目的的正当性、手段的相当性、轻微性、必要性和紧急性等指标。

三、基于四维法益说对但书合理性的进一步论证

四维法益说揭示了犯罪的社会危害性不同于一般违法的社会危害性。笔者赞同前文维护但书的观点。在此基础上,对第十三条但书存在的合理性加以进一步论证。

但书的存在,是我国的刑法区别德日刑法关于犯罪规定的显著特点,而且是优点。因为,从人类认识的历史发展进程来看,对事物的分析或者规定既定性又定量,比只定性(不定量)的德日立法模式而言,是高级

---

① 储槐植、汪永乐:《再论我国刑法中犯罪概念的定量因素》,《法学研究》2000年第2期。

② 肖敏:《犯罪概念研究》,西南政法大学博士学位论文,2008年,第4页。

③ 孙战国、顾艳丽:《犯罪概念的"但书"规定理论基础探讨——以可罚的违法性为基础》,《铁道警官高等专科学校学报》2007年第2期。

的形式。

但书是我国刑法中犯罪具有"量的规定性"的总根据。如果取消第十三条但书,那么刑法分则条文的量的规定就成了无源之水、无本之木。那种主张"在总则取消但书",又指望"在分则条文中保留量的规定",这种见解缺乏体系思维和整体观念,实在片面之极。

批评但书的学者欠缺中文知识和逻辑基础。我们一定要把但书规定纳入犯罪定义之中——犯罪是一切除了"情节显著轻微危害不大"的行为之外的"危害国家主权、领土完整和安全,分裂国家、颠覆人民民主专政的政权和推翻社会主义制度……以及其他危害社会的行为"。而不能把但书规定理解为与犯罪概念是并列关系——一切"危害国家主权、领土完整和安全,分裂国家、颠覆人民民主专政的政权和推翻社会主义制度……以及其他危害社会的行为"都是犯罪;但是,情节显著轻微危害不大的,不认为是犯罪。后面的理解思路不符合语法、句法和章法等汉语言文学常识。

应受刑罚惩罚的社会危害性与刑事违法性之间的矛盾是不可调和的吗? 可从以下两方面考虑:

在立法视域中,总体上不存在矛盾。如果立法者认为一种行为具有"应受刑罚惩罚的社会危害性",那么立法者就可以并应当把这种行为犯罪化,规定为犯罪。当然,由于立法活动不是随时随地时时刻刻地在进行,所以现实中出现了"新的严重危害社会的行为"而立法却没有既定犯罪化。这种"失"是现代法治允许的,是合理且必要的"失"。由此,法官在现实社会中遇到了一个社会危害性很严重的行为事实,但法律没有规定为犯罪,怎么办? 很简单,作无罪处理——这是罪刑法定原则的刚性要求。

在司法上常态情况下这不矛盾,在特殊的情况下存在差异。不过,即使有差异性,这种差异性的处理有利于人权保障,同样是现代法治所要求的。在绝大多数情况下,二者是协调一致的,个别不协调的,可分两种情况:一是在司法环节,刑事违法性制约了"应受刑罚惩罚的社会危害性",如果没有刑事违法性,就不可能有司法意义上的"应受刑罚惩罚的社会危害性"。比如前述的,社会上新出现了某一个具有严重危害社会属性的行为,因先前颁布的刑法没有规定,故不能定罪判刑。二是有些行为,如计划经济体制下的"投机倒把行为"被79《刑法》规定为犯罪(投机倒把罪)并且是严重犯罪。但后来我国实行了改革开放政策,法律还没有来得及修改(成文法都有一定程度的滞后性),如若在此期间有人实施了"投机倒把行为",其行为的质和量都符合刑法关于投机倒把罪的规定,这时候,要不要定罪呢? 不定罪,可以用严重的社会危害性欠缺作为出罪理由——于是矛盾消解。这种处理结果符合人权保障理念,是实质意义上的民主法治的当然内容和要求。

那么,为什么有学者会以为社会危害性与刑事违法性之间存在矛盾呢? 其实是该论者本人先在立法视角看问题,并把在立法视角看到的问题直接转到司法领域,或者在司法领域看到的问题又直接转到了立法领域来分析,由于混淆了观察问题的界域,其结果则无中生有地制造了社会危害性与刑事违法性之间的矛盾。也就是说,借口刑事违法性与社会危害性的可能存在潜在矛盾就主张取消但书的观点,是该论者自己的视角基于原来的惯性,仍然在立法和司法不加区分地观察问题,而没有及时跟随罪刑法定原则的确立转换到只在司法领域考察问题,所以人为地制造或者夸大了矛盾,其论证存在逻辑错误,其主张并不可取。

四、关于是否可以直接依据但书出罪

(一)关于是否可以直接依据但书出罪的争论

有主张不能直接依据但书而出罪。犯罪概念不是认定犯罪的具体标准,同样,《刑法》第十三条但书也不是宣告无罪的具体标准。司法机关只能根据刑法规定的犯罪构成认定行为是否构成犯罪,而不能直接以社会危害性的大小认定犯罪;行为不构成犯罪,应该以行为不符合犯罪构成为由宣告无罪。[1]行为符合犯罪构成是行为人负刑事责任的唯一根据,是认定犯罪的唯一标准。在司法实践中,的确需要考虑犯罪概念中但书的定量规定,但这种考虑是在犯罪构成的范围内进行的。[2]

有论者认为可以直接依据但书作无罪判决。这就是说,在行为符合刑法规定的犯罪构成的前提下可以直接根据但书宣告无罪,并举出陕西汉中"蒲连升安乐死案"的判决作为依据。[3]还有论者认为,但书乃裁断罪与非罪界限之唯一法律依据。司法机关可直接适用《刑法》第十三条但书之规定作无罪处理,并无必要以犯罪构成理论进行烦琐的分析论证。在宏观上,犯罪构成系判断犯罪的形式标准,犯罪概念为判断犯罪的实质标准;同时,犯罪构成中之客体要件,本身也具有某种实质性价值属性之判断意义——在许

---

① 张明楷:《刑法学》(第二版),法律出版社,2003年,第106—107页。
② 王志祥、姚兵:《论刑法第13条但书的功能》,《刑法论丛》2009年第2卷。
③ 张波:《刑法学的若干基本理论探讨——对张明楷教授的若干观点的商榷》,《现代法学》2004年第6期。

多场合同社会危害性的判断有异曲同工之妙。但较之于《刑法》第十三条的明文规定而言，以但书作为出罪之公开处断理由，更显法律维护社会公平正义之神圣与庄严——毕竟犯罪构成只是一种解说法律的理论工具。①

(二)本书的观点

可以依据《刑法》第十三条中的但书规定出罪，但不能依据不符合但书规定，就入罪。

但书的存在值得肯定。对事物的定量分析是在定性分析的基础上的认识的进一步深化。比如，说"某一个人是优秀的人"，与说"某一个人是德智体美劳等方面都很优秀的人"相比，显然，后者更加丰富和全面。

但书的存在，不但与罪刑法定原则不矛盾，还保证了犯罪的实质性、犯罪构成的实质性和罪刑法定原则的实质性特点。那些认为行为符合犯罪构成的情况下，可以依据但书而出罪的观点，往往是对构成要件作了形式理解；即使不是对犯罪构成进行实质解释的情况，如前文所举的投机倒把例，也是罕见的，且笔者已经给出了处理方法和结果(见前文)。

回答但书可否直接作为出罪依据，需要回答的前置问题是：所判断的行为事实总体衡量是"情节显著轻微危害不大"而根本不符合犯罪构成，还是从形式到实质都符合犯罪构成，只是综合考量又符合但书所说的"情节显著轻微危害不大"呢？

对此可区别情况分别处理：第一，总体判断，一个行为事实因"情节显著轻微危害不大"根本就不符合我国刑法规定的实质意义的犯罪构成，故无罪；第二，一个案件事实，从形式到实质完全符合我国刑法规定的犯罪构成所要求的质和量的条件，但由于立法滞后，故总体衡量又属于"情节显著轻微危害不大"的情形，在这种情况下，也可以依据第十三条但书出罪，如前文所举的投机倒把案例。

但书虽然抽象，但是所有的法律条文都具有一定程度的抽象性，况且有抽象的规定总比没有任何规定好，而且是好得多。但书和分则的"情节严重"可以给我们一个定罪的尺度(往往通过司法解释加以具体化)。而德日的立法定性与司法定量模式下，定量问题完全交给法官和刑法理论来决定，难道不是更加模糊、无规则，更会大概率出现罪刑擅断而更加不合罪刑法定原则吗？

· ① 冯亚东:《犯罪概念与犯罪客体之功能辨析——以司法客观过程为视角的分析》,《中外法学》2008年第4期。

对于一个具体案件,法官根据自己专业知识和法律职业思维,如果获得的是"情节显著轻微危害不大"的知觉,那么该案就不再作为刑事案件处理了,这就是但书出罪的思维过程。

但书在任何情况下都不能作为入罪依据。在实践中,法官在面对一个行为事实,而且产生了不具有但书所说的"情节显著轻微危害不大"印象之后,才进一步开始"找法",按照法律规定和犯罪构成理论以定罪。这就是说,但书具有"给法官判案提供职业上的知觉和决定案件的走势:是刑事案件,或者不是刑事案件"的功能。当然,至于该案件事实最终是否一定构成犯罪是一个反复的甄别过程——需要法官的目光不断地往返于规范与事实之间,进行反复的权衡和分析。

本章小结

我国刑法对犯罪的规定不同于德日国家,有较高的量的限定。德日刑法理论中形式的犯罪定义在我国根本不具有存在的合理性;单纯的实质定义也无法制约司法擅断,且落后于时代。从形式和实质两个方面给予犯罪的综合定义能够取"单纯的实质定义"和"单纯的形式定义"之长,避它们之短,因而是科学的。应该明确的是,罪刑法定原则并不只要求犯罪的形式定义,在世界范围内看,罪刑法定原则越来越走向形式与实质的统一。四维法益说要求综合的犯罪定义,与世界范围内对犯罪界定之趋势相适应,故代表着未来的发展方向。

四维法益说要求犯罪定义中但书的存在;如果取消但书,则会最终滑向形式的犯罪定义。一方面主张取消总则的但书,另一方面却主张保持分则对具体犯罪的量的规定性,这是没有系统观念、违反同一律的逻辑规律的想法。在功能上,总则的但书,不可以作为入罪依据,但可以作为出罪依据:对于一个具体案件,法官根据自己专业知识和法律职业思维,如果获得的是"情节显著轻微危害不大"的知觉,那么该案就不再作为刑事案件处理了。如果法官根据自己专业知识和法律职业思维,对于一个具体案件获得的不是"情节显著轻微危害不大"的知觉,那么,接下来就需要"找法",运用犯罪构成四要件理论加以分析(当然,至于该案件事实最终是否一定构成犯罪是一个反复的甄别过程)。

第五章 适应四维法益说对犯罪 构成体系的立体化改良

　　前文已述,适应我国刑法理论语境,犯罪本质是刑法规定的应受刑罚惩罚的社会危害性(简称"法定应受刑罚惩罚的社会危害性说"),即使移植德日的法益说,也需要改造为"四维法益侵害说"。"法定应受刑罚惩罚的社会危害性说"与"四维法益侵害说"是统一的,其统一的基础是当代刑法理念和由此理念而形成的当代犯罪的内涵(即包括客观危害、主观恶性和人身危险三方面的内容)。既然如此,犯罪成立条件,也应当全面充分反映犯罪的内涵,能够说明犯罪的四维属性。尤其是必须把行为人的危险人格植入到犯罪成立条件中去,才能使"司法认定出来的犯罪"与并合主义的刑罚观相吻合,才能弥补李斯特鸿沟。[①]对犯罪三方面内涵和犯罪本质的认识,应当与当代的并合主义的刑罚观——以报应为主(取决于客观行为与行为所承载的主观恶性),兼采功利主义(教育刑论、特殊预防,取决于行为人的社会危险性)是相适应的、相融合的。这就是说,犯罪构成不仅需要既定性又定量的测量标准,还需要既能体现客观危害及其承载的主观恶性,又能体现行为人的社会危险性,才既能为定罪之后的刑罚之报应刑的裁量提供本体依据,又能为特殊预防刑的科处提供本体支撑。

　　然而,德日刑法只定性不定量的立法模式下,德日刑法理论也一直把犯罪的定量交给司法者自由心证,而没有在犯罪成立条件上限定犯罪的量

[①] 李斯特作为刑事新派的集大成者,其在犯罪论体系上坚持旧派立场,这与他在刑事责任论上的新派观点不能无缝对接,因而形成李斯特鸿沟。比如,在犯罪成立条件上不考虑行为人的个性,不考虑行为人的社会危险性(再犯可能性),而在刑事责任论环节却主张刑罚个别化,主张保安处分。

的规定性；①而且,德国由于其保守性,德国刑法在犯罪成立条件上基本没有体现刑事新派的观点,几乎没有把行为人的社会危险人格要素作为犯罪与否影响因素。所以,目前的德日犯罪成立条件的阶层犯罪论体系,因与我国刑法定罪的量度的要求不对接,与我国刑法不断肯定行为人的社会危险性格入罪趋势(如刑法规定"多次行为"入罪的立法例)无法对接,故直接照搬的话绝对行不通,而必须改造。但改造确实属于十分艰巨的任务。相比较而言,基于我国传统犯罪构成四要件的立体化修正,则是一个经济、快捷、可行的路径。

本章首先宏观上对我国犯罪成立条件未来发展方向的选择作出交代。接下来,对犯罪构成四要件的如何改造提供选择的方案,以求教于学界同仁。

第一节　完善我国犯罪成立条件体系的宏观问题

当前,我国的犯罪论体系之争是传统的犯罪构成四要件体系与德日的阶层体系之争。因此,完善我国的犯罪成立条件体系有两条路径,即移植德日阶层模式或者改良传统的四要件。鉴于从来没有十全十美的理论体系,因而从来也不会有没有缺陷的犯罪论体系,所以,任何犯罪论体系都面临着一个不断发展完善的命运,无论是德日阶层理论还是犯罪构成四要件理论概莫能外,都面临着其他理论的挑战。

就犯罪成立条件体系的完善而言,需要从宏观和微观视角对这种挑战加以回应:宏观上,如果主张移植德日阶层体系(移植论),则需要德日阶层体系适合后期古典学派理念之根基的改造,以及其在方法论上过分肢解构成要件要素的缺陷。如果坚持并改良传统的犯罪构成四要件理论(改良论),那么,就需要坚信犯罪构成四要件体系在契合当代刑法学派理念的优越性和系统论的方法论之合理性,并且进一步回答应否"否定犯罪客体和犯罪主体要件的地位"、各个要件的排序怎样等问题。微观上,如果坚持移植德日阶层体系的,则除了克服德日阶层体系内在固有的不足之处,还需

---

① 二战之后,日本刑法理论产生了可罚性违法性理论,尽管还没有被日本普遍接受,尚处于探索阶段,但也显示出有意区分犯罪与一般违法的趋势,从这一点看,日本比保守的德国进步要快。

要对德日阶层体系为适合我国现行《刑法》的立法而加以必要的改造,包括需要在阶层体系里加入有关定量要素的考量指标、对具体的犯罪多次行为入罪情形的说明等。如果持改良犯罪构成四要件论,则需要对各个要件所包含的要素及其内容进行一定的修正,尤其是关于对行为人危险人格衡量指标的设计。应该说,无论是移植德日论还是改良犯罪构成论,其面临的任务都不是一蹴而就的。本节从宏观的角度分析问题并提出自己的见解,即坚守改良论。

一、完善犯罪成立条件体系的路径选择与任务

犯罪的内涵与外延是构建犯罪成立条件判断模式的逻辑起点;同时,犯罪成立条件判断模式的选择受制于各国的刑法立法规定及其相应的刑法理论,也受一国的文化观念和历史传统的影响。相比较而言,德日的阶层体系不适合我国。

（一）立足"违法与犯罪二元分立"的犯罪构成四要件体系优越适用于"违法一元论"的德日阶层犯罪成立模式

1.我国刑法及其理论严格坚持违法与犯罪的二元分立

根据现行《刑法》第十三条规定,我国的犯罪不同于民事违法、行政违法等一般的违法行为,是指具有严重的社会危害性,触犯刑法,应当受刑罚惩罚的行为。犯罪具有三个基本的特点,即一定程度的社会危害性、刑事违法性和应受刑罚惩罚性。在我国刑法框架下,对于犯罪界定都需要强调犯罪所具有的"严重的社会危害性"。这是由我国《刑法》第十三条关于犯罪的一般规定中存在但书:"情节显著轻微危害不大的,不是犯罪"的"量的要素限定"所决定的。

这一立法特点表明我国刑法坚持一般违法与犯罪的二元分立。刑法是保障民法、行政法等部门法有效性的综合法:现实中,出现了轻微的违法行为,如民事侵权或者违约行为、行政违法行为等,先由民法、行政法等法律加以制裁;只有当"违法行为,情节严重"以至于立法者认为"如果不用刑罚的方法加以制裁,那么整个国家的法律秩序就会坍塌"时,这种"严重的违法行为"就被立法者确定为犯罪。在我国,犯罪与一般违法行为的严格区别表明了刑法与民法、行政法等部门法之间是前后递进的保障与被保障的关系。

刑法教义学的解释应当与现行立法相协调。在我国,作为教义学重要内容的犯罪成立条件需要与我国刑法的立法特点相适应,具有对犯罪的

"量"的测定功能。犯罪成立条件作为犯罪认定的法律标准是一种事后判断模式:以法定的犯罪成立条件为标准,检定现实中发生的案件事实是否构成犯罪,从而判定一个行为事实是否被评价为犯罪。鉴于我国刑法关于犯罪的"量"的限定性,犯罪构成不仅应该具有"定性功能",还应有"量的测算功能"。

在我国,犯罪构成四要件系统是由客体要件、客观要件、主体要件和主观要件所组成的有机统一体,这是一个既定性又定量的犯罪认定标准体系(当然,并不否定这个体系还存在一些不足),因而能够与现行刑法对犯罪的既定性又定量的规定相适应。

2.德日刑法及其主流理论坚持的违法一元论决定了其阶层犯罪论体系只具有定性功能

德国和日本的刑法对犯罪的规定,不具有量的限定。例如,德国《刑法典》第二百四十二条规定:"一、意图盗窃他人动产,非法占为己有或使第三人占有的,处五年以下自由刑或者罚金。二、犯本罪未遂的,亦应处罚。"日本《刑法典》第二百三十五条:"盗窃他人财物的,是盗窃罪,处十年以下惩役。"上述德国和日本刑法关于盗窃罪的规定都没有量的限定。据此,依照德国或者日本的刑法规定,现实社会中,若有人盗窃一分钱的东西,诸如盗窃一张白纸,那么从刑法规范上判断,都是犯罪。这就表明,在德日,假如立法者决定对一个社会关系(或者法益)由刑法来保护,那么,刑法便自始至终地加以保护(从一分钱到任何巨大数额的财产);如果一个社会关系(或者法益)由民法来保护,则就被排斥在刑法保护之外。由此,在德日,民事违法、行政违法和刑事违法(即犯罪),是并列关系。正是这样,犯罪与一般违法行为没有区分,都具有一样的、无差别的"违法性",亦即德日的违法是一元论的。①

与德日刑法的立法相适应,作为理论模型的"德日犯罪的阶层判断模式"只具有定性功能,无需具有定量的测算功能。无论是主张"构成要件符合性、违法性和有责性"三阶层模式,还是秉持"不法与责任"的新构成要件论,与德日刑法对于犯罪没有量的规定相适应,其"违法性"环节,违法一元论是主流观点。如有德国学者阐述道,违法一元论是主流的观点;德国刑法理论中的违法一元论(违法统一论),即"违法"是指行为人的行为与法律

① [日]前田雅英:《刑法总论讲义》,曾文科译,北京大学出版社,2017年,第24页。

价值相违反,该行为为法律所不允许。①在违法一元论背景下,民事违法、行政违法和刑事违法(即犯罪)是并列的关系,而不像我国刑法和刑法理论那样将二者定位为前后相继的递进关系。

3.“既定性又定量”犯罪构成四要件体系优越于“只定性不定量”的德日阶层体系

在人类的认识发展史上,对事物的既定性又定量分析,比仅仅定性分析,要技高一筹;在人类对犯罪的认识发展史上,违法二元论是违法一元论的升级版。源于此,犯罪构成四要件体系优越于只定性的德日阶层模式。

定性分析与定量分析的沿革关系。定性分析和定量分析是认识事物的两种分析方式。定性分析是指通过逻辑推理、哲学思辨、历史求证等思维方法,分析和研究某一事物的属性。这种方法主要凭分析者的直觉、经验,根据分析对象过去和现在的延续状况,以及最新的信息资料等对分析对象的性质、特点、发展变化规律作出判断的一种方法。定量分析则是对事物的数量特征、数量关系与数量变化进行的分析方法。这种分析方法是依据统计数据,建立数学模型,并用数学模型计算出分析对象的各项指标及其数值的一种方法。

定性分析能够明确分析的方向,是进行定量分析的前提;定量分析相比定性分析而言,是更进一步的高级研究阶段,定量分析方法更具科学性。首先,定性分析是最基本、最初始的分析方法。对事物进行质的分析是最早的认识事物的方法。定性分析主要是依据分析人员的经验和直觉,对分析对象的状况进行剖析,归纳总结事物的性质和特点,以及发展规律等内容,所以,在对事物进行定性分析时往往容易受观察者个人价值观的影响。其次,在西方科学史上,把定量分析法作为一种分析问题的研究方式始于近代科学的奠基者伽利略。伽利略第一次把定量分析法全面运用于自己的研究中,从动力学到天文学,伽利略一改以前人们只对事物原因和结果进行主观臆测成分居多的分析,而采用以实验、数学符号和公式等方法来深入研究。伽利略对研究对象的定量分析是近代科学方法论的一次最深刻、最有成效的变革。定量分析相对于定性分析,其优势很明显:采用数学语言,通过一系列的数据来对事物进行精确刻画,从大小、轻重、规模等纬度准确、清晰地把握事物。

---

① [德]克劳斯·罗克辛:《德国刑法学总论(第1卷)》,王世洲译,法律出版社,2005年,第398页。

只具有定性分析的属性和功能的德日阶层犯罪成立体系,要想适合我国刑法的违法与犯罪相区分的立法特点首先需要加以改造。若不改造就简单移植并不合适。在这一点上,犯罪构成四要件具有天然的优势。

德日刑法仅限定危害行为的性质,而不限定危害行为的量度,处于只定性分析不定量分析的阶段因而是一种有待提升的立法模式。我国刑法对犯罪既有质的规定又有量的规定,是对"犯罪"这一社会存在更深刻认识的结果。例如,与德日刑法对犯罪不规定"量"度不同,我国《刑法》第十三条关于犯罪的法定定义有但书规定,相应地,《刑法》对于普通的盗窃罪则要求盗窃的数额要达到"较大"。《刑法》第二百六十四条规定:"盗窃公私财物,数额较大的,或者多次盗窃、入户盗窃、携带凶器盗窃、扒窃的,处三年以下有期徒刑、拘役或者管制,并处或者单处罚金;数额巨大或者有其他严重情节的,处三年以上十年以下有期徒刑,并处罚金;数额特别巨大或者有其他特别严重情节的,处十年以上有期徒刑或者无期徒刑,并处罚金或者没收财产。"据此,普通的盗窃罪的入罪门槛是盗窃的财物价值达到"数额较大";如果没有达到数额较大,比如盗窃的数额甚微或者数额不大等情形,则这种盗窃行为就不是刑法意义上的盗窃行为,只能是民法的侵权行为或者行政法上违反《治安处罚法》的盗窃行为。

适合于"违法犯罪一元论的德日立法"、原本"只具有定性分析功能的德日阶层犯罪成立体系",要想移植到我国并适应我国立法,从而真正地在我国茁壮成长,开花结果,就需要首先加以改造,使其升级为具有定量分析功能而与我国现行刑法的立法相衔接。这是摆在移植论者面前紧迫的任务之一。

犯罪构成四要件体系作为一个系统,具有定性和定量的测算功能,因而具有固有的优势。

(二)犯罪构成四要件体系更能契合于"当代刑法学派"的基本立场

当今,世界绝大多数国家的刑法和刑法理论已经进入后期古典学派时代,正逐步从后期古典学派发展出当代刑法理念。后期旧派主张,是立足于旧派立场并汲取新派合理性的刑法学派。后期旧派的主要观点有:主张犯罪原因的相对意志自由(不是前期旧派的绝对意志自由),同时承认社会和自然条件对犯罪行为发生的影响作用;对罪犯惩治的目的是"双面预防",在惩罚中逐步矫正罪犯;其制裁手段是以刑罚为主,保安处分为辅助的刑事制裁体系等。当代刑法与后期旧法一脉相承,并有所发展,如现代刑法一方面愈加具有谦抑品格而有限收缩,另一方面,受刑事政策的影响积极扩张；刑罚人道主义发展、教育刑理念和罪犯复归社会再社会理念兴起并得到贯彻，如削减(乃至废除)死刑，监禁刑核心地位的动摇、非监禁刑地位不断上升，行刑的社会化等。由上可见，当代刑法学派对后期旧派的继承是主要的，只是在某一些细小的方面有所改进，总体上还没有对后期旧派形成实质意义的革命，二者在基本立场、基本观点上是一致的。所以，一些学者对当代刑法学派和后期旧派没有严加区分，也无可厚非。

按照当代刑法理念，立法者将一个行为规定为犯罪，或者司法者将一个行为认定为犯罪，其目的都是通过对行为实施者的惩罚以维护国家法律秩序。犯罪是规范评价的结果，行为和行为人两方面的因素是犯罪成立与否，以及犯罪成立之后应该采取什么样的惩罚措施所不可缺少的考量指标。适应于现代刑法和相应的刑法理论(包括犯罪论体系和刑事责任理论)，都应该奉行"以行为主义刑法为主，兼采行为人主义刑法"。

我国现行刑法属于现代刑法，奠基于当代刑法学派的立场之上：犯罪的立法设定以行为主义为基础，以行为人主义为补充。现行《刑法》以行为刑法为主导是不言而喻的，所以这里只分析其还包含着"一定的行为人刑法的色彩"。我国现行刑法总则的第五条规定："刑罚的轻重，应当与犯罪分子所犯罪行和承担的刑事责任相适应。"其第六十一条规定："对于犯罪分子决定刑罚的时候，应当根据犯罪的事实、犯罪的性质、情节和对社会的危害程度，依照本法的有关规定判处。"该两条规定的刑法基本原则和量刑基本规则集中表明，在定罪环节不仅以犯罪行为为基础，也包含着对行为人社会危险性格的考量；在量刑环节也是以行为的客观危害和主观恶性为基础，以行为人的社会危险性格为补充。刑法分则中规定的因"多次行为"而入罪的立法例愈来愈多。有以下两种情形：一是分则条文直接写明"多次"入罪规定的，如多次盗窃；多次聚众淫乱；多次非法种植毒品原植物；多次走私普通货物；多次敲诈勒索；多次抢夺；多次扰乱国家机关工作秩序；多次组织、资助他人非法聚集，扰乱社会秩序八个罪名。二是分则条文包含着"多次行为"而可能影响入罪的，如走私罪(对多次走私未经处理的，按照累计走私货物、物品的偷逃应缴税额处罚)；逃税罪(对多次实施前两款行为，未经处理的，按照累计数额计算)；走私、贩卖、运输、制造毒品罪(对多次走私、贩卖、运输、制造毒品，未经处理的，毒品数量累计计算)；贪污罪(对多次贪污未经处理的，按照累计贪污数额处罚)等。这些立法，既可以因多次行为的累积而入罪，也可能因多次行为的累积而导致量刑时基准法定刑的升格。无论是影响定罪还是影响量刑，都表明我国现行刑法在一定程度上体现着"行为人刑法"的品格了。

但是,德日刑法整体上仍属适合于刑事旧派的行为主义的行为刑法(其行为人刑法的因子主要体现在刑罚论,而且很有限)。这从德日国家的刑法不处罚犯罪预备、只是处罚重罪的未遂犯、量刑规则等体现出来。现行德日刑法没有诸如我国刑法所规定的"多次行为"入罪或者升格法定刑配置的立法例。量刑环节也没有明示将行为人的社会危险性格纳入考量范围。如德国《刑法典》第四十六条规定了"量刑的基本原则":"一、犯罪人的责任是量刑的基础,且应考虑刑罚对犯罪人将来社会生活的产生的影响。"该条规定表明,对犯罪者的刑罚的分配主要将取决于责任。那么何谓责任呢?按照当今德国权威见解,责任的要素包括责任能力(年龄、精神状况)、故意或者过失、违法性认识、期待可能性。这些责任要素显然没有包含反映行为人再犯可能性的社会危险性。故其量刑没有对行为人的危险性格进行应有的考虑。

德日阶层犯罪论体系是以刑事古典学派刑法理念为基础而建立的,其犯罪成立条件体系中没有体现行为人人格因素的指标。基于其自由意志和抽象的一般人的假设,德日阶层体系关于犯罪主体的一般条件(即刑事责任能力一般条件)弱化的做法一直没有改变。不但不重视行为人的因素,而且,阶层体系还将原本统一的主体要件分割得支离破碎:一般主体要件置于责任部分、特殊主体要件置于构成要件部分。这就更加弱化了犯罪主体要件的功能和地位。阶层体系难以在犯罪的成立条件中反映行为人的社会危险性情况,如果今后仍然不与时俱进的真正契合当代刑法学派,注定是被时代所淘汰的。

相对而言,犯罪构成四要件体系,由于把犯罪主体要件(犯罪人的人格)单独作为犯罪构成的一个要件——一个子系统,犯罪构成四要件模式能够适应"以行为主义为基础、行为人主义为补充"的品格。对于满足当代刑法学派的要求而言,则更加适合。因应当代刑法学的立场,犯罪的内涵包括三个方面的内容:"主观恶性、客观危害和社会危险性(再犯可能性)。"①作为对刑法和犯罪概念的回应,犯罪构成四要件体系把犯罪主体条件独立地作为犯罪成立的四个要件之一,视其为一个子系统,这种安排就能够为全面重视和考察犯罪主体要件,包括认识能力、意志能力,以及行为人的社会危险性性格情况,提供一个独立的空间和广阔的平台。

① 朱建华:《论犯罪的社会危害性的内在属性》,《法学研究》1987年第1期。

（三）路径的优选和相应的任务

德日刑法理论的犯罪阶层判断体系，一是定性不定量的模式。从人类的认识史上，对事物的定性分析是认识初级阶段；在定性的基础上，再作定量分析，则是认识的高级阶段。二是阶层犯罪论体系只注重行为，忽视对行为人社会危险性的系统考量，难以适应当今各国"行为刑法+行为人刑法"的历史发展趋势，不能代表新生事物的发展方向。鉴于以上两个重大不足，如果食洋不化，不对其改造，就简单地、直接搬过来，是难以与我国刑法对接、难以胜任解释我国刑法所规定的犯罪的。可行的是对德日的理论先改造，再倡导。同时，一些学者认识到犯罪构成四要件理论的不足，就轻言抛弃，这种自暴自弃的做法，也缺乏文化自信，殊不可取。这是刑法理论中的"围城现象"，有盲目崇洋媚外的嫌疑。习近平法治思想和党的二十大报告都要求我们增强文化自信，建设中国式现代化（建设中国式的刑事法治），这更加坚定了笔者走改良四要件犯罪过程之路的信心和决心。

二、关于犯罪构成组成要件的个数

正鉴于此，实现我国犯罪成立条件理论的不断科学化之路，对犯罪构成四要件模式不断完善要比改造和移植德日阶层模式因成本较小而更具可行性。由此，接下来的任务就是分析我国学界对犯罪构成四要件理论改进的多种意见，评述优劣得失，并提出自己的看法。限于篇幅，以下仅论述犯罪构成的个数及其排列这两个宏观问题。

我国刑法理论通说认为，犯罪构成由四个方面的要件所组成，即"犯罪客体、犯罪客观方面、犯罪主体和犯罪的主观方面"。[1]一些学者对组成犯罪构成的要件个数提出了不同的见解，其中，主要的是否定客体要件或者主体要件的观点。鉴于否定主体要件是早期极个别学者的见解，[2]对当今的影响力已经很小，故本书只对否定客体要件地位观点加以评析。

（一）关于对客体要件的质疑

最早质疑客体要件地位的声音产生于20世纪80年代中期，其重要的论据是：犯罪概念揭示了犯罪的本质特征即具有社会危害性。而犯罪客体的内容，即"刑法保护的、被犯罪行为侵害的社会关系"，其实际上是犯罪行

---

[1] 高铭暄、马克昌主编：《刑法学》（第七版），北京大学出版社、高等教育出版社，2016年，第51页。又见贾宇主编（马工程教材）：《刑法学（上册·总论）》，高等教育出版社，2019年，第93—94页。

[2] 傅家绪：《犯罪主体不应是犯罪构成的一个要件》，《法学评论》1984年第2期。

为的实质。既然这个问题在犯罪概念中已经阐明了,为什么又非要把它再提出来,作为犯罪构成的一个要件不可呢?所以,没有必要把犯罪客体单独地列为一个犯罪构成要件。①

有的学者受德日刑法理论的影响,认为犯罪客体不是犯罪构成要件。犯罪客体是被侵犯的法益,但要确定某种犯罪行为是否侵犯了法益,以及侵犯了什么法益,并不由犯罪客体本身来解决;从法律上说,要通过犯罪客观要件、主体要件和主观要件综合反映出来;从现实上说,要通过犯罪客观要件、主体要件和主观要件的事实综合反映出来。换言之,行为符合犯罪客观要件、主体要件和主观要件的,就必然出现犯罪客体,不可能出现符合上述三个要件却没有侵犯客体的现象。②有学者认为,把犯罪客体作为犯罪构成的一个要件来处理的理论极不恰当;犯罪客体的价值在于说明犯罪行为为什么要被规定为犯罪,而不在于说明犯罪是如何构成。因此,犯罪客体不应该成为犯罪构成的一个要件。③

概括起来,否定犯罪客体的要件地位的学者,其主要理由是犯罪客体属于犯罪概念的内容;客体是抽象的关系,难以把握;犯罪客体是价值判断,是被说明的对象,放在犯罪构成体系的首要地位,极不适当。

(二)否定犯罪客体的犯罪构成要件之地位见解,不合理

第一,犯罪客体揭示犯罪概念的内容,但是犯罪客体不等于犯罪概念。犯罪客体只是揭示了犯罪概念的一部分内容。德日刑法理论的保护客体即法益,可以与犯罪客体相当,但都不能与“犯罪的社会危害性”相等。因为犯罪的社会危害性是由客观危害、主观恶性和行为人的社会危险性三方面内容之组成。混同犯罪客体与犯罪概念、犯罪本质,是否定客体要件之错误产生的原因。

第二,我国刑法规定的犯罪是具有严重的社会危害性的行为。由于存在“量”的规定,就需要对犯罪的成立条件进行实质地理解和把握。在对社会上犯罪事实的分析过程中,虽然有犯罪客体而不一定成立犯罪,但若不存在犯罪客体则一定不构成犯罪。现在,假若把犯罪客体逐出犯罪构成体系,则难以对我国的犯罪构成实质把握而只能作形式上的理解。在我国刑法学界,存在着犯罪构成的形式解释和实质解释之尖锐对立。在德日国

---

① 张文:《犯罪构成初探》,《北京大学学报(哲学社会科学版)》1984年第5期。

② 张明楷:《犯罪论原理》,武汉大学出版社,1991年,第134页。

③ 朱建华:《论犯罪客体不是犯罪构成要件》,《广东社会科学》2005年第3期。

家,形式解释有一定的市场(因为其犯罪只定性不定量),但在我国现行刑法对犯罪既定性又定量的立法背景下,需要坚持对犯罪构成的实质解释。实质解释的基本要求是把犯罪成立条件定位为具有应当追究刑事责任程度的社会危害性,而要达到这种"犯罪的社会危害性",犯罪客体要件的存在是进行实质解释所不可或缺的要素。

第三,在我国,一些学者否定犯罪客体要件地位的呐喊,尽管大声疾呼、声嘶力竭,但曲高和寡。其原因在于,否定客体要件的观点其根本的错误之处在于没有认识到"犯罪"是"规范评价"的结果(是"规范论"的产物),而绝对不可能是对事实的客观中性的描述(即不是"存在论"的东西)。

刑法学者需要对于观察事物的规范论与本体论视角的差异性有清醒的认识。存在论(或者称"本体论")所追问的是"是"(to on,to be)本身,是对事物进行中性的客观的描述,但犯罪不完全是存在论的产物。犯罪之所以是犯罪,是统治阶级以法律的形式把某种行为标定犯罪,是规范论的评价结果。规范论属于价值论。价值论是主体对客体的价值判断,即"我认为物是什么",是价值判断主体从其自身的需要、客体能否满足主体的需要及如何满足主体需要的角度,来考察和评价各种物质的、精神的现象,以及主体的行为对个人、阶级、社会的意义(价值)的。刑法是体现立法者意志和利益的行为规范,刑法学中的"规范"是立法者价值取向的载体,刑法教义学上的规范判断是站在法律规范的立场,以法律规范提供的标准和价值取向为判断依据对行为事实的评价,其价值取向是不言而喻的。既然犯罪是规范评价的结果,那么在规范评价过程中,犯罪客体作为四要件之中最重要的价值衡量指标,是必不可缺少的。

第四,实际上,德日阶层体系也不是不考察"犯罪行为的负价值属性"。这是通过下述两个方面来实现的:一方面,法官在构成要件符合性判断开始时,以刑法上的"行为"观念为引导,自开始之时就已不是以"中立的"判断为前提。李斯特的犯罪论体系直接把行为定位为一个阶层,而且是首要的阶层。他把犯罪定义为,符合特定刑法规范的构成条件的、违法的和有责的行为。由此,从成立条件上,犯罪有四个要素:犯罪是一种行为、是一种违法的行为、是一种有责的行为、是一种应受刑罚惩罚的行为。[①]请注意,在这里,"行为"概念是李斯特犯罪论的基础和理论的出发点,只有认为

①[德]李斯特著,施密特修订:《德国刑法教科书》,徐久生译,何秉松校订,法律出版社,2006年,第153页。

具备"行为",才可以继续认定该案件事实是否具备后面的违法和有责等条件。重视"行为"对犯罪论体系的基石作用被认为是德国刑法理论一贯的传统。[1]这种行为的引导作用当然包括价值引导作用。

另一方面,在德日的阶层模式下(无论是构成要件符合性、违法性和有责性的三阶层,还是不法与责任的两阶层),其犯罪的成立条件无例外地在违法性环节蕴含着"行为或者结果的负价值"的要求——违法性判断环节最集中和最明显地体现着阶层体系的价值判断。阶层体系的违法性要件与犯罪构成四要件体系中的客体要件,是相当的(尽管不是完全相同的),与犯罪客体要件具有同样的价值评判功能。只要德日阶层犯罪论体系中的违法性阶层是必不可缺少的,其存在具有合理性,那么在我国,犯罪客体要件就毫无疑问具有犯罪构成条件的地位。

相反,如果把犯罪客体要件逐出犯罪构成系统,那么,对犯罪构成的实质解释就成为问题,就难以准确表达犯罪构成的实质的规定性。例如,不借助于客体要件,就难以区分一个行为事实是故意杀人还是正当防卫、难以判明一个案件是故意伤害罪还是紧急避险。如果没有犯罪客体要件的总览全局,就不能站在国家整体法律秩序上审视案件事实的实质,而只能孤立地考察,那么,故意杀人罪与正当防卫把加害人杀死,就难以区分。一旦否定了犯罪客体的犯罪构成地位,把犯罪构成四要件之一的客体要件之功能分化给其他三个要件来承担,其他三个要件是难以胜任的,并由此认为,否定了犯罪客体要件,不管主张"犯罪客观要件、犯罪主体要件、犯罪主观要件"体系,还是"犯罪主体、犯罪主观要件、犯罪客观要件"体系,以及"主观要件、客观要件"体系等,"这类体系对我国的传统四要件体系的改造并不成功"。[2]

总之,犯罪构成的客体要件,是必要的要件,不应将其"驱逐"出犯罪构成体系。

三、关于犯罪构成四要件的排序

犯罪构成四要件的排序,是一个很重要的问题。系统论告诉我们,系统的组成要素及其组成要素的排列组合,都会影响到系统的整体功能。所

---

① [德]罗克辛:《德国刑法总论(第1卷)》,王世洲译,法律出版社,2005年,第120—121页。
② 欧阳本祺:《犯罪构成体系的价值评价:从存在论走向规范论》,《法学研究》2011年第1期。

以,犯罪构成作为一个规范评价标准体系,犯罪构成的各要件之间需要有序排列。一些学者不满刑法理论通说的排序而提出了不同的观点。

(一)20世纪的国内刑法学者之存在论排序的改良建议

陈忠林主张"主体要件、客体要件、主观要件、客观要件"的排序。其逻辑思维轨迹是:主体要件与客体要件是对立的两极,因此主体要件是逻辑起点,接下来是客体要件。行为人通过"行为"作用于客体,而行为是在主观要件的支配下的举动,因此把行为分解为主观要件和客观要件。于是就得出上述排序结论。①陈忠林指出,这一排序有两个显著特点,一是强调主体要件是整个犯罪构成体系的逻辑起点;二是强调主观要件是犯罪构成的核心。

赵秉志主张的排序是"主体要件、主观要件、客观要件、客体要件"②。其逻辑思路是犯罪主体产生罪过,在罪过支配下实施行为,行为侵害客体。

杨兴培不仅否定犯罪客体,还否定犯罪主体的犯罪构成地位,认为犯罪构成是指在主观罪过的支配下的客观行为构成某一犯罪时所应当具备的主客观要件的有机整体。最近仍然主张,犯罪构成中只有两个必要的构成要件,即作为主观要件的主观罪过和作为客观要件的客观危害。③

以上三种排序观点都是从犯罪发生角度的排序。各人有各人自身的思路,各有各的逻辑路径。所以,我们不能否认他们各自的逻辑性。这些存在论的排序是从犯罪发生的角度来安排的,属于"物本逻辑"结论。然而,我们需要清醒地认识到,犯罪的发生和犯罪的认定是互逆的过程,认定犯罪是一个规范评价过程,是对现实中已经发生危害行为依据刑法规范所确立的条件和价值立场进行的价值评判。这与"出门时把钱存放在保险柜与回家后再取出钱是两个互逆的过程"一样。所以,上述存在论排序的诸种观点,对于事实学(如犯罪学)是适合的,但对于刑法教义学而言是不可取的。

(二)21世纪以来受德日阶层模式影响而提出的排序见解

王充在其2005年的博士论文中主张借鉴德日的犯罪论体系,认为应该遵循从客观要素到主观要素、从形式要素到实质要素、从行为到行为人的顺序排列。我国犯罪构成的构成要件的排列顺序可修改为犯罪客观方

---

① 陈忠林:《论犯罪构成各要件的实质及其辩证关系》,载陈兴良主编:《刑事法评论》(第六卷),中国政法大学出版社,2000年,第328页。

② 赵秉志:《论犯罪主体在犯罪构成中的地位和作用》,《法学家》1989年第3期。

③ 杨兴培:《犯罪构成原论》,北京大学出版社,2014年,第110—111页。

面、犯罪客体、犯罪主观方面、犯罪主体。①

周光权2007年著的教科书《刑法总论》中借鉴德日阶层犯罪论体系，主张犯罪客观要件——犯罪主观要件——排除犯罪要件。其中，排除犯罪要件包括违法排除要件和责任排除要件。②后来又于2011年和2016年再版的《刑法总论》中，把排除犯罪要件拆分为两部分：违法排除要件和责任排除要件。周教授认为，这一排序遵从了先客观判断再主观判断、先事实判断再价值判断的犯罪认定顺序，有助于强调了犯罪构成的出罪机制，突出了辩护机能。③

许发民2007年发表论文主张，借鉴德日犯罪论体系的阶层特点，我国犯罪构成论的应有结构为"两层次四要件"：第一层次，三个要件，依次为犯罪客观要件、犯罪主体要件和犯罪主观要件；第二层次为犯罪客体一个要件，其中，正当化行为等作为排除犯罪客体的事由在此纳入犯罪构成要件之中。无此事由，犯罪即告成立。④

上述三种观点的出现，是对那些指责犯罪构成四要件体系存在不足所做出的反应。国内有学者认为四要件体系存在着一些不足，包括：一是不具有逻辑性；二是客体要件过于前置，即价值判断不应先于事实判断；三是没有出罪机能，轻视辩护等而提出来的。其旨趣都是为纠正犯罪构成四要件的这些"不足"而提出的。

不过，所指责的这些"不足"是伪问题。现加以简单分析。

第一，何为逻辑？逻辑即人的思维的规律和规则，是对人的思维过程的抽象。需要注意的是，逻辑思维不是纯客观的活动，逻辑因民族、地域、文化等的不同而具有差异性。现实中，逻辑因人因时因地而有所差异，逻辑思维不是只有唯一的某一种定式化的思维，而是可以有多元的多种思维方式。是否符合逻辑，存在一个时间、地点、视角和场域的问题。就犯罪构成四要件的排序而言，有的学者从存在论的角度，依据现实生活中犯罪的发生过程来设计犯罪成立要件的排序。这些思路不是没有逻辑性，而是有逻辑性的。只不过这种逻辑性适合事实学的逻辑规律而不适合刑法教义

---

① 王充：《从理论向实践的回归——论我国犯罪构成中构成要件的排列顺序》，《法制与社会发展》2003年第3期。

② 周光权：《犯罪论体系改造》，中国法制出版社，2009年，第284页。

③ 周光权：《刑法总论》，中国人民大学出版社，2016年，序言部分。

④ 许发民：《二层次四要件犯罪构成论——兼议正当化行为的体系地位》，《法律科学（西北政法学院学报）》2007年第4期。

学的品格。因为犯罪的发生(事实学的研究逻辑)与规范法学(应用法学)对于犯罪认定的逻辑顺序正好是互逆的。

我国刑法理论通说认为,作为认定犯罪的一般过程,首先进入人们认识视野的是犯罪客体,其次才是客观行为,再次便需要查明实施侵害行为的行为人是否符合犯罪主体要件,最后还需要确定行为人是否具有罪过心理。从上述认定犯罪的一般过程可以看出,依犯罪客体—犯罪客观方面—犯罪主体—犯罪主观方面的逻辑顺序符合人们的认定犯罪规律。①比如,某日在一桥下发现一具尸体。对此案件的认定顺序就是:首先感觉是有人的生命健康权受到了危害。其次,考察这个人是如何死的?是锐器刺死、还是绳子勒死,还是刺伤腿部大动脉流血而死?又次,若本案是绳子勒死,则继续考察是谁干的?是自缢身亡?最后,若本案是张三干的,那么继续考察张三实施行为的心态是犯罪故意还是犯罪过失,抑或意外事件?如果查明张三与死者有矛盾,张三实施行为的主观心态为非法剥夺他人生命的犯罪故意,那么,全案综合考虑,认定张三构成故意杀人罪。以上四个步骤,只要一个不符合而逻辑推理被打断,该案件就不是刑事案件,这就是处置机制。

第二,"先事实判断后价值判断、先客观判断再主观判断"的判断顺序是不可能的空想。在我国,有学者移植我国台湾地区的"构成要件该当性、违法性和有责性"三阶层体系;有学者移植德国的新构成要件体系,主张不法和责任两阶层体系(其企图是贯彻"不法/违法是客观的、责任是主观的"和"客观判断在前、价值判断在后"的信条)。但是,这些移植的理论体系不过是理想中的乌托邦,不仅明显具有理论破绽,而且在实践中根本行不通。因为犯罪是价值判断的产物,而不是存在论的描述。"客观判断在前、价值判断在后"只是水中月,镜中花;离开主观要素不可能确定犯罪的客观事实。

犯罪成立条件的理论发展历史证明,古典主义犯罪论体系不承认规范的构成要件、不承认主观的构成要件,是根本行不通的。比如,如果不进行价值判断,便无法认定"一本书"是属于淫秽书刊;如果不进行价值判断,便不能断定一条金项链属于李四的财产而不是行为人王五自己的财产。再如,对于赵六"举刀砍下去,钱七因而死亡"的案件之构成要件符合性判断环节,如果不去考察行为人赵六的主观心态(在什么样的主观罪过支配之

---

① 王作富:《刑法学》(第2版),中国人民大学出版社,2004年,第38页。

下的"举刀砍下去"),就无法确定到底是该案件是该当故意杀人罪的构成要件,还是故意伤害罪的构成要件,或者是该当过失致人死亡的构成要件,抑或意外事件或者不可抗力？可见,离开主观心态要素、离开价值判断,构成要件的该当性判断寸步难行。也正因为如此,继之而来的新古典主义犯罪论体系不得不承认规范的构成要件、不得不承认主观的构成要件,甚至德国的目的行为论犯罪论体系完全将主观心态要素前移到第一阶层;再者,由于第一阶层的判断同样离不开价值判断,因此作为德国刑法学理论的主流便将三阶层犯罪论体系的前两个阶层合并为一个阶层。

于是,三阶层进化形成了"不法和责任"的两阶层犯罪论体系。目前,张明楷移植的是德国两阶层体系。据他所言是为了坚持违法是客观的、责任是主观的信条,拒绝承认主观的构成要件要素。由此,对危害行为界定不含有意性。"刑法上的行为,是指行为主体实施的客观上侵犯法益的身体活动,并认为,行为具有两个基本特征:一是行为是身体活动,包括积极活动和消极活动;二是行为需要是客观上侵犯法益的行为。"关于正当防卫、紧急避险的构成条件不再需要防卫意识和避险意识。①但是,剔除"有意性"而给行为下定义,目前世界范围内看,绝对是极少数的见解;主张正当防卫、紧急避险的构成条件不再需要防卫意识和避险意识,不但是我国理论界少数的见解,而且与我国现行《刑法》第二十条第1款规定:"为了使国家、公共利益、本人或者他人的人身、财产和其他权利免受正在进行的不法侵害,而采取的制止不法侵害的行为……"其第二十一条第一款规定:"为了使国家、公共利益、本人或者他人的人身、财产和其他权利免受正在发生的危险……"在这里,刑法使用了"为了……"明显地要求需要具有正当的"防卫目的"或者"避险目的"才成立正当防卫或者紧急避险。事实上,起源于德日的阶层体系与任何国家的立法都不相符,都是想脱离的。因为任何国家刑法规定的正当防卫、紧急避险条件,首先就规定必须考量行为人的防卫行为和避险行为是否具有目的正当性(防卫目的和避险目的)。

具体案件的司法认定不可能做到纯粹的"客观判断在前,价值判断在后"。张明楷曾于2013年在西南政法大学渝北校区作了一次题为"刑法学研究中的若干关系"学术讲座,在提问交流环节,有学生问:基于什么理由对一个案件开始该当性判断？这个问题的实质就是:对于几个学生在一起讨论功课的行为,要不要该当一下？如果要,那么该当什么呢？张教授回

---

① 张明楷:《刑法学》(第五版),法律出版社,2016年,第205、220页。

答是"凭直觉"去"该当"①！这就是说,对于几个同学在一起学习的行为,"直觉"告诉我们,没有理由进行该当性考察;而对于一个盗窃案件,"直觉"告诉我们:要进行该当性考察。那么问题是:这里的"直觉"是什么?"直觉是未经充分逻辑推理的直观。"可见,直觉的获得来源于价值判断。而且,直觉还是笼统的价值观念。既然如此,对犯罪案件的司法认定,与其受这样的笼统的、模糊的"直觉"的引导去"该当",毋宁受"犯罪客体"的引导更为可行、更为合适、更为科学。所以,所谓的坚持"先事实判断,后者价值判断"②的主张,是实践中难以坚守的,真正地在现实中实际操作起来的话,又不得不凭"直觉"了,又不得不靠价值判断来引导了。正如有学者所说,德日所谓的"递进的犯罪构成体系",在实践中是不可能的。③

指责犯罪构成四要件"重视控诉轻视辩护""没有把出罪事由放在该犯罪过程之中加以考虑""四要件没有出罪机制"。但是,这些都是误读。

第一,犯罪构成四要件包含了辩护事由,并且具有多层出罪机制。犯罪成立是一个全程肯定性判断,"当且仅当""某一案件事实"全部具备了"犯罪构成的四个要件"时,这个"某一案件事实"才被评价为犯罪行为;"某一案件事实"只要不同时具备四个要件的,那么,该案件事实就不是犯罪行为。按照全归纳法,现实中,可供辩护一方无罪辩护的情况应该包括以下情形:一是"某一案件事实"中四个要件都不具备;二是"某一案件事实"中只符合一个要件,其他三个要件都不符合;三是"某一案件事实"中只符合二个要件,其他二个要件都不符合;四是"某一案件事实"中只符合三个要件,其他一个要件不符合。按照排列组合计算规则,其计算的数学公式:$\sum C_4^0 C_4^1 C_4^2 C_4^3 = 1+4+6+4 = 15$。由此可见,犯罪构成四要件定罪过程中,只有一个入罪口,但是,却同时总计有15个出罪口,而不是没有出罪口。正如学校发布了评选"三好学生"文件(德、智、体三方面都好,才是三好学生),难道文件中还需要同时明确地附注上"非三好学生"的标准码?"三好学生"是一个全称肯定性判断,只有德育、智育或者体育三个方面都"好",才是三好学生。反过来,德育、智育或者体育"不是""全部好",就不符合三方好学生的标准。

① 2013年5月24日,张明楷在西南政法大学渝北校区学术报告厅作的题为"刑法学研究中的若干关系"的学术讲座。

② 陈兴良:《论犯罪构成要件的位阶关系》,《法学》2005年第4期。

③ 庄劲:《递进的犯罪构成体系:不可能之任务》,《法律科学(西北政法大学学报)》2015年第5期。

第二,那些认为犯罪构成四要件没有出罪机制,无法用于无罪辩护的观点,其错误不仅在逻辑上和数学上讲不通,更是对我国司法实践中的辩护事实和司法环节对被告人基本人权保障的现实,视而不见。我国司法实践中一直使用犯罪构成四要件理论来认定犯罪,难道其中的被告人、辩护人或辩护律师都没有辩护机会、没有行使过辩护权,或者没有履行过辩护职能吗?这显然不符合我国的司法现实情况。

综上,通说的排序即犯罪客体要件、客观要件、犯罪主体要件、主观要件的排序,本身没有毛病,其他的排序主张也没有实质的进步。不过,任何真理都是相对的,都具有时代局限性。任何时代都有其特殊的社会条件和时代背景。目前,我国刑法理论,一方面来源于苏联,以社会危害性为核心的犯罪构成理论还没有最终完成使命,短期内不可能退出历史舞台;另一方面,德日理论的简单移植,还需要适应对我国刑法的改造,所以以未来相当一段时间内,犯罪论领域将呈现出百花齐放百家争鸣的局面。我们有理由相信,我国刑法学者一定会在目前的混战局面中创造出具有中国特色的犯罪论体系。有鉴于此,为了不给予简单移植德日理论者无谓的批判把柄,笔者坚持通说的排序。同时,笔者认为这一排序还将有助于今后与德日阶层体系的贯通。

最后还应说明的是,一些学者认为犯罪构成四要件体系是四个要件的简单相加,运用四要件的犯罪认定过程就是把犯罪客体、犯罪客观方面、犯罪主体、犯罪主观方面这四大块拼凑在一起"搭积木"的"游戏"。笔者认为,这里也存在着不公正的评价。实际上,四要件之间不是简单的相加关系,而是"耦合关系"。如果把四要件之间关系定位为简单的相加关系,那么在四个要件都存在,即犯罪成立时,或者四个要件都不存在的犯罪不成立时,不会出现逻辑错误。但是在其他各种"四要件并非同时具备"的14种情形下,则是违反数学"加法"规则的——因为不管是"犯罪客体+犯罪客观方面",还是"犯罪客体+犯罪客观方面+犯罪主体",抑或其他任何不同时具备四要件的情况,其相加之和都不会是无罪(即"零")。何为耦合关系?所谓耦合关系,是指某两个以上的事物之间如果存在一种相互作用、相互影响的关系,那么这种关系就称耦合关系。如果把四要件之间的关系定位为耦合关系,那么,这四个要件之间的关系就应该是"相乘或者幂"的关系。相反,德日的阶层体系中,前一阶层是后一阶层的基础,即使后一阶层不存在,前面的阶层照样不会消失。在这个意义上,德日的阶层关系才是真正的相加关系。

第二节　基于四维法益说对犯罪构成四要件的"立体化"修正

进入21世纪以来,我国刑法学界,主张移植德日阶层犯罪论体系的移植论者攻城略地大举侵入,挑战传统的犯罪构成四要件;犯罪构成四要件的坚持者(包括改良论者)严防死守、捍卫自己的正统地位。这种理论碰撞在2009年前后达到了高潮(以三阶层知识于2009年5月首次进入国家司法考试和高铭暄等学者撰文[①]为四要件辩护为标志)。自此以后的十几年来,移植论"驱逐"四要件。[②]移植阶层体系论与坚持并改良四要件论的强劲反击一直处在激烈博弈状态。现在看来,对立的双方在短时间内都难以彻底征服对方。所以,这种状态还将在今后一段时期长期存在。

中立地看,一方面,传统的犯罪构成四要件理论确实存在一些不足而需要完善和改造,而个别学者有意无意地放大犯罪构成四要件的缺陷,甚至先歪曲后批判的现象也时有发生。另一方面,德日阶层犯罪论体系的优点被不适当地夸大,其缺陷根本没有引起重视,甚至被故意掩饰。本书认为,尽管阶层体系构建的初衷是为了贯彻罪刑法定原则,保障人权,限制处罚范围,但是,阶层体系的发展史却表明,其所谓的"先事实判断后价值判断"的定罪步骤,只不过是像"镜中花、水中月"一样的乌托邦,从来也没有,也不可能真正地在司法实践中得以贯彻。正如有学者指出,切实地按照递进的犯罪构成体系来认定犯罪,是不可能之任务。[③]

无论哪一种理论都不会完美无缺。任何犯罪论体系,也概莫能外。只看到德日阶层理论的优点而忽视其致命的不足,或者只是一味地死守传统的四要件,抱残守缺而排斥犯罪论体系的创新发展,都是不可取的。而且,在一个国家多个理论体系并存,是正常的,也是必要的。百花齐放,百家争

---

① 可查阅高铭暄:《论四要件犯罪构成理论的合理性暨对中国刑法学体系的坚持》,《中国法学》2009年第2期;高铭暄:《对主张以三阶层犯罪成立体系取代我国通行犯罪构成理论者的回应》,载赵秉志主编:《刑法论丛(2009年第3卷·总第19卷)》,法律出版社,2009年第3卷,等等。

② 陈兴良:《构成要件论——从贝林到特拉伊宁》,载梁根林:《刑法体系与犯罪构造》,北京大学出版社,2016年,第107—108页。

③ 庄劲:《递进的犯罪构成体系:不可能之任务》,《法律科学(西北政法大学学报)》2015年第5期。

鸣,相互汲取营养,共同促进发展,是可行之道。"打铁还需自身硬"的劝言,对于移植论和坚持论(改良论)都是适应的。所以,未来我国刑法学界关于犯罪论体系研究的迫切任务是:对于德日阶层体系,需要正视该模式与我国现行刑法规定难以直接对接的现状,不能简单地移植而必须有所革新(例如,需要改造该体系只定性不定量的特点,需要充分认识阶层体系适应于刑事古典学派理论而难以适应当代刑法理念因而所具有的根本的滞后性);对于传统的犯罪构成四要件,同样需要不断修正和完善(如大胆汲取德日阶层理论体系的有机素养为我所用)强健体魄,以永葆旺盛的生命力。

就可行性和经济性而言,对传统犯罪构成四要件的修正和完善是未来我国犯罪体系科学化的最佳路径选择。本章承接上一章,旨在对四要件的各个要件提出相应的完善构想。基于四维法益说对犯罪构成四要件的"立体化"修正,其实质是对传统犯罪构成系统各个组成要素进行立体化修正,保证对四要件的修改能够全面体现犯罪的本质,适应我国刑法对犯罪的既定性又定量的特点、适应我国刑法日益呈现出"行为人刑法"侧面的特点,即从形式和内容、质和量、纵向与横向、静态与动态等维度"加宽加厚加高",进行立体化的充实和完善。①以下立足于行为刑法立场,按照犯罪客体要件、犯罪客观要件、犯罪主体要件和犯罪主观要件的逻辑顺序展开论述。

一、关于犯罪客体要件的立体化修正

(一)犯罪客体要件理论的不足

我国传统刑法理论认为:"犯罪客体是指刑法所保护而为犯罪行为所侵害的社会关系。"②犯罪客体是犯罪行为具有社会危害性的集中体现,

---

① 关于传统犯罪构成四要件的平面的称谓,据我们考察,最早是日本学者大冢仁教授给扣上的"帽子"。参见[日]大冢仁:《犯罪论的基本问题》,冯军译,中国政法大学出版社,1993年,第5页;[日]大冢仁:《刑法概说(总论)》,冯军译,中国人民大学出版社,2003年,第107页。我国学者只是不加分析地接受了这一提法。我们认为,对中国犯罪构成四要件模式一知半解的日本学者的这一概括并不正确。如果硬要武断地说中国的犯罪构成四要件是"平面的",那么,只具定性而不能定量的功能的德日阶层模式,充其量来说是"线性的"。由此,即使犯罪构成四要件是平面的,德日阶层模式是线性的,从点、线、面的关系看,"平面"是"线"的集合,由此,平面模式是线性模式"升级版"。

② 高铭暄、马克昌:《刑法学》,北京大学出版社、高等教育出版社,2016年,第53页。贾宇主编(马工程教材):《刑法学(上册·总论)》,高等教育出版社,2019年,第99页。

是犯罪构成的必要要件。任何一种行为,如果没有或者根本不可能侵害刑法所保护的社会关系,就不能构成犯罪。因此,任何一种犯罪都必然要侵害一定的客体,不侵害客体的行为就不具备社会危害性,就当然不构成犯罪。并且,某种具体的犯罪客体在社会中越重要,则侵害其的犯罪行为的社会危害性就越严重,该犯罪行为就相对地越构成重罪,处罚就相对越重,因此犯罪客体是决定犯罪的社会危害性质及其社会危害性严重程度的重要标准。

通说的上述观点受到尖锐的批评:这样的客体要件定义,一开始就给人一种无边无沿、无法把握的感觉,不具有为犯罪的认定提供标准和规格的功能。[①]这种批评是有道理的。通说关于犯罪客体要件理论最大的不足是把社会关系的"载体"剥离去而作为独立的"犯罪对象",于是,犯罪客体仅仅剩下抽象的"社会关系"。这样导致两个缺陷:一是没有内容的社会关系毕竟太抽象、空洞,故客体要件难以为认定犯罪提供可操作性的标准,因为没有载体的抽象的"社会关系"充其量只能决定危害行为的社会危害性质,而不能决定危害行为的社会危害性量之限度。但是,《刑法》第十三条但书又恰恰要求犯罪是"严重的"危害社会的行为,所以这样的犯罪客体理论难以与我国刑法规定的具体犯罪相适应。二是将"社会关系的载体",即犯罪对象,独立化、现象化。所谓独立化,即传统理论主张将"社会关系的存在形式"离析出来称之为"犯罪对象",并将其理论地位归属于犯罪客观方面,只是为论述的方便,才提至"犯罪客体论"部分,其结局是在论述犯罪客体之后,紧接着轻描淡写地简述一下"犯罪对象"。所谓现象化,即传统理论主张"犯罪对象"是犯罪客体要件的现象形态。由此势必削弱了犯罪对象的地位,将其视为可有可无的东西,甚至导致"并非所有犯罪都有犯罪对象"[②]这一令人难以信服的怪论!

(二)对犯罪客体要件的立体化修正

把犯罪对象还原到社会关系之中,"实化"犯罪客体要件,使犯罪客体要件真正具有量化的特性。犯罪对象是刑法所保护的社会关系的表现形式(存在形式),犯罪对象与该社会关系合在一起构成新的犯罪客体——刑法所保护的社会关系与犯罪对象是同一事物的实质和表现形式的辩证统

[①] 杨兴培:《犯罪客体:一个巨大而空洞的价值符号》,《中国刑事法杂志》2006年第6期。

[②] 高铭暄、马克昌:《刑法学》(第七版),北京大学出版社、高等教育出版社,2016年,第60页;贾宇主编(马工程教材):《刑法学(上册·总论)》,高等教育出版社,2019年,第102页。

一。①这种见解十分正确。将"犯罪对象"(即社会关系的载体)还原到社会关系中,即新犯罪客体要件＝刑法保护的社会关系＋犯罪对象。"纳入刑法保护范围社会关系"与其"存在形式"(即社会关系的载体)合并在一起,实现了内容与形式的统一。在这里,"社会关系的载体"就是特定权利义务关系的载体;这种权利义务关系与犯罪对象是"内容与形式"关系,而不再是通常所认知的"本体与现象"关系。这一改造的好处有以下两点:

第一,"社会关系存在形式"(即社会关系载体)的地位就无可争议地属于犯罪客体要件的一部分,而不会再被强行地剥离出来作为客观要件的一个内容,因而这种意义的"犯罪对象",就不再属于"现象范畴"的东西,而是社会关系的存在形式,从而处于必要要素的地位。例如,就伪造货币罪而言,该罪所侵害的社会关系载体是真币而不是假币,假币在该罪中才是真币的现象形态。这与通说含糊地把假币作为"对象"(究竟是行为对象还是犯罪对象,含糊不清),深刻得多。这里的社会关系的载体也不是片面地、孤立地观察的结果了,而是用辩证地、系统地观察的结果。与通说关于"存在库房中的电话线与通信线路中的电话线是相同的"的见解不同,按照新犯罪客体说,"存在库房中的电话线"作为财物而体现所有权,"通信线路中的电话线"作为通信电路系统的有机组成部分而承载着通信安全,二者迥然不同。

第二,任何犯罪的客体要件,都是社会关系及其载体的统一。通说承认有的犯罪没有犯罪对象。②"实际上,对于某些行为来说,就是不存在其作用的对象。根本没有必要硬给安上一个对象。"③"正如在语言学上存在及物动词和不及物动词,行为也相应地存在及物行为和不及物行为。当不及物行为被刑法规定为犯罪时,当然就不存在行为客体。"④

我们认为,现实中没有载体的纯粹抽象的社会关系是不可想象的,社会关系不可能脱离其载体而存在;危害行为只有作用于该载体才可能引起社会关系的变化。任何犯罪都是通过作用于社会关系的载体而侵害社会关系的。假若一个危害行为作用于真空而依法构成了犯罪,即使这样,该危害行为所作用的"真空"也是犯罪对象无疑,所以通说的"有些犯罪没有

① 陈忠林:《论犯罪构成各要件的实质及辩证关系》,载陈兴良:《刑事法评论(第六卷)》,中国政法大学出版社,2000年,第342—345页。
② 高铭暄:《新编中国刑法学(上册)》,中国人民大学出版社,1998年,第103页。
③ 陈兴良:《刑法哲学》,中国政法大学出版社,2000年,第72页。
④ 陈兴良:《本体刑法学》,商务印书馆,2001年,第268页。

犯罪对象"观点难以成立。

第三,这一立体化改造克服了原来的"社会关系"之空洞、抽象,以及只能定性而不能定量的不足,使犯罪客体彻底地实体化,赋予了犯罪客体的量化功能:犯罪客体不只是可意会的理性思维的产物(抽象的社会关系),而且,在具体的案件中还是可看得见、摸得着、可测量的客观存在物。例如,对于侵犯财产犯罪的一般客体要件,可表述为"财物的所有权";在具体的盗窃案件中,其犯罪客体可以表述为"某个海信电冰箱的所有权""某一条金项链的所有权"等。这样,犯罪客体要件源于其形式与内容的统一而成为可计量的具体物,从此告别了空洞和抽象。

总之,把社会关系的载体(犯罪对象)还原到社会关系中,犯罪客体是刑法保护的而为犯罪行为所侵害或者威胁的社会关系及其载体的统一。

二、关于犯罪客观要件的立体化修正

(一)犯罪客观要件理论的不足

我国传统刑法理论关于客观要件的基本观点有四:犯罪客观方面,是指刑法规定的、说明行为对刑法所保护的社会关系造成侵害性的客观外在特征。犯罪客观方面的要件包括危害行为、危害结果,以及行为的时间、地点、方法(手段)、对象。危害行为是犯罪客观方面的必要要件,是指由行为人心理活动所支配的危害社会的身体动静。行为对象即犯罪对象,虽然是属于犯罪的客观方面的范畴,但是由于其与犯罪客体的关系密切,理论上为了论述方便,一般将其置于犯罪客体要件的内容中加以论述。刑法因果关系只是危害行为与危害结果之间的关系,并不是犯罪客观方面的一个要件。[①]

上述观点的不足之处,首先,把客观方面和客观要件两个概念混用,是不妥当的。"客观方面"是"客观要件"的上位概念。客观方面的内容未必都是犯罪成立的"客观要件";客观要件只是犯罪成立所必不可缺少的"客观方面"之要件;客观要件又包括若干客观要素。故应该精确地区分不同场合而使用"客观方面""客观要件"和"客观要素"三个不同的术语。其次,就客观要素的界定而言,还存在三个主要不足:关于危害行为的界定没有"利

---

① 高铭暄、马克昌:《刑法学》(第七版),北京大学出版社、高等教育出版社,2016年,第61—62页。

用犯罪工具"的内容,也没有"量度"的限定;否定刑法因果关系的选择要件地位;关于行为对象与犯罪对象的关系定位不正确。

(二)对客观要件的立体化修正

1.对危害行为内涵之修正

应当把刑法的危害行为修正为:在行为人的意识和意志支配下利用犯罪工具,实施触犯刑法的、危害社会,具有一定强度的身体动或静。这一界定与传统理论相比,有两个特点:

一是强调了行为人对犯罪工具的利用。按照马克思关于劳动的观点,人与动物最为实质的差异在于,人具有主观能动性,可以制造和利用工具进行劳动。劳动工具是人们在生产过程中用来直接对劳动对象进行加工的物件。制造和使用生产工具是人区别于其他动物的实质性标志,是人类劳动过程独有的特征。人类劳动是从制造工具开始的。随着社会的发展和科学技术的进步,尤其是当今社会,劳动在许多场合越来越要借助于劳动工具来进行,并且劳动工具也越来越复杂、高级。犯罪也是一种劳动,只不过是一种"负价值"的劳动。在高科技时代,现实社会中的行为人"赤手空拳"实施犯罪的案件,几乎没有,而借助于犯罪工具,甚至是高科技犯罪工具,实施的犯罪案件却十分普遍。因而,关于危害行为的定义需要强调犯罪工具。

二是需要对危害行为的量的限度加以强调。目前世界范围内,无论中外,主流的刑法理论对危害行为的定义都没有进行"量"的限定。这在德日国家不是问题,因为德日刑法关于犯罪的规定只定性不定量;但是,在我国的立法框架之下却是严重的缺陷。因为根据我国《刑法》第十三条但书的规定,犯罪是具有"严重的"社会危害性的行为,其危害性既取决于危害行为的性质,同时也取决于危害行为的强度,二者缺一不可。所以,在界定危害行为时,需要也应该对其量的限定有所描述,而绝对不能忽视。以《刑法》的伤害行为为例,从性质上看,伤害行为需要是不利于身体健康的行为。但仅有性质的限定还不够,还需要是"达到了能够致轻伤以上"量度的行为。如果一个伤害行为从致害性的强度上看,仅可致轻微伤,那么,该行为就只属于民事侵权行为和违反治安处罚法的行政违法行为,而不是刑法意义的伤害行为。

2.对刑法因果关系理论之修正

刑法因果关系理论主要包括三方面的内容:刑法因果关系的地位问题、刑法因果关系的范围问题(即是否包含偶然因果关系)、刑法因果关系的判断标准。

第一，刑法因果关系的地位。我国传统刑法理论在这一问题上存在着观点的前后变化和态度的模棱两可。早期只承认必然因果关系才是刑法上的因果关系。认为只有当具有结果发生的实在可能性的某一现象已经合乎规律地引起某一结果的发生时，才能确定某一现象与所发生的结果之间具有因果关系。之后，又不得不承认偶然因果关系的选择要件地位，即如果某一现象虽然有发生结果的实在可能性，但在其发展过程中，偶然地与另一个因果性锁链联系在一起，以致由另一现象合乎规律地产生这一结果时，那么，前一现象和所发生的结果之间也有刑法偶然因果关系，由此必然因果关系和偶然因果关系都可以是某些犯罪的选择要件。及至目前，传统刑法理论关于刑法因果关系地位的态度暧昧：一方面认为，"刑法因果关系只是危害行为与危害结果之间的关系，并不是犯罪客观方面的一个要件"；另一方面又说，"当危害结果发生时，要对该结果负责任，就需要查明他所实施的危害行为与该结果之间具有因果关系。这种因果关系，是在危害结果发生时使行为人负责任的必要条件""除必然因果关系外，偶然因果关系有时对定罪与否有一定的影响。"[①]那么，到底刑法因果关系是不是选择要件呢？前面说不是，后面又说是，前后矛盾。

我们认为，刑法因果关系应当是某些犯罪的犯罪客观要件的一个选择要素。首先，在行为犯（举动犯）场合，以实行行为的完成为犯罪既遂，因而这类犯罪成立和既遂的认定都不涉及因果关系问题（当然在结果加重犯的场合仍然涉及刑法上的因果关系问题）。这里的"不涉及因果关系"，不是从存在论角度说：这些犯罪案件中一概"不存在"因果关系，而是从规范意义上来说，对于这些犯罪的成立与既遂而言，不需要考察危害行为与危害结果之间的因果关系（即不需要认定因果关系），即因果关系不是犯罪构成要件的要素。其次，在过失犯罪、以法定危害结果为既遂条件的犯罪，需要考察特定危害行为与特定的法定结果之间是否存在刑法因果关系。由此，刑法的因果关系不是所有犯罪客观要件的必要要素，只是部分犯罪（如过失犯罪、故意的结果犯）成立与否的选择要素。

还有一种观点是，任何犯罪中，刑法上因果关系都不是构成要件。其主要理由是：刑法上研究因果关系是为了解决已经发生的危害结果是由谁

[①] 高铭暄、马克昌：《刑法学》（第七版），北京大学出版社、高等教育出版社，2016年，第62、77、80页。

的行为造成,是为将结果归咎于行为服务的,故一旦认定了危害结果是某一危害行为的危害结果,因果关系本身便不再起作用。该观点之错误的关键在于没有正确认识存在论与规范论的不同立场。一是仅仅把刑法的因果关系等同于事实的因果关系,没有注意到刑法因果关系的规范性特点。其实规范属性才是刑法因果关系的个性之核心内容。因为刑法因果关系尽管是以事实的因果关系为基础的,但却是对事实的因果关系之规范论视角下的价值选择。这种价值选择突出体现在立法者为了维护一定的法律秩序,督促特定的群体履行其义务、强化他们职责,不仅把必然的因果关系、直接的因果关系作为刑法的因果关系,而且也把一些偶然的因果联系、间接的因果联系纳入刑法的调整范围,如渎职罪的因果关系便是。鉴于国家机关工作人员的职责事关社会和国家的稳定、安全和效率等,所以对于国家机关工作人员渎职行为偶然导致的危害结果和渎职行为间接导致的危害结果,在情节严重时,从维护国家整体法律秩序的立场出发视其必要而有选择地将其作为刑法上的因果关系(除了必然的因果关系和直接的因果关系之外)。二是刑法因果关系,不仅在定罪环节,而且在量刑环节,都有价值。后者如故意伤害罪的结果加重情况,需要考察伤害行为与加重结果之间是否存在刑法上的因果关系。只有将刑法因果关系作为独立的要素,才能完成其定罪与量刑的使命。现实的情况是,即使否定刑法因果关系之学者的论著都无例外地大篇幅阐述刑法因果关系理论;在司法实践中,对于需要考察因果关系的案件,司法人员都单独地分析危害行为与危害结果之间因果关系的存在情况,无论是定罪环节还是量刑环节,概莫能外。所以,与其"有实无名"不给予刑法因果关系之客观要件的选择要素地位,毋宁开诚布公地承认其选择要素之地位,以使其"有名有实",名正言顺。

第二,刑法因果关系的外延。其实质是偶然因果关系是否属于刑法因果关系问题。传统刑法理论借鉴苏联的理论,把因果关系划分为必然因果关系和偶然因果关系。[①]从实践看,因果关系一般表现为两种现象之间有着内在的、必然的、合乎规律的引起与被引起的联系。这是刑法因果关系基本的和主要的表现形式。通常也只有这样的因果关系,才能令人对其行为引起的结果负责任。……但是,偶然因果关系通常对量刑具有一定的意

---

① 高铭暄、马克昌:《刑法学》(第七版),北京大学出版社、高等教育出版社,2016年,第80页。

义,有时对定罪也有影响。其理由是,自然和社会现象是十分复杂的,因果关系的表现也不例外,某种行为本身不包含产生某种危害结果的必然性(内在根据),但是在其发展过程中,偶然又有其他原因加入其中,即偶然地同另一原因的展开过程相交错,由后来介入的这一原因合乎规律地引起了这种危害结果。这种情况下,先行行为与最终之危害结果之间的偶然联系,即称为偶然因果关系。

通说上述观点的不足,首先,传统理论关于必然因果关系和偶然因果关系划分的最大误导是弱化了偶然因果关系的地位,以至于在20世纪的最后十多年,我国整个刑法学界不得不花了很大的精力来论证偶然因果关系的地位问题。之后,随着学界对刑法因果关系理论认识的加深,传统理论在这个问题上其态度也有所变化:从最初只承认必然因果关系才是刑法上的因果关系,到有限承认偶然因果关系的客观要件要素之地位,再到目前受个别权威学者的影响,目前的态度模棱两可。其次,传统刑法理论关于因果关系理论的错误还在于误导人们将必然性等同于现实性,将偶然性与可能性相等同。但是在哲学上,必然性与偶然性是一对范畴,统一于可能性范畴之下。或者说,可能性包括必然可能性和偶然可能性。所以,不能把必然性与现实性相等同。刑法因果关系的认定,是在发生危害结果的场合的由果溯因,因此现实中刑法因果关系都是客观必然性的现实化存在物或者基于可能性而转化为现实化存在物。所区别的只是在由行为到结果的因果关系展开过程之中,其可能性因不同的情况下而有着差异:属于必然性的因果关系,其在向现实转化过程的可能性极大;属于偶然性因果关系的,其可能性较小。一旦一个危害行为产生了危害结果,那么该行为导致该结果出现的可能性,无论是必然可能,还是偶然可能,都已转化成了"现实性"的东西。所以只要明确承认因果关系的选择要素地位(刑法因果关系具有法定性),就应当同时肯定偶然因果关系与必然因果关系一样,都是客观要件的选择要素。

当然,必然因果关系和偶然因果关系的分类还是有意义的,因为在偶然因果关系的场合,行为产生危害结果的概率小,行为人明知是这样的概率小的危害行为而去实施,最终导致结果的发生,与"行为人认为必然可能而实施从而产生危害结果"的情况相比,是存在较大差别的。必然因果关系和偶然因果关系可以印证行为人罪过的主观认识和意志的清晰和强弱程度,因而这种划分对于定罪及其之后的量刑都是有意义的。

第三,刑法因果关系的认定标准,传统刑法理论基于必然因果关系和偶然因果关系的分类,把因果关系的认定引向歧途——把必然性等同于现实性,只把偶然性等同于可能性。

正确的做法是,对于刑法因果关系的认定采用条件说和相当因果关系说,分两步走。第一步应采用条件说,判断是否存在事实的条件关系。刑法因果关系需要以哲学上的因果关系为基础,以事实因果关系为判断对象,而不能脱离哲学一般因果关系理论的指导。有学者认为,实际上,刑法因果关系也根本不是哲学因果关系的具体运用,刑法因果关系的定型性、规范性,都是作为一门规范学科的刑法学所独有的。更为极端地说,刑法因果关系这个概念本身就是应当否定的:不是因果关系,而是条件关系。①该论者过分强调刑法因果关系的特殊性以至于脱离了因果关系的共性。对此,我们不敢苟同。哲学因果关系与刑法因果关系是共性与个性的关系:一方面,刑法因果关系受哲学因果关系理论的指导,刑法因果关系不可能脱离哲学的因果关系的范畴;另一方面,刑法因果关系也不能没有个性,其个性就是其作用的单向性、定型性、规范性。任何割裂共性与个性的片面观点都是不可取的。也就是说,刑法上的因果关系在逻辑上应该属于哲学上因果关系的范畴,离开了这一大的前提,刑法上的因果关系便没有"类"的归属了。就事实因果关系而言,应采用条件说"没有前者便没有后者"的规则来判断是否存在事实的条件关系,以划定事实因果关系的范围。第二步,在存在条件关系的基础上,再依照法律规定、基于经验法则,对事实因果关系进行价值判断,考察事实因果关系是否符合具体犯罪构成中要求的刑法因果关系。在这里,采用相当因果关系说(或者客观归责理论)审查事实因果关系是否符合具体犯罪构成要求的刑法因果关系。

近年来,德国的客观归责理论对我国刑法学界影响很大。罗克辛教授的客观归责理论的内容有三点:行为制造了不被规范允许的危险、这种危险已经实现(即产生了危害结果)、该危害结果属于某一犯罪的法定危害结果(即该危害结果没有超出构成要件的保护范围)。②对于该理论,有的学者不赞成,并批评称,客观归责理论将实行行为概念形式化;试图弱化甚至消灭传统因果关系论的影响力,将因果关系降为纯粹自然的联系;放弃对

① 陈兴良:《刑法因果关系:从哲学回归刑法学——一个学说史的考察》,《法学》2009年第7期。

② 许玉秀:《主观与客观之间——主观理论与客观归责》,法律出版社,2008年,第243页。

行为和后果之间的相当性判断,因而也有不合理之处。如果对实行行为作实质评价,对因果关系不是仅仅从存在论的意义上,还从理论的意义上进行理解,对相当性是否存在作审慎判断,就基本上可以得出客观归责理论不需要的结论。[①]我们认为,客观归责理论是在条件说的基础上为相当因果关系中"相当性"的判断提供了一个可操作的规则,有其可取之处。但该理论也只是一种"相当因果关系理论"而已,故也不宜将其神化;在我国刑法对实行行为有明确的质和量的要求的立法背景下,其重要性远远不如在德国,故要大打折扣。

3.行为对象与犯罪对象关系之厘定

关于行为对象与犯罪对象二者的关系刑法学界有不同的观点。一是通说关于"犯罪对象是指刑法分则条文规定的犯罪行为所作用的客观存在的具体人或者具体物"的界定,[②]表明其对犯罪对象和行为对象是不加区分的。有的学者也认为,应该把通说中"犯罪对象"改称为"行为对象",即主体的犯罪行为所侵犯或直接指向的具体人、物或者信息;在体系中行为对象是界定行为所需要的要素。[③]该论者也认为行为对象也即犯罪对象。二是主张严格区分行为对象与犯罪对象,将行为对象归属于犯罪客观方面,将犯罪对象作为犯罪客体要件的组成部分。有的学者主张,犯罪对象是社会关系的载体,行为对象是界定构成要件行为所要求的,行为所直接指向的具体人或者具体物。并认为任何犯罪都有犯罪对象,而行为对象则不然。犯罪客体与犯罪对象的关系之间是本质与现象之间的关系;行为对象和犯罪对象的关系是"同出一源,内容上重合"[④]。

我们赞同这种严格区分和对行为对象的界定,但是认为犯罪对象与行为对象之间的关系不是同一的关系,二者应该是事物与其现象的关系。因为新犯罪客体要件＝刑法保护的社会关系+犯罪对象(社会关系的载体);行为对象是指危害行为的直接作用或者影响的人或者物,有鉴于此,由于社会关系与其载体(犯罪对象)是内容与形式的关系,这里的社会关系的载体(即犯罪对象)是作为刑法保护的社会关系存在形式的客观事物;行为对象则是界定构成要件行为所要求的,行为直接指向的具体的人或物。可

---

① 周光权:《刑法中的因果关系和客观归责论》,《江海学刊》2005年第3期。

② 高铭暄、马克昌:《刑法学》(第七版),北京大学出版社、高等教育出版社,2016年,第58页。

③ 何秉松:《刑法学教科书(上卷)》,中国法制出版社,2000年,第352页。

④ 李晓明:《刑法学总论》,北京大学出版社,2017年,第17页。

见,行为对象是作为社会关系之载体的犯罪对象的"现象形态"。行为对象与犯罪对象二者的内容并非完全重合。如果根据哲学上的本体与现象的辩证关系,行为对象与犯罪对象的关系,不外乎以下三种情形:其一,二者往往是一致的,如盗窃罪情况下,被害人张三的电视机既是财物所有权的载体也是盗窃行为直接指向的行为对象。其二,二者有时是整体与部分的关系,比如"通信电路系统或者电力设备系统"与该系统的组成部分的"电线"。因为"作为通信电路或者电力设备一部分的电线"(即行为对象)首要地应当被评价为公共通信安全或者公共电力输送安全的"载体系统"(犯罪对象)的有机组成部分,即破坏公共通信设施罪或者破坏公共电力设备罪的犯罪客体的一部分,而不是像"库房中的电线"那样首要地被评价为"一种财物"。由此,"库房中的电线"(即一种有价值的财物)和"通信电路或者电力设备中的电线"(即通信电路或者电力设备系统的有机组成部分)是不同的。其三,行为对象是对犯罪对象的歪曲反映,如伪造货币罪的假币是行为对象,真币是货币管理关系的载体,是犯罪对象,假币是行为对象,是对真币的歪曲反映。

三、关于犯罪主体要件的立体化修正

(一)犯罪主体要件理论的不足

1.通说关于主体要件理论的不足

通说认为:"犯罪主体,是指实施犯罪并且承担刑事责任的人。根据刑法规定,只有达到一定年龄,并且具有刑事责任能力的自然人,才能成为犯罪主体。""责任年龄和责任能力是犯罪主体的必要条件,犯罪主体是犯罪构成的一个重要方面,任何犯罪都有主体,也即任何犯罪都有实施犯罪的人和刑事责任承担者。没有犯罪主体就不存在犯罪,更不会发生刑事责任问题。"[①]

上述表述中,不恰当的地方有三点:一是混淆了犯罪主体和犯罪主体要件。犯罪主体,作为一个整体不是犯罪构成的一个内容。而犯罪主体要件是四要件之一。犯罪主体是在一个行为被判断为犯罪之后,行为的实施者,即"行为人",才转化为犯罪主体,而不是先确定犯罪主体,再去认定犯罪成立。所以,犯罪主体与犯罪主体要件的概念不应混淆。二是对于刑事责任能力与刑事责任年龄的关系定位不准确。在我国,刑事责

---

① 赵秉志:《高铭暄刑法思想述评》,北京大学出版社,2013年,第135页。

任能力,就是指行为人在刑法意义上对自己的行为及其所产生的后果的社会性质和意义的认识能力和控制能力。刑事责任能力是上位概念,影响刑事责任的要素包括年龄、精神状况、重大器官的功能情况等。三是其犯罪主体要件的内容没有包括行为人刑法的品格(即没有关于行为人社会危险性的内容)。

2.关于犯罪主体要件在犯罪构成中位序的争论

犯罪主体要件在犯罪构成中的位序,直接关系到其与犯罪主观要件的关系。除了通说将其作为第三要件排在客观要件之后、主观要件之前外,我国刑法学界一些学者还有其他不同的主张。择其要者分如下三种情形加以评析:

一是把犯罪主体要件置于犯罪构成四要件之首,认为主体要件是构建犯罪构成体系的逻辑起点。例如,有学者主张四要件的排序应为犯罪主体要件、犯罪客体要件、犯罪主观要件和犯罪客观要件。[①]再如,有学者主张犯罪主体要件、犯罪主观要件、犯罪客观要件、犯罪客体要件的排序。[②]这两种排序都把犯罪主体要件排在首位。这是按犯罪发生的顺序所做的排列,属于存在论的安排。虽然符合事物发生(犯罪的发生)的逻辑顺序(不能否认其逻辑性),但是犯罪的认定(规范论的逻辑顺序)与犯罪的发生是互逆的过程,故不符合规范论的逻辑顺序而不能为规范论的刑法教义学所采纳。

二是弱化主体要件的独立地位,将犯罪主体要件融入主观方面(主观要件)之中。例如,有学者主张,根据违法客观论,只要自然人的行为符合客观构成要件,即使没有达到法定年龄、不具有责任能力,也不影响对其行为的违法性评价。所以,法定年龄、责任能力不是客观构成要件要素,而是主观的构成要件要素。[③]再如,有的学者认为:"将主体作为犯罪主观要件的内容,不仅是因为其作为客观要件的内容不合适,还因为主体身份与责任能力、年龄等因素是密不可分、互为一体的。主体本身的实际状况能够影响刑事责任能力、年龄及涉罪种类等因素,没有主体,刑事责任能力、年龄等都无从谈起。"因此,"犯罪主观要件是包括犯罪主体、主观罪过、犯罪

---

① 陈忠林:《论犯罪构成各要件的实质及辩证关系》,载陈兴良:《刑事法评论(第六卷)》,中国政法大学出版社,2000年,第328页。

② 赵秉志:《论犯罪主体在犯罪构成中的地位和作用》,《法学家》1989年第6期。

③ 张明楷:《刑法学(上)》(第三版),法律出版社,2007年,第127页。

动机和目的的综合要件"①。

这种把犯罪主体要件(确切地说是"犯罪主体要件的一般要件")归属于犯罪主观要件的观点显然是借鉴了德日阶层犯罪论体系把作为犯罪主体条件的刑事责任能力内容放在"责任论"的首要部分的做法,②但是这种安排不合逻辑。德日阶层犯罪论体系基于刑事古典学派的"理性人"的假设,而弱化了犯罪主体的一般条件的地位,其合理性早就成为问题了。之后,不管是刑事新派还是后期旧派,都承认行为人的个体差异,由此就该强调犯罪主体要件的独立地位。

三是把作为犯罪主体要件的刑事责任能力内容更加后置,放在主观要件之后。例如,有的学者把犯罪的成立条件划分为"犯罪的客观要件、犯罪的主观要件和违法排除事由、责任排除事由"③。这样的安排,首先,在逻辑上更加不可思议。因为刑事责任能力是罪过产生的本体基础。如果行为人不具有刑事责任能力,那么他就没有刑法意义上的认识能力和意志能力,就根本不会产生犯罪意义上的认识和意志,此所谓"皮之不存毛将焉附"。其次,这种安排不经济,无效率。在实践中,大量存在着由于犯罪主体资格欠缺而其危害行为不构成犯罪的情形,如果把主体要件置于最后环节来考察,那么会导致许多主体要件不符合的案件却要做"先认定其他要件"的无用功,这是不符合诉讼经济法则的。

总之,我们认为,无论采用什么犯罪论体系,无论怎么对犯罪成立条件排序,犯罪主体要件一定要置于主观要件之前,这是不可动摇的逻辑规则。在这一点上,传统犯罪构成理论是正确的。

3.我国刑法理论中同样存在着"李斯特鸿沟"问题

李斯特属于刑事新派的集大成者,但他在犯罪论领域却坚持行为为中心的犯罪成立条件体系,只是在刑罚论中奉行新派的理念。在犯罪论和刑事责任论贯彻了不同的理念,其结果造成了犯罪论与刑罚论的不吻合。此即所谓的"李斯特鸿沟"。简单地说,"李斯特鸿沟"就是犯罪成立环节不考虑行为人因素,而在刑事责任论部分又不得不考虑行为人的因素,这就导致了犯罪与刑事制裁根基的脱节。秉承"李斯特传统",后期

<hr />

① 李晓明:《刑法学总论》,北京大学出版社,2017年,第241—242页。
② [德]汉斯·海因里希·耶赛克、托马斯·魏根特:《德国刑法教科书》,徐久生译,中国法制出版社,2001年,第901页;[德]乌尔斯·金德霍伊泽尔:《刑法总论教科书》,蔡桂生译,北京大学出版社,2015年,第212页。
③ 周光权:《刑法总论》(第三版),中国人民大学出版社,2016年,第91页。

旧派在二战之后相当长的时间内没有在犯罪论中汲取行为人刑法思想，其所采新派的观点只限于在刑事责任和刑罚制度的设计上，而不涉及犯罪成立条件。

其实，"李斯特鸿沟"不只是德国问题，而是世界范围内普遍存在的问题。无论是我国传统的犯罪构成理论，还是日本刑法理论，抑或主张移植德日阶层体系的我国学者的理论体系，对犯罪主体要件的阐述总体上都局限于行为时行为人的刑事责任能力(静态内容)，而对于反映行为人社会危险性的人格主体的动态内容，没有在犯罪论体系内将其作为犯罪成立条件(要素)给予显著的地位、做出合理的安排(尽管国内外一些学者有所尝试，但目前为止还没有形成普遍认可的做法)。

然而，犯罪的本质包括行为的客观危害、主观恶性，以及行为人的社会危险性三个方面内容，[①]如果不在犯罪论体系中明确地把行为人的社会危险性纳入犯罪成立条件，而只是在犯罪成立之后的刑事责任环节才考量行为人的社会危险性，是不够的，充其量也只是权宜之计，难以从根本上体现犯罪的未然之罪之一面。所以在犯罪论上，迫切需要增加行为人的社会危险性人格内容(刑事责任能力的动态成分)为犯罪主体要件内容。

(二)对犯罪主体要件之立体化修正

基于前文论述，刑法理论应该考虑以下四点：一是严格区分并准确使用"犯罪主体"和"犯罪主体要件"这两个概念。[②]二是在我国的立法和刑法理论体系下，需要坚持刑事责任能力是犯罪能力和刑罚承受能力的统一。刑事旧派坚持二者的统一；相反，刑事新派基于其社会防卫理论，不使用"犯罪能力"而采用"刑事制裁适应能力"的提法。及至当代，各国大都采用后期旧派立场(立足于旧派兼采新派的立场)，既然是立足于旧派，那么就应该坚持刑事责任能力是犯罪能力和刑罚承受能力的统一。三是在犯罪论体系中，一定要把犯罪主体要件放在主观要件之前，而不能随意颠倒。因为只有行为人具备主体条件时，他的认识和意志才是刑法意义的认识和意志。如果先承认行为人具备故意和过失，而后再考察行为人的主体条件是否具备，则是本末倒置的。四是要摆正刑事责任能力及其影响因素的逻辑关系，前者是上位概念，后者是影响前者的具体内容。

---

① 朱建华：《论犯罪的社会危害性的内在属性》，《法学研究》1987年第1期。

② 其实德日刑法理论一直"行为主体"作为"行为人身份及其地位"的代名词，存在着与中国犯罪构成理论通说一样的错误。

四、关于犯罪主观要件的立体化修正

（一）犯罪主观要件理论的不足

传统刑法理论根据《刑法》第十四条和第十五条的规定认为，犯罪故意是指行为人明知自己的行为会发生危害社会的结果，并且希望或者放任这种结果发生的主观心理态度；犯罪过失是指行为人应当预见到自己的行为可能发生危害社会的结果，因疏忽大意而没有预见，或者已经预见但轻信能够避免的心理态度；犯罪目的是指行为人希望通过实施犯罪行为达到的某种危害社会结果的心理态度。其关于犯罪故意、犯罪过失、犯罪目的内容，都同时包含了对事实和规范两个层面的心理认识和意志内容，强调犯罪故意、犯罪过失、犯罪目的与一般生活意义上的故意、过失和目的（对行为本身的心理态度）的不同，都属于规范责任论的罪过概念。

传统刑法理论根据《刑法》第十六条的规定界定了不可抗力和意外事件。所谓不可抗力事件是指行为虽然在客观上造成了损害结果，但不是出于行为人的故意或者过失，而是由于不能抗拒的原因引起的；所谓意外事件是指行为虽然在客观上造成了损害结果，但不是出于行为人的故意或者过失，而是由于不能预见的原因引起的。据此可知，无论是我国立法还是我国刑法理论，都明确地体现了"法不强人所难"的"期待可能性理论"。所以，对于传统的理论总体上应予坚持。

但是从应然角度审视，传统刑法理论仍然有不足之处：刑法理论对于犯罪动机的研究较为薄弱，理论分析篇幅十分有限，研究的深度和广度都有待加强；没有明确肯定犯罪动机的选择要件地位；刑法规范对期待可能性的贯彻的彻底性还有待加强等。

（二）对犯罪主观要件的立体化修正

首先，四维法益说揭示犯罪的社会危害性的量，犯罪的成立条件都不可能是只定性的，这就要求主观要件也应该有量的要素内涵。我们经常遇到一些刑事案件事实显示行为人的主观恶性深，比如，除了犯罪故意与犯罪过失、直接故意与间接故意、疏忽大意的过失与过于自信的过失的差别之外，行为人对其行为的社会危害性的明知程度、行为人的犯罪意志坚决与犯罪意志不坚决等也是有差别的，主观要件要素应该能够对这种差别进行测算和衡量。

其次，应该赋予犯罪动机的选择要件地位。犯罪动机，是指纳入刑法调整范围的，刺激犯罪人实施犯罪行为并促使犯罪行为朝着犯罪目的进行

的内心冲动或者内心起因。犯罪动机的作用是发动犯罪行为，说明实施犯罪行为对行为人的心理愿望具有什么意义，即回答犯罪人基于何种心理原因而实施犯罪行为。行为人某种犯罪目的的确定始终是以一定的犯罪动机做指引的。例如，对直接故意杀人罪来讲，非法剥夺他人生命是其犯罪目的，而促使行为人确定这种犯罪目的的内心起因（即犯罪动机），可以是贪财、奸情、仇恨、报复或者极端的嫉妒心理等。

犯罪动机与一般行为动机有显著区别，主要体现在其负价值性、立法意志选择性，以及与犯罪行为、犯罪结果的关联性。犯罪动机只存在于直接故意犯罪之中；间接故意犯罪场合存在其他行为动机但不存在犯罪动机；在过失犯罪场合，也可能存在其他行为动机，但仍然不存在犯罪动机。

传统刑法对犯罪动机的定罪作用认识不深刻。但我们主张，犯罪动机对直接故意犯罪的定罪和量刑，都具有一定的意义，具体如下：第一，犯罪动机作为法定或者酌定的量刑情节，侧重影响量刑。第二，当犯罪动机被刑法选择作为某些犯罪构成的构成要素时，特定的犯罪动机的存在与否，就成为区分罪与非罪、此罪与彼罪的界限。如寻衅滋事罪，强制猥亵、侮辱罪都要求行为人具有满足其畸形心理需要的犯罪动机。第三，除了明示犯罪动机可以影响罪与非罪之外，刑法总则第十三条但书规定"情节显著轻微危害不大的，不认为是犯罪"。由此，刑法分则在以概括的"情节严重"作为入罪条件场合，行为的动机是隐形的、决定"情节严重与否"的内容之一，在此场合下，犯罪动机仍然是罪与非罪的考量因素。如侮辱罪和诽谤罪，故意毁坏财物罪，打击报复证人罪等"情节犯"。

最后，进一步完善有关期待可能性的制度设计，全面落实规范责任论。期待可能性理论是规范责任理论的组成部分。规范责任论是对心理责任论的辩证否定。心理责任理论将责任理解为行为人对行为的心理关系，并将心理关系分为对行为或者结果的认识（故意犯罪场合），以及认识的可能性（过失犯场合）。所谓责任，无非是故意、过失这种心理事实的上位概念。有这种意义上的故意或者过失，就有责任；没有故意、过失就没有责任。与心理责任论不同，规范责任论作为辩证的否定，建立在心理责任理论的基础上，认为仅有行为中的心理因素尚不足以保证刑事责任的合理性，刑事责任的本质是从规范的角度对事实加以非难的可能性，应当要求行为人行为时有遵从法律规范的期待可能性以作为制约因素；反之，即便有责任能力及故意、过失，但没有期待可能性的话，也仍然没有责任。这里的期待可能性，是指行为人实施行为时是否能够预见，以及是否具有实施合法行为的可能性,如果行为主体存在避免实施违法行为的可能性,却实施了违法行为,则可以确定行为主体的有责性,不能据此排除对他的非难。可见,在规范责任理论看来,责任结构包含了事实因素的心理事实、规范评价的期待可能性等内容。[①]

尽管我国刑法的立法规定和司法活动都在一定程度上贯彻了规范责任论,但仍有进一步完善的余地。前已有述,根据《刑法》的规定,刑法理论关于犯罪故意、犯罪过失、意外事件和不可抗力的定义,都包含了期待可能性内容。除此之外,在司法上,期待可能性理论对刑事司法的指导意义也是明显的。譬如,同样是盗窃、抢劫、贪污、侵占等犯罪,出于动机不同,实施适法行为的期待可能性是不同的,因此对于是否追究刑事责任及追究的程度必将存在较大的差异。如果行为人实施危害行为在当时的情形之下,由于缺乏适法行为的期待可能性或者实施适法行为的期待可能性减弱,就应当不构成犯罪或者即使构成犯罪也应当从宽处理或免除刑事责任。这就表明,其在很大程度上贯彻了规范责任理论,考虑了期待可能性在定罪和量刑上的影响。所以,那种认为我国需要"引入"或"引进"期待可能性的提法[②]是不成立的,是对我国刑法立法、司法实践和刑法理论中有关期待可能性内容忽视而得出的不恰当结论。

尽管如此,我国刑法和刑法理论在"期待可能性理论"问题上还有继续完善的余地,因为期待可能性不仅包括有或无的问题,还存在强或弱之分。由此,可在《刑法》第十六条增加一款作为第一款:"如果行为时无期待可能性,或者期待可能性减弱,则行为人的刑事责任能力丧失或者减弱。"现有的关于不可抗力和意外事件的规定作为本条的第二款,成为前款的注意性规定。这样,从体系上将期待可能性制度明确规定在第十四条的犯罪故意、第十五条的犯罪过失之后,具有承上启下的作用。

第三节 对行为人危险人格的衡量条件犯罪构成化

我国现行刑法是以行为刑法为主体,同时兼有行为人刑法的一面。由此,犯罪是作为行为人人格主体的现实化的身体动静,即行为人人格的体

---

① [日]大谷实:《刑法讲义总论》,黎宏译,中国人民大学出版社,2008年,第285—286页。
② 李跃利等:《论我国刑法对期待可能性的引入》,《天津法学》2015年第5期。

现。既然犯罪包含着行为人的人格危险因素,那么,就应当把考量行为人社会危险性的指标纳入犯罪成立条件体系。这一问题其实就是如何将犯罪主体的人格内容纳入犯罪论体系,为犯罪的刑事责任配置提供前提。如果在犯罪成立条件环节不考虑行为人的社会危险因素,而在刑事责任环节又不得不根据行为人的人格情况给予刑事责任的个别化,则会形成所谓的"李斯特鸿沟"。

一、德日国家曾经试图把行为人的社会危险性因素纳入犯罪的成立条件

(一)德国刑法学者早期的尝试

从沿革上看,倚重于行为背后之行为人的危险性格是新派的基本立场,讲求刑事制裁措施的个别化是刑事新派的特色(性格责任理论)。新派的这一思想由于撇开了行为的基准使犯罪成立与否全凭行为人的社会危险性的有无,但是对于社会危险性的衡量源于科学技术水平的限制不能够提供精确的手段和结果,行为人的社会危险性的有无及大小完全听凭统治者的主观臆断,故二战期间刑事新派理论被德国法西斯用于践踏人权的工具。于是,刑事古典学派再度复兴,不过这时的刑事古典学派(即后期旧派)在坚持旧派基本立场的同时,也汲取了"犯罪一定程度承载了行为人社会危险性格"的合理成分。

上述理论嬗变的过程如下:受刑事新派和时代的影响,20世纪初期,德国旧派阵营的领军人物毕克迈耶就坚持刑罚和保安处分二元论:对犯罪的刑罚是报应的结果;而对犯人采用保安处分的原因并非犯罪而是犯人的危险性,亦即由犯罪体现出来的犯人的危险性。[①]在此,毕克迈耶在刑事制裁的科处环节考虑行为人的社会危险性格,突破了刑事责任的刑罚藩篱而采取刑罚和保安处分的二元制裁机制。之后的后期旧派学者,如,期待可能性理论创立者德国学者弗兰克强调,应从行为与行为人的内在联系角度理解"责任":责任是关于规范命令支配地对心理事实的价值判断。所谓责任,即"可非难性"。再如,德国阶层体系之新构成要件论的创立者梅兹格也主张,作为非难可能性的责任在维持法秩序的刑罚目的,即规范目的论的基础上构成。这就是指,责任的判断需要在行为人的意志活动(心理责任构成部分)、动机(动机责任构成部分),具体案件中具体行为与行为者的

---

① 马克昌:《近代西方刑法学说史略》,中国检察出版社,1996年,第221页。

性格相结合的关系上进行。弗兰克和梅兹格在犯罪论的责任环节植入期待可能性,有助于缓和刑事古典学派的犯罪与刑罚的僵硬关系,实现刑罚个别化。令人遗憾的是,德国人的普遍保守传统(包括德国刑法学者),故在犯罪成立条件环节没有明确给予行为人社会危险性以地位,德国学者没有将前述理论发扬光大,创造出真正意义上的"人格责任理论",以较好解决行为人刑法思想在定罪上的地位。迄今为止,德国《刑法典》①关于犯罪成立条件的规定,对行为人刑法理念的体现是十分有限的。

(二)日本学者提出的人格责任论

在犯罪成立条件理论上对行为人社会危险性的肯定,日本学者走在了德国前面,可以说是后来居上。1957年,日本学者团藤重光在德国后期旧派理论的基础上创立了人格行为理论和人格责任理论。这一思想之后得到其弟子大冢仁的发展和运用。人格行为理论认为,人格是从各种各样的行为中推论出来的、特定的人的主体特征。行为是人格的外部表现,人格是主体的现实化。即行为是作为行为人人格的现实化的身体动静,是人格支配之下的身体动静。不表现人格的身体动静,诸如睡梦中举动、无意识的举动,以及不可抗力和意外事件等都不是行为。人格行为理论为人格责任理论铺设了行为本体根据。人格责任理论是在人格行为理论的基础上的延伸,人格责任有两个层次:第一位的行为责任(报应责任)和第二位人格形成责任。由此,在团藤重光那里,构成要件,不单是行为类型,也是行为者类型。大冢仁师承团藤重光,高举人格责任论的大旗,以相对的意志自由、人格行为论(行为是作为行为人人格主体的现实化的身体动静)、人格责任论(以对相对的意志自由的行为谴责为核心,同时考虑存在于行为背后的犯罪人的人格谴责)为理论支柱,创立的人格刑法学,应该说是刑法理论的飞跃。但是,大冢仁的理论仍然存在一些遗憾:其人格刑法学在"定罪仍然贯彻以单一的行为中心论,人格在这里只不过是用来说明作为犯罪构成的行为,符合构成要件的行为是体现了行为人人格的行为"②。可见,在大冢仁的犯罪论部分,犯罪人人格因素虽然作为理念有所体现,但其

---

① 德国《刑法典》总则关于犯罪成立条件部分没有明确体现行为人的社会危险性;分则中关于职业犯的规定,如第二百四十三条将"职业盗窃"作为盗窃罪"情节特别严重"之一;第二百六十三条第三款把"职业诈骗"作为诈骗罪"情节特别严重"之一等也很难说是纯粹的行为刑法理念的体现。因为,这些立法既可以从行为刑法法理得到解释,也可以从行为人刑法的法理得到解释。

② [日]大冢仁:《刑法概说(总论)》,中国人民大学出版社,2003年,第98—99页。

独立地位还是没有得到应有的体现。

(三)当今德国学者创造性地提出了实质责任论

日本的人格责任理论反哺德国,在德国继续发展。受日本的人格责任理论和李斯特重视刑事政策的传统双重影响的罗克辛在这方面的尝试最为出色。罗克辛教授将刑事政策注入犯罪成立条件的每一个阶层之中,通过对构成要件的实质解释、创立客观归责理论、主张积极的违法性判断,肯定积极的违法排除事由、引入处罚的必要性等,在构成要件符合性、违法性和有责性三个层面对贯通李斯特鸿沟做了有益的尝试。①罗克辛基于刑事政策考量把人格因素纳入犯罪论体系,其最有成效、最明显的体现是在罪责部分要求除了考察行为罪责之外,还需要"处罚的必要性""预防的必要性"。②由此,他的实质罪责概念既包括了传统的心理责任(主观恶性)、规范责任(期待可能性),又包括预防的必要性要素。所谓预防的必要性要素,即以行为人的人格因素为核心的自身个性——作为需要为自身个性负责的罪责,也就是要考查行为人的"生活方式罪责"。这就在犯罪成立的有责性判断环节明确地给予了行为人社会危险性人格的独立地位。罗克辛在其责任理论环节关于行为人的人格因素的植入,是实质意义的创新。

必须说明的是,以上德日学者的尝试,都是有局限的。因为时至今日,德日的阶层体系没有摆脱刑事古典学派以意志自由的行为中心之窠臼,加上其以分析法为方法论的德国阶层体系把犯罪人的主体条件要素拆分为行为主体(特殊主体身份等)和刑事责任能力(一般主体身份),并分属于构成要件和责任两个不同的环节,从而导致了这一模式的阶层体系中难以恰当地安排行为人的人格特性内容。其最大的问题是,如何处置行为人的人格因素(责任要素)与行为主体(阶层论中特殊身份属于违法要素)的关系?③或者说行为人的人格因素是不是影响违法性的因素呢?身份要素对构成要件该当性的影响是基于行为人的人格因素吗?这些问题对于阶层

① 陈兴良:《刑法教义学与刑事政策的关系》,载梁根林:《刑法教义学与价值判断》,北京大学出版社,2016年,第91—94页。

② [德]克劳斯·罗克辛:《德国刑法学总论(第1卷)》,王世洲译,法律出版社,2005年,第565页。

③ 德日刑法理论关于身份有广义说和狭义说。狭义的身份(纯正的身份和不纯正的身份),广义说,在狭义的基础上把身份的外延扩展其他一定的与犯罪有关的、行为主体在社会关系上的特殊地位或者状态,既包括违法身份,也包括责任身份。如果采这样的广义说,那么,广义的身份就与罗克辛的预防的必要性所考察的内容有交叉。

体系而言,是值得深入研究的论题。所以,如何切实实现犯罪成立条件在体现行为类型化的同时,也体现为行为人类型化,对于阶层犯罪论体系而言,是一个极富挑战性的、十分艰难的课题。

二、消弭李斯特鸿沟的我国法治实践和理论探讨

(一)我国刑事法治实践呼唤消弭"李斯特鸿沟"

行为人刑法的品格在我国的刑事法治实践中愈来愈明显地呈现。

在立法上,我国现行刑法中规定的因"多次行为"而入罪的立法案例愈来愈多。初步统计,《刑法》直接写明"多次"入罪规定的有:多次盗窃;多次聚众淫乱;多次非法种植毒品原植物;多次走私普通货物;多次敲诈勒索;多次抢夺;多次扰乱国家机关工作秩序;多次组织、资助他人非法聚集,扰乱社会秩序8个罪名。《刑法》规定的包含着"多次行为"而可能影响入罪的有:走私罪(对多次走私未经处理的,按照累计走私货物、物品的偷逃应缴税额处罚);逃税罪(对多次实施前两款行为,未经处理的,按照累计数额计算);走私、贩卖、运输、制造毒品罪(对多次走私、贩卖、运输、制造毒品,未经处理的,毒品数量累计计算);贪污罪(对多次贪污未经处理的,按照累计贪污数额处罚)等。截至目前,两高的司法解释文件明确把"多次行为"入罪的多达60多个。在刑罚制度设计上,累犯制度、再犯制度,以及自首制度、坦白制度和立功制度等,都包含着依据行为人社会危险性的高或低而从重或者减轻处罚的刑罚个别化新理念。这些立法和司法解释,尤其是关于多次入罪的规定,集中地彰显了我国现行刑法一定程度上的"行为人刑法"的品格。

在司法实践中,在具体案件的定罪、量刑和行刑环节,考察行为人的社会危险性并将其作为罪与非罪、法定或酌定量刑情节也是极为普遍的做法。如,因行为人的义愤犯罪、初犯、偶犯等酌定情节而得到宽宥,或者作为缓刑、减刑、假释的考量因素,通过自首、坦白、立功、累犯、社区矫正等制度,在刑罚裁量和刑罚执行环节已经得到了较好的贯彻落实。

总之,我国的刑事法治(立法、定罪、量刑和行刑)实践,特别是适应我国刑法关于行为人刑法品格的立法规定要求,要求在犯罪成立条件环节直接地、明确地承认行为人的人格因素的犯罪成立条件地位。由此,需要丰富传统犯罪构成的主体要件内容,对主体要件进行立体化改造。

(二)我国刑法学者的创新性尝试

国内一些学者在犯罪论体系中植入行为人人格因素进行了一些创新

性探索。2003年有学者主张在犯罪成立条件中加入行为人的社会危险性因素,将"人格"作为与"犯罪构成"并列的要件来设计,即犯罪的成立条件=犯罪构成×行为人的社会危险性人格。理由是,犯罪人的危险性人格是社会危害性的一个方面内容,具体体现危险人格及其程度的因素,如主观罪过、犯罪动机等,应当从一个具有综合性质的平台上考虑人格更符合逻辑,而这个平台并不能为犯罪构成的任何一个要件所包容,因而人格宜从与犯罪构成分立的视域考虑。①2005年,有学者主张应当提升行为人自身所具备的犯罪危险性人格在认定犯罪中的地位,真正将其放在与客观行为相同的高度来认识,唯此,才能将罪与非罪的关系理顺,因而主张"犯罪行为与犯罪危险人格二元定罪机制"——"我国的犯罪构成要件=事实判断要素(即法定的行为类型,包括行为、主体、罪过)×价值判断要素(即行为人犯罪危险性人格)"。坚持行为与人格在定罪问题上等量齐观,是我们对于二元定罪机制内部两大要素之间关系的基本态度:行为是犯罪危险性人格的表征,人格通过行为来实现,没有行为,不可能寻找到犯罪危险性人格;没有犯罪危险性人格,仅有客观危害行为,一律定罪,也是不妥当的。由此,犯罪的危险性人格,不仅有入罪作用,而且有出罪作用:"对于没有犯罪危险性人格而落入刑法视野者,出罪"——使其成为行政违法者或者民事违法,处以行政处罚或者民事制裁。②

如何评价呢? 一方面,我国刑法在立法、量刑、行刑的实践都深受行为人刑法的影响,加上我国刑法理念整体采纳了后期古典学派刑法思想,故应当坚持"以行为刑法为基础,兼采行为人刑法"的立场。所以,无论是我国刑事法治实践还是刑法理论整体的逻辑要求,都应当切实奉行以行为刑法为主,兼采行为人刑法的综合主义立场。由此,应该将行为人的危险性人格因素引入犯罪成立条件体系,以作为罪与非罪的重要指标。故上述观点总体上值得肯定。另一方面,对其具体的观点本书也并非全部接受。例如,关于"社会危险性人格因素"的体系地位及其与行为是否"等量齐观"的提法,其不足是对行为人的人格太过强调,使之与传统犯罪构成各占半边天,平分秋色,这也不符合后期古典学派立足于旧派兼采新派"主次有别"的基本立场。

---

① 翟中东:《刑法中的人格问题研究》,中国法制出版社,2003年,第108—109页。
② 张文、刘艳红:《人格刑法学导论》,法律出版社,2005年,第228—232页。

三、科学地把行为人的人格因素纳入犯罪成立条件的方案

现行《刑法》中多次规定因为"行为人的社会危险性大"而入罪的情形，比如多次盗窃、多次抢夺、多次走私、多次受贿等，故要求犯罪成立条件能够包含对行为人社会危险性的衡量和测算。那么，如何科学地把行为人的人格因素的考量指标纳入犯罪成立条件呢？

笔者最初设想把人格因素纳入主体要件的范畴。这样从静态和动态两个层面来把握犯罪主体要件内涵，前者为刑事责任能力内容，后者为行为人的社会危险性人格内容。这种方案简单、经济，但其逻辑性不足。现在思考形成的方案是：将犯罪成立条件（新犯罪构成）修正为：立体化改造之后的犯罪构成四要件×危险人格要素考量指标。这个方案符合逻辑，也不改变"犯罪构成是犯罪成立与否唯一标准"的信条。特作如下说明：

首先，根据犯罪的三方面基本属性［即犯罪的社会危害性＝（主观恶性+客观危害性）×行为人的人格危险性］，故在定罪上，应当以已然之罪为主，未然之罪为辅。所以，行为人的社会危险性人格要素的地位，必须有所体现，但也不应与行为的地位"等量齐观"，只应起次要作用，处于附属地位。在新犯罪构成的体系性地位上，先安排对已然之罪的测量条件，再安排关于行为人的社会危险性人格要素的测量指标。即将行为人的社会危险性人格作为法定入罪条件的次要因素。

其次，一个偶发犯罪的一般人之社会危险性标准化为1；特殊情况下，具体的行为人的社会危险性在1的上下浮动。

一个人一旦实施了犯罪行为，即使是平时一贯遵纪守法，道德优秀的"偶犯"，其犯罪的社会危险性人格也是不容否定地客观存在着，而不能单纯地认为这样的偶犯没有社会危险性。所以，"只有犯罪行为而没有犯罪危险性人格"的情形是不可能存在的。如果把一个偶发犯罪的行为人，其社会危险性系数确定为1的话，那么，那些一贯不遵守法纪规章、大错不犯，小错不断的"问题人"，以及累犯、再犯或者具有惯犯倾向的人的社会危险性人格系数应该大于1，甚至是1的好几倍。当这些人反复实施危害行为时，立法者就可以把这种"多次行为"规定为入罪条件，即使其行为的强度还没有达到"数额较大"等"量"的限度。比如一个一年内实施5次盗窃的行为人，5次盗窃的财产价值之和为900元人民币（普通的盗窃罪的入罪门槛为2000元人民币），但考虑到其一年内5次盗窃的频度，综合考量其盗

窃行为的"社会危害性"不属于"情节显著轻微危害不大"的情形,故应该定罪以实现双面预防的立法目的。

由于将偶发犯罪的一般人的社会危险性设置为1,这个基准本身就是低水平的,故为了不滥用行为人的社会危险因素对于罪与非罪的作用,本书主张不宜将行为人的社会危险性作为出罪条件。

另外,还需要强调的是,鉴于犯罪成立与否所考察的是"行为时主客观情况",故事后的坦白、自首、立功等要素,以及事后的积极退赃、得到被害人的谅解、认罪认罚等,都是犯罪成立之后的量刑情节,而与罪与非罪的标准无涉,只能是衡量行为人危险人格的间接证据。司法解释也持这种立场。2013年11月18日起施行的最高人民法院、最高人民检察院《关于办理抢夺刑事案件适用法律若干问题的解释》第五条规定,抢夺公私财物数额较大,但未造成他人轻伤以上伤害,行为人系初犯,认罪、悔罪、退赃、退赔,且"没有参与分赃或者获赃较少,且不是主犯的",就可以不起诉或者免予刑事处罚。在这里,无论是不起诉,还是免予刑事处罚,都是以行为人的行为构成了犯罪为前提的。

最后,传统的犯罪四要件体系与行为人的危险人格因素的关系是相加关系,还是相乘关系呢? 如果把犯罪人的人格危险因素通常标定为1(因为犯罪人一旦实施了犯罪,就征表了其社会危险性性格),那么,累犯、再犯,多次实施危害行为等的行为人的社会危险性要大于1,甚至是1的好几倍,如果将传统的犯罪四要件体系与行为人的危险人格因素的关系定位为相加关系,则不能恰当发挥社会危险性要素对犯罪及其量刑的调节作用。只有将传统的犯罪四要件体系与行为人的危险人格因素的关系定位为相乘关系,则可以合理地发挥社会危险性要素对犯罪和量刑的调节作用。

总之,行为人的社会危险性是犯罪内涵的一个重要内容,犯罪行为所承载的行为人的社会危险性是犯罪本质(四维法益说)的一个方面内容,所以,衡量社会危险性的指标应当在犯罪成立条件上有所体现。假若把偶犯的犯罪人的社会危险性为1,在多次实施危害行为、累犯、再犯和职业犯罪的情况下,其社会危险性才能大于1。于是,犯罪的成立条件(新犯罪构成体系)=传统的犯罪构成四要件体系×表明行为人的危险人格要素。有鉴于此,笔者所主张的新犯罪构成体系也是两阶层:首先是对传统犯罪构成四要件的立体化改造的四要件之子系统(行为考量指标体系);其次是衡量行为人的危险人格要素指标子系统(行为人考量指标体系)。

本章小结

犯罪的内涵，包括"行为（主观恶性和客观危害）×行为人的社会危险性"，犯罪的本质即本书的四维法益说。作为犯罪的成立条件就应该能够全面反映犯罪的内涵和完整体现犯罪的四维本质。但是，无论是传统的犯罪构成四要件，还是德日的阶层论犯罪成立体系，都不能圆满地做到对犯罪内涵全面反映和对犯罪本质的完整体现，因而都需要一定程度的改造。相比之下，德日的阶层体系距离对犯罪内涵全面反映和对犯罪本质的完整体现的目标，较为遥远，而以改良我国传统的犯罪构成四要件为主轴的理论创新，相对容易和经济。所以，笔者选择了对传统犯罪构成四要件的立体化修正这一路径。

犯罪是具有严重的社会危害性的行为，是客观危害、主观恶性和行为人的社会危险性的统一。基于此，贯彻四维法益说，首先，需要对传统的犯罪构成四要件进行立体化修正，其要义包括对其各个要件从形式和内容、质和量、静态与动态、纵向和横向等多个维度"加宽、加厚、加高；向前延伸"。具体而言，一是把犯罪客体修正为刑法保护的而为犯罪行为所侵害或者威胁的社会关系及其载体的统一，以使之成为"有血有肉"，看得见、摸得着的衡量指标，增强了其实体性和可测量性。二是在危害行为的定义中加入"犯罪工具"和行为"强度"的限定，既突出实施危害行为对犯罪工具的利用，又满足我国刑法对犯罪规定既定性又定量的特点。三是主体要件中，在刑事责任能力的基础上把行为人的社会危险性人格也纳入，以形成动静结合的主体要件内容。四是注意主观要件对行为人主观恶性的"量"的衡量要素；赋予犯罪动机的选择要件地位；为切实全面贯彻规范责任论，在《刑法》第十六条增加关于因"期待可能丧失或者减弱"而相应的刑事责任宽宥的规定。其次，还应当把对行为人危险人格要素的考量纳入犯罪成立条件。由此，犯罪的成立条件（新犯罪构成）＝传统的犯罪构成四要件的立体化修正×表明行为人的危险人格要素的指标体系，简称为"对行为考量的指标体系×对行为人考量的指标体系"。鉴于把偶发的犯罪人之社会危险性，设定为1，那么在多次实施危害行为的情况下，其社会危险性肯定是大于1。

第六章　以个罪为例印证基于四维法益说犯罪构成立体化改良的科学性

在注释刑法领域中,犯罪是触犯刑法规范的具有应当受刑罚处罚的社会危害性(即犯罪的法益侵害性)的行为。这里需要特别强调的是,犯罪具有"社会危害性",是对"社会"或对"国家"危害性,而不是"对某一个体的危害性"(德日的法益说恰恰在这一问题上不能很好地表明犯罪的社会危害性)。正因为如此,犯罪行为才被评价为"不是犯罪人与被害人之间的矛盾和冲突""不是犯罪人与被害人之间的私事,而是犯罪人对国家法律秩序的破坏和挑战,是犯罪人与国家之间的矛盾和冲突"。据此,在评价具体犯罪行为的社会危害性时,不能只是微观地局限于某个被害法益受到危害的情况,而应该站在国家法秩序立场上综合考察犯罪行为对社会的危害情况。当然,犯罪行为对社会的危害当然包括了其对被害人的侵害,被害人的损失也往往成为"间接地""有代表性地"衡量"犯罪的社会危害性大小"的指标。

犯罪本质制约着具体犯罪的犯罪构成。既然犯罪是质和量的统一,那么,犯罪构成也应该包括质和量两个方面的规定性。某一个具体犯罪之犯罪本质的立法变动当然就会引起该罪的犯罪构成的变化。从系统论的观点看,这里的犯罪构成包括基本的犯罪构成、加重的犯罪构成和减轻的犯罪构成。下面选择一些具体的犯罪作为例子加以阐释。

第一节　四维法益说对个罪之犯罪构成限制的解读

一、犯罪本质对盗窃罪、抢夺罪之犯罪构成的制约

(一)关于盗窃罪的分析

我国《刑法》第二百六十四条规定:"盗窃公私财物,数额较大的,或者

多次盗窃、入户盗窃、携带凶器盗窃、扒窃的,处三年以下有期徒刑、拘役或者管制,并处或者单处罚金;数额巨大或者有其他严重情节的,处三年以上十年以下有期徒刑,并处罚金;数额特别巨大或者有其他特别严重情节的,处十年以上有期徒刑或者无期徒刑,并处罚金或者没收财产。"据此,盗窃罪是指以非法占有为目的,窃取数额较大的公私财物,或者多次盗窃、入户盗窃、携带凶器盗窃、扒窃的行为。这里分两种情况加以分析。

1.关于"以非法占有为目的,窃取数额较大的公私财物的行为"之普通盗窃罪

按照我国刑法目前的通说,盗窃罪的犯罪客体要件是公私财物所有权。①那就意味着刑法设立盗窃罪的立法目的在于保护他人的公私财产所有权。按照德日的法益说,盗窃罪的保护法益主要是财产所有权及其他财产权。②

但是上述两种理解都具有局限性。按照本书倡导的四维法益说,犯罪对法益的侵害,不是私法意义上对所有权的侵权,而必须把犯罪行为对法益的侵害上升到公法意义上,并评价为是国家整体法秩序危害。因为民法是权利之法,对所有权的保护当然是其主要内容。问题是,民法保护财产所有权、刑法也保护财产所有权,二者难道没有区别吗?如果刑法仅仅是简单地保护法益主体的所有权,那么现行《刑法》和司法解释关于盗窃罪的法定刑设置和解释内容将是难以理解的。《刑法》第二百六十四条将"盗窃数额"与"其他情节"并列作为该罪定罪判刑的考量要素,把"有其他严重情节""有其他特别严重情节"作为法定刑升格的条件。最高人民法院、最高人民检察院《关于办理盗窃刑事案件适用法律若干问题的解释》(2013年4月4日起施行)第二条规定:

> 盗窃公私财物,具有下列情形之一的,"数额较大"的标准可以按照前条规定标准的百分之五十确定:(一)曾因盗窃受过刑事处罚的;(二)一年内曾因盗窃受过行政处罚的;(三)组织、控制未成年人盗窃的;(四)自然灾害、事故灾害、社会安全事件等突发事件期间,在事件发生地盗窃的;(五)盗窃残疾人、孤寡老人、丧失劳动能力人的财物

---

① 高铭暄、马克昌主编:《刑法学》(第七版),北京大学出版社、高等教育出版社,2011年,第506页;贾宇主编(马工程教材):《刑法学(下册·各论)》,高等教育出版社,2019年,第157页。

② 张明楷:《刑法学(下)》(第五版),法律出版社,2016年,第942页。

的;(六)在医院盗窃病人或者其亲友财物的;(七)盗窃救灾、抢险、防汛、优抚、扶贫、移民、救济款物的;(八)因盗窃造成严重后果的。其第八条:"偷拿家庭成员或者近亲属的财物,获得谅解的,一般可不认为是犯罪;追究刑事责任的,应当酌情从宽。

《刑法》第二百六十四条规定和前述司法解释的道理何在? 如果按照我国刑法理论通说和德日的法益说,那么问题来了:难道残疾人、孤寡老人、丧失劳动能力人的财物价值,就比普通人的财物贵重吗? 难道家庭成员的钱财由于是家庭成员而贬值和刑法保护的力度就应该减少吗? 答案显然都是否定的。任何法律都没有规定上述残疾人、孤寡老人、丧失劳动能力的人的钱财能二倍地换算为普通人的钱财;也没有规定家庭成员的钱财因为是家庭成员或者近亲属而贬值。所以,就我国的通说或者德日的法益说而言,上述立法规定和司法解释的内容,难以解释。

本书坚持四维法益说,认为盗窃罪的本质是破坏国家所确立的所有权秩序,刑法是通过保障国家的所有权秩序进而间接地对所有权予以保护。例如,某甲盗窃了某乙的财物,折合人民币7000元。本案中,某乙的财产损失(对个体的法益侵害)是7000元。第一,刑法对这个案件所考虑的不是怎样才能对某乙的受侵害法益进行弥补或者恢复,而是在想:对于甲给予什么样的处罚才能维护国家的所有权秩序,即如何处罚甲,才能使某甲以后不再实施盗窃行为;通过给予甲什么样的具体处罚措施,使其他人看到甲因犯盗窃罪而受到刑罚处罚的下场因而也不去实施盗窃行为。于是,立法者根据当时社会经济、政治、文化的发展状况、历史传统、民众的道德水平等社会条件,基于"双面"预防目的,以维护国家的所有权法律秩序为目标,把盗窃他人财物数额较大(例如确定盗窃价值3000元人民币为入罪起点)规定为犯罪,并配置了基本的法定刑"三年以下有期徒刑、拘役或者管制,并处或者单处罚金";"数额巨大或者有其他严重情节的,处三年以上十年以下有期徒刑,并处罚金","数额特别巨大或者有其他特别严重情节的,处十年以上有期徒刑或者无期徒刑,并处罚金或者没收财产"。

第二,法律生效后,司法过程是立法的继续:对于实施了盗窃行为的人定罪判刑,整个刑事诉讼过程同样不是以对被害人法益的损失的弥补为旨趣,而是与立法者一样地思考:这个盗窃案件要不要定罪,即值得不值得动用刑罚的方法加以惩治? 如果结论是"不需要",则不是犯罪(例如盗窃行为属于紧急避险的情况),于是结束刑事诉讼程序;如果结论是"需要"——因为如果不以刑罚的方法加以惩治,不仅行为人会继续实施盗窃行为,其他人也会纷纷效仿,国家的所有权秩序就可能崩溃——那么,接下来的问题是"需要投入多少刑罚才能达到双面预防的效果"?假若司法者基于执业经验,综合考虑本案案情,兼顾公正和功利,最后在法定刑幅度内判处了犯罪人两年八个月的有期徒刑。我们看到,在这一过程中,立法者设定犯罪、配置法定刑,以及司法实践对于盗窃案件定罪判刑,都不是从被害人的财产损失如何弥补的立场展开的,而是站在维护国家法律秩序的立场来设计和配置罪与刑的。因为对于盗窃他人数额较大以上的案件如果不用刑罚来惩治,仅仅用民事手段来修复所有权法律关系的话,那么因为违法成本低、获利大,行为人就会再次实施盗窃行为,其他的人也会感觉盗窃他人财物的行为是只赚不赔的买卖,从而纷纷加以效仿,最终会导致国家的所有权秩序的彻底崩溃。

必须指出的是,在具体的司法过程中,被侵害的法益可能得到了救济,也可能没有得到救济(因为罪犯的挥霍且没有财产,赃物既不能得到返还,也不能得到赔偿)。即使得到了救济,如返还被盗财产或者赔偿被害人,但在这样的情况下,刑事法律也只不过是附带地、间接地保护了被害法益。可见,对于盗窃罪而言,刑法直接保护的是民法关于财产所有权的规定的有效性;刑法对所有权的保护不是直接的,是间接和附带的。既然如此,刑法衡量盗窃罪的社会危害性的有无和大小当然不能仅仅以财物的价值为唯一标准。基于这一分析,我国现行《刑法》关于盗窃罪的立法规定的合理性(即入罪标准包括财产数额和其他表明盗窃行为社会危害性的指标)便得到了说明。以此为理论支柱,司法解释关于盗窃罪定罪量刑的规定也容易理解了。从维护国家的所有权法律秩序目的(刑罚的双面预防目的)出发,由于行为人对残疾人、孤寡老人、丧失劳动能力人的财物下手实施盗窃,没有顾忌,胆子更大。所以,为了制止行为人再次盗窃他们的财物、为了预防其他人再次侵犯这些特殊人员的财物(维护国家所有权秩序不至于再次受到侵犯)就需要相对加大刑罚的投入。

2.对多次盗窃入罪情形的分析

犯罪包含着行为人的社会危险性[1]内容,四维法益说揭示了犯罪所包含的"犯罪人社会危险性的品质"。犯罪成立条件"对传统犯罪构成四

---

① 为了准确,本书把"人身危险性"统一替换为"社会危险性"。

要件的立体化修正×行为人人格危险指标体系"(简称为"对行为考量的指标体系×对行为人考量的指标体系")。由此,这两阶层的变量的增大都可能使盗窃行为入罪。在多次盗窃入罪等行为人的社会危险性较大的场合,盗窃罪的入罪标准的因行为主体的人格危险性较高故对入罪的数额标准降低。也即曾因盗窃受过刑事处罚、一年内曾因盗窃受过行政处罚又盗窃的人,其再次实施盗窃行为的可能性更大,所以维护国家所有权秩序(预防犯罪),只要盗窃的数额达到了普通盗窃罪标准的50%及以上(即使没有达到普通盗窃罪的数额较大的100%),也需要作为犯罪而加以刑罚处罚。

(二)关于抢夺罪的分析

《刑法》第二百六十七条第一款规定:"抢夺公私财物,数额较大的,或者多次抢夺的,处三年以下有期徒刑、拘役或者管制,并处或者单处罚金;数额巨大或者有其他严重情节的,处三年以上十年以下有期徒刑,并处罚金;数额特别巨大或者有其他特别严重情节的,处十年以上有期徒刑或者无期徒刑,并处罚金或者没收财产。"据此,抢夺罪是指以非法占有为目的,公然抢夺公私财物,数额较大的,或者多次抢夺的行为(参见"对多次盗窃入罪情形"的分析)。这里对前者重点加以讨论。

对"以非法占有为目的,公然抢夺公私财物,数额较大的行为"这种传统的抢夺罪的分析。刑法设立本罪的目的是什么?按照目前我国的刑法理论通说,抢夺罪的犯罪客体要件是公私财物所有权。[1]因为犯罪客体要件最能揭示犯罪的本质,故得到的结论是:刑法设立该罪的立法目的在于保护他人的公私财产所有权。按照德日的法益说,抢夺罪的保护法益与盗窃罪相同,即主要是个体所有权及其他财产权。[2]

但在笔者看来,这两种理解同样存在问题。因为民法是权利之法,对所有权的保护是其主要内容。民法保护财产所有权,刑法也保护财产所有权,二者难道没有区别吗?如果刑法仅仅是简单地保护他人的所有权,那么,现行刑法关于抢夺罪的入罪标准和法定刑设置将"抢夺数额"与"其他情节"并列作为考量因素,把"有其他严重情节""有其他特别严重情节"作为法定刑升格的条件,则是难以理解的!再者,2013年11月18日起施行

① 高铭暄、马克昌主编:《刑法学》(第七版),北京大学出版社、高等教育出版社,2011年,第506页;贾宇主编(马工程教材):《刑法学(下册·各论)》,高等教育出版社,2019年,第165页。

② 张明楷:《刑法学(下)》(第五版),法律出版社,2016年,第994页。

的最高人民法院、最高人民检察院《关于办理抢夺刑事案件适用法律若干问题的解释》第二条规定：

> 抢夺公私财物，具有下列情形之一的，"数额较大"的标准按照前条规定标准的百分之五十确定：（一）曾因抢劫、抢夺或者聚众哄抢受过刑事处罚的；（二）一年内曾因抢夺或者哄抢受过行政处罚的；（三）一年内抢夺三次以上的；（四）驾驶机动车、非机动车抢夺的；（五）组织、控制未成年人抢夺的；（六）抢夺老年人、未成年人、孕妇、携带婴幼儿的人、残疾人、丧失劳动能力人的财物的；（七）在医院抢夺病人或者其亲友财物的；（八）抢夺救灾、抢险、防汛、优抚、扶贫、移民、救济款物的；（九）自然灾害、事故灾害、社会安全事件等突发事件期间，在事件发生地抢夺的；（十）导致他人轻伤或者精神失常等严重后果的。

同样存在的疑问是：难道"老年人、未成年人、孕妇、携带婴幼儿的人、残疾人、丧失劳动能力人的财物""病人或者其亲友财物的"，比普通人的财物贵重吗？为什么"曾因抢劫、抢夺或者聚众哄抢受过刑事处罚的、一年内曾因抢夺或者哄抢受过行政处罚的、一年内抢夺三次以上的"情形，其入罪的数额标准就可以降低呢？任何法律都没有规定"老年人、未成年人、孕妇、携带婴幼儿的人、残疾人、丧失劳动能力人的钱财可以加倍地换算为普通人的钱财"；难道救灾、抢险、防汛、优抚、扶贫、移民、救济"款物"，以及自然灾害、事故灾害、社会安全事件等突发事件期间，在事件发生地抢夺的"财物"，其价值就会比普通的财物提高吗？所以，如果立于我国的理论通说或德日的法益说，则上述立法规定和司法解释的内容不能给出令人信服的答案。

笔者主张，抢夺罪的本质是破坏国家所确立的所有权法律秩序，刑法是通过保障国家所有权法律秩序进而间接地对他人的所有权予以保护。也就是说，对于抢夺罪而言，刑法直接保护的是民法关于所有权规定的有效性；刑法对所有权的保护不是直接的，是间接的。所以，衡量抢夺罪的社会危害性的有无和大小，都不能仅靠财物的价值。从维护国家的所有权法律秩序目的（刑罚的双面预防目的）出发，行为人对残疾人、孤寡老人、丧失劳动能力人的财物下手实施抢夺，没有顾忌，胆子更大，也更容易得逞。所以，为了维护国家所有权秩序（预防再犯）就需要刑罚的加大投入；曾因抢劫、抢夺或者聚众哄抢受过刑事处罚的、一年内曾因抢夺或者哄抢受过行政处罚的、一年内抢夺三次以上的,这些行为人再犯的可能性更大。"驾驶机动车、非机动车抢夺的",因方法危险,借助于犯罪工具,抢夺行为容易顺利实施、容易得逞,同时也增加了对被害人造成人身伤害的危险性,所以预防起来不仅必要,而且困难,故需要加大刑罚的投入。

二、犯罪本质对贪污贿赂罪之犯罪构成的制约

现行《刑法》规定的贪污贿赂罪包括贪污罪、受贿罪、行贿罪、挪用公款罪等一类犯罪。为简要说明问题,这里以贪污罪为分析样本加以阐述,其道理当然适应于其他贪污贿赂罪。

《刑法》第三百八十二条规定:"国家工作人员利用职务上的便利,侵吞、窃取、骗取或者以其他手段非法占有公共财物的,是贪污罪。受国家机关、国有公司、企业、事业单位、人民团体委托管理、经营国有财产的人员,利用职务上的便利,侵吞、窃取、骗取或者以其他手段非法占有国有财物的,以贪污论。与前两款所列人员勾结,伙同贪污的,以共犯论处。"其第三百八十三条规定:

> 对犯贪污罪的,根据情节轻重,分别依照下列规定处罚:(一)贪污数额较大或者有其他较重情节的,处三年以下有期徒刑或者拘役,并处罚金。(二)贪污数额巨大或者有其他严重情节的,处三年以上十年以下有期徒刑,并处罚金或者没收财产。(三)贪污数额特别巨大或者有其他特别严重情节的,处十年以上有期徒刑或者无期徒刑,并处罚金或者没收财产;数额特别巨大,并使国家和人民利益遭受特别重大损失的,处无期徒刑或者死刑,并处没收财产。对多次贪污未经处理的,按照累计贪污数额处罚。犯第一款罪,在提起公诉前如实供述自己罪行、真诚悔罪、积极退赃,避免、减少损害结果的发生,有第一项规定情形的,可以从轻、减轻或者免除处罚;有第二项、第三项规定情形的,可以从轻处罚。犯第一款罪,有第三项规定情形被判处死刑缓期执行的,人民法院根据犯罪情节等情况可以同时决定在其死刑缓期执行二年期满依法减为无期徒刑后,终身监禁,不得减刑、假释。

根据上述法律规定,贪污罪是指国家工作人员或者有关主体利用职务上的便利,侵吞、窃取、骗取或者以其他手段非法占有公共财物,贪污数额较大或者有其他较重情节的行为。按照我国刑法理论通说,贪污罪是复杂客体,既侵犯国家工作人员的职务廉洁性,又侵犯了公共财物的所有权。[①]主张移植德日法益说的学者,其观点与通说相同。[②]

笔者认为,我国刑法理论通说和依据德日法益说的上述观点,都需要修正。

首先,79《刑法》将贪污罪归属于"侵犯财产罪",犯罪的客体要件是公共财产权。97《刑法》鉴于国家的反腐形势严峻,将贪污罪和贿赂犯罪单独设立一章,其犯罪的实质是对公务人员对其职责的亵渎,属于广义的渎职类犯罪。这种立法评价的变化导致了贪污罪的犯罪本质的变化。所以根据现行刑法,该罪的犯罪客体已经不再是79《刑法》背景下的公共财产权。

"职务廉洁性"与财产权的关系需要再进一步定位。笔者认为,二者不是并列关系,而是形式与内容的关系。应该站在国家法律秩序立场上综合考察犯罪行为对"社会的危害"情况;贪污数额只是通常作为衡量贪污罪犯罪本质的一个间接指标(而不是全部的、直接的指标)。

从广阔的视域看,贪污罪与受贿罪都与职权有关,都是以不正确地行使其职权,违反了其职责要求的犯罪行为——严重的渎职行为。何为"渎职"?渎职的基本含义是"不尽职,在执行任务时犯严重过失"——不按照要求履行其职责(当然,我国的犯罪要求不履行职责还必须达到严重的程度)。由此,贪污罪场合,侵吞、窃取、骗取公共财物只是表象,其实质在于该贪污行为的渎职性——玷污了公职行为的清廉性。

其次,何为"贪污"?"贪污"是渎职的一类行为,与"廉洁"含义相对立。"廉洁"一词,《辞源》上解释为"公正,不贪污"。汉代王充在《论衡》中也有"案古篆畔之臣,希清白廉洁之人"之句。《辞海》上的解释是"清廉,清白"。屈原的《楚辞》中有"联幼清以廉洁兮,身服义尔未沫"之诗。王逸注释为"不受曰廉,不污曰洁"。总之,贪污罪是对其职责行为之廉洁义务的严重违反。

贪污罪的客体要件应该是公务员的渎职行为对国家机器的严重腐蚀:国家工作人员利用职务的便利,侵吞、窃取、骗取或者以其他手段非法占有

① 高铭暄、马克昌主编:《刑法学》(第七版),北京大学出版社、高等教育出版社,2011年,第621页。
② 张明楷:《刑法学(下)》(第五版),法律出版社,2016年,第1181页。

公共财物,其贪污行为危害了国家机器的健康运转。我们需要明白,贪污的数额,与国家机体的损害程度不应该等同。所以,根据现行立法,是否构成贪污罪,其刑事责任如何,也不是以行为人的行为所指向的财物价值为唯一依据。犯罪数额只是贪污罪、受贿罪的罪与非罪及其刑事责任衡量的间接指标。

立于刑法的保障法地位,宏观视角下,贪污罪的犯罪客体要件是危害了国家整体法律秩序的"某一有机部分"。犯罪与一般违法的区别是,犯罪行为动摇或者破坏了整体国家法律秩序,贪污罪的实质在于其危害了作为国家整体法律秩序有机组成部分的"国家公务行为的廉洁奉公秩序"。贪污罪具有危害"国家公务行为的廉洁性"的性质,并且在量上还达到了动摇、破坏国家整体法律秩序的程度。由此,贪污罪的犯罪客体要件是对其公务职责行为之廉洁义务的严重违反,是对国家公务法律秩序的严重违反。我们的目光一定不要局限于对所贪污的钱财及其数额的评价,而应该更加高瞻远瞩、更加广阔地看到其他有关影响国家公务法律秩序的因素。

我国刑法体现(司法实践也贯彻)了贪污罪的实质在于对国家整体法律秩序破坏及其程度的理性认知。2015年8月29日第十二届全国人大常委会十六次会议通过《刑法修正案(九)》一改过去以贪污数额为定罪量刑计算标准的做法,把贪污罪的入罪门槛和法定刑升格标准修改为:"贪污数额较大或者有其他较重情节""贪污数额巨大或者有其他严重情节""贪污数额特别巨大或者有其他特别严重情节""数额特别巨大,并使国家和人民利益遭受特别重大损失"。2016年4月18日起施行的最高人民法院、最高人民检察院《关于办理贪污贿赂刑事案件适用法律若干问题的解释》第一条规定:

> 贪污或者受贿数额在三万元以上不满二十万元的,应当认定为刑法第三百八十三条第一款规定的"数额较大",依法判处三年以下有期徒刑或者拘役,并处罚金。贪污数额在一万元以上不满三万元,具有下列情形之一的,应当认定为刑法第三百八十三条第一款规定的"其他较重情节",依法判处三年以下有期徒刑或者拘役,并处罚金:(一)贪污救灾、抢险、防汛、优抚、扶贫、移民、救济、防疫、社会捐助等特定款物的;(二)曾因贪污、受贿、挪用公款受过党纪、行政处分的;(三)曾因故意犯罪受过刑事追究的;(四)赃款赃物用于非法活动的;(五)拒

不交待赃款赃物去向或者拒不配合追缴工作,致使无法追缴的;(六)造成恶劣影响或者其他严重后果的。

…… ……

以上立法和司法解释都认识到了贪污罪的危害性衡量指标除了"侵吞、窃取、骗取的国家财产数额大小"之外,还要包括贪污的时间地点、所贪财产的来源和用途,以及是否曾因贪污、受贿、挪用公款受过党纪、行政处分的或者曾因故意犯罪受过刑事追究等多种反映贪污行为"社会危害性"(包括贪污行为人社会危险属性)的情节,综合考量国家工作人员违背其廉洁义务和对国家公务法律秩序的危害情况。这是对贪污罪犯罪本质深刻认识的结果。由此,司法实践中,是否构成贪污罪,其刑事责任如何,不仅要考察行为人的行为指向对象的财物价值和数额,而且也要根据,所贪污的公共财物的使用用途、贪污行为发生的时间地点、行为人的人格情况等具体情节,综合考量,给予正确的定罪和量刑处断。

最后,该罪中"财产所有权"地位不是次要客体。现行刑法已经把贪污行为评价为渎职行为、职务腐败行为;贪污行为对公共财产权的侵吞、窃取、骗取,该数额已经作为国家工作人员违反其职务廉洁性的间接指标从而失去了独立的意义。所以,财产所有权在贪污罪的社会危害性评价中不再具有独立的价值,不应该再作为与主要客体要件(职务廉洁)相并列的次要客体要件。由此,贪污罪的犯罪客体要件是单一客体要件,而不是复杂客体要件。

总之,贪污罪的犯罪本质是对国家公务廉洁奉公法律秩序的严重侵害,是贪污行为达到了依法应受刑罚惩罚程度的社会危害性。实践中,若要构成贪污罪,其贪污行为一定是依照法律规定衡量案件的事实,经过综合贪污数额、贪污的财产属性、所贪财产的用途,行为人的危险人格情况等情况,其贪污行为就达到了"应受刑罚惩罚的社会危害性的程度"。

三、犯罪本质对走私废物罪和非法处置进口的固体废物罪犯罪构成的制约

(一)对走私废物罪的分析

《刑法》第一百五十二条规定:"逃避海关监管将境外固体废物、液态废物和气态废物运输进境,情节严重的,处五年以下有期徒刑,并处或者单处罚金;情节特别严重的,处五年以上有期徒刑,并处罚金。单位犯前两款罪的,对单位判处罚金,并对其直接负责的主管人员和其他直接责任人员,依照前两款的规定处罚。"据此,走私废物罪是指违反海关法,逃避海关监管将境外固体废物、液态废物和气态废物运输进境,情节严重的行为。本罪的行为方式仅限于将废物运输进入境内的行为。另据《刑法》第三百三十九条第三款的规定,以原料利用为名,进口不能用作原料的固体废物、液态废物和气态废物的,依照本罪定罪处罚。

走私废物罪被现行刑法规定在刑法分则第三章"破坏社会主义市场经济秩序罪"中,由此,其犯罪本质被评价为对国家市场经济秩序的破坏。尽管境外固体废物、液态废物和气态废物运输进境会污染环境,但这一点不是该罪之所以设立为犯罪的立法理由。于是,走私废物行为的社会危害性衡量,就应该从对国家海关税收法律秩序破坏及其程度入手,而不能根据废物污染环境的能力和污染程度来考量。

现有的司法解释也是根据现行立法对走私废物行为的社会危害性的评价作出了定罪与量刑的标准。2014年9月10日起施行的最高人民法院、最高人民检察院《关于办理走私刑事案件适用法律若干问题的解释》第十四条规定:

　　走私国家禁止进口的废物或者国家限制进口的可用作原料的废物,具有下列情形之一的,应当认定为刑法第一百五十二条第二款规定的"情节严重":(一)走私国家禁止进口的危险性固体废物、液态废物分别或者合计达到一吨以上不满五吨的;(二)走私国家禁止进口的非危险性固体废物、液态废物分别或者合计达到五吨以上不满二十五吨的;(三)走私国家限制进口的可用作原料的固体废物、液态废物分别或者合计达到二十吨以上不满一百吨的;(四)未达到上述数量标准,但属于犯罪集团的首要分子,使用特种车辆从事走私活动,或者造成环境严重污染等情形的。

　　具有下列情形之一的,应当认定为刑法第一百五十二条第二款规定的"情节特别严重":(一)走私数量超过前款规定的标准的;(二)达到前款规定的标准,且属于犯罪集团的首要分子,使用特种车辆从事走私活动,或者造成环境严重污染等情形的;(三)未达到前款规定的标准,但造成环境严重污染且后果特别严重的。走私置于容器中的气态废物,构成犯罪的,参照前两款规定的标准处罚。

分析上述规定,不难发现,该司法解释主要围绕"废物的重量"来设计本罪的入罪标准和量刑标准。因为根据海关法律法规,货物的重量是关税计税的主要依据,也是衡量偷逃关税的依据。

（二）对于非法处置进口的固体废物罪的分析

《刑法》第三百三十九条第一款规定:"违反国家规定,将境外的固体废物进境倾倒、堆放、处置的,处五年以下有期徒刑或者拘役,并处罚金;造成重大环境污染事故,致使公私财产遭受重大损失或者严重危害人体健康的,处五年以上十年以下有期徒刑,并处罚金;后果特别严重的,处十年以上有期徒刑,并处罚金。"据此,非法处置进口的固体废物罪,是指违反国家规定,将境外的固体废物进境倾倒、堆放、处置,情节严重的行为。

非法处置进口的固体废物罪被现行刑法规定在刑法分则第六章第六节"破坏环境资源保护罪"中,其犯罪本质被评价为对国家环保法律秩序的破坏。尽管擅自进口境外固体废物,会偷逃关税,但这不是该罪之所以设立为犯罪的立法理由。于是,非法处置进口的固体废物行为的社会危害性衡量就应该从固体废物对国家环保法律秩序破坏及其程度入手,而不能根据擅自进口固体废物偷逃的关税情况来考量。

司法解释的思路,亦然。2017年1月1日起施行的最高人民法院、最高人民检察院《关于办理环境污染刑事案件适用法律若干问题的解释》第二条规定:

> 实施刑法第三百三十九条、第四百零九条规定的行为,致使公私财产损失三十万元以上,或者具有本解释第一条第十项至第十七项规定情形之一的,应当认定为"致使公私财产遭受重大损失或者严重危害人体健康"或者"致使公私财产遭受重大损失或者造成人身伤亡的严重后果"。

第一条第十项至第十七项规定具体是指:

> （十）造成生态环境严重损害的;（十一）致使乡镇以上集中式饮用水水源取水中断十二小时以上的;（十二）致使基本农田、防护林地、特种用途林地五亩以上,其他农用地十亩以上,其他土地二十亩以上基本功能丧失或者遭受永久性破坏的;（十三）致使森林或者其他林木死亡五十立方米以上,或者幼树死亡二千五百株以上的;（十四）致使疏

散、转移群众五千人以上的;(十五)致使三十人以上中毒的;(十六)致使三人以上轻伤、轻度残疾或者器官组织损伤导致一般功能障碍的;(十七)致使一人以上重伤、中度残疾或者器官组织损伤导致严重功能障碍的。

其第三条规定:

> 实施刑法第三百三十八条、第三百三十九条规定的行为,具有下列情形之一的,应当认定为"后果特别严重":(一)致使县级以上城区集中式饮用水水源取水中断十二小时以上的;(二)非法排放、倾倒、处置危险废物一百吨以上的;(三)致使基本农田、防护林地、特种用途林地十五亩以上,其他农用地三十亩以上,其他土地六十亩以上基本功能丧失或者遭受永久性破坏的;(四)致使森林或者其他林木死亡一百五十立方米以上,或者幼树死亡七千五百株以上的;(五)致使公私财产损失一百万元以上的;(六)造成生态环境特别严重损害的;(七)致使疏散、转移群众一万五千人以上的;(八)致使一百人以上中毒的;(九)致使十人以上轻伤、轻度残疾或者器官组织损伤导致一般功能障碍的;(十)致使三人以上重伤、中度残疾或者器官组织损伤导致严重功能障碍的;(十一)致使一人以上重伤、中度残疾或者器官组织损伤导致严重功能障碍,并致使五人以上轻伤、轻度残疾或者器官组织损伤导致一般功能障碍的;(十二)致使一人以上死亡或者重度残疾的;(十三)其他后果特别严重的情形。

以上司法解释基于非法处置进口的固体废物罪被评价为"对国家环保法律秩序破坏的犯罪本质",在入罪条件和法定刑升格条件的设置上紧紧围绕"境外的固体废物进境倾倒、堆放、处置"所导致的"环境危害"来设计。这与走私废物罪的规定迥然不同,是因为立法对各该罪本质的评价不同。前已有述,走私废物罪的司法解释则主要围绕"废物的重量"来设计该罪的入罪标准和量刑标准。因为根据海关法律法规,货物的重量是关税计税的主要依据,也是衡量偷逃关税的依据。

当然,以上是实然分析,如果应然分析,笔者则认为,随着国家的富裕,走私废物对社会危害愈来愈体现为对环境的污染。所以,建议未来立法可以把走私废物罪调整归入"环境犯罪"的范畴。

第二节 犯罪本质的立法变动对犯罪构成的影响

四维法益说揭示了犯罪危害了以法益为核心内容的国家整体法律秩序。在具体犯罪场合，则揭示各该犯罪具体地侵害了什么样的国家整体法律秩序。犯罪构成体现犯罪本质，受制于犯罪本质。犯罪归属的变动意味着立法对犯罪之本质属性评价的变动，当然会导致其犯罪构成的变化。本书将结合强制侮辱罪、污染环境罪、伪证罪等三个罪名来阐述犯罪本质的立法变动对犯罪构成的影响。

一、关于强制侮辱罪

《刑法》第二百三十七条规定："以暴力、胁迫或者其他方法强制猥亵他人或者侮辱妇女的，处五年以下有期徒刑或者拘役。聚众或者在公共场所当众犯前款罪的，或者有其他恶劣情节的，处五年以上有期徒刑。"本罪是从79《刑法》规定的流氓罪中分离出来的一个犯罪。当时，流氓罪归属于"妨害社会管理秩序罪"这一类罪，所以该罪的犯罪本质被评价为对社会管理秩序的破坏，尽管强制性的侮辱等流氓行为可能会引起被害人的人身伤害，但法律的评价重心却不在于对公民生命、健康权危害。97《刑法》把"强制侮辱妇女的行为"从流氓罪中分离出来单独设立本罪，并把本罪调整至"侵犯公民人身权利、民主权利"一章，表明立法者对本罪的犯罪本质有了新的认识，给予了新的评价：妇女的性自决权和人格尊严。

立法对于"强制侮辱妇女的行为"社会危害性评价的前后变化，在司法解释中有所反映。1984年11月2日最高人民法院、最高人民检察院印发的《关于当前办理流氓案件中具体应用法律的若干问题的解答》规定：

> 侮辱妇女情节恶劣构成流氓罪的，例如：1.追逐、堵截妇女造成恶劣影响，或者结伙、持械追逐、堵截妇女的；2.在公共场所多次偷剪妇女的发辫、衣服，向妇女身上泼洒腐蚀物，涂抹污物，或者在侮辱妇女时造成轻伤的；3.在公共场所故意向妇女显露生殖器或者用生殖器顶擦妇女身体，屡教不改的；4.用淫秽行为或暴力、胁迫的手段，侮辱、猥亵妇女多人，或人数虽少，后果严重的，以及在公共场所公开猥亵妇女引起公愤的。

由于当时强制侮辱妇女的流氓行为被评价为妨害社会管理、扰乱公共秩序，所以，对具体的强制侮辱行为的界定要求"公共性"而不包括私密性空间中实施的相应行为。

现行刑法把"强制侮辱妇女的行为"归属于侵犯公民人身权利罪的范畴，对本罪本质立法评价的变化，引起了其成立条件的变化，该罪的成立就不再以"在公共性的空间中"实施为限定，在私密空间实施强制侮辱妇女的行为也为本罪的实行行为所涵摄。如果在公共场所当众实施或者聚众实施强制侮辱妇女的行为，则属于情节加重情形。正因为如此，《刑法》第二百三十七条第二款规定："聚众或者在公共场所当众犯前款罪的，处五年以上有期徒刑。"

同时，由于立法评价的变化，导致对该罪的主观要件的解释出现了分歧：过去的流氓罪成立一定要有流氓动机要素，而现在强制侮辱罪的成立是否要求"流氓动机"，多数学者认为一般是出于流氓动机；[1]有的学者则认为不要求流氓动机。[2]笔者认为，本罪仍然需要具有流氓动机才能构成；若是不具有流氓动机的强制侮辱行为，可以构成《刑法》第二百四十六条规定的侮辱罪。

二、关于污染环境罪

97《刑法》第三百三十八条规定："违反国家规定，向土地、水体、大气排放、倾倒或者处置有放射性的废物、含传染病病原体的废物、有毒物质或者其他危险废物，造成重大环境污染事故，致使公私财产遭受重大损失或者人身伤亡的严重后果的，处三年以下有期徒刑或者拘役，并处或者单处罚金；后果特别严重的，处三年以上七年以下有期徒刑，并处罚金。"2011年《刑法修正案（八）》把本条修改为："违反国家规定，排放、倾倒或者处置有放射性的废物、含传染病病原体的废物、有毒物质或者其他有害物质，严重污染环境的，处三年以下有期徒刑或者拘役，并处或者单处罚金；后果特别严重的，处三年以上七年以下有期徒刑，并处罚金。"虽然本罪在刑法典中的体系地位没有变化，但是理论上一般认为，与过去本罪主要保护环保管理秩序（附

---

① 王作富主编：《刑法分则实务研究（下）》（第二版），中国方正出版社，2003年，第1041页；赵秉志主编：《刑法新教程》（第四版），中国人民大学出版社，2012年，第463页。

② 张明楷：《刑法学（下）》（第五版），法律出版社，2016年，第879页。

带地保护环境法益）相比，现在已经转向"直接"保护环境法益。

（一）《刑法修正案（八）》修订之前的入罪条件和法定刑升格条件

在修正之前，本罪称之为"重大环境污染事故罪"，其入罪条件是"造成重大环境污染事故，致使公私财产遭受重大损失或者人身伤亡的严重后果"。

2006年7月28日起施行的《最高人民法院关于审理环境污染刑事案件具体应用法律若干问题的解释》进一步对"人身伤亡"的严重后果和"公私财产遭受重大损失"作了具体规定。该司法解释第一条规定：

> 具有下列情形之一的，属于刑法第三百三十八条、第三百三十九条和第四百零八条规定的"公私财产遭受重大损失"：（一）致使公私财产损失三十万元以上的；（二）致使基本农田、防护林地、特种用途林地五亩以上，其他农用地十亩以上，其他土地二十亩以上基本功能丧失或者遭受永久性破坏的；（三）致使森林或者其他林木死亡五十立方米以上，或者幼树死亡二千五百株以上的。

其第二条规定：

> 具有下列情形之一的，属于刑法第三百三十八条、第三百三十九条和第四百零八条规定的"人身伤亡的严重后果"或者"严重危害人体健康"：（一）致使一人以上死亡、三人以上重伤、十人以上轻伤，或者一人以上重伤并且五人以上轻伤的；（二）致使传染病发生、流行或者人员中毒达到《国家突发公共卫生事件应急预案》中突发公共卫生事件分级Ⅲ级情形，严重危害人体健康的；（三）其他致使"人身伤亡的严重后果"或者"严重危害人体健康"的情形。

其第三条规定：

> 具有下列情形之一的，属于刑法第三百三十八条、第三百三十九条规定的"后果特别严重"：（一）致使公私财产损失一百万元以上的；（二）致使水源污染、人员疏散转移达到《国家突发环境事件应急预案》中突发环境事件分级Ⅱ级以上情形的；（三）致使基本农田、防护林地、特种用途林地十五亩以上，其他农用地三十亩以上，其他土地六十亩以上基本功能丧失或者遭受永久性破坏的；（四）致使森林或者其他林

木死亡一百五十立方米以上,或者幼树死亡七千五百株以上的;(五)致使三人以上死亡、十人以上重伤、三十人以上轻伤,或者三人以上重伤并十人以上轻伤的;(六)致使传染病发生、流行达到《国家突发公共卫生事件应急预案》中突发公共卫生事件分级Ⅱ级以上情形的;(七)其他后果特别严重的情形。

其第四条规定:

> 本解释所称"公私财产损失",包括污染环境行为直接造成的财产损毁、减少的实际价值,为防止污染扩大以及消除污染而采取的必要的、合理的措施而发生的费用。

通过对上述规定的分析,不难发现,是否构成重大环境污染事故罪,以及法定刑升格的条件主要是围绕传统的法益——生命、健康,财产权来设计和构筑的,比如致死多少人,致伤多少人,导致了多少财产损失等;而对环境的污染和自然资源的毁坏、破坏情况则是次要的指标。正因为如此,原来的重大环境污染事故罪是通过计量传统法益受到危害的情况定罪判刑的。正因为如此,重大环境污染事故罪对国家环保法律秩序的保护,不够精确。

(二)《刑法修正案(八)》修订之后的入罪条件和法定刑升格条件

修订之后,本罪不再称为"重大环境污染事故罪",而是"污染环境罪"。名称的变化是立法宗旨变化的直接体现。基于现行《刑法》规定,构成本罪并非一定要导致"人身伤亡的严重后果"或者"严重危害人体健康"或者"公私财产遭受重大损失",只要污染行为"直接"严重侵犯了环境权益并动摇了国家整体环境保护法律秩序即可。所以,对本罪的社会危害性的计量已经直接借助于环境法益了。

与立法的修改相适应,新近的司法解释对此有所体现。2017年1月1日起施行的最高人民法院、最高人民检察院《关于办理环境污染刑事案件适用法律若干问题的解释》第一条规定:

> 实施刑法第三百三十八条规定的行为,具有下列情形之一的,应当认定为"严重污染环境":(一)在饮用水水源一级保护区、自然保护区核心区排放、倾倒、处置有放射性的废物、含传染病病原体的废物、

有毒物质的;(二)非法排放、倾倒、处置危险废物三吨以上的;(三)排放、倾倒、处置含铅、汞、镉、铬、砷、铊、锑的污染物,超过国家或者地方污染物排放标准三倍以上的;(四)排放、倾倒、处置含镍、铜、锌、银、钒、锰、钴的污染物,超过国家或者地方污染物排放标准十倍以上的;(五)通过暗管、渗井、渗坑、裂隙、溶洞、灌注等逃避监管的方式排放、倾倒、处置有放射性的废物、含传染病病原体的废物、有毒物质的;(六)二年内曾因违反国家规定,排放、倾倒、处置有放射性的废物、含传染病病原体的废物、有毒物质受过两次以上行政处罚,又实施前列行为的;(七)重点排污单位篡改、伪造自动监测数据或者干扰自动监测设施,排放化学需氧量、氨氮、二氧化硫、氮氧化物等污染物的;(八)违法减少防治污染设施运行支出一百万元以上的;(九)违法所得或者致使公私财产损失三十万元以上的;(十)造成生态环境严重损害的;(十一)致使乡镇以上集中式饮用水水源取水中断十二小时以上的;(十二)致使基本农田、防护林地、特种用途林地五亩以上,其他农用地十亩以上,其他土地二十亩以上基本功能丧失或者遭受永久性破坏的;(十三)致使森林或者其他林木死亡五十立方米以上,或者幼树死亡二千五百株以上的;(十四)致使疏散、转移群众五千人以上的;(十五)致使三十人以上中毒的;(十六)致使三人以上轻伤、轻度残疾或者器官组织损伤导致一般功能障碍的;(十七)致使一人以上重伤、中度残疾或者器官组织损伤导致严重功能障碍的;(十八)其他严重污染环境的情形。

其第三条规定:

实施刑法第三百三十八条、第三百三十九条规定的行为,具有下列情形之一的,应当认定为"后果特别严重":(一)致使县级以上城区集中式饮用水水源取水中断十二小时以上的;(二)非法排放、倾倒、处置危险废物一百吨以上的;(三)致使基本农田、防护林地、特种用途林地十五亩以上,其他农用地三十亩以上,其他土地六十亩以上基本功能丧失或者遭受永久性破坏的;(四)致使森林或者其他林木死亡一百五十立方米以上,或者幼树死亡七千五百株以上的;(五)致使公私财产损失一百万元以上的;(六)造成生态环境特别严重损害的;(七)致使疏散、转移群众一万五千人以上的;(八)致使一百人以上中毒的;

(九)致使十人以上轻伤、轻度残疾或者器官组织损伤导致一般功能障碍的;(十)致使三人以上重伤、中度残疾或者器官组织损伤导致严重功能障碍的;(十一)致使一人以上重伤、中度残疾或者器官组织损伤导致严重功能障碍,并致使五人以上轻伤、轻度残疾或者器官组织损伤导致一般功能障碍的;(十二)致使一人以上死亡或者重度残疾的;(十三)其他后果特别严重的情形。

通过对司法解释上述规定的分析,不难发现,现在的"环境污染罪"的入罪条件和法定刑升格条件主要求助于排污行为方式、方法;污染行为的强度;污染环境的情况等情况。不再像过去"重大环境污染事故罪"那样,主要依据传统法益的侵害情况——致死多少人、致伤多少人、导致了多少财产损失等。

对比立法前后的犯罪构成变化,再次证明,犯罪本质对具体犯罪的犯罪构成具有制约地位和作用;犯罪成立条件应当全面反映犯罪本质。

三、关于伪证罪

(一)79《刑法》和现行《刑法》关于伪证罪的立法变化

79《刑法》第一百四十八条规定:"在侦查、审判中,证人、鉴定人、记录人、翻译人对与案件有重要关系的情节,故意作虚假证明、鉴定、记录、翻译,意图陷害他人或者隐匿罪证的,处二年以下有期徒刑或者拘役;情节严重的,处二年以上七年以下有期徒刑。"现行《刑法》第三百零五条规定:"在刑事诉讼中,证人、鉴定人、记录人、翻译人对与案件有重要关系的情节,故意作虚假证明、鉴定、记录、翻译,意图陷害他人或者隐匿罪证的,处三年以下有期徒刑或者拘役;情节严重的,处三年以上七年以下有期徒刑。"

仅就条文罪状的表述而言,比较前后变化,有二:一是法条表述的变化。以"在刑事诉讼中"代替"在侦查、审判中"之外(把审查起诉、刑事执行等也纳入本罪的调整范围),其他地方完全相同。二是立法目的重大变化。79《刑法》把本罪归属于分则的第四章"侵犯公民人身权利、民主权利罪"一章;现行《刑法》把本罪归属于第六章"妨害社会管理秩序罪"第二节妨害司法罪中。该罪在刑法分则中所隶属章节的调整表明,立法者对于伪证罪的犯罪本质作了重新定位:由过去对被害人人身权利的侵犯变为"对国家司法法律秩序的危害"。

(二)犯罪本质的立法变化对入罪条件的制约

1989年11月30日最高人民检察院发布的《人民检察院直接受理的侵犯公民民主权利、人身权利和渎职案件立案标准的规定》第九条规定了伪证罪的入罪标准：

> 在侦查、审判过程中,证人、鉴定人、记录人、翻译人意图陷害他人或为他人隐匿罪证,对与案件有重要关系的情节,故意作虚假的证明、鉴定、记录、翻译,或者是国家工作人员为严重经济犯罪分子销毁、隐匿罪证,制造伪证,具有下列情形之一的,应予立案:1.伪证行为足以使他人受到刑事处罚或者轻罪重判的;2.伪证行为足以使犯罪分子逃避刑事处罚或者重罪轻判的;3.伪证行为造成冤、假、错案的;4.国家工作人员利用职务之便,为经济犯罪分子销毁罪证或者制造伪证的;5.由于伪证行为,致使他人自杀或精神失常的;6.伪证行为造成其他严重后果的。

上述标准主要是围绕被害人的人身或者精神损害而设计的。

截至目前,刑法修订之后还没有关于伪证罪的司法解释。不过,按照同类客体要件制约具体犯罪的直接客体的刑法法理,本罪的主要客体是国家的司法法律秩序,那么将来的司法解释应该是围绕伪证行为对国家司法法律秩序的破坏力及其程度来设定。由此,即使伪证行为没有导致被害人的身体、自由或者精神伤害或者严重伤害,只要破坏了国家的司法法律秩序,达到了依法应该受刑罚处罚的程度,就构成了本罪。公民的身体健康、精神权益等人身权利,在本罪中只能是浮动客体(又叫随机客体)。如果由于伪证行为导致了被害人自杀、伤残、精神损害等,则属于加重情节,由法官自由裁处,酌情加重处罚。

本章小结

犯罪的本质不是单纯的权利侵害,也不是单纯的法益侵害,而是对于国家法律秩序的挑战和破坏;是达到了应受刑罚惩罚的社会危害性,而不是对某一个法益主体的危害性。德日的法益说要想适应我国刑法,则应该改良为四维法益说。刑罚的目的不是让犯罪人赔偿被害人因犯罪行为所遭受的损失,而是双面预防(一般预防和特殊预防)。整个刑事诉讼的目的也不是围绕被害法益的恢复或者补偿而进行的。

犯罪本质制约犯罪成立条件;犯罪成立条件应当全面体现犯罪本质。在具体犯罪的犯罪构成条件的设置和解释上必须基于立法者设立本罪的目的,围绕立法目的来进行。本章以具体的犯罪为例分析了这种制约和被制约的关系:一是以传统的财产犯罪中的盗窃罪、抢夺罪为例,尽管目前理论界毫无争议地认为这两个犯罪的犯罪客体都是财产权,但是这样的认识并不全面,而刑法设立这些犯罪不是为了保护被害的财产的恢复或者赔偿,而是为了保护国家的所有权法律秩序不被破坏,被害法益只是在保护国家法律秩序的过程中附带地给予保护——只有这样的认识,才能回答即使犯罪人退赃,全额赔偿被害人的损失,使被害法益完全地100%地恢复,也仍然取消不了已经实施的犯罪行为。正是基于这种对这两种罪的犯罪本质的认识,对于其基本犯罪构成、加重犯罪构成的解释上就不能简单地依靠所侵犯的被害财产数额多少而定。二是贪污贿赂罪类犯罪的本质在于危害国家公务管理法律秩序,侵害国家机体健康运行。以贪污罪为例,该罪的本质不在于侵害了公共财产权,而是侵害了公务人员廉洁奉公履行其职责的国家法律秩序,背离了国家对其职务廉洁性的要求。因此,本罪的成立条件不能仅仅依靠所贪污的钱财数额来决定。最新的关于贪污贿赂案件具体应用法律问题的司法解释就是基于对犯罪本质的深刻认识而作出的。三是走私废物罪和非法处置进口的固体废物罪归属于不同类罪,前者是破坏社会主义市场秩序罪,后者属于妨害社会管理秩序罪之下的破坏环境与资源保护罪,表明了立法者对这两个犯罪之本质的定位不同。刑法理论在解读该二罪的犯罪成立条件时,需要基于立法所设定的犯罪本质——四维法益说来进行。尤其是对于多次行为入罪的情形,则需要把反映行为人危险性品格的要素纳入犯罪构成之中。

对犯罪本质的把握要与时俱进。立法者对具体犯罪的犯罪本质认识的变化,导致立法对该罪的类罪归属的调整,那么刑法理论需要注意到这种变动,这是正确解释其犯罪构成的根本,笔者选取了强制侮辱罪、污染环境罪和伪证罪加以实证分析,以阐明四维法益说主张的科学性。

第七章 四维法益说对着手和既遂判断标准的遴选

故意犯罪作为一个过程,按其停止下来时犯罪是否已经"在法律上完成"为标准,可分为两种基本类型:一是犯罪在其发展过程的中途停止下来,行为人未完成犯罪的形态;二是故意犯罪经过其实行行为的展开得以完成了刑法分则所要求的条件,即既遂形态。犯罪未完成形态可再分为犯罪预备形态、未遂形态和中止形态。

犯罪既遂与否,不是一个事实判断,而是立法者基于刑事政策的考量和预防犯罪的旨趣,针对犯罪的社会危害性的不同,设定了不同的既遂的标准:预备犯(抽象危险犯)、行为犯(举动犯)、具体危险犯和实害犯。行为人的行为事实符合该既遂标准的,构成犯罪既遂形态;符合预备形态标准的,构成犯罪预备形态;符合未遂标准的,构成犯罪未遂形态;符合犯罪中止标准的,构成犯罪中止形态。

研究故意犯罪的形态问题有两个时点最为关键:一个是着手,实行行为开始的标志,着手以后犯罪进入实行阶段;一个是既遂,标志着犯罪的"得逞",即犯罪"在法律上完成"。本章设两节,从犯罪本质四维法益说视角分析着手和既遂的判断标准。

第一节 四维法益说对着手的限定

着手的判断是世界性的刑法难题。在对犯罪的预备行为和未遂行为都予以处罚的国家,是否具备"着手实行犯罪",是区别犯罪预备形态和犯罪未遂的重要标志;在处罚犯罪未遂而不处罚犯罪预备的国家,是否"着手实行犯罪",则是区别罪(应罚的未遂行为)与非罪(不罚的预备行为)的关键时点。

四维法益说揭示了犯罪社会危害性的质和量(即揭示了犯罪行为对以法益为核心的国家整体法律秩序的侵犯)、揭示了犯罪所包含的主客观相统一的行为,以及行为主体的危险品格。以上认识对于实行行为的定型(即着手的判断)的判定,都有指导意义。因为,只有法定的"一定的质和量统一"的行为的实施才是特定犯罪的着手。反过来,着手的"实行行为"必须是具有"特定犯罪"所要求的"法定的质(危害性)和量(危害强度)"的危害行为。这里面有以下关键词:着手、法定、危害行为的性质和强度。本节结合立法、特殊的犯罪形态、特别的个罪,依次加以解释。

一、关于着手的一般标准

《刑法》第二十三条第一款:"已经着手实行犯罪,由于犯罪分子意志以外的原因而未得逞的,是犯罪未遂。"据此,我国的犯罪未遂(不含犯罪中止),是指行为人已经着手实施具体犯罪的实行行为,由于其意志以外的原因而未能完成犯罪的一种犯罪停止形态。犯罪未遂形态一个很重要的特征,即行为人已经"着手"实行犯罪——行为人开始实施刑法分则规定的具体犯罪的实行行为,犯罪进入实行阶段,还没有达到既遂。行为人是否已经着手实行犯罪,是区分犯罪预备与犯罪未遂的关键,因而需要深入研究。

(一)德日刑法理论关于着手判断的学说

德日刑法原则上不处罚犯罪预备行为,由于着手是罪与非罪的分界线,着手是可罚的起点,故其具有重大意义,因而德日刑法理论花大力研究着手问题,就不难理解了。

1.客观说及其评析

客观说主张,犯罪的本体是行为及其实害,刑罚的对象是行为,刑罚的轻重取决于行为的危险性及其造成的实害。犯罪是侵害法益的行为,处罚未遂犯是由于行为着手之后有侵害法益的危险性。客观说具体可以分为形式客观说和实质客观说。实质客观说在其内部也分为两种学说:一是行为危险说(实质行为说),二是结果危险说(结果说)。

(1)形式客观说

在德日,形式客观说经历了严格的形式客观说到扩张的形式客观说的演变。严格的形式客观说与罪刑法定主义和形式犯罪论相适应,完全以构成要件为基准来论述结果发生的危险性。例如,小野清一郎认为:"所谓犯罪的实行,乃是实施符合构成要件的行为。所谓实行的着手,指以实行犯罪构成要件的意思开始构成要件的实行。"这种形式意义的界定显然是循环论证，而且限定了犯罪未遂的处罚范围。其不足是，这种形式客观说有时候会迟至着手的判定，比如按照该说，以枪杀人，扣动扳机才可以射出子弹（实行行为的开始），但在实践中不可能以扣动扳机为以枪杀人的着手，而是以瞄准作为以枪杀人的着手。

于是，适应维护法律秩序的需要，德日学者对形式客观说作出了修正与扩张，即扩张的形式客观说。例如有学者认为，不仅实施符合构成要件的行为是实行的着手，而且在特殊情况下，行为人实施与符合构成要件的行为有密接关系的行为时，也是实行的着手。这就是说，实行行为的着手是指通过融合各个部分能解释为定型性构成要件的内容的时刻。按照形式客观说，拿取财物的行为是盗窃罪构成要件行为的开始，用枪杀人，扣动扳机时才是构成要件行为的开始，但是这种严格的认定不利于保护法益，故主张实行行为着手的时点应该扩张为：即便行为人未开始实施拿取财物或扣动扳机的行为，但只要之前的行为可以从整体上被解释为"盗窃"或者"杀人"的行为时，就应认为是实行行为的着手。

然而，把实行行为扩张到与构成要件的"密接行为"或者有关举动的融合行为，由此实行行为的界域因标准的模糊而范围暧昧，结果是预备行为与实行行为的界限变得不清晰了。所以，实践贯彻难以有统一的标准。不过，扩张构成要件的思路实际上是朝着实质客观说的发展迈了一小步，因为其已经具有了从实质意义考察着手意蕴。

（2）实质客观说

从实质上考察着手问题，分为实质的行为说和实质的结果说。有的学者重视行为无价值，从行为的反规范性出发，主张实行行为的着手就是行为人实施的行为开始包含了实现构成要件的现实危险性；有的学者注重结果无价值，认为当行为具有发生既遂结果的具体危险或者当刑法所保护的法益面临现实、迫切的危险时，才是实行的着手。

实质客观说较之形式客观说的进步是明显的，但也有缺陷。首先，从逻辑上，客观说对着手的判断仅限于行为的客观面之实质致害性判断。但是在实践中，这种判断如果没有主观方面的加入是难以完成的，因而往往不得不把行为的主观侧面也纳入才能完成对行为的反规范性质和对结果的致害性作出判断。结果是：要么严格按照实质客观说，却难以实践贯彻；要么对于实行着手的判断标准不再从绝对客观的方面而是加入行为人的犯罪意图，这便不是严格意义上的客观说（因为要想得到正确的司法判断，不得不结合行为人的犯罪主观因素加以考虑,这样的实质客观说已经是折中说,而非客观说)。其次,实质客观说强调行为的实质或者行为对法定结果的致害性,容易脱离构成要件,将一些具有导致危害结果发生实质危险但不符合构成要件的行为,认定为实行着手,从而导致未遂犯的处罚范围大大拓宽。这会损害罪刑法定原则。最后,单纯地坚持实质的行为说和实质的结果说都是片面的。在笔者看来,实质的行为说和实质的结果说并不矛盾,只是对不同的既遂模式的犯罪着手表述的不同。因为没有法定的"实质的行为",就不可能会合乎逻辑地产生"法定的实质结果"。二者的区别在于对于不同的犯罪(如行为犯、结果犯),着手判断的参考系(或者参照物)是有区别的。对于行为犯而言,着手的判断关照到行为阶段即为已足,而无需再去延伸到结果部分;对于结果犯,对于着手的判断则有更可把握的抓手"法定的危害结果",由此,从行为与结果的因果关系考察,实行行为与法定结果必须具有等价性。

2. 主观说及其评析

主观说是新派的主张,从行为人的危险性格出发,实行行为的着手之判断依据行为人内心意识的危险性。在其内部又有许多见解。如有学者认为,日本学者牧野英一的犯意明确说,即行为人的行为能够明确地表明行为人的犯意之时,即为着手;日本学者宫本英修的犯意飞跃的表动说,即实行的着手是有完成力的犯意的表动;日本学者木村龟二早期提出的犯意确定说,认为实行的着手是指行为表示出行为者的犯罪意思没有二意,不可能取消的确实性的场合,是着手。

主观说的可取之处在于:主观说实际上不是仅考察行为人的主观侧面,只是该说对着手的判断借助于行为的客观面来考察行为人的主观心态,并借以证明行为人的危险性格。所以,主观说是从主观和客观两个方面来作出着手的判断。其不足在于其刑法哲学根基奠立于新派的"犯罪的实质是行为人的社会危险性"的判断之上,于是,其着手的学说都是围绕如何来证明行为人的社会危险性。但是,一个人的社会危险性有无和大小是很难科学地计量的,因而着手的判断就变得模糊起来,这样就把着手的判断引向了歧途,故总体而言,主观说是不可取的。

3. 折中说及其评析

折中说主张,实行行为着手的判定,既要考虑行为人的主观方面,又要强调行为人的客观方面。不过,由于侧重点不同,又存在不同的观点:主观的折中说和客观的折中说。

（1）主观的折中说（主观的客观说）

该说实质上是在主观说的基础上加入了客观说的相关内容予以完善着手的判断。如有学者认为，实行行为着手是指，根据行为人的主观犯罪计划，行为人开始实施客观的刑法构成要件的"直前行为"的时点（主观的形式客观说）。德国刑法学学者鲁德鲁斐主张此学说，他举例说，在用手枪进行射击时，如果认为子弹的发射是杀人罪构成要件的行为，那么，当手放在扳机上时就是直前的部分行为，就是着手。再如，关于主观的实质客观说，日本学者木村龟二后期将主观说与实质的客观说相结合，认为从行为人的全部计划出发，客观地观察其行为侵害法益的危险性已否达到并以此作为认定犯罪实行行为着手的标准（主观的实质客观说）；德国学者修罗德尔认为，如果根据行为者的计划整体，使该构成要件的保护客体直接发生危险的行为已明确表明了犯罪的意识时，就是实行行为的开始。

主观的形式客观说与扩张的形式客观说有相同之处，也有不同。同样地，主观的实质说与主观说也是既有相同之处，又有不同之处。其中，共同之处：一是都是把行为作为行为人危险性的征表来定位，二是都是借助于客观行为来佐证行为犯罪意思从而间接证明行为人的社会危险性。[①]不同之处在于：主观说是在行为人的犯罪意思所认识到的情况下，根据行为人的见解，认为行为人实施了实现构成要件的行为时，就是实行的着手；而主观的实质说是在行为人的犯罪意思所认识到的情况下，不是根据行为人的见解，而是客观地判断行为人的行为具有直接侵害法益的危险行为时，才是实行的着手。

（2）客观的折中说

该说实质上是在客观说的基础上加入了主观说的相关内容予以完善着手的判断。与实质的行为说和实质的结果说相对应，分为行为危险说和结果危险说。前者如日本学者福田平认为，需要从行为构造出发确定实行的着手。由于行为是主客观的统一体，因而实行的着手也需要从主观和客观两个方面来界定。在故意犯场合，主观上具有实现构成要件的意思，客观上实施了一部分符合构成要件的行为时，便是着手。[②]这种观点着重从实行行为本身的资质，结合行为人犯罪意思来考察着手有否。后者如日本学者西原春夫认为，按照犯罪者的意思，行为人的行为具有法益侵害的迫

---

① 正因为如此，木村龟二等日本学者早年倡导主观说，后期转为主观的客观说。

② [日]福田平：《刑法总论》，有斐阁，1984年，第210页。

切危险时,认为是实行行为的着手。①这种观点着重从实行行为应该与结果的相当性,并结合行为人的犯罪意思来判断。就客观的折中说而言,不管是从出于实现构成要件意思的实施了某一犯罪的实行行为一部分之判断,还是出于犯罪的意思行为人实施的行为具有侵害各该犯罪所保护的法益迫切危险之判断,都需要借助于各个具体犯罪的立法规定来完成。由于"符合构成要件的行为"是各论中各个构成要件的解释问题,因而各个犯罪的着手立于个别的行为者的计划这样基础之上进行判断,所以,该说又被称为"个别的客观说",就是说,客观的折中说主张各个犯罪的着手应该根据各个具体犯罪分别的具体认定。

(3)简评

主观的折中说将客观行为作为犯罪意思的征表来定位;客观的折中说将犯罪行为视为主客观的统一体,都比主观说或者客观说有所进步,这是不言而喻的。因为各种折中说并没有消除主观说或者客观说固有的矛盾,故各种折中说也受到了批判。

综合起来,笔者的看法是:

第一,考虑行为人的犯罪计划是折中说的标志之一,但是这种犯罪计划是否存在不无疑问;即使存在却也难以查明,所以折中说的实用性大打折扣。②

第二,主观的实质说以行为者的整体计划为前提,它成为判断客观的法益侵害的危险之重要的要素,并且根据根本上从主观说出发这一点,不能不说将实行的着手时间实际上显著处于较早的方向。③

第三,日本的审判实践主要采实质的客观说;德国的审判实践采主观说或者折中说。折中说优越于实质的客观说。

第四,折中说之客观的折中说,其实质也与我国的主客观统一说一样,对着手的判断是立足于客观的主客观的统一;由于其刑法哲学根基正确,具有可采性。

第五,着手是行为的着手,在德日刑法对犯罪的实行行为只定性的立法背景下,结果危险说比行为危险说更好。因为德日刑法对于实行行为不

---

① [日]西原春夫:《刑法总论》,成文堂,1977年,第279页。

② [日]川端博:《刑法总论二十五讲》,甘添贵监译、余振华译,中国政法大学出版社,2003年,第296页。

③ [日]中山敬一:《刑法总论》,成文堂,1999年,第683页。转引自马克昌:《比较刑法原理——外国刑法学总论》,武汉大学出版社,2002年,第535页。

作定量规定,构成要件的行为也是定性而已,由此,属于构成要件的行为也未必具有法定结果的致害性。但是在我国,《刑法》第十三条规定但书立法框架下,实行行为都需要既定性又定量,所以只从实行行为本身就完全可以确定实行行为的着手,而无需再借助于法定结果来完成。有鉴于此,如果移植德日理论,也宜主张移植客观的折中说之行为危险说。

(二)我国刑法学关于着手的学说

一是形式客观说,这曾经是我国刑法理论关于着手判断的通说。有的表述为,犯罪的着手是指,犯罪人开始实施刑法分则条文所规定的具体犯罪的实行行为。[①]这种表述属于形式客观说。该说其实是循环定义:何为实行行为? 着手之后的行为是实行行为;何为着手? 开始实施实行行为即为着手。因此,后来被主客观统一的着手说所取代。

二是主客观统一的着手说,是当今的通说。该说认为,着手是主客观的有机统一,不仅要考虑行为人的主观犯意,还要考虑行为人的客观行为。着手实施犯罪需要具备主观和客观两个基本特征:主观上,行为人实行具体犯罪的意志已经直接支配客观实行行为并通过后者开始充分表现出来;客观上,行为人已经开始直接实行具体犯罪构成客观方面的行为。[②]该说在实行行为着手的判断标准问题上,立于客观立场,既要考虑行为人的客观行为,又要考虑行为人的主观犯意。所以,与德日的折中说客观的折中说(行为无价值立场)是相同的。

三是对德日实质客观说的结果无价值论的移植,即危险结果说。该说认为行为人的行为具有侵害法益的危险并且达到了紧迫程度(发生危险结果)时,就是实行行为的着手。[③]德日国家刑法理论已经经历了从形式客观说、实质客观说,到主观说,再到折中说的历程,在理论进化过程中,客观说因为仅仅来考量客观方面,不计主观心态,因而是过时的东西。单纯的实质客观说的确有扩大实行行为范围之嫌;而且前已有述,实质客观说在具体的操作中也离不开行为人主观意思的加入才能完成对着手的司法认定。与其这样,倒不如直接借用德日的折中说。当然,若立于结果无价值论立场,就应该直接借用客观的折中说(结果无价值论)。再说,该学者在既遂标准上

---

① 马克昌主编:《犯罪通论》,武汉大学出版社,1999年,第439页。

② 高铭暄主编:《刑法专论》,高等教育出版社,2002年,第310页;高铭暄、马克昌主编:《刑法学》(第七版),北京大学出版社、高等教育出版社,2016年,第155页。

③ 张明楷:《刑法学(上)》(第五版),法律出版社,2016年,第342页。

180

采"主客观统一的事实标准说"①;而在着手的判断却采了实质客观说的结果说而不考虑主观要素。在本书看来,其这种做法自身存在着前后矛盾。

(三)基于四维法益说对我国刑法学关于着手判断

在我国,一方面,刑法规定处罚预备犯,所以着手判断标准的重要性远不如德日国家;另一方面,《刑法》第十三条规定了但书,所以对着手规格之要求要高于德日国家。基于我国刑法的但书规定和四维法益说,着手与否必须因应"实行行为的质和量"的这两个方面属性来判断;而不能只讲定性,不考察危害行为的强度——"量"的要素。

1.意大利刑法和刑法理论关于着手问题对本书的启示

意大利刑法及其理论界摒弃"着手"这一提法,独辟蹊径,采用从主客观两个方面(即行为的相称性和行为指向的明确性)来界定确定实行行为的着手。意大利《刑法典》第五十六条第一款规定:"实施毫不含糊地表明旨在犯罪的,适当的行为的,如果行为尚未完成或者结果尚未发生,对犯罪未遂负责。"意大利有学者认为,犯罪的"既遂"指完全具备刑法分则规定的犯罪构成要件的犯罪;犯罪未遂则是指实施了"相称的,以明确的方式指向实施重罪",但尚未到达既遂的行为。所谓相称性,是指未遂行为能对被保护的法益造成现实危险;所谓明确性,是指行为人已经实施的行为需要能从客观上表明行为人的行动明显地具有正式实施犯罪的性质。②在这里,行为的相称性是实质意义上对实行行为的客观面的限定;行为指向的明确性,实际是在对行为人的主观心态(实行的意思)进行限定。意大利刑法的规定、德日刑法理论的"客观的折中说",与目前我国刑法理论的通说之"主客观统一的着手说",总体上具有相通性。意大利的规定与德日的客观的折中说之结果危险说是相同的;我国的通说与德日的客观的折中说之行为危险说是相同的。不过,总体来看,意大利的规定更为可取。因为意大利刑法规定的着手标准,不仅是坚持了主客观的统一,而且还明确地表明怎样地统一。

2.源于我国与德日刑法的立法差异

在德日,结果危险说更好地克服了德日刑法的立法不足(立法对实行行为只定性不定量);在我国,行为危险说即够了,无需采用结果危险说。

① 何为犯罪未得逞? 一般是指没有发生行为人所希望的或者放任的、实行行为性质所决定的侵害结果。张明楷:《刑法学(上)》(第五版),法律出版社,2016年,第345页。

② [意]杜里奥·帕多瓦尼:《意大利刑法学原理》,陈忠林译,法律出版社,1998年,第295—305页。

因为在我国,首先,我国刑法分则规定的实行行为多数直接含有量的规定,即使一些条文没有明确对量进行规定,但相应的司法解释一般会有规定;如果司法解释没有及时作出规定,那么,司法人员也会根据《刑法》第十三条的规定,把"情节显著轻微危害不大"的情形排除出实行行为的行列。其次,若坚持结果危险说,对于结果犯或者具体危险犯,没有问题;但是在行为犯(也包括抽象危险犯和举动犯)场合,就不可适用——对于行为犯场合,难道要在超越了具体犯罪的犯罪构成之外寻找一个结果,再去考察行为人所实施的举动对这个结果有无迫切的危险吗? 再说,这个结果不是法定的,因而就会有因人而异的随意性,不仅没有必要,而且不利于正确实施刑法,不利于保障人权。

3. 具体案件中着手的判定

一是判定着手实行犯罪与否的关键是将犯罪预备行为与实行行为加以区别。预备行为的本质与作用是为分则犯罪构成行为的实行与完成创造条件,为实行行为创造现实可能性;实行行为的本质与作用是直接完成犯罪,从性质到强度全面变预备阶段的抽象可能性为实行阶段的现实可能性直至现实性。实践中,应当结合具体犯罪及案件情况,考察行为人主客观两个方面便可以正确认定着手实行犯罪与否。在我国,实行行为不仅定性,还有强度的要求。比如,刑法意义上伤害行为与民法调整的伤害行为就有质和量的两方面的差别。因此,判断一个行为是否为刑法意义的伤害行为,就必须考察该行为是否具有导致他人轻伤以上伤害的强度。

二是危害行为是行为人主观心态支配下的一系列身体动或者静,所以,考察实行行为的着手,当然不能不同时考察行为的主观面和客观面。同时,本次犯罪行为的主观恶性是行为人的社会危险性的集中爆发,本次犯罪行为也是行为人危险人格的一次实证和发现。所以,以本次行为事实为线索,通过分析主观要件对社会危险性进行静态的测算;通过对行为事实的延伸,进而发现行为人的危险人格,是行为人刑法的要求。犯罪的内涵(即主观恶性、客观危害和社会危险性)所包含的犯罪本质观要求着手之判断标准,需要是行为的主观与客观相统一、微观行为事实与宏观社会条件相结合。

二、关于四种特殊情形的着手

(一)不作为犯的着手

无论是不真正不作为犯还是真正不作为犯,其着手的判断都与作为义务有关。行为人具有作为义务,也能够作为,但因行为人的不作为,侵犯了法益并且具有严重的社会危害性的,即构成不作为犯罪。真正不作为犯,其实行行为是显性的,着手的判断与作为犯的着手的判断一样,相对容易。如巨额财产来源不明罪,在要求说明巨额财产来源时,行为人拒绝履行义务时,就是着手;成为难题的,是不真正不作为的着手判断。由于其实行行为是隐性而不是显性的,所以就需要借助于刑法设立该罪的目的来判断着手。分两种情况:一是行为人的行为导致了法益危险。如果没有行为人的接下来的积极作为,法益就会发生危险,例如对婴儿不哺乳的案件,没有母亲的哺乳婴儿就会饿死;在母亲已认识到不给婴儿哺乳,婴儿就有生命危险。在这种情形下,当母亲认识到有这个危险发生之时,就是着手。二是法益已经处于危险状态,行为人作为的话则可以解除这种危险,此时以行为人认识这个危险的存在之时,即为着手。

(二)间接正犯的着手

所谓间接正犯,是指具备刑事责任条件的人利用另一个缺乏刑事责任能力的人实施犯罪的情形。实际上,行为人是把缺乏刑事责任能力的人作为其实施犯罪的工具或中介,这种通过中介所实施的犯罪不发生共犯关系,因而不成立共同犯罪。间接正犯表现方式有四种:利用无责任能力者,包括未达到刑事责任年龄的人或者精神病人实施犯罪;故意利用他人过失行为实施犯罪;利用有故意的工具实施犯罪(在实施身份犯或者目的犯的场合);利用他人适法行为实施犯罪等。例如,一个有刑事责任能力的人唆使一个没有刑事责任能力的人(精神病人或者未达刑事责任年龄的人)实施危害社会的行为,或者一个单位利用一个没有刑事责任能力的自然人实施危害社会的行为,都属于间接正犯。

间接正犯的着手判断,有三种观点:利用行为开始说;被利用行为开始说;不论是利用行为还是被利用行为,只要具有惹起构成要件结果发生的现实危险性之时,就是着手。

本书认为,从维护国家整体法秩序的立场出发,奉行积极的一般预防主义,利用行为开始说是妥当的。第二种观点在实践中行不通,不利于打击犯罪,保护合法权益。比如,某医生甲发现其有仇人乙过来看病,就悄悄地在即将用于给乙注射的液体内放置了毒药,企图利用护士A的不知情把毒药注射到乙的体内。但由于护士心细、工作负责,三查七对时发现注射液的颜色有异常,结果没有去注射,后来案发。本案中,按第二种观点,在德日国家就不是犯罪,难以处罚;在我国则按预备犯来处理。第三种观点是折中说是结果无价值的立场,更不足采。因为,首先,结果无价值论的立场本身片面的(对行为犯、举动犯无法适用);其次,结果无价值论的立场还是过时的立场(因应风险社会的到来,积极的刑法观逐步走上舞台);最后,这种折中观点貌似全面,实际上也同样存在第二种观点的不足。

(三)原因自由行为的着手

有责任能力的行为人故意或者过失使自己陷入无辨认控制能力的状态,然后在无辨认控制能力状态下实施刑法禁止的行为,造成结果发生的行为情况,称为"原因自由行为"或"可控制的原因行为"。使自己陷入无辨认控制能力状态的行为称为原因行为;在陷入无辨认控制能力下所实施的刑法禁止的行为称为结果行为。

实践中发生过这样的案例:被告人陈万寿,男,汉族,1979年10月17日出生,农民。被告人陈万寿常年吸毒,曾被强制隔离戒毒二年后复吸毒品。2013年9月20日12时许,陈万寿在广东省湛江市麻章区太平镇岭头村家中吸毒产生幻觉后,持菜刀闯入邻居陈某甲住宅,挟持陈某甲之子陈某乙(被害人,时年3岁),威胁在一旁劝阻的群众。公安人员接警后赶到现场,陈万寿将陈某乙挟持至院内,不顾众人劝解,持菜刀砍切陈某乙颈部一刀,致其当场死亡。在本案中,被告人陈万寿在吸食毒品之后产生幻觉,使自己陷入限制刑事责任能力或者无刑事责任能力的状况之下,进而在该状态之下实施故意杀害陈某乙的行为。

本案由广东省湛江市中级人民法院一审,广东省高级人民法院二审,最高人民法院对本案进行了死刑复核。法院运用了原因自由行为理论,认定陈万寿的故意杀人行为成立:被告人陈万寿故意非法剥夺他人生命,其行为已构成故意杀人罪。陈万寿吸毒产生幻觉后,行凶杀害年仅3岁的幼儿,犯罪手段残忍,情节恶劣,罪行极其严重,应依法惩处。故依法对被告人陈万寿判处并核准死刑,剥夺政治权利终身。罪犯陈万寿已于2016年1月22日被依法执行死刑。

间接正犯的着手判断有三种观点:第一是以原因行为的开始为着手的原因行为说;第二是以结果行为的开始为着手的结果行为说;第三是二分说,即不论是原因行为还是结果行为,实质地看,只有当行为具有发生结果的现实危险性时,才是着手。

本书的观点是:第二种观点没有考虑原因行为的原发力,对于"实践中还没有出现结果行为的案件"只能定预备犯,不利于打击犯罪,保护合法权益。从维护国家整体法秩序的立场出发,从主客观一致的立场看,原因行为开始说是妥当的,因为刑法上的行为不是一个举动,而是"一系列的举动"的综合。第三种观点是折中说,貌似全面,但有可能迟滞着手的认定。

(四)结合犯的着手

结合犯是指数个原本独立的犯罪行为,根据刑法的明文规定,结合成为另一独立的新罪的情况。如我国台湾地区刑法将强奸罪与强盗罪结合为强盗强奸罪就是典型的适例。结合犯的构成特征:一是结合犯所结合的数罪,本来为刑法上数个独立的犯罪。所谓独立的犯罪,是指不依附于其他任何犯罪而独立存在,具有独立的犯罪构成和法定刑。数个独立的犯罪,需要是数个不同的犯罪,而不是数个相同的犯罪。二是结合犯是将数个原本独立的犯罪,结合成为另一个独立新罪,用公式表示就是:甲罪+乙罪=丙罪,丙罪便是结合犯。如果刑法将数个独立的犯罪结合成为其中的一个罪,则不是结合犯,而是情节加重犯(包括结果加重犯)。如绑架并杀害他人的,刑法仍然规定按绑架罪论处,故不属于结合犯。三是数个原本独立的犯罪结合为另一个独立新罪,是基于刑法的明文规定。如果刑法没有明文规定结合为新罪,则不是结合犯。

典型的结合犯以开始实施手段行为为着手。如果仅实施了其中一个行为,而没有实施另一行为,或者另一个行为没有实施完毕,或者在结果犯的场合法定的结果没有出现的,则构成结合犯的未遂形态。

我国刑法没有规定典型的结合犯。但不妨碍理论上对有关法律条文的解读。根据《刑法》第二百二十九条(2021年3月1日《刑法修正案(十一)》生效之前)规定:"承担资产评估、验资、验证、会计、审计、法律服务、保荐、安全评价、环境影响评价、环境监测等职责的中介组织的人员故意提供虚假证明文件,情节严重的,处五年以下有期徒刑或者拘役,并处罚金;有下列情形之一的,处五年以上十年以下有期徒刑,并处罚金:(一)提供与证券发行相关的虚假的资产评估、会计、审计、法律服务、保荐等证明文件,情节特别严重的;(二)提供与重大资产交易相关的虚假的资产评估、会计、审计等证明文件,情节特别严重的;(三)在涉及公共安全的重大工程、项目中提供虚假的安全评价、环境影响评价等证明文件,致使公共财产、国家和人民利益遭受特别重大损失的。前款规定人员,索取他人财物或者非法收受他人财物,犯前款罪的,处五年以上十年以下有期徒刑,并处罚金。"第二款的规定中实际上有两个行为"受贿行为"和"提供虚假的证明文件行为"。刑法学者的认知不一样:其一,将本罪解释为结合犯(即受贿提供虚假的证明文件罪),于是,"受贿行为"和"提供虚假的证明文件行为"哪个行为在先,就以哪个行为为准确定本罪的着手,比如行为人先提供虚假的证明文件而事后受贿;如果索贿之后再提供虚假的证明文件的,自索贿行为开始即为本罪的着手。其二,不把本罪解释为结合犯(也是司法解释的立场),而是把"受贿行为"作为"提供虚假的证明文件行为"的一个情节加重犯,因此,只能以提供虚假的证明文件罪定罪并加重处罚。既然如此,就只能以提供行为为基准判断着手的时点。笔者赞成第一种意见,将本罪解释为结合犯是恰当的,除了前述的分析外关键的原因在于两个行为结合之后的立法配置有独立的法定刑。

不过,《刑法修正案(十一)》(2021年3月1日生效)将第二款修改为:"有前款行为,同时索取他人财物或者非法收受他人财物构成犯罪的,依照处罚较重的规定定罪处罚。"这样,再解释结合犯的理由牵强了。因为立法将"受贿行为"和"提供虚假的证明文件行为"定位为牵连关系,而且取消了独立的法定刑设置。由此,着手的判断就应该以处罚较重的那个罪的实行行为为依据对着手加以判断。假如一个具体的案件,定受贿该罪处罚较重的话,就应该以受贿行为的实施作为着手时点;如果将一个具体案件认定提供虚假的证明文件罪时,处罚较重的,则以开始提供为着手。修正案的修改消除了有关理论争议,简化该款的法律适用。

三、几种具体犯罪的着手

(一)抢劫罪、强奸罪等具有手段与目的关系之复合行为的着手

在具有复合实行行为、复杂客体的犯罪中,手段行为与目的行为共同构成该罪的实行行为分别指向主要客体和次要客体,典型的如强奸罪、抢劫罪。对这类犯罪而言,以行为人开始实行手段行为为着手。如抢劫罪中,行为人开始实施暴力、胁迫等手段行为即应视为实行行为的着手,而不是犯罪预备行为。

最高人民法院《关于审理抢劫、抢夺刑事案件适用法律若干问题的意见》(法发〔2005〕8号)第十条关于抢劫罪的既遂、未遂的认定:"抢劫罪侵犯的是复杂客体,既侵犯财产权利又侵犯人身权利,具备劫取财物或者造成他人轻伤以上后果两者之一的,均属抢劫既遂;既未劫取财物,又未造成他人人身伤害后果的,属抢劫未遂。据此,刑法第二百六十三条规定的八种处罚情节中,除'抢劫致人重伤、死亡的'这一结果加重情节之外,其余七种处罚情节同样存在既遂、未遂问题,其中属抢劫未遂的,应当根据刑法关

于加重情节的法定刑规定,结合未遂犯的处理原则量刑。"该司法解释关于抢劫罪既遂的规定,也印证了本书关于抢劫罪着手的理解。

(二)诬告陷害罪的着手

《刑法》第二百四十三条规定:"捏造事实诬告陷害他人,意图使他人受刑事追究,情节严重的,处三年以下有期徒刑、拘役或者管制;造成严重后果的,处三年以上十年以下有期徒刑。国家机关工作人员犯前款罪的,从重处罚。不是有意诬陷,而是错告,或者检举失实的,不适用前两款的规定。"据此,诬告陷害罪是指捏造事实,诬告陷害他人,意图使他人受刑事追究,情节严重的行为。

从本罪的犯罪本质出发,对本罪的犯罪构成进行解释,以下三点需要注意:

第一,本罪的客体要件是他人的人身权利和司法机关的正常活动秩序。他人的人身权利是主要客体。立法设立本罪的旨意在于保护除行为人之外的"其他人"的人身权利。基于这一犯罪本质,那么行为人自己诬告自己的行为不构成本罪;受被害人指使或者得到被害人承诺的虚假告发,也不构成本罪。

第二,本罪旨在保护被害人免受冤枉的刑事追究,所以,对捏造行为也要限制为"捏造犯罪事实",尽管《刑法》第二百四十三条在对本罪的罪状表述中并未叙明"捏造事实"是指捏造"犯罪事实",但从本罪行为人主观意图是"使他人受到刑事追究"这一点来看,所谓"事实"只能是犯罪事实。如果告发的是真实的事实,即使在情节上有所夸大,亦属检举失实,不能认定为本罪。

第三,需要向国家机关或有关单位作虚假告发。告发的形式,可是口头、书面、署名、匿名的,也可以当面、投信告发。无论采取何种形式,只有告发才可能会导致被害人受到错误的刑事追究,如果捏造事实仅在亲戚朋友之间私谈,或者在民间散布,则不构成本罪。

本罪的着手,不少教科书认为是捏造行为开始即是本罪的着手。但本书认为,捏造行为是为诬告陷害做准备的,所以,只有行为人向国家机关进行告发之时,才是本罪的着手。

附带说一下本罪的既遂问题。关于本罪的既遂理论上存有如下观点:第一,本罪的既遂以被诬陷对象受到刑事处罚为既遂标准。第二,本罪是行为犯,只要捏造事实,并且进行了告发,不论司法机关是否对被害人进行了刑事追究,都构成本罪既遂。第三,诬告陷害罪的既遂与未遂的界限在于有关机关是否收到诬告材料或听到口头告诉,至于有关机关收到诬告材料后是否受理或者是否审阅材料,以及是否着手进行侦查或者提起诉讼与既遂没有影响。即以国家机关收到材料之时为着手。第四,本罪既遂的标准应该是诬告陷害行为已经导致司法机关开始对被诬陷者采取一定的诉讼行为,具体的行为可以是对被诬陷者进行讯问,也可以是予以立案侦查。

本书赞成第四种观点。因为司法机关立案是刑事诉讼的开始,自此被害人卷入刑事诉讼。如果行为人实施了捏造犯罪事实并予以告发的行为,但司法机关最终没有采信行为人的诬陷不实之词,没有对被诬陷人采取一定的诉讼行为,也没有立案,那就意味着诬告行为没有完成,被诬陷者的人格权和名誉权没有受到刑事追究。虚假的告发未必就一定会导致立案或者引起刑事诉讼强制措施等刑事诉讼行为,只有司法机关的正常活动秩序受到危害,诬告行为整体考察才属于完成,才是本罪的既遂。第一种观点认为,本罪既遂的标准是被诬陷者受到了实际的刑事处罚,过于滞后,不利打击犯罪、保护被害人。第二、三种观点对本罪既遂的标准放得过宽,使那些并没有使被诬陷者的人格权和名誉权受到实际损害而只是受到了实际威胁的诬陷行为被作为犯罪既遂处理。

(三)关于假冒专利罪的实行行为及其着手标准

《刑法》第二百一十六条规定:"假冒他人专利,情节严重的,处三年以下有期徒刑或者拘役,并处或者单处罚金。"由此,假冒专利罪是指违反国家专利管理法规,在专利有效期内,假冒他人专利,情节严重的行为。

本罪的客观要件为违反专利管理法规,在法定的专利有效期限内,假冒他人专利,情节严重的行为。由于立法采用的简单罪状,所以本罪的假冒专利行为到底包括哪些,存在争议。有学者认为,假冒他人的专利行为只有一种方式,即未经专利权人的许可,在非专利产品或者其包装上标注专利权人的专利号或者专利标记,以自己的非专利产品假冒他人的专利产品。[1]有学者主张三种行为说,认为假冒专利的行为,除了前述的第一种外,还包括未经专利权人许可,为生产经营目的而非法制造、使用或者销售其专利产品或者使用其专利方法;以欺骗的方法在专利局登记,骗取专利。[2]鉴于《专利

① 王作富主编:《刑法分则实务研究(上)》,中国方正出版社,2003年,第815页。
② 赵秉志主编:《新刑法全书》,中国人民大学出版社,1997年,第674页。

法》和2001年以前实行的《专利法实施细则》①都没有明确规定假冒专利的行为的外延,这种争议直到2001年《专利法实施细则》第三次修订(2001年6月15日第三次公布,2001年7月1日施行)明确规定了假冒专利的行为才告一段落。2001年6月15日第三次公布的《专利法实施细则》第八十四条规定:"下列行为属于假冒他人专利的行为:(一)未经许可,在其制造或者销售的产品、产品的包装上标注他人的专利号;(二)未经许可,在广告或者其他宣传材料中使用他人的专利号,使人将所涉及的技术误认为是他人的专利技术;(三)未经许可,在合同中使用他人的专利号,使人将合同涉及的技术误认为是他人的专利技术;(四)伪造或者变造他人的专利证书、专利文件或者专利申请文件。"2004年最高人民法院、最高人民检察院《关于办理侵犯知识产权刑事案件具体应用法律若干问题的解释》(2004年11月2日最高人民法院审判委员会第1331次会议、2004年11月11日最高人民检察院第十届检察委员会第28次会议通过)肯定了上述《专利法实施细则》关于假冒专利行为的规定。

2008年12月我国的《专利法》进行了第三次修订(即现行《专利法》),②其第六十三条规定:"假冒专利的,除依法承担民事责任外,由管理专利工作的部门责令改正并予公告,没收违法所得,可以并处违法所得四倍以下的罚款;没有违法所得的,可以处二十万元以下的罚款;构成犯罪的,依法追究刑事责任。"《专利法》的其他条文没有再对假冒专利的具体表现形式作出具体的明示。

为增强该条的可操作性,2009年12月30日国务院第95次常务会议通过的《国务院关于修改〈中华人民共和国专利法实施细则〉的决定》(自2010年2月1日起施行)之三十二规定:

> ……下列行为属于专利法第六十三条规定的假冒专利的行为:(一)在未被授予专利权的产品或者其包装上标注专利标识,专利权被宣告无效后或者终止后继续在产品或者其包装上标注专利标识,或者

---

① 2001年以前的《专利法实施细则》,最初于1985年1月19日公布,1985年4月1日施行;之后1992年12月12日修订第二次公布,1993年1月1日施行。
② 我国《专利法》于1984年3月12日第六届全国人民代表大会常务委员会第四次会议通过;1992年9月4日第七届全国人民代表大会常务委员会第二十七次会议第一次修正;2000年8月25日第九届全国人民代表大会常务委员会第十七次会议第二次修正;2008年12月27日第十一届全国人民代表大会常务委员会第六次会议第三次修正。

未经许可在产品或者产品包装上标注他人的专利号;(二)销售第(一)项所述产品;(三)在产品说明书等材料中将未被授予专利权的技术或者设计称为专利技术或者专利设计,将专利申请称为专利,或者未经许可使用他人的专利号,使公众将所涉及的技术或者设计误认为是专利技术或者专利设计;(四)伪造或者变造专利证书、专利文件或者专利申请文件;(五)其他使公众混淆,将未被授予专利权的技术或者设计误认为是专利技术或者专利设计的行为。专利权终止前依法在专利产品、依照专利方法直接获得的产品或者其包装上标注专利标识,在专利权终止后许诺销售、销售该产品的,不属于假冒专利行为。销售不知道是假冒专利的产品,并且能够证明该产品合法来源的,由管理专利工作的部门责令停止销售,但免除罚款的处罚。

可见,现行《专利法实施细则》对于假冒专利行为肯定了2001年的《专利法实施细则》对假冒专利行为所作的广义解释。有鉴于此,本罪的实行行为有多种具体的表现形式。

由于本罪的实行行为有多种具体的表现形式,所以假冒专利具体情况下实行行为着手的判断就需要具体分析。可采用"行为的相称和指向的明确性"相结合的主客观统一说。

假冒专利罪的实行行为外延之争论,其背后却是如何理解本罪的犯罪客体。假冒专利罪被设定在刑法分则第三章破坏社会主义市场秩序罪一章,该章犯罪的同类客体要件是国家市场管理秩序,而不是市场主体的合法权益,因此,受同类客体的制约,假冒专利罪的犯罪客体要件是国家的专利管理法律秩序,而不是保护专利权人的专利权不受侵犯。明白了本罪的犯罪客体要件,就会明白这里的"假冒专利罪的行为",不仅限于以侵犯专利权的行为是否有直接的受害人——专利权人为标准,而应该以该种侵犯专利权的行为是否会破坏专利管理秩序为依据。所以,现行《专利法实施细则》对假冒专利行为的扩张解释是可取的。

这次争议给我们的启示有三:其一,德日的法益说总是把刑法法益理解为某一个法益主体的法益,是有很大局限性的。其二,个体法益(如本罪中的他人的专利权)只是组成国家整体法律秩序(国家专利管理法律秩序)的一个零部件,根本代表不了"犯罪客体"。其三,法定犯的犯罪构成会随着相应的行政法的立法修改而变动。

第二节　四维法益说对既遂标准的选择

与四维法益说相适应,犯罪的成立条件=犯罪四要件立体化×行为人的危险人格要素,所以犯罪的既遂就是一个危害行为事实全部、充分满足了上述条件。当然,这些条件是立法者根据维护国家法律秩序的需要而选择的。

一、既遂的学说述评

(一)德日刑法理论关于犯罪既遂标准的学说

犯罪既遂与犯罪未遂相对应,对犯罪既遂的界定,实际就是将其与犯罪未遂相区分。德日刑法理论界关于犯罪既遂的解释主要存在着构成要件充足说、目的说与结果说三种主张。

一是构成要件充足说,即犯罪既遂是指行为人着手实行犯罪,其行为实施已经完全具备了某种犯罪的"构成要件"。确认犯罪是否既遂应以行为人所实施的行为是否完全具备了刑法分则所规定的某一犯罪的全部"构成要件"为标准。完全具备的,是既遂;未能完全具备的,是未遂。

二是目的说,即犯罪既遂与未遂的区别在于行为人是否达到了其犯罪目的。达到犯罪目的的,是犯罪既遂;未达到犯罪目的的,是犯罪未遂。

三是结果说,即犯罪既遂是指故意实施犯罪行为并且造成了法律规定的犯罪结果的情况。因此,区分既遂与未遂就是看是否发生了法定的犯罪结果。若发生了法定结果的,是犯罪既遂;反之,则是未遂。

其中,构成要件充足说是德日刑法理论的通说。由此,犯罪既遂就是充足构成要件的行为。构成要件的充足,是既遂的特征。[①]

德日刑法学编著在刑法理论总论中没有设专节来研究既遂犯的要件。为什么会是这种情况呢? 笔者认为,其主要原因有二:一是德国自李斯特以来贯彻的是在犯罪论问题上坚持旧派立场,在刑罚论问题上,坚持新派立场;日本是学习德国的,所以德日刑法理论有共同的一面。二是旧派认为,正常的人犯罪,[②]其个体之间在自由意志上没有差别,主体之间也没有

[①] 马克昌:《比较刑法原理——外国刑法学总论》,武汉大学出版社,2002年,第514页。

[②] 精神病人和没有达到刑事责任人的人实施的危害行为不是真正意义上的犯罪,而应该叫做"不法"。

差别,加上德日刑法对犯罪的规定只定性不定量的立法例,于是,德日刑法在违法性上也是只定性不定量。①所以在德日国家,既遂与未遂的区别只能在"构成要件"这个方面有区别。这就是构成要件充足说成为德日国家既遂标准的理由。由此,确定犯罪是否既遂,需要根据各个具体的刑法条文来决定,探求既遂犯的要件完全是刑法各论的任务。②

(二)我国的犯罪既遂标准

1.我国的犯罪既遂标准应该采纳"犯罪构成要件的齐备说"

我国刑法对犯罪既定性又定量,因而既遂的标准是法定的。由于我国的立法不同于德日刑法的立法体例,我国犯罪构成也与德日犯罪成立体系不同,上述学说都不能直接为我所采用。"构成要件"与"犯罪构成"不同,构成要件只是相当于我国的犯罪构成的一部分。无论是构成要件说,还是目的说,抑或结果说或每一个学说也只能解决我国全部犯罪中的一部分犯罪的既遂问题而都不能完全涵盖我国刑法所规定的全部犯罪的既遂情况,所以我国不能照搬照抄外国的"构成要件齐备说"。

在我国,依据罪刑法定基本原则,犯罪构成是衡量犯罪的唯一规范尺度。犯罪既遂应该是案件事实对"犯罪构成要件的齐备",即案件事实"齐备"了某一犯罪的犯罪构成全部要件。这里的犯罪构成与德日刑法理论中的"构成要件"不同,包括犯罪客体要件、犯罪客观要件、犯罪主体要件和犯罪主观要件四个要件;并且,这四个要件中的每一个要件都是既定性又定量的若干元素组成。所以,这里的齐备包含着满足"充分必要条件"的意思。

犯罪构成要件的齐备说之所以可取,其一是它所提供的是规范标准,不是事实标准,其二与我国的犯罪既定性又定量的规定相符合。严格以法律所提供的认定犯罪既遂的尺子(即犯罪构成)来衡量具体的行为事实,所以,犯罪构成齐备说是一个规范标准:一个行为事实完全齐备(即十足地具备)了某一犯罪的犯罪构成,则属于既遂;反之,构成犯罪但没有完全齐备的,则不是既遂(可能是犯罪预备、犯罪未遂、犯罪中止;还可能是非犯罪)。"齐备"就是"齐"和"备":犯罪构成的四方面的要件都有的,叫做"齐";每一个要件都是十足的而没有任何略微欠缺的,叫做"备"。如果一个案件事实对于犯罪四方面的要件都符合,但又不是全部充足的,是犯罪的未完成形

---

① "可罚的违法性理论"虽然能产生于德国,但在德国刑法学界远远没有接受;在日本,该理论尽管还不是通说却有一定的市场。

② [日]西原春夫:《刑法总论(上卷)》(修订版),成文堂,1995年,第313页,转引自马克昌:《比较刑法原理——外国刑法学总论》,武汉大学出版社,2002年,第515页。

态。在犯罪预备形态、犯罪未遂形态和犯罪中止形态场合,案件事实也符合犯罪构成,符合的是"基础的犯罪构成"(犯罪成立意义上的犯罪构成)而不是对某一犯罪的犯罪构成的"齐备"。如果把犯罪既遂比喻为"饱麦粒"的话,那么,犯罪的未完成形态就是"瘪麦粒"。这就告诉我们:犯罪成立与犯罪既遂的场合对犯罪构成之符合程度的不同。

2.不宜采纳"事实标准"作为犯罪既遂的判断标准

有的主张,犯罪既遂是指:"实施终了的犯罪行为,达到了行为人预期的目的。"[1]有的主张,犯罪既遂是指发生了行为人所希望或者放任的、实行行为性质所决定的侵害结果。[2]这类标准都是从事实层面给既遂提出的标准,可以概括为事实标准说。

对于这一事实标准说商榷如下三点:

第一,这是一个事实学的标准,不是一个规范学的标准。但法律意义上的犯罪,首先是现实中的犯罪,是一个行为事实。法律上的犯罪更是立法或者司法给这个"行为事实"贴上了价值标签的"价值判断的产物"。因此,在规范法学中该观点不具有可采性。

第二,犯罪是否既遂,即是否"得逞",不是物理意义上的事实判断,而是统治阶级的价值判断。在立法上是立法者对社会中已经出现的大量的类同的犯罪现象基于国家刑事政策和统制社会的需要,进行抽象思维然后确定的判断标准;在司法过程,则是司法人员手执国家法律所提供的既定标准之"规范性的尺子",对一个具体的行为事实进行衡量,从而得出的结论。所以,一个犯罪行为是否"得逞",不是一个单纯的事实判断,是运用"法律规定的规范标准"(机制标准)对"案件事实"的"价值判断"。

第三,依据我国设定犯罪各种停止形态的立法意图,既遂之"遂"的基本含义,应该是从立法者的角度观察问题的结论,即刑法所保护的客体受到的危害,或者体现为犯罪结果(法定的实害结果或者法定的危险状态的出现),或者体现为特定行为的完成。犯罪既遂之"遂"的基本含义,不应望文生义地依据字面含义来确定,而应从立法意图,系统地分析其应有内涵(特定刑法规范的含义)。

总之,既遂与否,不是对"危害行为自然而然的物理过程"的事实判断,而是依据立法者意志(法律规范之标准)对案件事实的价值判断。犯罪的既

---

① 侯国云:《对传统犯罪既遂定义的异议》,《法律科学》1997年第3期。
② 张明楷:《刑法学(上)》(第五版),法律出版社,2016年,第345页。

遂,不是"物理意义上"的"行为完成"而是"法律意义"的"犯罪行为完成"。

3."表面的构成要件要素"这一外国刑法理论专业术语不适合我国

有论者主张,"未得逞""只是未遂犯中的表面的要素,而不是为不法、责任提供根据的要素。所以,在不能查明行为是否造成了法益侵害结果时,需要将'未得逞'作为未遂犯的表面的构成要件要素,从而合理地认定未遂犯。由此看来,与其争论'未得逞'的含义,不如讨论具体犯罪的既遂标准。"[1]笔者认为,"表面的构成要件要素"是德国刑法理论的专业术语,但不适合我国语境。这里有三个理由:第一,在德日国家刑法对犯罪只定性不定量的情况下,所谓的"表面的构成要件要素"有存在的空间,因为无需对危害行为的违法程度和可谴责性的责任程度加以限制,即德日国家在违法性判断和责任判断上,是或者"有"或者"无"的问题,不存在程度(量度)衡量。但是,在我国刑法对犯罪既定性又定量的情况下,任何犯罪构成的"要素"都需要对行为性质和行为强度的说明——都需要既有"质"的测定功能,又要有"量"的测定功能,否则,这些"要素"就不是犯罪构成的"要素"了。第二,正是因为德日国家刑法对犯罪的只定性规定,不定量限定,所以,讨论犯罪的既遂标准是刑法分则的任务,探求既遂犯的要件完全是刑法各论的任务。[2]但我国不同,我们的刑法总论必须讨论犯罪既遂的一般标准问题。否定"一般标准理论"对分则的指导意义,违背辩证逻辑规律。按照唯物辩证法的辩证逻辑规律:"实践、认识、再实践、再认识,这种形式,循环往复以至无穷,而实践和认识之每一循环的内容,都比较地进到了高一级的程度。"这是人类认识发展的总规律。第三,一般和个别的关系是反映事物多样性和统一性辩证关系。个别指单个的具体事物,又指事物的个性;一般指许多个别事物所属的一类事物,又指事物的共性。个别和一般既相区别又相联系,是对立统一关系,个别一定与一般相联系而存在。一般只能在个别中存在,只能通过个别而存在。任何个别(不论怎样特殊)都包含着一般;任何一般都是若干个别的共性。如果只强调个别而否定一般,是错误的。该观点就是只认同其中的一个环节(分则个罪),反对作为共性的一般理论对具体犯罪"未得逞"认定的普遍指导作用,故违背了辩证逻辑规律。

---

① 张明楷:《刑法学(上)》(第五版),法律出版社,2016年,第346页。

② [日]西原春夫:《刑法总论(上卷)》(修订版),成文堂,1995年,第313页。转引自马克昌:《比较刑法原理——外国刑法学总论》,武汉大学出版社,2002年,第515页。

(三)我国犯罪既遂犯的特征

我国的犯罪构成是实质意义的,不像德日国家犯罪的成立需要进行三重判断,而是一次性的耦合式判断。刑法理论和司法实践采用犯罪构成齐备说是正确的。我国的犯罪既遂具有以下三点特征:

一是行为人主观方面是犯罪故意。我们将犯罪既遂视为与犯罪未完成形态相对应的概念而使用。过失犯罪、间接故意①犯罪不存在犯罪未完成形态,也就不应使用犯罪既遂这一概念,只有犯罪成立的概念。犯罪未完成形态只存在于"部分直接故意犯罪"情形下。

二是行为人已经着手实行犯罪。这是犯罪既遂成立的时间起点。如果行为人尚未着手实行犯罪,而只是实施了"为实施本罪准备工具,制造条件的行为",则只可能成立本罪的犯罪预备形态,而不能成立本罪犯罪既遂。再者,我国刑法所规定的犯罪具有很高的量的规定性,所以这里的"行为的强度"也是需要限定的(不能把实施轻微的行为的时点,作为实行行为着手的起点)。

三是行为人的行为齐备了某种犯罪的"基本犯罪构成"的全部要件。这里说的基本犯罪构成要件的齐备,是指对"刑法分则规定的某一犯罪基本犯罪构成要件"的齐备。因为有的很多犯罪都存在结果加重、情节加重犯,所以,讨论既遂问题必须明确是对"基本犯"而言的。一些学者对这里的"齐备"存在误解。所谓"齐备"是指一个行为事实十足地满足了刑法分则对该罪所规定的"基本的犯罪构成条件"。这里的"基本的犯罪构成",是与"修正的犯罪构成"相对应的概念。《刑法》分则对于个罪成立条件的规定是以单独犯罪的既遂为模式的。所以,刑法分则以及其他刑罚法规所规定了具体犯罪的基本犯的犯罪构成。与此相对应的修正的犯罪构成,则是刑

---

① 有学者主张间接故意犯罪存在犯罪中止和犯罪未遂形态,不存在犯罪预备形态。见张明楷:《刑法学(上)》(第五版),法律出版社,2016年,第331页。这一见解需要仔细分析:第一,论者是在事实层面的分析,认为应该承认间接故意犯罪的未遂形态和犯罪中止形态。但是犯罪的认定不是纯粹的事实判断,是规范判断。间接故意犯罪场合下,主观上,犯罪人对自己的行为所可能造成的一定危害结果发生与否持"放任"的态度,即发生与否都为行为人放任的心理所包含,不是对完成特定犯罪的追求;客观上,出现的此种状态或彼种结局都符合其放任心理,对这种案件应以行为的实际结局决定定罪问题,只有当危害行为导致社会危害结果时才成立犯罪,因而无犯罪未完成形态存在的余地。第二,难以用规范提供的标准对间接故意犯罪未完成形态的作出判断。因为证明的困难而难以追责。由于法律不仅仅是逻辑而更是经验,所以,即使逻辑上可以承认间接故意犯罪的某一种未完成形态,但司法实践中却没有价值。

法总则就未遂犯、共犯对基本构成要件进行修正而形成的犯罪构成,修正的犯罪构成都达到了"基础的犯罪构成"——犯罪成立意义上的犯罪构成。

需要说明的是,有的学者不赞成"基本的犯罪构成条件和修正的犯罪构成"这一组分类。①实际上,在德日的立法背景下,由于犯罪在刑法的规定上只定性不定量,囿于德日刑法理论的过去观点,德日的犯罪成立条件中可以不承认"基本构成要件和修正的构成要件"这一组分类。然而,如果看到近年来德日刑法理论关于"可罚的违法性理论"、犯罪的社会危害性衡量的"比例原则"等新观点的逐步被众多外国学者所接受,那么我们认为,这一组构成要件的分类迟早会得到德日理论的普遍认可。再看我国,由于现行刑法对犯罪的规定有很高的量的要求,因而决定犯罪的成立条件需要有量的规定性。所以,"基本的犯罪构成"和"修正的犯罪构成",这两个概念和这一组对犯罪构成的分类的合理性,是毋庸置疑的。

为了对基本的犯罪构成加深认识,在此再次强调我国刑法理论中两组分类,一是加重的犯罪构成和减轻的犯罪构成。举一个例子:如果把基本的犯罪构成比喻为合格麦粒的尺寸,那么修正的犯罪构成和减轻的犯罪构成都相当于瘪麦粒的尺寸。无论是合格麦粒,还是瘪麦粒,都是麦粒,都具有麦粒的资格和条件。同样地,基本的犯罪构成与修正的犯罪构成、加重的犯罪构成和减轻的犯罪构成,都是包含了犯罪构成四个要件。区别的是,只有一个具体的犯罪行为在既遂犯的场合,才是"十足地""齐备"了犯罪构成。所以,基本的犯罪构成和修正的犯罪构成、加重的犯罪构成和减轻的犯罪构成,是为犯罪既遂、犯罪未完成形态、共犯形态、加重犯、减轻犯等司法认定所提供的认定标准。二是基础的犯罪构成和作为犯罪既遂标准的犯罪构成。基础的犯罪构成是犯罪成立意义上的犯罪构成,无论是修正的犯罪构成还是减轻的犯罪构成都是符合基础的犯罪构成;作为犯罪既遂标准的犯罪构成是"齐备"意义上的犯罪构成。可见,那种反对犯罪构成齐备说,②认为该说混淆了犯罪成立条件与既遂的标准的观点,是错误的,是该论者对"齐备"标准的内涵存有误解所造成的。

(四)我国犯罪既遂形态的类型

按照犯罪构成齐备说,归纳刑法分则关于具体犯罪既遂的规定,可以归结为以下三种基本类型:

---

① 张明楷:《刑法学(上)》(第五版),法律出版社,2016年,第117页。

② 刘之雄:《关于故意犯罪既遂标准的再思考》,《法商研究》1998年第6期。

一是实害结果犯。刑法分则规定的结果犯这种犯罪既遂形态是指不仅要实施具体犯罪构成客观要件的行为，而且需要产生法定的犯罪结果，才构成既遂的犯罪。在结果犯中，行为人着手实施该具体犯罪构成客观要件的行为后，只有导致了该罪构成客观要件的法定结果才能构成犯罪既遂；未发生该犯罪结果的，不构成犯罪既遂（可以是未遂或者犯罪中止）。

二是具体危险犯（危险结果犯）。刑法分则规定的具体危险犯这种犯罪既遂形态是指以行为人实施的危害行为，造成足以发生某种法定的危害结果的危险状态，才构成既遂标志的犯罪。在具体危险犯中，行为人着手实施该具体犯罪构成要件客观要件的行为后，只有足以导致了该罪构成要件客观要件的法定危险状态才能构成犯罪既遂。例如，《刑法》第一百一十六条规定，破坏交通工具罪就以破坏行为造成足以使火车、汽车、电车、船只、航空器发生倾覆危险为既遂的标志。如果行为人着手破坏交通工具的行为之后，由于其意志以外的原因而未造成足以造成交通工具倾覆毁坏危险的，只能构成犯罪未遂；如果行为人破坏交通工具，其破坏行为造成足以使火车、汽车、电车、船只、航空器发生倾覆危险状态，之后行为人又后悔，把危险状态取消了，对于这种情况，对于危险犯已经既遂，所以只能引用《刑法》第一百一十九条规定，参照（不是"依照"）对结果犯的未遂的处理："可以从轻或者减轻处罚"。

三是行为犯。这里的行为犯是广义的，包括狭义的行为犯、举动犯和抽象危险犯。刑法分则规定，这种犯罪既遂形态是指以法定的犯罪行为的完成作为犯罪既遂标准的犯罪，即不要求造成物质性的和有形的犯罪结果。三点说明：

第一，这些行为并非都是"一着手"即告犯罪的完成，即使是狭义的行为犯，也是只有该行为的完成才能构成犯罪既遂。如果由于其意志以外的原因而该实行行为没有完成的，不构成犯罪既遂，如脱逃罪以行为人达到脱离监禁羁押的状态为犯罪既遂的标志；偷越国（边）境罪以行为人达到越过边境线的状态为犯罪既遂的标志。

第二，举动犯的既遂。举动犯属于广义行为犯的一类，也是以行为的完成为既遂标志，只是按照法律规定，行为人一着手犯罪实行行为即告完成从而构成犯罪既遂的犯罪。举动犯不存在犯罪未遂问题，但存在既遂形态与预备形态及预备阶段的中止形态。我国刑法中的举动犯一般都是原本属于非实行行为而被刑法分则实行行为化的犯罪行为，具体包括两类：一类是原本为预备性质的犯罪构成，如参加恐怖活动组织罪之参加行为；

另一类是教唆性质的犯罪构成,如煽动分裂国家罪之煽动行为。

第三,抽象危险犯。抽象危险犯也属于广义行为犯的一类,也是以行为的完成为既遂标志。因为在抽象危险犯场合,抽象危险无需具体分析判断,只要危害行为实施完毕,抽象的危险就当然产生。所以,抽象危险犯徒有危险犯之名,实乃行为犯也。

最后需要指出的是,目前我国许多教科书把举动犯单独出来,作为与结果犯、危险犯和行为犯相并列的第四类既遂形态。但这样做实际是犯了分类标准混乱的逻辑错误。许多教材专著把抽象危险犯与具体危险犯合称"危险犯",并且讨论时一起讨论,其实是没有看到抽象危险犯构造以至于没有很好地理解抽象危险犯的犯罪本质特点。

二、基于四维法益说对情节犯既遂标准的分析

情节犯的既遂。刑法理论界对于情节犯的界定不一。本书从最广义、广义和狭义三个视域给情节犯下定义。基于《刑法》第十三条的但书规定,所以从最广义上,我国的任何犯罪都是情节犯。广义上,犯罪结果(犯罪数额);行为的时间地点、方式方法;抽象性情节(如"情节严重""情节恶劣")等是犯罪常见的情节,因此,凡是刑法分则基本犯条文中以"犯罪结果(犯罪数额);行为的时间地点、方式方法;抽象性情节(如情节严重、情节恶劣)"为标准的,都是情节犯。狭义的情节犯仅指刑法分则条文的基本罪状规定了抽象的定罪情节,如"情节严重""情节恶劣"的犯罪。可见,在我国刑法学中,犯罪情节与情节犯的概念不仅二者的内涵不同,而且,其外延也有很大的差异。犯罪情节是指所有与定罪、量刑有关的情节。其中的定罪情节可以分为基本犯的定罪情节、减轻犯的定罪情节、加重犯的定罪情节等。量刑情节,可分为法定量刑情节和酌定量刑情节,或者加重情节、减轻情节、多功能情节等。

情节犯的既遂问题所涉及的是基本犯的"抽象性的定罪情节"的内涵与外延问题。例如,《刑法》第二百九十一条之二规定:"从建筑物或者其他高空抛掷物品,情节严重的,处一年以下有期徒刑、拘役或者管制,并处或者单处罚金。"这是一个典型的情节犯。该罪的既遂标准是"从建筑物或者其他高空抛掷物品的行为"达到了"情节严重"的程度。那么,该罪的"情节严重"如何判断呢? 应该全面考察,系统解释。结合本条的"有前款行为,同时构成其他犯罪的,依照处罚较重的规定定罪处罚"的规定,假如一个高空抛物案件,行为人高空抛物行为故意致人轻伤、重伤或者死亡的;或者故

意毁坏财物价值较大或者有其他严重情节的;或者高空抛物行为故意危害公共安全的,或者高空抛物行为过失致人重伤、死亡的,或者高空抛物行为过失危害公共安全的,则分别构成高空抛物罪与故意伤害罪、故意杀人罪、故意毁坏财物罪、以危险方法危害公共安全罪、过失致人重伤罪、过失致人死亡罪、过失以危险方法危害公共安全罪的竞合。由于高空抛物罪是轻罪,因而该案最终分别认定为故意伤害罪、故意杀人罪、故意毁坏财物罪、以危险方法危害公共安全罪、过失致人重伤罪、过失致人死亡罪、过失以危险方法危害公共安全罪。有鉴于此,这里的"情节严重"可以体现在高空抛物行为的时间地点,方式方法的社会危害性不是"显著轻微危害不大";也可以是高空抛物行为故意致人轻微伤的情形;还可以是高空抛物行为过失致人轻伤的情形;还可以是高空抛物行为故意毁坏了他人的财物但没有构成故意毁坏财物罪的情形等。

三、基于四维法益说对盗窃罪既遂标准的分析

《刑法》第二百六十四条规定:"盗窃公私财物,数额较大的,或者多次盗窃、入户盗窃、携带凶器盗窃、扒窃的,处三年以下有期徒刑、拘役或者管制,并处或者单处罚金;数额巨大或者有其他严重情节的,处三年以上十年以下有期徒刑,并处罚金;数额特别巨大或者有其他特别严重情节的,处十年以上有期徒刑或者无期徒刑,并处罚金或者没收财产。"据此,盗窃罪是指盗窃公私财物数额较大的,或者多次盗窃、入户盗窃、携带凶器盗窃、扒窃的行为。

1.学说分歧和实务立场

关于盗窃罪的既遂标准,目前理论上有影响的观点主要是:失控说、控制说、失控加控制说、失控或者控制说,以及以控制为原则,以失控为补充说等。

失控说主张,盗窃罪属于侵财犯罪,应该以给公私财物所有权造成直接损害结果为犯罪构成齐备的标志,即以财物所有人或者持有人失去对财物的控制作为既遂标准。[1]

控制说主张以行为人对财物实际控制为标准。[2]盗窃罪犯罪构成完备

---

① 高铭暄、马克昌主编:《刑法学》(第七版),北京大学出版社、高等教育出版社,2016年,第503页。

② 王作富主编:《刑法分则实务研究(下)》,中国方正出版社,2003年,第1255页。

的客观标志就是盗窃行为造成了犯罪分子占有所盗窃财物的犯罪结果。而非法占有财物的结果,只能理解为盗窃犯获得了对财物的实际控制。当然,这里的实际控制,并非指财物一定就在行为人手里,而是指行为人能够在事实上支配该项财物。只要行为人取得(控制)了财物,就是盗窃既遂。这种控制即行为人事实上占有了财物(建立了新的支配关系)。

失控加控制说主张应以财物持有人或者保管人是否丧失对财物的控制并且以行为人对财物的实际控制为标准。这种观点下,失控并且控制说,失控和控制同时具备,故既遂的标准控制太严,不利于严惩罪犯。所以,国内学者没有持这一观点的。

控制或者失控说,[1]即盗窃行为已经使被害人丧失了对财物的控制时,或者行为人已经控制了所盗财物时,都是既遂。被害人的失控与行为人的控制通常是统一的,被害人的失控意味着行为人的控制。但二者也存在不统一的情况,即被害人失去了控制,但行为人并没有控制财物,对此,也应认定为盗窃既遂。例如,行为人以不法占有为目的,从火车上将他人财物扔到偏僻的轨道旁,打算下车后再捡回该财物。又如,行为人以不法占有为目的,将他人放在浴室内的金戒指藏在隐蔽处,打算日后取走。在这种情况下,即使行为人后来由于某种原因没有控制该财物,但因为被害人丧失了对财物的控制,也应认定为盗窃既遂,而不能认定为未遂。所应注意的是,在认定盗窃罪的既遂与未遂时,需要根据财物的性质、形态、体积大小、被害人对财物的占有状态、行为人的窃取样态等进行判断。如在商店行窃,就体积很小的财物而言,行为人将该财物夹在腋下、放入口袋、藏入怀中时就是既遂;但就体积很大的财物而言,只有将该财物搬出商店才能认定为既遂。再如盗窃工厂内的财物,如果工厂是任何人可以出入的,则将财物搬出原来的仓库、车间时就是既遂;如果工厂的出入相当严格,出大门需要经过检查,则只有将财物搬出大门外才是既遂。又如间接正犯的盗窃,如果被利用者控制了财物,即使利用者还没有控制财物,也应认定为既遂。

还有学者主张,盗窃罪既遂的认定应以取得说为原则;在取得说不能适用时,考虑采失控说。[2]这实际是以控制为原则,以失控为补充的观点。

---

[1] 论者的原始表述是"失控加控制说",见谢望原、郝兴旺主编:《刑法分论》,中国人民大学出版社,2008年,第270页。但其实际的主张却是"失控或者控制"这样的"择一关系",故本书给这一观点进行正名。

[2] 周光权:《刑法各论》,中国人民大学出版社,2016年,第121页。

最高人民法院、最高人民检察院关于盗窃罪的司法解释,是持控制说;司法实践也是以行为人的所得为计赃依据的。

2.基于犯罪本质的思考

上述不同观点的争论是表面现象,其背后的实质问题是对盗窃罪的犯罪本质理解的差异所导致的。所以,需要从盗窃罪本质角度来甄别该罪的既遂标准。

那么,设立盗窃罪的立法目的是什么?是出于保护某甲或者某乙的财产权吗?不是的!是为了维护国家的所有权法律秩序,在维护国家法律秩序的过程中,附带地保护了某甲或者某乙的财产权。犯罪是谁的行为?是被害人的行为吗?不是!犯罪是行为人的行为。既然是行为人的行为,就应该直接地衡量行为人行为的社会危害性。从被害法益损失多少的角度来衡量行为人的行为的社会危害性,只是间接的途径。所以,依据犯罪的社会危害性标准直接地考察行为的性质和强度。失控说显然是立于被害人来考察行为人的危害行为的;控制说是直接考查行为人的行为的。所以,控制说是衡量犯罪行为既遂与否的最准确的标准。

当然,犯罪行为是极其复杂的社会现象,有时候直接考察行为人的行为性质和强度又是困难的,甚至是不可能的,此时就需要转而求助于对被害人造成了损失情况(是否遭受实害损失)作为既遂的标准。由此,本书赞同"以控制为原则,以失控为补充"的盗窃罪既遂标准说。

四、基于四维法益说对绑架罪既遂标准的分析

(一)绑架罪的概念和犯罪构成特征

《刑法》第二百三十九条规定:"以勒索财物为目的绑架他人的,或者绑架他人作为人质的,处十年以上有期徒刑或者无期徒刑,并处罚金或者没收财产;情节较轻的,处五年以上十年以下有期徒刑,并处罚金。犯前款罪,杀害被绑架人的,或者故意伤害被绑架人,致人重伤、死亡的,处无期徒刑或者死刑,并处没收财产。以勒索财物为目的偷盗婴幼儿的,依照前两款的规定处罚。"据此,绑架罪,是指以勒索财物为目的,绑架他人或者劫持他人作为人质的行为。[①]

本书认为,本罪的犯罪构成有三:第一,客体要件是以他人的人身权利

---

① 《刑法》第二百三十九条第三款规定:"以勒索财物为目的偷盗婴幼儿的,依照前两款的规定处罚。"该规定属于法律拟制,不是典型的绑架罪,故这里不作讨论。

为核心内容的国家法律秩序。

通说认为，本罪是复杂客体，既包括他人的人身权利，也包括他人的财产权利或者其他权利。前者是主要客体要件是人身权，后者是次要客体。[①]但司法实践中，在绑架勒赎的情况下，即使行为人没有得到赎金，只要控制了人质的，就是犯罪既遂。通说对此无法解释。可见，关于本罪既遂的通说并不可取。

第二，客观要件是使用暴力、胁迫或者其他手段劫持他人作为人质的行为（本书持单一行为论）。权威教科书认为，本罪的客观要件是使用暴力、胁迫或者其他手段劫持他人作为人质的行为以勒索财物或者以人质为筹码勒索其他利益。其中绑架勒索行为是复合行为，具体包括绑架行为与勒索赎金行为。[②]其中，绑架是指违背被害人或其监护人意志，将被害人掳离原处，置于行为人控制之下，然后进行人质交换，强索财物或者其他利益。绑架既可采用暴力、胁迫等强制方法如捆绑、殴打等，亦可采用药物麻醉等方法，不论何种方法都具有控制被害人，剥夺或者限制其自由的本质。所谓勒索财物，是指行为人在绑架人质以后，以一定的方式将绑架人质的事实通知被绑架人的亲属或其他利害关系人，并以继续扣押人质或加以杀伤相要挟，勒令被通知的人员在一定时间内交付一定数额的金钱或财物，以换回人质。强索其他利益，是绑架人质之后，向有关人员或者当局叫板，提出释放人质的条件，如恐怖组织绑架人质之后，向有关当局讨价还价。绑架行为的实行行为由控制人质和勒索财物（或索要其他不法利益）两个部分组成。以上的复合行为说也是过去长期通行的观点，但这一复合行为说与司法实践并不相符。

本书持单一行为说（与前述的单一客体要件的立场相统一）。根据现行立法，本罪的实行行为有三种方式：一是以勒索财物为目的，使用暴力、胁迫或者其他手段绑架他人的行为。二是出于用他人作为人质交换的目的，使用暴力、胁迫或者其他手段劫持控制人质的行为。比如出于要求政府释放在押犯，要求政府实施某项对绑架人有利的政策或者措施等目的，控制人质的行为。三是以勒索财物为目的，偷盗婴幼儿的行为。

第三，本罪的主体是一般主体，即已满十六周岁且精神正常的人，均

---

① 高铭暄、马克昌主编：《刑法学》（第七版），北京大学出版社、高等教育出版社，2016年，第469页。

② 贾宇主编（马工程教材）：《刑法学（下册·各论）》，高等教育出版社，2019年，第131页。

可构成本罪。根据最高人民法院《关于审理未成年人刑事案件具体应用法律若干问题的解释》，已满十四周岁不满十六周岁的人实施《刑法》第十七条第二款规定以外的行为，如果同时触犯了《刑法》第十七条第二款规定的，应当依照《刑法》第十七条第二款的规定确定罪名，定罪处罚。这就是说已满十四周岁不满十六周岁的人实施绑架行为，故意杀害被绑架人的，应认定为故意杀人罪；故意致被绑架人重伤的，构成故意伤害罪（致人重伤）。

第四，主观要件只能是直接故意，并且以勒索财物或者其他不法利益为目的。使用暴力、胁迫或者其他手段绑架他人，以及以勒索财物为目的偷盗婴幼儿的行为方式中，行为人是以勒索财物为目的；在劫持他人作为人质的行为方式中，行为人绑架的目的不是勒索财物，而是以获取其他利益为目的（如为了政治目的或其他利益）。此即这两类绑架行为方式彼此相区别的重要标志。当然，以出卖被绑架人为目的的，可以构成拐卖妇女、儿童罪。

(二)关于本罪既遂标准的争议与评析

对本罪的既遂标准，学界有不同主张，主要有以下四点：第一种观点，立于复合行为的法定犯罪结果出现说，即绑架罪是由绑架与勒索两个行为结合而成，不能将二者割裂开来，行为人以绑架为手段，以勒索财物或者获得其他利益为目的，目的得逞，即犯罪既遂。第二种观点，立于复合行为的控制人质说，本罪虽然是由两个行为构成，但是否既遂，应以人质是否受到控制为标准。至于是否开始索取财物或索要其他利益，不影响本罪的既遂。第三种观点，立于复合行为的第三人自由决定权受到威胁说，主张绑架罪是复合行为，控制了人质还不是既遂，需要进一步实施以人质进行交换的行为，以给第三人的自由决定权造成威胁作为犯罪既遂的标准。第四种观点，即持单一行为说，以控制行为完成为既遂标志。

司法解释是以绑架行为控制了人质为既遂标准。

本罪既遂标准的争议肇始于对本罪犯罪构成的不同理解，而关键在于没有准确把握本罪的本质和对本罪的刑事政策。

如果从事实学立场，绑架罪是复合行为，以行为人追求的犯罪结果的出现为既遂，这也是过去绑架勒赎罪以绑匪得到钱财才算既遂的原因。但是，这一解读没有考量立法者对本罪刑事政策和由刑事政策所决定的绑架罪犯罪本质的变化。绑架罪是由绑架勒赎罪和绑架人质罪合并而成。其中，绑架勒赎罪是一个古老的犯罪，其道德谴责性强，历来为老百姓和官方所痛恨;绑架人质罪是绑架人质并提出钱财以外的政治利益、环保利益、医疗利益等与释放人质相交换的犯罪,该罪尤其为恐怖分子所热衷,所以,也是当前各国刑法严惩的犯罪。我国对绑架罪同样是执行严格的刑事政策。严格的刑事政策要求本罪既遂标准的提前,因而与单一行为说相适应的人质被控制说,是严惩立场的题中应有之义。

附带指出,有的学者在总论讨论一般意义上犯罪既遂标准时坚持"事实的主客观统一说",在分论关于绑架罪的既遂标准却又是基于单一行为的人质控制说。①还有教材,一方面主张本罪为复杂客体、复合的实行行为,但另一方面又主张本罪的既遂以绑架行为的完成为既遂。②这都是前后矛盾,违反了"不矛盾"的逻辑规则。

本罪的既遂标准的分析,再一次证明:犯罪是立法者把这种行为定位为犯罪的结果,不是对行为事实"裸的"中性的判断。由此,德日三阶层的客观中性的符合性判断,从一开始就是根本不可能进行的。

五、基于四维法益说抢劫罪既遂标准的分析

(一)抢劫罪的概念和犯罪构成特征

《刑法》第二百六十三条规定:

> 以暴力、胁迫或者其他方法抢劫公私财物的,处三年以上十年以下有期徒刑,并处罚金;有下列情形之一的,处十年以上有期徒刑、无期徒刑或者死刑,并处罚金或者没收财产:(一)入户抢劫的;(二)在公共交通工具上抢劫的;(三)抢劫银行或者其他金融机构的;(四)多次抢劫或者抢劫数额巨大的;(五)抢劫致人重伤、死亡的;(六)冒充军警人员抢劫的;(七)持枪抢劫的;(八)抢劫军用物资或者抢险、救灾、救济物资的。

据此,抢劫罪是指以非法占有为目的,以暴力、胁迫或者其他方法当场强行劫取公私财物的行为。

本罪的犯罪构成有以下四点:首先,客体要件既包括公私财产所有权,

---

① 张明楷:《刑法学》(第五版),法律出版社,2016年,第117、889页。

② 贾宇主编(马工程教材):《刑法学(下册·各论)》,高等教育出版社,2019年,第132—133页。

又包括公民的人身权利。客体要件的双重性,是区别本罪与其他侵犯财产罪和大多数侵犯人身权利罪的主要标志,同时也是本罪被认为是最严重的侵犯财产罪的根据。由于抢劫罪的目的是非法占有公私财物,其核心内容是强行劫取财物,而侵害人身权利的暴力、胁迫等行为只是劫取财物的手段,所以公私财产所有权是抢劫罪的主要客体要件。因此,我国刑法典将其规定在侵犯财产罪一章中,并作为首要的犯罪加以安排。

其次,客观要件是行为人对财物所有人、持有人或者保管人等使用暴力、胁迫或者其他方法当场强行劫取财物,或者迫使其当场交出财物的行为。本罪的实行行为由手段行为和目的行为两部分构成。所谓手段行为,是指为劫得财物而对被害人的人身实施的用以排除其反抗的行为;所谓目的行为,是指劫取财物的行为或者迫使被害人当场交出财物的行为。二者紧密结合,方能构成完整的抢劫行为。

再次,本罪的主体是一般主体。根据《刑法》第十七条第二款的规定,已满14周岁不满16周岁的人,可以构成本罪。

最后,主观要件是直接故意,并且以非法占有公私财物为目的。其内容可详细描述为:行为人明知使用暴力、胁迫或者所采取的其他方法会使被害人的反抗能力有所抑制甚至丧失,明知是公共财物或者他人财物;意志因素即行为人追求使用暴力、胁迫或者其他方法以实现其非法占有他人财物的目的。如果在主观上没有非法占有公私财物的目的,如抢回自己被他人非法占有的财物,则不以本罪论处;如果无意使用暴力、胁迫等方法(在抢夺过程中用力过猛,致被害人因财物的牵拉而受伤)的,也不构成本罪;如果行为人并非故意使用暴力等方法强占他人财物,而是出于其他故意实施暴力(如行为人在杀人的故意下杀死被害人后,又见财起意,拿走被害人财物)的,也不应以本罪论处。至于犯罪动机,不是本罪犯罪构成的要素。

(二)立于四维法益说抢劫罪既遂标准的争议及其评析

关于抢劫罪的既遂标准,刑法理论上主要有三种主张:

一是认为既然抢劫罪是侵犯财产罪,就应当以是否抢得财物为既遂与未遂的标准;如果没有抢得财物,即使侵犯了人身权利,也不成立抢劫既遂。[1]有的学者进一步阐述,造成轻伤但未取得财物的,属于基本犯未遂;

---

① 赵秉志主编:《刑法新教程》,中国人民大学出版社,2012年,第491页。

造成重伤、死亡,但未取得财物的,属于结果加重犯未遂。[①]

二是认为抢劫罪虽然是侵犯财产罪,但其侵犯的人身权利价值更大,因此不论是否抢得财物,只要在抢劫过程中侵犯了被害人的人身权利,即成立抢劫罪既遂。

三是认为抢劫罪是双重客体,应当在不同的情况下以不同的标准区分既遂与未遂,即抢劫行为没有造成人身伤亡时,以是否抢得财物作为标准;如果抢劫行为造成轻伤以上或者死亡结果,则不论是否取得财物,都成立抢劫既遂。

关于司法实务的立场。2005年6月8日最高人民法院《关于审理抢劫、抢夺刑事案件适用法律若干问题的意见》统一了抢劫罪既遂、未遂的标准。该《意见》规定:"抢劫罪侵犯的是复杂客体,既侵犯财产权利又侵犯人身权利,具备劫取财物或者造成他人轻伤以上后果两者之一的,均属抢劫既遂;既未劫取财物,又未造成他人人身伤害后果的,属抢劫未遂。据此,《刑法》第二百六十三条规定的八种处罚情节中除'抢劫致人重伤、死亡的'这一结果加重犯之外,其余七种处罚情节同样存在既遂、未遂问题,其中属抢劫未遂的,应当根据刑法关于加重情节的法定刑规定,结合未遂犯的处理原则量刑。"

本书认为,抢劫罪是以暴力、胁迫或者其他方法实施的侵财行为,是最严重的侵财行为;刑法为抢劫罪配置的最高法定刑是死刑。这个最高法定刑的配置,虽经这么多次刑法的修正而不改变,足以表明立法者的价值立场。根据现行立法,抢劫罪的暴力之上限包括故意杀人行为,所以只考虑财产侵害情况而不考虑被害人人身受害情况来决定既遂与未遂,显然不符合立法目的。第一种观点是只考虑到了本罪的财产权受侵犯的一面,没有考虑人身权利被侵害的另一面,对本罪的犯罪本质缺乏全面的认识。第二种观点,缺乏主次观念,毕竟抢劫罪属于财产犯罪,然而,该论者却只考虑手段行为造成的侵害,故主次颠倒,走了另一个极端,故也不符合立法目的。第三种观点,立于本罪的复杂客体和复合行为之特点,从刑法设立本罪的立法目的和对本罪的本质价值定位出发,以抢得赃物作为既遂的常态标准,以对人身的轻伤以上结果的出现作为特殊情形的标准,既坚持了原则,又有灵活性,是可取的。司法解释采纳了这一观点。

[①] 张明楷:《刑法学》(第五版),法律出版社,2016年,第987页。

本章小结

着手和既遂是故意犯罪未完成形态最为关键的两个时点。四维法益说揭示了犯罪社会危害性的质和量,揭示了犯罪对于以法益为核心的国家整体法律秩序的侵犯;揭示了犯罪所包含的行为人的危险品格。这对于实行行为的定型(即着手的判断)、犯罪的"完成"(即既遂形态)的判定,都有指导意义。

意大利现行《刑法典》规定的"行为的相称性和行为指向的明确性"这一标准体现了在着手标准问题上也是坚持了主客观的统一。意大利刑法规定的这一标准与前述德日的结果危险说是一致的。目前,作为我国刑法理论通说的"主客观统一的着手说",与德日的客观的折中说之行为危险说是相同的。源于我国与德日刑法的立法差异,在德日,结果危险说更好地克服了德日刑法的立法不足(立法对实行行为只定性不定量);而在我国,行为危险说就够了,无需采用结果危险说。因为我国刑法分则规定的实行行为都是含有量的限定的,况且,结果危险说难以适合行为犯(包括狭义行为犯、举动犯和抽象危险犯)着手的判断。

犯罪是十分复杂的社会和法律现象,除了通常的犯罪情形之外,还需对于特殊情形,如不作为犯的着手、间接正犯的着手、原因自由行为的着手、结合犯的着手,以及具体犯罪的实行行为着手,如抢劫罪、强奸罪等具有手段与目的关系之复合行为的着手、诬告陷害罪的着手、假冒专利罪的实行行为及其着手等进行分析,来验证笔者所主张的着手标准的可适应性和正确性。

与四维法益说相适应,犯罪的成立条件=犯罪四要件立体化×行为人的危险人格要素,所以犯罪的既遂就是一个案件事实全部满足上述条件。基于四维法益说,根据我国刑法,选择科学的犯罪既遂标准,需要首先明确:既遂与否,不是依据危害行为自然过程的事实判断而是依据立法者意志的价值判断(以法律规范设定的标准所进行的价值判断);不是自然的行为完成而是法律认为的犯罪行为的完成。其次,既遂标准一定是一个对犯罪事实既能定性分析又能定量考核的标准。又次,犯罪构成齐备说(不是德日国家的构成要件齐备说),是妥当的。这里的"齐备",不仅是指犯罪构成各个要件都有(缺一不可),还包括各个要件都是"十足""充足"的,而不能是"有略微的欠缺""瘪的"等。最后,通过对情节犯、盗窃罪、绑架罪和抢劫罪等既遂标准的分析,以实证、验证上述既遂标准的正确性和可操作性。

第八章　四维法益说在刑事责任配置和科处环节的贯彻

第一节　犯罪本质对刑罚制约的概述

犯罪是刑罚的逻辑前提,刑从罪生,刑由罪定。所以,犯罪本质观会影响制刑、罪刑关系解释、量刑和行刑。

一、刑事古典学派的(前期旧派)坚持绝对的道义报应

刑事古典学派(即前期旧派)是反映资本主义上升时期新兴资产阶级刑法思想和刑事政策的学术流派。该派以天赋人权、社会契约、自然法理论为思想基础,以反对封建法制[①]为己任,提倡人的理性和绝对的意志自由,崇尚个体权利本位,反对主观归罪和惩罚思想,以客观行为为基石、以道义报应为非难依据,构筑了客观主义的行为刑法理论。其代表人物主要是贝卡利亚、边沁、费尔巴哈、康德、黑格尔等。

刑事古典学派认为,行为人是无差别的理性人,犯罪是行为人绝对自由意志的产物,行为人具有实施犯罪或者不实施犯罪的绝对意志自由。由此,犯罪内涵包括行为人的主观恶性和行为的客观危害两个方面。基于这样的犯罪本质的认识,对于犯罪人的绝对的道义报应则是当然结论。由于行为人是千人一面的理性人,所以根本无需考查犯罪人的个体具体情况和犯罪时的社会环境条件,无需考虑"刑罚的个别化"。刑事古典学派以行为

[①] 封建法制／刑法的突出特点有四:一是封建刑法的触角遍及社会各个领域和角落(干涉性)。二是对何种行为处何种刑罚,事前没有法律的明文规定,常常是临事、因人制刑;司法环节是法官擅断(恣意、擅断性)。三是犯罪人和被害人的身份等级是影响定罪处刑的重要因素(身份特权、不平等性)。四是以生命刑、身体刑为主的刑罚体系,对犯罪人严刑峻罚,株连无辜(残酷性、非人道性)。

为基石,构筑行为刑法,对于保障人权、保障自由限制国家刑罚权,功不可没;不足是其理论建构在理想化假设之上,方法论上的片面化、绝对化的思维方式。

二、刑事新派主张目的刑(教育刑)论

自由资本主义发展至19世纪中叶,帝国主义时代来临。当时,资本主义世界的社会条件,如政治、经济、教育、科技等发生了重大变化;资产阶级国家的阶级结构也发生了重大的变化。一方面,失业队伍扩大,大众贫困化;另一方面,社会财富进一步集中到少数人手中。贫富分化陡增,多种矛盾暴露。在刑事领域突出表现是犯罪率和再犯率的飙升;犯罪低龄化,未成年人犯罪急剧增加。面对新的犯罪现象,刑事古典学派基于自由意志和客观行为基石所构筑的行为刑法理论,以及与其相适应的绝对道义报应刑罚观等理论所安排的应对犯罪的措施和策略,却无能为力。于是,人们不得不重新思考犯罪的原因和犯罪的本质究竟是什么? 以期寻求新的应对策略。统制社会的现实需要给刑事新派的孕育和产生提供了社会条件。同时,近代科学飞速发展,如物理学、统计学、医学、心理学、哲学等,为人类深化对事物的认识、思考犯罪问题提供了一定的技术手段。学者们一改过去脱离社会的经院式的苦思冥想和纯粹的理论假设、推演,走到现实的社会中去,深入人群之中开展实证调查。由是,对观察到的社会现象进行归纳的社会科学研究的实证主义方法,逐渐盛行。实证研究为刑事新派理论的产生提供了方法论。上述必要性和可能性共同促成刑事新派理论的产生。

刑事新派,亦称"新派""实证学派",包括刑事人类学派、刑事社会学派等,其代表人物主要有龙勃罗梭、加罗法洛、菲利、李斯特等。刑事新派的基本观点归结为以下四点:第一,每个人都是生活在具体现实社会条件中的活生生的社会人,而不是理想化模型那样的、绝对的意志自由人,不是无个体差别的理性人。第二,犯罪不是行为人自由意志的产物,而是由于遗传基因的变异,或者社会条件(如教育政策、分配政策等不合适),或者自然条件(高山环境、气候燥热、气候温和等),或者心理变态等因素所决定的反社会性的赘生物。第三,犯罪本质不是行为人的意志自由支配下对社会的危害行为,而是行为人的社会危险性(即犯罪征表说)。第四,奉行社会责任论。责任的根据不在于行为人具有意志自由,而在于防卫社会,即社会为了维持自身的安全,避免遭受犯罪分子的侵害,才使犯罪人负刑事责任。

对于犯罪人追究刑事责任正当化根据不是绝对的道义报应,而是为了教育、治疗、改善罪犯等功利主义的目的。刑罚的目的不在于对过去的犯罪行为的报应,而是为了未来社会的防卫,以免社会再遭受犯罪的危害。行为人的社会危险性是进行刑事非难的根据和尺度。

虽然刑事新派的各流派对犯罪原因的认识存在差别,但其共性是都否定人的意志自由,把犯罪归结为"行为人的危险性",犯罪行为只是行为人的社会危险性的表征。于是,行为人的社会危险性才是犯罪的本质;责任的实质也变为犯罪人因为其社会危险性的发作而处于受社会防卫的地位。于是,对于犯罪人采取保安处分,进行矫治,以消除其危险性,防止其再犯的特殊预防,就是当然的逻辑结论。但问题在于:新派的观点提出的当时,即使是科技十分发达的今天,人类都还没有能够找到准确测量一个人社会危险性的办法和仪器。所以,如何精准测定和正确评价一个人的社会危险性,是新派理论在社会治理实践中进行贯彻以收到良好效果的"致命伤"。正是刑事新派放弃了以客观行为为基石防止国家刑罚权滥用的堤坝,采用不能客观地准确把握的"社会危险性标准"作为国家发动刑罚权的依据,这为统治阶级的人治,恣肆妄为、故意地出入人罪提供了理论工具,以至于在二战期间,该理论沦为德意日法西斯当局用以实施种族灭绝、镇压进步人士、践踏人权的得心应手工具。

三、后期旧派主张的日益缓和

面临刑事新派的挑战,德国旧派学者的代表人物,如宾丁、毕克迈耶、贝林格、迈耶、梅兹格等给予了强烈的回击。以毕克迈耶为代表的旧派和以李斯特为首的新派展开了持续20年之久的论战,此即世界刑法学发展历史上著名的学派之争的巅峰对决。后期旧派在与新派的学派之争中,其理论观点也作了一定程度的修正。

后期旧派总体上仍然坚持意志自由、行为主义、报应刑观,但与前期旧派相比有了差别,体现了进步性:一是前期旧派以自然法理念为基础展开其理论论证。后期旧派却是以现实社会的行为规范[1]为其理论的逻辑起点。这样,刑法理论的论证更加实在,刑法更加贴近社会现实。二是前期

---

[1] 这里的"规范",于宾丁,即主张的"规范""主要是实在法,同时也包括千百年来积累为人们所熟知的行为规范";于 M. E. 迈耶,则认为是社会文化规范;就日本学者小野清一郎而言,则认为是"国家的条理(日本精神)"或者"国家文化规范"。总之,规范违反说的"规范",是实实在在的东西,而不是自然法意义的"理念"。

旧派主张个体自由至上,严格区分法与道德;而后期旧派则认为社会伦理是法的基底(迈耶创立了犯罪本质的文化规范违反说),带有社会本位的一面,从而体现出一定的国家主义倾向;小野于二战期间更是强调"日本精神""国家伦理",国家权威主义色彩更加浓重。①三是前期旧派主张对绝对意志自由支配的恶的行为,刑罚是对这种的恶的行为的绝对报应,恪守行为责任和心理责任论,以一般预防为目的;后期旧派也主张意志自由,但其报应是法律的立场、国家的立场上的报应,遵从规范责任论;后期旧派虽以报应为主,也有限承认特殊预防目的(如迈耶创立的分配理论)、有限地接纳保安处分(毕克迈耶1906年在慕尼黑大学校长就职仪式的演讲《刑罚及保安处分》)。这与前期旧派只依赖刑罚的主张大相径庭。四是在犯罪论继续贯彻行为刑法理论,推进了犯罪论体系的科学化。构成要件理论经过迈耶的修正和梅兹格的完善,新构成要件理论产生。新构成要件理论的影响不限于旧派内部,也为新派所接受。②五是责任理论方面,实现了由心理责任理论向规范理论的飞跃。规范责任论是关于责任内容的深刻认识的产物。规范责任论是对心理责任理论的扬弃,即作为责任实体的犯罪故意和犯罪过失已不再是单纯的纯心理学意义的认识和意志,而是在法规范的视角下的考察——为了给行为人以责任非难,仅仅有心理学意义上的"故意"和"过失"是不够的,还需要能够期待行为人在具体情况下实施其他适法行为。只有在这种场合,才能给予责任非难。这种规范责任理论为二战之后当代刑法所继承。

学派之争的结果是后期旧派的具体理论主张在一些方面缓和了前期旧派的理论僵硬性;新旧两派观点的相互检校,趋向一定程度的折中。这在一定程度上表现出了向综合主义发展的趋势——新派领军人物李斯特的做法:在犯罪论方面坚持行为刑法,在责任论贯彻目的刑思想;后期旧派的棋手梅兹格③甚至完全接受了李斯特这一做法。这种模式直到今天仍然为德国刑法和刑法理论说所秉承。二战以后,沿着这个折中方向继续发

---

① 当然,战后小野对其这一观点有所反思和修正。他发现"在个人生活伦理、社会伦理之上设定超个人共同体道义的国家伦理的道德体系",容易导致自由主义刑法演变为权威主义刑法。为了避免蜕变为纳粹的意思刑法,日本刑法就不宜过分干涉个人自由。

② 因为行为人的社会危险性格无法准确衡量,再加上新派昙花一现,故新派自始至终没有建立完整的犯罪论体系。新派的集大成者李斯特在犯罪论领域奉行的是旧派的犯罪体系。

③ 一些论著的翻译为"麦兹格"或者"梅茨格尔"。

展,便形成了当代刑法思想。

四、当代刑法理念

刑事古典学派基于意志自由之假设,以客观行为为基石,以道义报应为刑罚的正当化根据,奉行道义报应刑观;新派彻底否定人的意志自由,把犯罪原因归结为基因变异、心理异常,或者社会条件、自然条件等因素,犯罪被视为与行为人的主观能动性毫不相干的、完全被动的、被决定的产物,由此,把犯罪本质归结为行为人的社会危险性①的发作和表现。所以,对犯罪人依据不能精准测量的社会危险性格而实施社会防卫性处遇措施。新旧两派的观点都有合理性成分,也都有片面的一面。经过19世纪末、20世纪初的学派之争,新旧两派观点互相砥砺,呈现出了向综合主义发展的趋势。尤其是人类经过二战的洗礼,战后,鉴于新派的主观主义刑法思想存在致命弱点(无法客观公正地准确衡量一个人的社会危险性)而被法西斯滥用的情况,刑法理论不得不重新回归旧派立场,重新重视客观主义刑法思想对基本人权的保障作用。同时,新派理论中关于犯罪原因多元化思想、预防和改善犯罪人的目的刑理念,刑罚个别化和犯罪人多元制裁主张等具有合理性,值得借鉴。这样,当代刑法思想沿着战前已经存在的融合新旧两派的趋势继续走下去,总体上呈现出"立足于旧派,兼采新派"的折中路线。

1.在犯罪论方面

犯罪的内涵被解读为主要侧面是行为人的主观恶性和客观现实危害(或者危险),次要侧面是行为人的社会危险性(性格或者人格)(再犯可能性)。同时,犯罪与一般违法的分化渐行渐远——在日本,"可罚的违法性"越来越被接受;在德国把比例原则注入法益原则及客观归责原则的普遍认同,对于犯罪与一般违法的区别越来越有清醒的认识。世界范围内的刑法理论逐步在犯罪成立条件问题上认可这种理论。

2.在刑事责任论方面

刑罚观继续沿着并合主义的刑罚观前进:以报应为主,兼采功利主义——基于报应刑观,为犯罪的刑罚设定最高限额,再根据行为人的社会危险性和犯罪时的社会条件,基于特殊预防的需要予以进行调整。责任的

---

① 采用"行为人的社会危险性"的术语,比"行为人的人身危险性",更加准确。

根据既有行为的危害性又有行为人的社会危险性格①,即责任的根据是人格责任论。同时,不得不说的是,德国刑法理论除了传承李斯特一脉之外,另一脉是秉承着黑格尔的法律报应、宾丁的规范学说之当代德国的"积极的一般预防主义"的倡导和传播,也是德国刑法学界一道亮丽的风景线。

其中,关于刑罚的正当化根据的道义责任论大家都不陌生,不再赘述。这里对关于刑事非难对象的人格责任论详加介绍。人格责任论是对行为责任理论、性格责任论的辩证否定,是将犯罪行为作为行为人的人格的主体现实化来把握的:一方面,主要以道义的责任论为基础;另一方面,还兼顾在行为中表现的人格主体性上寻求刑事责任的根据。简而言之,人格责任论认为,责任的基础是实施了作为自主形成人格的主体现实化的犯罪行为。②这一学说是第二次世界大战之前德国学者梅兹格和鲍克曼所提倡的。梅兹格是后期旧派代表人物,因其一定程度上接受了新派的危险性格责任理论,故立足于道义责任论进行折中的结果。后来危险人格理论传到日本,1938年安平正吉、1948年不破武夫都有论述。尤其是战后日本学者团藤重光教授作出了重大贡献,1957年创立了人格行为理论,在此基础上阐发他的人格责任理论。以他的观点看,就责任而言,第一层次的是行为责任。虽然应当着眼于作为行为人的人格主体的现实化的行为,但在行为的背后,还受着素质和环境的制约。由于行为人的主体的努力而形成的人格是存在的,对这样的人格形成中的人格态度,就可能非难行为人,因此第二层次的应当考虑人格形成责任。这样,在概念上,行为责任与人格形成责任虽然被区分开来,毋宁说是不可分的,这样被合一理解的行为责任与人格形成责任,从整体上就称为人格责任。③

值得注意的是,团藤重光的亲传弟子大冢仁教授对人格责任理论有进一步的见解,与团藤重光不完全一致。如果把人格责任的基础理解为行为人责任则是不妥的,超行为的行为人的人格本身不能是直接的责任根据,人格形成责任虽然是责任的内容,但它不是决定责任存在与否方面的问题,而是在认为责任存在的场合,就判断其程度的阶段可以加以来考虑。简而言之,责任存在与否的判断,只考虑行为就够了;在此基础上,人格形成因素影响责任的程度。④

---

① "社会危险性格"是一个人的"脾性"中的稳定成分。

② [日]大谷实:《刑法讲义总论》,黎宏译,中国人民大学出版社,2008年,第284页。

③ 马克昌:《比较性法原理——外国刑法总论》,武汉大学出版社,2002年,第436页。

④ [日]大谷实:《刑罚讲义总论》(第2版),黎宏译,中国人民大学出版社,2008年,第283页。

关于责任的内容,继续奉行规范责任论,前已有述。刑事责任方式也相应地变为刑罚为主、保安处分为辅的制裁体系,不再详述。

五、我国刑法对当代刑法理念的贯彻

我国现行《刑法》是新中国经过几十年的探索而成的,既有中华文化的固有成分,又受德日刑法的影响(主要指清末修律以德日刑法为蓝本、改革开放之后对德日理论的借鉴),还与苏联的刑法有直接的传承关系(我国79《刑法》直接效法苏联刑法)。这些因素共同造就了现行《刑法》的特点:在犯罪成立条件上主要贯彻行为刑法立场,对大多数犯罪从行为人的主观心态和客观行为两个方面来设计犯罪成立条件、加重罪状和减轻罪状;同时,在一些犯罪上把行为人实施危害行为的频度、危害行为曾经被行政处罚的情况等反映行为人之危险人格的指标作为犯罪的成立条件内容之一。如,我国刑法规定的"多次盗窃"入罪、"多次抢夺"入罪等多次行为入罪的立法例。又如,走私货物、物品偷逃应缴税额较大或者一年内曾因走私被给予二次行政处罚后又走私的,构成走私罪。再如,第二百零一条第四款规定:"有第一款行为[①],经税务机关依法下达追缴通知后,补缴应纳税款、缴纳滞纳金,已受行政处罚的,不予追究刑事责任;但是,五年内因逃避缴纳税款受过刑事处罚或者被税务机关给予二次以上行政处罚的除外。"又如,第二百九十条第三款规定:"多次扰乱国家机关工作秩序,经行政处罚后仍不改正,造成严重后果的",构成扰乱国家机关工作秩序罪。

在刑事责任论上,一是奉行规范责任理论。[②]如刑法关于不可抗力和意外事件不产生刑事责任的规定、胁从犯减轻处罚或者免除处罚的规定,以及紧急避险不产生刑事责任的规定。二是设计了以刑罚为主导、兼有零星的保安处分作为辅助的刑事制裁体系。主刑包括管制、拘役、有期徒刑、

[①]《刑法》第二百零一条第一款:"纳税人采取欺骗、隐瞒手段进行虚假纳税申报或者不申报,逃避缴纳税款数额较大并且占应纳税额百分之十以上的,处三年以下有期徒刑或者拘役,并处罚金;数额巨大并且占应纳税额百分之三十以上的,处三年以上七年以下有期徒刑,并处罚金。"

[②] 一些学者主张引入德日国家的期待可能性理论,意思是现行《刑法》中没有可能性理论,需要引入。但笔者不这样认为。事实上,现行《刑法》已经包含期待可能性理论的主要内容,司法实践中司法人员也考虑期待可能性对定罪量刑和行刑的影响。故期待可能性之于我国《刑法》和刑法理论,不是从无到有的引进问题,而是进一步完善问题,故不存在"引入"问题。见牛忠志:《我国应当如何借鉴期待可能性理论》,《金陵法律评论》2008年6月春秋卷。

无期徒刑和死刑；附加刑包括罚金、剥夺政治权利和没收财产刑。保安处分包括对人的保安处分，如刑法关于没有达到刑事责任年龄的人（实施严重危害社会的行为时候）的保安处分、对精神病人的保安处分，以及对犯罪工具、犯罪所生之物的特别没收保安处分，特定犯罪人的职业禁止等。

总体上，我国现行《刑法》基本上属于以当代刑法思想为基础的现代刑法。

第二节　四维法益说对制刑、释罪和量刑的制约

四维法益说契合当代刑法理念并能够贯彻现行刑法。根据当代刑法理念，犯罪的本质不是德日刑法理论所说的那样归结为"单纯的法益侵害"，而是严重违反法律规定的义务、破坏了法律秩序，进而侵害法律秩序所承载的法益。这种意义上，犯罪的本质与应当受刑罚惩罚的社会危害性，是殊途同归。基于犯罪本质的四维法益说，对于犯罪配置刑罚或者裁量刑罚，就应该以道义报应为主兼采功利主义刑罚观，即一罪一刑。[1]具体是指：刑当其罪是基本原则，服务于目的性的特殊预防则是辅助的。刑罚是对主观恶性和客观危害的回顾和"报酬"；保安处分是针对行为人危险人格的前瞻性的矫正手段。

经制刑、定罪、量刑和行刑等阶段对犯罪人追究刑事责任的过程，可以看作是"刑罚"的一系列运动。这一过程的不同阶段，刑罚分配的依据有所差异：在立法阶段立于报应，着眼于一般预防；在量刑阶段立于一般预防，兼顾特殊预防；在行刑阶段立足于特殊预防观，兼顾一般预防。当然，整个刑罚运行过程，报应是刑罚分配的上限，功利主义刑罚观永远不能超越报应的限度。考虑到行刑以量刑为前提，受量刑结果的制约，故这里仅结合制刑、释罪和量刑活动加以分析。

一、以刑制罪

刑法创制阶段是以刑制罪。刑罚的配置是立于报应，着眼于一般预防。

在我国，犯罪是严重的违法行为；犯罪本质是应受刑罚惩罚的社会危

---

[1] 本节的"刑"，在一般意义上是指"刑事责任"。

害性;刑罚是犯罪的主导性的等价物(保安处分只是辅助地位)。基于此,在立法①视角下,当现实社会中出现了一系列类似的"反社会"的行为,统治阶级对此不能坐视不管而考虑对其加以治理。于是,首先考虑采用民法、行政法等部门法来调整,将这种"反社会"行为在立法上确立为民事违法或者行政违法等,并配置相应的民事法律责任或者行政法律责任加以制裁。其次,在民法或行政法介入调整之后,这类违法行为如果仍然蔓延、泛滥而不能遏制;而且,任其蔓延或者泛滥,社会秩序便难以维持,甚至"国将不国",以至于统治阶级认为:"如果不用刑罚的方法加以制裁的话,那么,整个国家的法律秩序就会坍塌",此时,统治阶级就会把这种严重程度违法行为在立法上类型化地确定为犯罪。并基于刑事政策和统制社会的需要,为该罪配置适当的刑罚。这一思维过程,即"以刑制罪和以罪设刑"。

以刑制罪统帅着其后的刑法实施过程"罪"与"刑"的辩证运动。

刑法创制和生效之后,便进入实行阶段。这一过程中需要对立法设定的犯罪和配置的刑罚应用到具体的案件中,包括对犯罪的成立条件加以解释(法律条文是抽象的,具体的罪状需要进一步具体化),以便能正确定罪;定罪之后,进入量刑阶段,以便确定对具体犯罪人刑事制裁的种类和强度。依据刑法规定某一犯罪(罪状)成立条件和刑罚设置,以犯罪本质、刑罚本质为理念对于量刑的原则、刑罚制度(如危害行为属性、定罪情节、量刑情节、数罪并罚制度、不典型数罪的处理规则等)加以正确解读,方能达成"定罪准确、量刑适当"。

二、以刑释罪

面临存在的刑法规范,合理地解读罪刑规范,把握犯罪本质,准确贯彻立法目的,以正确适用刑法。这里着重对以刑释罪、犯罪本质观对量刑原则内涵的制约,数罪并罚制度、不典型的数罪的处理规则等问题展开研究。

(一)对刑法条文"暴力"一词界限解释

我国《刑法》分则条文多次出现"暴力"一词,据笔者初步统计,明示的"暴力"有四十多次。由于我国刑法规定的犯罪都要求需要具有"严重的社会危害性"的"量",所以,各个具体犯罪的危害行为也相应地需要一个限

---

① 立法是十分复杂的国家行为,立法的时机、内容和法律形式等受一国的政治、经济、文化、科技、教育,以及历史传统等多种因素和条件的制约。这里笔者略去其他因素,只把立法简化为一个纯法律行为来分析。

度:上限和下限。这一点,与德日刑法对犯罪行为的立法规定仅定性而不定量的立法例是截然不同的。那么,现在的问题是:在刑法条文里44次出现的"暴力"字样,各个具体犯罪的"暴力"其上限和下限范围究竟怎样呢?就需要根据立法确认的各个罪的犯罪本质和法定配置情况对具体条文中的"暴力"加以分析,才能获得清晰地认识。

1.关于抢劫罪的"暴力"范围

《刑法》第二百六十三条规定:

> 以暴力、胁迫或者其他方法抢劫公私财物的,处三年以上十年以下有期徒刑,并处罚金;有下列情形之一的,处十年以上有期徒刑、无期徒刑或者死刑,并处罚金或者没收财产:(一)入户抢劫的;(二)在公共交通工具上抢劫的;(三)抢劫银行或者其他金融机构的;(四)多次抢劫或者抢劫数额巨大的;(五)抢劫致人重伤、死亡的;(六)冒充军警人员抢劫的;(七)持枪抢劫的;(八)抢劫军用物资或者抢险、救灾、救济物资的。

据此,抢劫罪,是指以非法占有为目的,以暴力、胁迫或者其他方法当场强行劫取公私财物的行为。暴力、胁迫或者其他方法,是抢劫罪的手段行为;劫取他人的财物是抢劫罪的目的行为。这里的"暴力"行为方式,是指行为人为了非法占有他人的财物,当场实施暴力并足以压制被害人的反抗,使被害人不能反抗,因而行为人达到当场立时取财的效果。由此,"暴力"行为的最低限度要求至少具有"能够压制被害人意志自由,使之不能反抗"以至于屈服任由行为人劫财的强度。

再分析本罪"暴力"的上限。"暴力"是一个外延广泛的词汇,一般而言,就趋重的方面来说,暴力,可分为致人轻微伤、致人轻伤、致人重伤、致人死亡等级别。关于抢劫罪行为方式暴力的上限,关键在于抢劫罪中的"暴力"是否包括"暴力杀人行为"。根据社会常识,"暴力方法的杀人行为"无疑是最高级别、最高程度的暴力行为,那么抢劫罪中的"暴力"是否包括暴力杀人呢?解释的结论关系到在具体案情是"杀人越货"的场合,到底是定抢劫一罪还是定故意杀人罪与抢劫罪数罪并罚呢?

让我们分析抢劫罪的最高法定刑设置。现行《刑法》第二百六十三条规定的抢劫罪结果加重情节,即第二款第(五)项"抢劫致人重伤、死亡的",其最高法定刑为死刑。这里的"致人死亡"无非包括行为人实施的抢劫行为过失地致人死亡和行为人故意实施暴力杀害了被害人两种情形。鉴于立法给抢劫罪的结果加重犯配置了死刑,把行为人实施以故意杀人为手段抢劫他人财物的情形解释为"抢劫行为"并判处死刑,也不至于违反《刑法》第五条规定的罪责刑相适应的基本原则,遵循了现行《刑法》奉行的以报应刑来决定刑罚上限的报应刑观。①而且,实践中"杀人越货行为"的案情也经常出现,将"杀人越货行为"认定为抢劫罪,既符合民众的观念也可以节俭司法资源、提高司法效率。所以,对于"杀人越货"的案件认定为抢劫一罪,是适当的。而不宜把"杀人越货行为"的案件分开,分别认定为抢劫罪和故意杀人罪而后再数罪并罚。

2.关于抗税罪的"暴力"范围

《刑法》第二百零二条规定:

> 以暴力、威胁方法拒不缴纳税款的,处三年以下有期徒刑或者拘役,并处拒缴税款一倍以上五倍以下罚金;情节严重的,处三年以上七年以下有期徒刑,并处拒缴税款一倍以上五倍以下罚金。

据此,抗税罪是指纳税人、扣缴义务人以暴力、威胁方法等公开对抗的方式,拒不缴纳税款的行为。本罪的主客体要件是国家税收管理法律秩序,即刑法设立本罪的目的主要是维护税法的有效性,保障国家税收征管法律秩序;次客体要件是税收征管人员的人身安全权益。行为方式是以暴力、威胁方法拒不缴纳税款。这里的暴力即对税收征管人员实施暴力,如殴打、伤害、捆绑扭伤等情况。②那么,本罪的暴力下限和上限怎样呢?本罪暴力的下限应该是能够致人轻微伤的强度。如果仅仅是纳税人对税收征管人员的推搡、拉扯等显著轻微的举动,则不属于本罪"抗"的内涵。2010年5月7日最高人民检察院、公安部联合发布的《关于公安机关管辖的刑

---

① 当然,并非一个犯罪的立法配置有死刑就可以把该罪的"暴力"上限解释为"包括故意杀人",因为还需要结合本罪的犯罪客体、文化传统等。比如,强奸罪在中国农耕文明的历史背景之下,配置有死刑(而很多国家认为性自主决定权与生命权不对等,故不配置死刑),但是如果先杀人后强奸,由于把人杀死后,被害人的性自决权就不存在,行为人再实施奸淫行为,就是奸尸,涉嫌侮辱尸体罪,而不能再定强奸罪了。可见,尽管强奸罪多以暴力为主要手段且挂有死刑,但是强奸罪的暴力只能局限于致被害人重伤而不能包括故意杀死被害人。

② 有学者主张,本条的暴力指向还包括对执法工具、执法场所的暴力等情况。对此,笔者不赞成。故这里只讨论对税收征管人员的伤害、杀害的暴力情况。

事案件立案追诉标准的规定(二)》也肯定了本罪暴力的下限是"能够致人轻微伤以上的强度"。

争议大的问题是本罪暴力的上限问题。其关键在于是否包括故意伤害致人重伤和故意杀人。对此,有学者认为,这里的暴力不包括故意伤害致人重伤和故意杀人。[1]有学者认为,这里的暴力包括故意伤害甚至故意杀人的方法。[2]笔者赞成第一种观点,认为本罪的暴力不包括故意伤害致人重伤和故意杀人的解释结论,实际上是受制于本罪的法定刑设置——"情节严重的",最高可判处七年有期徒刑;而"故意伤害罪致人重伤的",最高则可以判处十年有期徒刑。假如主张这里的暴力包括了故意伤害致人重伤、故意杀人,那么在行为人实施了故意伤害致人重伤、故意杀人的抗税行为就只能认定为抗税罪一罪,而最高只能判处七年有期徒刑。这样的处理结果既不符合立法者的价值判断,显然也违背了罪责刑相适应的刑法基本原则。

司法解释的立场是采纳了前一种观点。最高人民法院《关于审理偷税抗税刑事案件具体应用法律若干问题的解释》(2002年11月4日最高人民法院审判委员会第1254次会议通过)第六条第一款规定:"实施抗税行为致人重伤、死亡,构成故意伤害罪、故意杀人罪的,分别依照刑法第二百三十四条第二款、第二百三十二条的规定定罪处罚。"据此,行为人故意实施暴力行为致人重伤、故意杀人的情形,不能被抗税罪所涵摄。为了贯彻罪责刑均衡的基本原则,应分别定故意伤害罪或者故意杀人罪,与抗税罪按照想象竞合犯来处理,从一重罪而处断。所以,抗税罪的暴力上限只能是轻伤,不包括重伤和故意杀人。

3.关于暴力干涉婚姻自由罪的"暴力"范围

《刑法》第二百五十七条第一款规定:"以暴力干涉他人婚姻自由的,处二年以下有期徒刑或者拘役。犯前款罪,致使被害人死亡的,处二年以上七年以下有期徒刑。"据此,暴力干涉婚姻自由罪,是指以暴力行为方式干涉他人婚姻自由,情节严重的行为。本罪的犯罪客体要件是他人的婚姻自由。刑法设立本罪的宗旨在于保障他人的婚姻自由。

理论界对本罪的"暴力"限度有所研究。有学者认为:"不能认为凡有暴力行为的就构成本罪,暴力轻微危害不大,不足以达到干涉被干涉者行使婚

---

① 王作富主编:《刑法分则实务研究(上)》,中国方正出版社,2003年,第741页。

② 赵秉志主编:《刑法新教程》(第四版),中国人民大学出版社,2012年,第430页。

姻自由程度的,不能以本罪论处。行为人干涉婚姻自由的目的不能实现,而故意致被害人重伤或者杀害的,则应按照故意伤害罪或故意杀人罪论处。""致使被害人死亡,是指行为人使用的暴力过失导致被害人死亡以及被害人不堪忍受而自杀的情形。"①有学者认为:"这里的暴力,应该是广义的,即便是程度较轻的暴力行为(如采用拳打脚踢、捆绑、扣押、禁闭、抢亲等使被害人身心遭受损害、痛苦的手段),也是本罪的暴力。""但这里的暴力不包括故意杀害、故意伤害、强奸在内,暴力干涉婚姻自由过程中故意杀人、故意伤害的,应分别构成故意杀人罪、故意伤害罪。""暴力干涉婚姻自由引起他人死亡的,包括两种情况:一是被害人因婚姻受到干涉后愤然自杀;二是在实施捆绑、吊打、毛巾堵嘴的过程中过失地导致被害人死亡。"②

笔者认为,关于"暴力"上限的理解一是本罪的"暴力"上限不包括故意杀人的理解,是正确的。二是"暴力"的上限也不包括故意致人重伤。鉴于故意伤害罪致人重伤的法定最高刑为十年有期徒刑,高于本罪的最高法定刑七年有期徒刑,故主张本罪的暴力不包括故意伤害致人重伤的情形。三是鉴于过失致人死亡罪的法定刑最高为七年有期徒刑,与本罪的最高法定刑持平,所以本罪的暴力范围可以包括过失致人死亡情形。四是"暴力"的上限可以包括过失致人重伤。无论是以刑释罪(既然本罪的法定最高刑为七年有期徒刑,那么本罪的暴力可以包括过失致人重伤情形,因为过失致人重伤罪的最高法定刑为三年有期徒刑),还是按照举重以明轻的解释规则,本罪暴力的上限都应当包括过失致人重伤情形。

关于本罪暴力下限的把握。对本罪的暴力的下限,既不宜过于限制,也不宜放得太宽,即能足以干涉他人婚姻自由的力度即可。由此,极为轻微的暴力,如仅打一耳光,这种暴力不足以遏制被害人的婚姻自由意志,不属于本罪的暴力。所以,太过广义的解释也是不足取的。

之所以对本罪的暴力上限、下限作出上述解释,是将本罪的法定配置与故意伤害罪、故意杀人罪的法定刑进行"攀比"的结果。其依据是刑法关于本罪的法定设置,立法环节是以刑制罪、解释和司法环节是以刑释罪。

(二)对丢失枪支不报罪的犯罪构成之解释

《刑法》第一百二十九条规定:"依法配备公务用枪的人员,丢失枪支不及时报告,造成严重后果的,处三年以下有期徒刑或者拘役。"据此,丢失枪

---

① 谢望原、郝兴旺主编:《刑法分论》,中国人民大学出版社,2008年,第237—238页。
② 周光权:《刑法各论》,中国人民大学出版社,2016年,第76页。

支不报罪,是指依法配备公务用枪的人员,丢失枪支不及时报告,造成严重后果的行为。

刑法理论对于本罪犯罪构成的解释分歧很大。有学者认为,本罪的客观要件包括三个方面:一是行为人需要有丢失公务用枪的行为,二是行为人丢失枪支不及时报告,三是造成严重后果。本罪的主观要件是过失,即行为人由于疏忽大意而没有预见到自己的丢失枪支行为不报行为会造成严重后果,或者虽然预见了,但轻信能够避免。[①]有学者认为,本罪的客观行为是依法配备公务用枪的人员,丢失枪支不及时报告,并且造成了严重后果。不及时报告包括根本不报告和拖延报告两种情况。本罪的责任形式为故意,但"造成严重后果"超出了本罪故意的内容,即"客观超过要素"。[②]

产生分歧的原因在于,学者们对以下基本问题的认识存在差异:刑法设置本罪惩罚的"危害行为"是什么? 本罪的主观要件怎样?"严重后果"到底是客观要件,还是客观的超过要素?

笔者认为,刑法设立本罪的立法旨趣,不在于惩罚"丢枪行为"而在于惩罚"隐瞒不报行为"。具体分析如下:第一,本罪是典型的不作为犯罪。丢枪行为是依法配备公务用枪的人员产生报告丢枪义务的前提,即行为人因丢枪而依法应当及时报告;行为人能够及时履行该报告义务;行为人却不履行该报告义务而导致危害结果。所以,本罪惩罚的危害行为是"不及时报告"丢枪行为。第二,本罪的主观要件应该是犯罪过失。我国的犯罪故意和犯罪过失,不同于日常生活中的故意和过失;我国的犯罪故意和过失也不等同于德日刑法的故意和过失。根据《刑法》第十四条:"明知自己的行为会发生危害社会的结果,并且希望或者放任这种结果发生,因而构成犯罪的,是故意犯罪。故意犯罪,应当负刑事责任。"第十五条:"应当预见自己的行为可能发生危害社会的结果,因为疏忽大意而没有预见,或者已经预见而轻信能够避免,以致发生这种结果的,是过失犯罪。"第十六条:"行为在客观上虽然造成了损害结果,但是不是出于故意或者过失,而是由于不能抗拒或者不能预见的原因所引起的,不是犯罪。"根据上述规定和刑法理论关于罪过(犯罪故意和犯罪过失)的定义,认识因素和意志因素都不限于针对"危害行为"本身,而是针对危害行为和危害结果之间因果关系的认识和意志。

[①] 王作富主编:《刑法分则实务研究(上)》,中国方正出版社,2003年,第176—179页。
[②] 张明楷:《刑法学(下)》(第五版),法律出版社,2016年,第715—716页。

由此,将本罪的罪过是犯罪过失,可表述为:行为人应当预见到自己对丢失枪支行为不及时报告会危害社会,但由于疏忽大意而没有预见,或者已经预见但轻信能够避免,以致发生了危害结果的态度。至于行为人对于不及时报告丢枪之行为本身可以是故意而为不报告,也可以是因为没有及时发现而过失不报告。前述观点主张"本罪是故意犯罪",又认为"造成严重后果"在本罪中是超出"行为人故意内容"成分(即"客观超过要素"),把简单的问题复杂化了。

(三)对寻衅滋事罪之犯罪构成的限制解释

《刑法》第二百九十三条规定:

> 有下列寻衅滋事行为之一,破坏社会秩序的,处五年以下有期徒刑、拘役或者管制:(一)随意殴打他人,情节恶劣的;(二)追逐、拦截、辱骂、恐吓他人,情节恶劣的;(三)强拿硬要或者任意损毁、占用公私财物,情节严重的;(四)在公共场所起哄闹事,造成公共场所秩序严重混乱。纠集他人多次实施前款行为,严重破坏社会秩序的,处五年以上十年以下有期徒刑,可以并处罚金。

据此,寻衅滋事罪,是指出于耍威风取乐、寻求精神刺激的动机,无事生非、无理取闹、起哄闹事、肆意挑衅、殴打伤害无辜的行为。

关于本罪争议最大的问题是主观要件方面要不要继续要求"流氓动机"这一要素。从历史上看,本罪是从79《刑法》规定的流氓罪中分离出来的。97《刑法》生效以来相当长的时间内,我国刑法理论通说持肯定的立场。如,"行为人基于寻求精神刺激、发泄不良情绪、耍威风、无事生非等流氓动机的支配下实施的相应行为,流氓动机是本罪区别于其他犯罪的关键之一"[1]。"本罪的犯罪动机可能多种多样,有的是以惹是生非来获得精神刺激,有的是用肆意滋事开心取乐,有的是以起哄闹事来争强逞能,有的是为了证明自己的'能力'和'胆量',等等。"[2]

不过,近来有的学者反对将犯罪动机作为本罪的主观要件的要素,其主要理由有以下七点:一是所谓的流氓动机寻求刺激、发泄情绪、逞强耍横

---

[1] 王作富主编:《刑法分则实务研究(下)》,中国方正出版社,2003年,第1441页。

[2] 高铭暄、马克昌主编:《刑法学》(第七版),北京大学出版社、高等教育出版社,2016年,第543页。

等是没有具体意义,难以被人认识的心理状态,具有说不清、道不明的内容,将其作为寻衅滋事罪的责任要素,并不具有限定犯罪范围的意义。二是即使没有流氓动机的行为也可能严重侵犯本罪的保护法益。三是不将流氓动机作为本罪的责任要素,也完全可以从客观上判断某种行为是否属于寻衅滋事行为。四是不将流氓动机作为本罪的主观要素,也没有不当扩大本罪的处罚范围。五是不要求行为人主观上出于流氓动机,并不意味着不要求行为人主观上具有故意,因而客观归罪。六是要求行为人主观上出于流氓动机,可能是为了区分此罪与彼罪。但本罪与故意伤害罪、故意毁坏财物罪、敲诈勒索罪、抢劫罪等并不是对立关系,只要善于适用想象竞合犯的原理,就可以合理地解决定罪问题。七是要求行为人主观上出于流氓动机,可能是来源于对客观事实的归纳。但刑法学是规范学而不是事实学,任何人都不能担保不会出现不出于流氓动机的寻衅滋事罪。[1]

笔者对此持肯定说。主要理由有三:第一,对于本罪主观上是否要求"流氓动机",要对本罪的客体要件、客观行为要件、法定刑配置一体化考量,同时,还要与其他相近的犯罪如故意伤害罪、故意毁坏财物罪等作横向的攀比。2013年最高人民法院、最高人民检察院《关于办理寻衅滋事刑事案件适用法律若干问题的解释》[2]第二条规定:

> 随意殴打他人,破坏社会秩序,具有下列情形之一的,应当认定为刑法第二百九十三条第一款第一项规定的'情节恶劣':(一)致一人以上轻伤或者二人以上轻微伤的;(二)引起他人精神失常、自杀等严重后果的;(三)多次随意殴打他人的;(四)持凶器随意殴打他人的;(五)随意殴打精神病人、残疾人、流浪乞讨人员、老年人、孕妇、未成年人,造成恶劣社会影响的;(六)在公共场所随意殴打他人,造成公共场所秩序严重混乱的;(七)其他情节恶劣的情形。

以本条的第一项为例,殴打他人"致一人以上轻伤或者二人以上轻微伤的",就属于"殴打他人,情节严重",则可构成寻衅滋事罪。按照《刑法》第九十九条规定:"本法所称以上、以下、以内,包括本数。"

---

[1] 张明楷:《刑法学(下)》(第五版),法律出版社,2016年,第1068—1069页。

[2]《最高人民法院、最高人民检察院关于办理寻衅滋事刑事案件适用法律若干问题的解释》(2013年5月27日最高人民法院审判委员会第1579次会议、2013年4月28日最高人民检察院第十二届检察委员会第五次会议通过)法释〔2013〕18号。

由此,首先,如果认为寻衅滋事罪不需要流氓动机,"殴打他人,致一人轻伤"即可构成寻衅滋事罪,那么,寻衅滋事罪"殴打他人致一人轻伤"的情形与故意伤害罪(轻伤情形)的情形,二者在犯罪构成上,是完全一样的。但是,刑法规定的故意伤害罪之基本犯法定最高刑为三年有期徒刑,而寻衅滋事罪基本犯的法定最高刑为五年有期徒刑。这两种情形下,尽管犯罪构成的四个要件都完全一样(因为不认为流氓动机是寻衅滋事罪的犯罪构成要素),没有差异,但是量刑的结果就可能有很大的差异:对于具体的案件,法官一旦认定为故意伤害罪,那么最多可判处三年有期徒刑;一旦认定为寻衅滋事罪,那么最高可判处五年有期徒刑!可见,坚持否定说所获得这样的结论,不公正、不合理。其次,在寻衅滋事致"二人以上轻微伤"的情况,如果不认为流氓动机是寻衅滋事罪的犯罪构成要素,则可以构成寻衅滋事罪以定罪判刑。但由于故意伤害罪的伤害必须达到轻伤以上的结果,故意致人轻微伤是不构成犯罪的。基于上述分析,如果不认为流氓动机是寻衅滋事罪的犯罪构成要素,那么本罪的理解与适用就难以与故意伤害罪相协调。

第二,2013年最高人民法院、最高人民检察院《关于办理寻衅滋事刑事案件适用法律若干问题的解释》也持肯定立场。该司法解释第一条明确规定:

> 行为人为寻求刺激、发泄情绪、逞强耍横等,无事生非,实施刑法第二百九十三条规定的行为的,应当认定为'寻衅滋事'。行为人因日常生活中的偶发矛盾纠纷,借故生非,实施刑法第二百九十三条规定的行为的,应当认定为'寻衅滋事',但矛盾系由被害人故意引发或者被害人对矛盾激化负有主要责任的除外。行为人因婚恋、家庭、邻里、债务等纠纷,实施殴打、辱骂、恐吓他人或者损毁、占用他人财物等行为的,一般不认定为'寻衅滋事',但经有关部门批评制止或者处理处罚后,继续实施前列行为,破坏社会秩序的除外。

该条肯定"寻求刺激、发泄情绪、逞强耍横等,无事生非"等的详细阐明了"流氓动机"要素地位,指出了在具体的什么情况下可以据以认定行为人具有流氓动机。

第三,否定论者虽提出了一大堆理由,论据滔滔,侃侃而谈,看似循序渐进,扎实有力,但实际上却经不起逻辑上的推敲。因为其不是偷换概念,就是转换论题,或者模棱两可、含糊其词。

现对其论据和理由一一剖析:

"所谓的流氓动机寻求刺激、发泄情绪、逞强耍横等是没有具体意义、难以被人认识的心理状态,具有说不清、道不明的内容,将其作为寻衅滋事罪的责任要素,并不具有限定犯罪范围的意义。"在这里,该论者指责"流氓动机"是说不清、道不明的,没有具体意义东西。问题是:难道"流氓动机"真的没有具体的含义,而司法实践难以把握吗?从第一部《刑法》(即79《刑法》)1980年1月1日生效到1997年9月30日失效的十七年间,司法实践认定的流氓罪何止成百上千。如果说流氓动机没有具体含义,不能认定,那就等于说,以前司法机关所认定的流氓罪都是糊里糊涂,甚至全是错案——因为以一个不能把握的犯罪成立条件为依据来认定的犯罪,哪里还有正确的认定可言?但是,该论者这样曲解十几年的司法实践,我国的司法机关肯定不答应。

"即使没有流氓动机的行为也可能严重侵犯本罪的保护法益。"该由与第一个理由矛盾——前面说流氓动机是个难以把握、没有具体内容的东西;在这儿又肯定"流氓动机"是一个东西,但没有该动机,也可以侵犯本罪保护的法益。问题是:到底流氓动机是不是一个客观的"存在"——一会儿说"不是",一会儿说"是",这难道不是前后矛盾吗?再者,同样的法益难道只有一种行为才能侵犯吗?非也!财产权,既可以抢劫侵害,也可以盗窃侵害,还可以诈骗侵害。论者在这里所犯的错误是:其作出的判断,其逻辑前项与后项内涵的关系上不合逻辑规律。

"不将流氓动机作为本罪的责任要素,也完全可以从客观上判断某种行为是否属于寻衅滋事行为。……在认定了行为人无辜(随意)殴打他人的事实之后,需要进一步判断的是客观上的情节是否恶劣,而不是主观上是否出于流氓动机。"需要注意的是,假若不借助于流氓动机,怎么能够认定行为人是"无辜(随意)殴打他人"的事实呢?在这里,该论者"暗度陈仓"——运用了"流氓动机"要素,却不敢明确承认流氓动机的地位。再者,与德日刑法的"情节"不同,在我国,"情节"一词包括了"危害行为所侵害的社会关系的性质是否重要""行为产生的客观危害结果或者行为的致害的危险性是否严重""行为主体是否具有更加可谴责的身份"等主体人格条件、行为人的"主观心态"怎样(包括犯罪故意、犯罪过失、犯罪动机是否卑鄙、特定的犯罪目的是否具备)等丰富的内涵。然而,德日刑法只是把"情节"仅仅局限于客观危害方面。

"不将流氓动机作为本罪的主观要素,也没有不当扩大本罪的处罚范围。"论者的推论是不成立的。逻辑学告诉我们,概念的内涵越丰富,则外延越小;只有内涵少时候,概念的外延才会大。如果增加了"寻衅滋事罪"的内涵需要流氓动机作为犯罪构成的要素,即增加成立条件的限制,那么,肯定会缩小寻衅滋事罪的外延。这是颠覆不了的逻辑规律! 也得到了前述以殴打他人为例做的分析的证明。

"不要求行为人主观上出于流氓动机,并不意味着不要求行为人主观上具有故意,因而客观归罪。"该论者在这里犯了转换论题的逻辑错误。在我国,不管对于流氓动机的地位怎样认识,没有人主张寻衅滋事罪是过失犯罪。流氓动机是在承认寻衅滋事罪是故意犯罪基础上对该罪主观要件的进一步限定。也就是说,不管是否主张流氓动机是主观构成要素,都不影响本罪属于故意犯罪的属性、都要求犯罪故意对本罪的定罪意义,因而无论是流氓动机否定说,还是流氓动机肯定说,都不属于客观归罪。

"要求行为人主观上出于流氓动机,可能是为了区分此罪与彼罪。但是,本罪与故意伤害罪、故意毁坏财物罪、敲诈勒索罪、抢劫罪等并不是对立关系,至少善于使用想象竞合犯的原理,就可以合理地解决定罪问题。"在这里论者使用了含糊其词"可能":当我们说"A"可能是"B"的时候,其实暗含着"A"不是"B"情况。本书强调寻衅滋事罪主观上的流氓动机。是因为该罪的本质所决定,这一要素当然有助于区分寻衅滋事罪与其他相类似的犯罪,而不是倒果为因:为了区分此罪与彼罪才要求流氓动机要素的。

"要求行为人主观上出于流氓动机,可能是来源于对客观事实的归纳。但是,刑法学是规范学而不是事实学。任何人都不能担保不会出现不出于流氓动机的寻衅滋事罪。"这里又一次使用了"可能"一词,进行了含糊其词的论说。否定论者的观点并没有给人信服的论证。

综上所述,必须强调本罪的犯罪动机的要素地位,以便对本罪的犯罪构成限缩的解释。只有这样才能准确贯彻立法者对本罪的犯罪本质的定位,以有利于本罪与故意伤害罪、抢劫罪、抢夺罪、故意毁坏财物罪等关联犯罪的区分及其调整范围的衔接。

三、基于犯罪本质观对量刑原则的解析

《刑法》第六十一条规定:"对于犯罪分子决定刑罚的时候,应当根据犯罪的事实、犯罪的性质、情节和对社会的危害程度,依照本法有关规定判处。"这就是刑法关于量刑原则的规定,是我国宪法规定法律适用原则和刑

法规定的罪责刑相适应基本原则的具体化。我国刑法理论一般认为,本条规定了量刑的原则,并概括为"以犯罪事实为根据,以刑事法律为准绳"。

关于量刑原则,存在两方面的问题:一是立法技术上,条文的表述不科学性;二是内容上对《刑法》第五条的照应情况欠佳。

一是关于条文的表述。"犯罪的事实""犯罪的性质""情节",以及"对于社会的危害程度"这四个术语,立法是将它们作为并列关系的。但是,从这四个术语含义的逻辑关系上看,它们并非全是并列关系,所以并列起来则犯了逻辑错误。因为犯罪的事实难道不决定了犯罪的性质吗? 而且,依据我国刑法,只有"情节严重"的危害行为才可以构成犯罪,所以,"情节"一词也包含在犯罪事实之中,也是确定犯罪性质的支撑材料,由此,这里的"情节"必须限制性解释为"量刑情节"。"对于社会的危害程度",首先与前三个具有因果关系,将之与前三个术语并列起来不合适;再者,鉴于刑法的属性,其正义是"分配正义",而不是"自然公正",因而犯罪对社会的危害程度的影响因素,不仅有案内的,也有案外。可见,需要用刑法解释技巧对这四个术语加以限缩,以摆正它们之间的逻辑关系。

那么,如何对以上四个术语进行限制性解释呢? 权威的教科书作了一定的尝试。所谓"犯罪的事实"是狭义上的犯罪事实,是指符合刑法规定的犯罪构成要件的主客观事实。所谓"犯罪的性质",是指具体犯罪性质,即构成犯罪的主客观事实统一表现的犯罪性质。所谓"犯罪情节",是指犯罪构成事实之外的其他能够影响犯罪社会危害程度与犯罪人的人身危险大小的各种事实情况。[1]所谓"犯罪的社会危害程度",是指犯罪行为对社会所造成的危害的大小,是由犯罪事实、犯罪性质和情节所决定的,不能根据某一方面的情况作出社会危害性程度大小的判断。此外,在评价犯罪的社会危害程度时,还要适当考虑国家的政治、经济和社会治安形势。[2]

即使做了上述限制解释,消除了一些矛盾,但仍然存在着三点不足:第一,没有摆正行为人的社会危险性之地位(只是把行为人的社会危险性因素作为犯罪构成事实之外的"量刑情节"之中)。因为论者把这里的"犯罪情节"限定为"犯罪构成事实之外的其他能够影响犯罪社会危害程度与犯罪人的人身危险大小的各种事实情况",所以社会危险性就只能有量刑的

---

[1] 在笔者看来包括:罪前(一贯表现)、罪中(犯罪动机是否卑鄙、行为是否残酷)和罪后(自首、坦白、退赃等)。

[2] 高铭暄、马克昌主编:《刑法学》(第七版),北京大学出版社、高等教育出版社,2016年,第252页。

意义而没有定罪的地位。但这是不正确的,因为刑法立法上存在的因"多次盗窃""多次抢夺"等"多次"而入罪的情形。这表明社会危险性具有定罪的意义。第二,犯罪是"已然危害"和"未来危险"的统一,即犯罪既包含客观危害、主观恶性,又在一定程度上取决于行为人的"社会危险性"。故不能把行为人的社会危险性仅仅定位于影响量刑,而不影响定罪。第三,除了对犯罪事实的微观考察外,还需要把具体的犯罪事实放在特定的社会条件之中来考察,因为特定的社会条件(政治、经济、文化等)决定了国家对具体犯罪的刑事政策(是国家基本刑事政策的具体化)。这一具体的刑事政策也调整该具体犯罪的社会危害性大小。

二是刑法规定的量刑原则不要越级与社会主义法律适用原则相对接,而应是对《刑法》第五条规定的"罪责刑相适应"这一刑法基本原则的贯彻。或者说,量刑原则属于刑法的原则,一定要体现刑法的特点、根源于刑法目的,照应刑法基本原则。既然刑法的基本原则是刑法这个部门法所特有的原则,是贯穿于整个刑法规范(包括总则和分则),并对整个刑事立法、司法活动具有普遍的指导意义原则,那么量刑原则就应该首先贯彻刑法基本原则,而不是往上拔高,去对接社会主义法律适用的一般原则。简言之,在刑法领域内,刑法基本原则是量刑原则的直接上位原则。具体而言,这个基本原则是罪责刑相适应的基本原则,而不应该是社会主义法律适用的基本原则。

三是犯罪本质观制约着罪行配置机理。根据当代刑法理念所决定的犯罪本质观,对于犯罪配置刑罚的上限是依据道义报应论而安排的;同时兼采目的刑论,即根据行为人的再犯可能性而调整刑罚的供给量(体现刑罚个别化思想)。

综合上述,鉴于犯罪是一种复杂的社会法律现象,犯罪圈的划定、罪刑关系的配置,以及对特定社会环境中具体犯罪的认定和评价,都始终浸润着统治阶级的主观意志。故笔者建议将本条修改为:"对于犯罪分子决定刑事责任(主要是刑罚制裁)的时候,应当根据犯罪事实,考察客观危害、主观恶性和行为人的社会危险性,确定犯罪性质、量刑情节,并结合当时社会的现状,基于并合主义的刑罚观综合评定犯罪对于社会的危害性及其程度,依照本法的有关规定判处。"这一表述的优点:一是将刑事责任与犯罪相对接,犯罪产生刑事责任,刑事责任包括刑罚和保安处分(主要是刑罚);二是凸显了犯罪的内涵包括客观危害、主观恶性和行为人的社会危险性三部分组成成分;三是"犯罪性质、量刑情节"是案内事实,"当时社会的现状"

是某一具体犯罪的外部环境,由此,把影响刑事责任的全部要素周延囊括;四是表明了刑事责任配置的哲学根据(综合主义的刑罚观)。

第三节　对共同犯罪刑罚配置"过剩"的解读

当代刑法理念要求以道义报应为主兼采功利主义的刑罚观。在此基础上,还应该明确:刑法是公法而不是私法,刑罚的配置不是基于对被害人损害的"损害填平原则"之自然公正,而是立法者出于维护国家整体法律秩序的目的所做的分配,即基于分配正义的配置。关于这一点,刑法对共同犯罪的处罚规则最能体现。

一、共同犯罪的构造

《刑法》第二十五条规定:"共同犯罪是指二人以上共同故意犯罪。二人以上共同过失犯罪,不以共同犯罪论处;应当负刑事责任的,按照他们所犯的罪分别处罚。"据此,在我国,共同犯罪是二人以上共同故意犯罪。按照犯罪构成四要件理论,我国的共同犯罪的犯罪构成特征如下:

共同犯罪客体要件的同一性。尽管共同犯罪人可能具有不同的分工,在犯罪中所起的作用不同,致使各共犯的行为直接指向的对象可能不同,但是他们的行为所侵犯的客体要件是一致的、同一的。

共同犯罪的客观要件具有客观联结性。各个共同犯罪人参加共同犯罪,不论他们之间分工如何,地位和作用如何,参与的程度如何,他们围绕着同一犯罪客体实施的危害行为彼此联系、互相配合,成为一个有机统一的犯罪活动整体,各个共同犯罪人的行为都是共同犯罪行为的一个有机组成部分。这是共同犯罪人应负刑事责任的客观基础,与单独犯罪明显不同。

共同犯罪的主体复数性。共同犯罪的主体需要是二人以上。这里的"人"可以是自然人,也可以是单位。无论是自然人,还是单位,都必须相应地具有刑事责任能力。在自然人则必须达到刑事责任年龄并且精神正常;在行为主体是单位场合,则需要具有刑法意义上的"单位"(即具有一定的财产或者经费、有自己的名号、能以自己的名义参与社会活动,能够独立承担社会责任等)。在法律有特别要求的情况下,还需要符合法律规定的特殊条件。共同犯罪的主体条件与自然人单独犯罪显然不同,也与单位单独犯罪场合下法律把单位拟制为一个主体有所区别。

共同犯罪主观要件的共同故意性。这里的"共同",不是"相同"。共同犯罪人需要有"共同"犯罪故意,即二人以上在对于共同犯罪行为具有共同认识的基础,对其所会造成的危害社会的结果持希望或放任的心理态度。共同犯罪人无论是在认识因素方面还是在意志因素方面,都具有"双重性":不仅认识到自己的行为会发生危害社会的结果,也认识到共同犯罪行为会发生危害社会的结果;不仅希望或者放任自己的行为发生危害社会的结果,也希望或者放任共同犯罪行为发生危害社会的结果。共同犯罪故意是共同犯罪人承担刑事责任的主观基础。

二、刑法对于各共犯人的刑事责任规定

《刑法》第二十六条规定:"组织、领导犯罪集团进行犯罪活动的或者在共同犯罪中起主要作用的,是主犯。三人以上为共同实施犯罪而组成的较为固定的犯罪组织,是犯罪集团。对组织、领导犯罪集团的首要分子,按照集团所犯的全部罪行处罚。对于第三款规定以外的主犯,应当按照其所参与的或者组织、指挥的全部犯罪处罚。"第二十七条规定:"在共同犯罪中起次要或者辅助作用的,是从犯。对于从犯,应当从轻、减轻处罚或者免除处罚。"第二十八条规定:"对于被胁迫参加犯罪的,应当按照他的犯罪情节减轻处罚或者免除处罚。"第二十九条规定:"教唆他人犯罪的,应当按照他在共同犯罪中所起的作用处罚。教唆不满十八周岁的人犯罪的,应当从重处罚。如果被教唆的人没有犯被教唆的罪,对于教唆犯,可以从轻或者减轻处罚。"

与单独犯罪相比,刑法对共同犯罪刑罚配置明显多得多。笔者权且称做"过剩",加引号,表示不是真过剩,而是假象。如何理解共同犯罪刑罚配置"过剩"的合理性呢?

德日法益说无能为力。依据德日的法益说不能解释刑法上述规定的合理性。因为,按照德日法益说,犯罪是对被害人法益的侵害,刑法的目的是保护被害人的法益;刑罚是对犯罪的回报,刑法用刑罚保护被害人的法益。鉴于德日立法框架下,对刑法法益与民法法益不加区分;进行类比思维:民法怎么保护,刑法也就怎么保护。于是,比照民法对于损害赔偿的"填平"原则,追求自然公正,把盗窃赃物退还给被害人,或者对被害人的伤害尽力医治使其早日康复,使被害法益恢复到原来状态。按照这样思考的话,怎么能够理解我国刑法的上述规定呢?因为刑法规定在

共同犯罪场合,各共犯人的行为共同指向同一犯罪客体,其合力作为原因造成一个法益损害(或者威胁一个法益)。所以,各共犯人都应对这一法益侵害负责。这样的话,行为人负担的"处罚"集合起来等于"这个损失"不就可以了吗?

然而,我国刑法的上述立法规定却表明,对于各共犯人反复按照共同犯罪的"总体损害"配置刑罚,只是鉴于各共犯的主客观条件因而所承担的刑罚的量有所差别而已。实际上,不仅我国刑法,就是德日刑法对于共犯人的刑罚也是一样,由此,德日刑法理论与共犯人刑事责任的立法规定相背离。这种背离基于德日的犯罪本质法益侵害说,永远是一个死结,无解!这也难怪德日国家刑法理论把共同犯罪被称为"绝望之章"。

这又一次表明,要想解释共同犯罪刑事责任配置的合理性,就需要对犯罪本质法益说进行实质的改造。

三、共同犯罪典型案例的刑罚适用

司法实践中,按照刑法的关于共同犯罪人刑事责任的规定对共同犯罪案件的法律适用,其量刑的结果与单独犯罪相比,刑罚的投入要高出很多倍!这种"过剩"是不争的事实。让我们随机挑选四个实实在在的生效判决加以分析印证。

(一)案例一:最高人民法院审判委员会讨论通过、2013年1月31日发布指导案例14号"董某某、宋某某抢劫案"

基本案情:被告人董某某、宋某某,犯罪时年均为17周岁,迷恋网络游戏,平时经常结伴到网吧上网,时常彻夜不归。2010年7月27日11时许,因在网吧上网的网费用完,二被告人即伙同王某(作案时未达到刑事责任年龄)到河南省平顶山市红旗街社区健身器材处,持刀对被害人张某某和王某某实施抢劫,抢走张某某5元现金及手机一部。后将所抢的手机卖掉,所得赃款用于上网。

裁判结果:河南省平顶山市新华区人民法院于2011年5月10日作出(2011)新刑未初字第29号刑事判决,认定被告人董某某、宋某某犯抢劫罪,分别判处有期徒刑二年六个月,缓刑三年,并处罚金人民币1000元。同时禁止董某某和宋某某在36个月内进入网吧、游戏机房等场所。宣判后,二被告人均未上诉,判决已发生法律效力。

裁判要点:对判处管制或者宣告缓刑的未成年被告人,可以根据其犯罪的具体情况,以及禁止事项与所犯罪行的关联程度,对其适用"禁止令"。

对于未成年人因上网诱发犯罪的,可以禁止其在一定期限内进入网吧等特定场所。

裁判理由:法院生效裁判认为:被告人董某某、宋某某以非法占有为目的,以暴力威胁方法劫取他人财物,其行为均已构成抢劫罪。鉴于董某某、宋某某系持刀抢劫;犯罪时不满十八周岁,且均为初犯,到案后认罪悔罪态度较好,宋某某还是在校学生,符合缓刑条件,决定分别判处二被告人有期徒刑二年六个月,缓刑三年。考虑到被告人主要是因上网吧需要网费而诱发了抢劫犯罪;二被告人长期迷恋网络游戏,网吧等场所与其犯罪有密切联系;如果将被告人与引发其犯罪的场所相隔离,有利于家长和社区在缓刑期间对其进行有效管教,预防再次犯罪;被告人犯罪时不满十八周岁,平时自我控制能力较差,对其适用禁止令的期限确定为与缓刑考验期相同的三年,有利于其改过自新。因此,依法判决禁止二被告人在缓刑考验期内进入网吧等特定场所。

分析:《刑法》第二百六十三条第一款规定:"以暴力、胁迫或者其他方法抢劫公私财物的,处三年以上十年以下有期徒刑,并处罚金。"本案中,被告人董某某、宋某某以非法占有为目的,以暴力威胁方法当场劫取他人财物,其行为均已构成抢劫罪。董某某、宋某某系持刀抢劫,但数额不大;犯罪时不满十八周岁,且均为初犯,到案后认罪悔罪态度较好,宋某某还是在校学生,符合缓刑条件,决定分别判处二被告人有期徒刑二年六个月,并缓刑三年。结合2014年1月1日实施的最高人民法院《关于常见犯罪的量刑指导意见》:"1.构成抢劫罪的,可以根据下列不同情形在相应的幅度内确定量刑起点:(1)抢劫一次的,可以在三年至六年有期徒刑幅度内确定量刑起点。……2.在量刑起点的基础上,可以根据抢劫情节严重程度、抢劫次数、数额、致人伤害后果等其他影响犯罪构成的犯罪事实增加刑罚量,确定基准刑。""1.对于未成年人犯罪,应当综合考虑未成年人对犯罪的认识能力、实施犯罪行为的动机和目的、犯罪时的年龄、是否初犯、偶犯、悔罪表现、个人成长经历和一贯表现等情况,予以从宽处罚。(1)已满十四周岁不满十六周岁的未成年人犯罪,减少基准刑的30%~60%;(2)已满十六周岁不满十八周岁的未成年人犯罪,减少基准刑的10%~50%。……7.对于当庭自愿认罪的,根据犯罪的性质、罪行的轻重、认罪程度以及悔罪表现等情况,可以减少基准刑的10%以下。依法认定自首、坦白的除外。"综合以上,本案的判决是合法合理的。

现假设此案是董某某一人单独犯罪,其他情况完全一样,对于董某某的判决也应该是这样的结果。那么问题来了：抢劫5元钱和一部手机，两个人共同抢劫时，5元钱和一部手机等于两个"有期徒刑二年六个月，并缓刑三年"；一人抢劫时，5元钱和一部手机也是等于一个"有期徒刑二年六个月，并缓刑三年"。这两个情形下的判决都是基于同样的刑法理念，基于同样的刑法规定和司法解释，都遵从了罪责刑相适应的基本原则，都贯彻了并合主义的刑罚观。这种差别的合理性在什么地方？或者应该如何解释呢？

德日的法益说不能说明，立法和司法为什么对共同犯罪较之单独犯罪所分配的刑罚成倍地加大投入。这种立法和司法为共同犯罪所分配的刑罚较之单独犯罪成倍地加量（即"过剩"）的合理性，用改良之后的四维法益说则迎刃而解。主要理由在于：犯罪的本质不在于对被害人法益（被害人的财产权和生命健康权）的侵害，而在于行为人所实施的犯罪行为破坏或者危害国家整体意义上的所有权法律秩序和生命健康不可非法侵犯的法律秩序，从而体现出了犯罪的"社会危害性"而不是对某一法律主体法益之侵害或者威胁的"私的危害性"。刑罚的分配，在立法上是根据立法者的价值取向，从维护其统治秩序（国家整体法律秩序）的目的出发（"双面预防"）来配置罪刑关系的；在司法环节，则是司法者根据法律规定和案件事实，基于自己的职业经验，出于维护国家整体法律秩序的目的（"双面预防"）而作出的刑事责任分配。

（二）案例二：最高人民法院审判委员会讨论通过、2014年6月23日发布指导案例27号："臧进泉等盗窃、诈骗案"

1.基本案情

（1）盗窃事实：2010年6月1日，被告人郑必玲骗取被害人金某195元后，获悉金某的建设银行网银账户内有305000余元存款且无每日支付限额，遂电话告知被告人臧进泉，预谋合伙作案。臧进泉赶至网吧后，以尚未看到金某付款成功的记录为由，发送给金某一个交易金额标注为1元而实际植入了支付305000元的计算机程序的虚假链接，谎称金某点击该1元支付链接后，其即可查看到付款成功的记录。金某在诱导下点击了该虚假链接，其建设银行网银账户中的305000元随即通过臧进泉预设的计算机程序，经上海快钱信息服务有限公司的平台支付到臧进泉提前在福州海都阳光信息科技有限公司注册的"kissal23"账户中。臧进泉使用其中的116863元购买大量游戏点卡，并在"小泉先生哦"的淘宝网店上出售套现。案发后，公安机关追回赃款187126.31元返还被害人。

（2）诈骗事实：2010年5月至6月间，被告人臧进泉、郑必玲、刘涛分别以虚假身份开设无货可供的淘宝网店铺,并以低价吸引买家。三被告人事先在网游网站注册一账户,并对该账户预设充值程序,充值金额为买家欲支付的金额,后将该充值程序代码植入到一个虚假淘宝网链接中。与买家商谈好商品价格后,三被告人各自以方便买家购物为由,将该虚假淘宝网链接通过阿里旺旺聊天工具发送给买家。买家误以为是淘宝网链接而点击该链接进行购物、付款,并认为所付货款会汇入支付宝公司为担保交易而设立的公用账户,但该货款实际通过预设程序转入网游网站在支付宝公司的私人账户,再转入被告人事先在网游网站注册的充值账户中。三被告人获取买家货款后,在网游网站购买游戏点卡、腾讯Q币等,然后将其按事先约定统一放在臧进泉的"小泉先生哦"的淘宝网店铺上出售套现,所得款均汇入臧进泉的工商银行卡中,由臧进泉按照获利额以约定方式分配。

被告人臧进泉、郑必玲、刘涛经预谋后,先后到江苏省苏州市、无锡市、昆山市等地网吧采用上述手段作案。臧进泉诈骗22000元,获利5000余元,郑必玲诈骗获利5000余元,刘涛诈骗获利12000余元。

2. 裁判结果

浙江省杭州市中级人民法院于2011年6月1日作出(2011)浙杭刑初字第91号刑事判决:一、被告人臧进泉犯盗窃罪,判处有期徒刑十三年,剥夺政治权利一年,并处罚金人民币三万元;犯诈骗罪,判处有期徒刑二年,并处罚金人民币五千元;二罪并罚决定执行有期徒刑十四年六个月,剥夺政治权利一年,并处罚金人民币三万五千元。二、被告人郑必玲犯盗窃罪,判处有期徒刑十年,剥夺政治权利一年,并处罚金人民币一万元;犯诈骗罪,判处有期徒刑六个月,并处罚金人民币二千元;二罪并罚,决定执行有期徒刑十年三个月,剥夺政治权利一年,并处罚金人民币一万二千元。三、被告人刘涛犯诈骗罪,判处有期徒刑一年六个月,并处罚金人民币五千元。宣判后,臧进泉提出上诉。浙江省高级人民法院于2011年8月9日作出(2011)浙刑三终字第132号刑事裁定,驳回上诉,维持原判。

3. 裁判要点

行为人利用信息网络,诱骗他人点击虚假链接而实际通过预先植入的计算机程序窃取财物构成犯罪的,以盗窃罪定罪处罚;虚构可供交易的商品或者服务,欺骗他人点击付款链接而骗取财物构成犯罪的,以诈骗罪定罪处罚。

4. 裁判理由

法院生效裁判认为:盗窃是指以非法占有为目的,秘密窃取公私财物的行为;诈骗是指以非法占有为目的,采用虚构事实或者隐瞒真相的方法,骗取公私财物,数额较大的行为。对既采取秘密窃取手段又采取欺骗手段非法占有财物行为的定性,应从行为人采取主要手段和被害人有无处分财物意识方面区分盗窃与诈骗。如果行为人获取财物时起决定性作用的手段是秘密窃取,诈骗行为只是为盗窃创造条件或作掩护,被害人也没有"自愿"交付财物的,就应当认定为盗窃;如果行为人获取财物时起决定性作用的手段是诈骗,被害人基于错误认识而"自愿"交付财物,盗窃行为只是辅助手段的,就应当认定为诈骗。在信息网络情形下,行为人利用信息网络,诱骗他人点击虚假链接而实际上通过预先植入的计算机程序窃取他人财物构成犯罪的,应当以盗窃罪定罪处罚;行为人虚构可供交易的商品或者服务,欺骗他人为支付货款点击付款链接而获取财物构成犯罪的,应当以诈骗罪定罪处罚。本案中,被告人臧进泉、郑必玲使用预设计算机程序并植入的方法,秘密窃取他人网上银行账户内巨额钱款,其行为均已构成盗窃罪。臧进泉、郑必玲和刘涛三被告人以非法占有为目的,通过开设虚假的网络店铺和利用伪造的购物链接骗取他人数额较大的货款,其行为均已构成诈骗罪。对臧进泉、郑必玲所犯数罪,应依法并罚。

分析:本案作为办案的标杆作为全国的案例指导,其程序遵守和实体认定都是正确的,判决是合法合理的。具体可以结合刑法的相应条文、司法解释和刑法理论来分析,这不是本书的重点。

笔者所关注的是以下两点:第一点,关于盗窃罪,被告人臧进泉、郑必玲共同实施,盗窃了305000余元。二被告人因犯盗窃罪分别获刑:臧进泉犯盗窃罪,判处有期徒刑十三年,剥夺政治权利一年,并处罚金人民币30000元;被告人郑必玲犯盗窃罪,判处有期徒刑十年,剥夺政治权利一年,并处罚金人民币10000元。本案中,盗窃所得的财物价值为305000元,所配置的刑罚总量是有期徒刑合计二十三年、剥夺政治权利合计二年、罚金刑合计4万元。第二点,关于诈骗罪,臧进泉、郑必玲、刘涛三名被告人共同实施,骗得财物22000元,三人分别获刑:被告人臧进泉犯诈骗罪,判处有期徒刑二年,并处罚金人民币5000元;被告人郑必玲犯诈骗罪,判处有期徒刑六个月,并处罚金人民币2000元;被告人刘涛犯诈骗罪,判处有期徒刑一年六个月,并处罚金人民币5000元。本案中,诈骗所得的财物价值为22000元,所配置的刑罚总量是有期徒刑合计四年、剥夺政治权利合计二年、罚金刑合计12000万元。

现在,假若这两起犯罪,都不是共同犯罪,是臧进泉一人的单独犯罪,其他条件都不变,那么,刑罚的投入最大限度仍然是:盗窃305000余元,判处有期徒刑十三年,剥夺政治权利一年,并处罚金人民币30000元;诈骗所得的财物价值为22000元,判处有期徒刑二年,并处罚金人民币5000元。相比假设的单独犯罪,在共同犯罪场合,刑罚的总投入多了将近一倍,这就是所谓刑罚配置的"过剩"。

对于这些多出来的将近一倍的刑罚投入,如果根据德日的法益说,能够解释得通吗?肯定不能。

这种立法和司法为共同犯罪所分配的刑罚较之单独犯罪成倍地加量(即"过剩")的合理性,用改良之后的四维法益说则迎刃而解。主要理由在于,犯罪的本质不在于对被害人法益(财产权权益)的侵害,而在于行为人所实施的盗窃、诈骗等犯罪行为破坏或者危害国家整体意义上的所有权法律秩序,从而体现出了犯罪的"社会危害性"而不是对某一法律主体法益(所有权)之侵害或者威胁的"私的危害性"。刑罚的分配,在立法上是根据立法者的价值取向,从维护其统治秩序(国家整体法律秩序)的目的出发("双面预防")来配置罪刑关系的;在司法环节,则是司法者根据法律规定和案件事实,基于自己的职业经验,出于维护国家整体法律秩序的目的("双面预防")而作出的刑事责任分配。

(三)案例三:"冒充警察强行索取财物的行为应如何认定"①

1.基本案情

被告人:徐某,男,24岁,农民。张某,男,21岁,无业。刘某,男,22岁,无业。

2017年3月初,徐某多次打电话给张某和刘某,要求其帮助抢劫某大学康乐中心服务员任某(女,24岁),并告知任某的衣着等外貌特征及其上下班的时间、行走路线等信息,同时允诺之:"同打虎同吃肉。"

经过徐某的筹划和安排,2017年3月19日夜里零点30分许,张某身穿八八式警服,刘某着便装,各持一个对讲机等候在事先选好的校园内一个岔路口(此处光线昏暗)准备抢劫。当任某和其同事王某(女,21岁)下班走到此处时,张、刘二人上前将任某拦住,自称是某公安分局工作人员,要检查证件。任某说没带证件,张某又要求任某把她身上背的挎包拿过来,检查有没有违禁品(实际上并无违禁品)。任某将挎包给了张某以后,张某

---

① 最高人民检察院法律政策研究室编:《典型疑难案例评析》(1999年第2辑),中国检察出版社,2000年,第36—39页。

就假装检查了一下,说:"明天让你们领导到某公安分局取包。"说完张、刘二人即朝校外走。任、王二人即紧追其后,并索要挎包。张某见王某、任某一直跟随其后,便说:"你们还真要去公安局呀?"边说边用对讲机通话:"派出所吗?赶快派辆车过来,多带些人",并越走越快。任某见追不上他们,就让王某跟着他们,她回单位求助。待任某及其求助的人来到出事点时,张、刘已经打车逃跑。

经查,任某的包内有人民币现金、手机、首饰等物,经司法鉴定总计价值约人民币2900元。

2.处理结果

此案起诉到人民法院以后,法院以抢劫且系冒充军警人员抢劫对三被告人分别判处有期徒刑十一年、十年、十年。

总体看,本案即:三个行为人持枪抢劫2900元,配置刑罚总额是三十一年有期徒刑。

现在,假若是徐某一人单独作案,其他情况不变,其结局仍然是:持枪抢劫2900元,配置刑罚是十一年有期徒刑。由于共同犯罪,刑罚多配置了二十年有期徒刑。

德日的法益说不能合理解释共同犯罪较之单独犯罪所分配的刑罚成倍地增加投入的立法和司法现状。

这种立法和司法为共同犯罪所分配的刑罚较之单独犯罪成倍地加量(即"过剩")的合理性,用改良之后的四维法益说则迎刃而解。主要理由在于:犯罪的本质不在于对被害人法益(财产权权益)的侵害,而在于行为人所实施的抢夺行为破坏或者危害国家整体意义上的所有权法律秩序,从而体现出了犯罪的"社会危害性"而不是对某一法律主体法益(所有权)之侵害或者威胁的"私的危害性"。刑罚的分配,在立法上是根据立法者的价值取向,从维护其统治秩序(国家整体法律秩序)的目的出发("双面预防")来配置罪刑关系的;在司法环节,则是司法者根据法律规定和案件事实,基于自己的职业经验,出于维护国家整体法律秩序的目的("双面预防")而作出的刑事责任分配。

(四)案例四:于爱银、戴永阳故意杀人案(《刑事审判参考》指导案例第388号)

1.基本案情

被告人于爱银,女,1967年12月2日出生,小学文化,农民。被告人戴永阳,男,1976年9月26日出生,小学文化,农民。

2.起诉与一审

山东省菏泽市人民检察院以被告人于爱银犯故意杀人罪、被告人戴永阳犯包庇罪,向菏泽市中级人民法院提起公诉。

菏泽市中级人民法院经审理查明:被告人于爱银因与丈夫阚继明关系不睦,2000年外出济南打工,并与被告人戴永阳相识,后二人非法同居。其间,二人商定结婚事宜。于爱银因离婚不成,便产生使用安眠药杀害丈夫的念头,并将此告知了戴永阳。2001年8月,于爱银因母亲有病,同戴永阳一起回到成武县田集家中。8月13日上午,于爱银与其10岁的儿子及戴永阳在田集药店买安眠药未果。下午,三人回到家中,于爱银又以给戴永阳介绍对象为名,到秦淮药店买到6片安眠药后回家,趁其丈夫外出买酒之际将安眠药碾碎,并告诉戴永阳要趁机害死其丈夫阚继明。当晚,于爱银与丈夫阚继明及其儿子和戴永阳一起喝酒、吃饭,待阚继明酒醉后,于爱银乘机将碾碎的安眠药冲兑在水杯中让阚继明喝下。因阚继明呕吐,于爱银怕药物起不到作用,就指使戴永阳将她的儿子带出屋外。于爱银用毛巾紧勒酒醉后躺在床上的丈夫的脖子,用双手掐其脖子,致其机械性窒息死亡。戴永阳见阚继明死亡后,将于爱银勒丈夫用的毛巾带离现场后扔掉。次日凌晨,二被告人被抓获归案。

菏泽市中级人民法院认为,被告人于爱银为达到与戴永阳结婚生活的目的,使用安眠药,又用毛巾勒、手掐压颈部,致其丈夫死亡,其行为构成故意杀人罪,公诉机关指控的罪名成立,且动机卑劣、后果特别严重,应依法惩处。被告人戴永阳明知于爱银杀死其丈夫,不但不加阻止,反而听从于爱银的指使,将于爱银的儿子带离现场,以便于爱银顺利实施犯罪;在被害人死亡后,又将作案用的毛巾带走,二人共同逃离现场,毁灭罪证。被告人戴永阳的行为符合共同犯罪的构成要件,其行为已构成故意杀人罪。公诉机关指控其犯包庇罪,罪名不当,应予纠正。被告人于爱银及其辩护人的辩护意见经查不实,不予采纳。被告人戴永阳及其辩护人"不知杀人,不在现场,没有将毛巾带走,要求宣告无罪"的辩护意见,与其供述、证人证言等证据矛盾,不予采纳。在犯罪中,被告人戴永阳起辅助作用,属从犯,应予从轻处罚。依照《刑法》第二百三十二条、第二十五条、第二十六条(第一、四款)、第二十七条、第五十七条之规定于2002年11月5日判决如下:被告人于爱银犯故意杀人罪,判处死刑,剥夺政治权利终身;被告人戴永阳犯故意杀人罪,判处有期徒刑十年。

3.上诉与二审

宣判后,二被告人不服,提出上诉。山东省高级人民法院经审理于2003年4月17日裁定驳回上诉,维持原判。

本案是于爱银、戴永阳共同实施的故意杀人罪,杀死一人;刑罚总投入是于爱银被判处死刑,剥夺政治权利终身;戴永阳被判处有期徒刑十年。

现假若是于爱银单独犯罪,其他条件不变,则故意杀死一人,对于爱银的量刑结果也仍是判处一个死刑,剥夺政治权利终身。由于共同犯罪,刑罚多配置了十年有期徒刑。

德日的法益说不能对所谓的刑罚"过剩"加以解释。

这种立法和司法为共同犯罪所分配的刑罚较之单独犯罪成倍地加量(即"过剩")的合理性,用改良之后的四维法益说则迎刃而解。其道理就在于犯罪的本质不在于对被害人法益(生命权益)的侵害,而在于行为人所实施的杀人行为破坏或者危害国家整体意义上的生命健康权不受非法侵害的法律秩序,从而体现出了犯罪的社会危害性而不是对某一法律主体法益(生命权)之侵害或者威胁的"私的危害性"。刑罚的分配,在立法上是根据立法者的价值取向,从维护其统治秩序(国家整体法律秩序)的目的出发("双面预防")来配置罪刑关系的;在司法环节,则是司法者根据法律规定和案件事实,基于自己的职业经验,出于维护国家整体法律秩序的目的("双面预防")而作出的刑事责任分配。

四、共同犯罪配置和适用刑罚"过剩"合理性的进一步分析

前述的典型案例告诉我们,与单独犯罪相比,刑法为共同犯罪配置了远远超过单独犯罪的刑罚"量",似乎是刑罚的配置"过剩"。司法适用刑法,把这种配置"过剩"刑罚的立法规定在实践中加以运用和贯彻。其道理何在? 笔者已经大致作了说明。不过,为了以理服人,还需要全面深入系统地论证。

根据刑法规定,与单独犯罪相比,共同犯罪构造的特点有:共同犯罪限于故意犯罪;犯罪主体多个;行为人之间的犯罪故意互有联络;各共同犯罪人的客观行为叠加、互相协调,共同指向犯罪客体。这些特点,决定了共同犯罪的社会危害性和"超额"的刑罚配置。

首先,故意犯罪的主观恶性要大于过失犯罪。犯罪就是本质而言是行为人主观恶性的体现(行为的社会危险性在具体案件中现实化为主观恶性)。如果不理解这一点,就难以理解:为什么过失地打碎了别人的传家宝(价值连城)也只是产生民事责任,而故意毁坏他人价值几千元的财物就可以入罪。我国《刑法》第十四条、第十五条也规定了以处罚故意犯罪行为为原则,以处罚过失行为为例外。①其他国家刑法也是一样对于故意犯罪奉行了较为严厉的刑事政策。而纵向地看,故意犯罪也是各历史时期刑法所打击的重点。所以,我国现行刑法对于直接的故意犯罪,多配置刑罚理所当然。

其次,共同犯罪是多主体的聚合犯罪。人多智慧广,"三个臭皮匠,顶一个诸葛亮",实施犯罪行为亦然。在主观上,共犯人之间可以共同谋划,从预谋到分工实施,其作案计划周密、方案妥当;客观上,各共犯人的行为相互加持,使得犯罪行为在纵向和横向两个维度增强,以至于凝集在一起,增大几倍的犯罪能力,能够完成一个人因能力局限所不能完成的犯罪;可以在不同的时间地点把犯罪行为分开实施。这就使犯罪的因果关系在共同犯罪场合中"拓宽"和"延长"。鉴于共同犯罪行为实施过程特点,立法者要想预防共同犯罪,达到双面预防的效果,其难度将成倍地增加。所以,与单独犯罪相比,刑法需要成倍地多投入刑罚。

再次,在整个共同犯罪的过程中,各共犯人的具体危害行为可以是多个地点同时实施或者多地点的不同时间实施,由此加大了犯罪的隐蔽性,日后对其发现和侦破的难度增大。按照贝卡利亚的高论:刑罚的有效性在于及时性、确定性和必定性。②犯罪与刑罚衔接愈紧密,预防犯罪的效果就越好;刑罚对于犯罪的约束力不在于刑罚的严酷性,而在于刑罚的确定性和必定性。在共同犯罪场合,各共犯人分工实施犯罪行为,分头行动,犯罪行为和犯罪结果在时间和空间上往往分离,这就给后来的侦查取证工作带来了很大的难度,使犯罪难以被及时发现甚至会永远不被发现,犯罪人逃脱刑罚制裁的概率因而大大地增加了。所以,为了预防共同犯罪,就要求成倍地加大刑罚的投入,增强刑罚的威慑效果。

最后,立法者配置刑罚、司法者裁量刑罚,都有一个共性:并非围绕着

---

① 《刑法》第十四条:"明知自己的行为会发生危害社会的结果,并且希望或者放任这种结果发生,因而构成犯罪的,是故意犯罪。故意犯罪,应当负刑事责任。"第十五条:"应当预见自己的行为可能发生危害社会的结果,因为疏忽大意而没有预见,或者已经预见而轻信能够避免,以致发生这种结果的,是过失犯罪。过失犯罪,法律有规定的才负刑事责任。"

② [意]切萨雷·贝卡里亚:《论犯罪与刑罚》,黄风译,中国法制出版社,2005年,第69—73页。

被害法益侵害的性质和量度来进行的,而是紧紧围绕犯罪人的行为,从预防犯罪的再度发生之目的来布局的。即从防止该类行为再度发生,以保证该类行为不再挑战国家法律秩序。法益损害只是衡量行为人危害行为社会危害性的间接指标。这也再一次显示了德日法益说的不可取性。

以上四个特点,表明了共同犯罪比起相应的单独犯罪,其对于社会的危害或者可能的危害强度要大得多,共同犯罪行为的社会危害性比单独犯罪,要大得多;由于各共犯人的分工协调,单独地考量某一犯罪人的行为很难得出犯罪的全貌,加上各共犯人的犯罪行为时间和空间的可分离性,因而对共同犯罪的发现和侦查取证的难度较之单独犯罪要大得多。有鉴于此,国家预防和惩治共同犯罪的难度也是成倍地增加。按照"双面预防"刑罚目的,对共同犯罪的刑事责任分配就需要成倍地增加。

总之,立法者设置犯罪的目的根本"不是"保护和救济被侵害的法益,[①]而是为了"双面预防",即维护国家整体法律秩序不再受到犯罪行为的挑战。这样,立法对于共同犯罪的刑罚配置的"过量"情况和司法实践对于共同犯罪案件裁量的刑罚"过量"投入,便得到了合理的解释。

本章小结

刑事古典学派(早期旧派)从理想主义出发,以天赋人权和社会契约论、自然法理念为思想基础,主张犯罪是行为人基于其自由意志所实施的恶的行为。相应地,刑罚是基于道义对犯罪的绝对道义报应;加上其对"人都是千人一面"的"理性人"认知,主张任何犯罪人都是一样的理性人,所以,无需刑罚个别化。刑事古典学派的主张具有两面性:一方面,其最大的功绩是以客观行为为基石构筑起保障自由、保障人权的篱笆,有效地限制了国家刑罚权的恣肆,有利于克服封建刑法的恣肆善断;另一方面,其不足即形而上学的片面思维、绝对思维和把人类社会简单化为理想的实验室,把复杂问题简单化,忽视了犯罪原因的复杂性,没有认识到人与人之间的个体差异性,因而其得出的犯罪原因、犯罪本质和控制对策等的片面性。

---

① 当然,在打击犯罪维护国家法律秩序的过程中,间接地会保护被害法益。不过,实践中,直接衡量犯罪的社会危害性并非易事,于是,往往不得不借助于犯罪行为对被害法益的侵害情况间接地来衡量。

随着帝国主义的到来,刑事古典学派理论对社会中出现的犯罪现象(犯罪率上升、累犯率上升;未成年人犯罪激增等现象)无能为力。实践需要对犯罪现象再作思考,加上当时背景下自然科学的巨大进步为人文社科的研究提供统计分析等研究方法和多维的研究视角,于是,刑事新派产生。

刑事新派从"人都是社会人"这一命题出发,否定理性人,否定绝对的意志自由。认为犯罪不是行为人自由意志的产物,而是由于遗传基因的变异或者心理变态等生物学因素,或者自然条件,或者社会条件等因素所决定的反社会性的"赘生物"。犯罪不是行为人的意志自由支配下对社会的危害行为,而是行为人的社会危险性的发作(即征表)。否定意志自由,构筑以行为人的社会危险性为基点的犯罪治理对策。对于犯罪人追究刑事责任正当化根据是社会防卫,为此,提出了教育、治疗、改善等功利主义的目的刑理论,旨在消除或者降低行为人的社会危险性。刑事新派的主张有一定的科学成分,但难以贯彻,因为作为新派理论的核心词——行为人的社会危险性,是一个迄今为止难以科学地精确测量的东西,以此为基础所构筑犯罪成立条件和设定矫治措施,其根基不牢或者说根本没有根基,所以新派理论的实践贯彻极易滑向人治的老路。二战期间,该理论被德意日国家的法西斯当局用于践踏人权、镇压异己甚至搞灭绝种族,其教训极其沉痛、深刻。

在与新派的学派之争中,刑事古典学派的观点有所修正。刑事旧派的坚持者在与新派的学说争斗中汲取了新派理论的一些合理养分,对前期旧派的观点作了缓和、折中。二战以后,刑法理论沿着后期旧派所开辟的折中、调和道路形成了目前的"立足于旧派,兼采新派"的当代刑法理念:犯罪被解读为:主要侧面是行为人的主观恶性和客观现实危害(或者危险);次要侧面,即行为人的社会危险性(再犯可能性)。相应地,刑罚观也转变为并合主义的刑罚观:以报应为主,兼采功利主义。责任的根据既有行为的危害性又有行为人的社会危险性格,即人格责任论。

我国刑法基本奉行了当代刑法理念,这种奉行体现在制刑、释罪和量刑等全部刑法的运行过程之中。犯罪本质观是制刑设罪的实质价值准则。制刑之后的刑法实施中,无论是对犯罪构成要件的解释、具体案件的量刑,共同犯罪的刑罚配置等,犯罪本质观就像如来佛的无形之大手,牢牢地起着控制作用。

本书选取了犯罪本质对相应具体条文"暴力"内涵的限定、犯罪本质立法评价的变化对该罪的犯罪成立条件的影响、犯罪本质对量刑原则的制约、犯罪本质对共同犯罪的刑罚配置的制约等典型例子,进行实证分析,佐证了笔者的观点,大致有以下四点:第一,各分则规范的"暴力"上下限要根据该罪的本质所决定的该罪法定刑的设定来理解,并与相近犯罪通过法定刑攀比做到横向协调。第二,具体犯罪之类罪立法归属的变化表明立法者对该罪的本质的评价发生了变化,立法之后的解释和司法适用要及时跟进这种变化,而不能固守成见。第三,对犯罪本质的确定是奉行报应为主和兼采功利的刑罚观而得来的,因此,量刑原则也应该符合犯罪本质观的要求,依此来衡量现行立法规定和当今刑法理论通说对量刑原则的解读,都存在一定的不足之处。笔者从应然角度提出了量刑原则的修改建议。第四,立法和司法对共同犯罪的刑罚配置和适用,与单独犯罪相比,明显地"过剩"。德日法益说难以对共同犯罪刑罚配置的合理性作出科学的解释,刑法理论中的"共同犯罪"是令德日刑法学"绝望"的难题。但从刑罚目的的双面预防、国家整体法律秩序的维护等出发,则能合理地说明,犯罪之所以是犯罪,是因其具有"社会危害性"(不是对某一个个体法益的侵害),是依法应受刑罚惩罚的社会危害性,而不是单纯的"法益侵害"。

第九章 四维法益说对数罪并罚规则、复杂数罪处罚规则的制约

根据当代刑法理念,犯罪的本质不是德日刑法理论所说的那样,归结为单纯的法益侵害,而是严重违反法律规定的义务,破坏了国家的整体法律秩序,进而侵害法律秩序所承载的法益。这种意义上,犯罪的本质就是依法应当受刑罚惩罚的社会危害性。基于这样的犯罪本质观,那么对于犯罪配置刑罚或者裁量刑罚,就应该以道义报应为主兼采功利主义刑罚观,即一罪一刑。由此,对于数罪都应该采用并罚为原则(无论是同种数罪,还是异种数罪),对于想象竞合犯、连续犯、牵连犯等实质数罪和司法习惯作为一罪(而实质是数罪)的情形,也都应该采用并罚制度。

第一节 犯罪本质对数罪并罚原则的制约

一、现行刑法规定的数罪并罚制度及其解读

数罪并罚,是指对一人所犯数罪按照一定的规则合并的处罚。其关键是对数罪如何实行并罚的问题。数罪并罚原则是数罪并罚制度的核心问题。

目前,各国刑事立法所采用的数罪并罚原则主要有并科原则、吸收原则、限制加重原则和折中原则四种:一是并科原则,又称相加原则、合并原则等,是指对数罪分别宣告的刑罚绝对相加、合并执行的规定。该原则是根据有罪必罚和一罪一刑的原理而确立的。其理论根基是刑事古典主义的道义报应刑罚观。二是吸收原则,是指在对数罪分别宣告的刑罚中,选择其中最重的刑罚作为应执行的刑罚,其余较轻的刑罚被最重的刑罚所吸收而不予执行。该原则是刑事新派的主张。重刑吸收轻刑的弊端有二:第

一,出现一人犯数罪与一人犯一罪所受的刑罚处罚相同的不合理现象,违背罪责刑相适应的基本原则;第二,一个人不管犯几个罪都按最重的罪处罚,客观上可能"鼓励"犯罪人在实施一重罪以后再去实施较轻的他罪,不利于抑制和预防犯罪。因此,单纯采用吸收原则的国家不多。三是限制加重原则,是指对犯罪分子所犯数罪分别定罪判刑以后,以其中最重的刑罚为基础,综合考虑其他犯罪所判刑罚的情况,再加重一定的刑罚作为执行的刑罚;或者在数罪分别宣告的数刑的总和刑期以下,数刑中最高刑期以上,酌情决定执行的刑期,并规定刑期最高不得超过一定的限度。限制加重原则可以克服并科原则和吸收原则的不足:或者过于严酷且不便具体适用,或者过于宽纵而不足以惩罚犯罪,从而使数罪并罚制度既贯彻了有罪必罚和罪责刑相适应的原则,又采取了较为灵活、合乎情理的合并处罚方式。不过,该原则也有一定的局限性,即它只适用于有期徒刑、拘役和管制这些有期限的自由刑的合并处罚,假如数刑中有被判死刑或无期徒刑的,就无法适用。四是综合原则,是指以上述一种原则为主、他种原则为辅,将其分别适用于不同刑种或刑罚结构的数罪合并处罚。该原则能够使上述诸原则扬长避短,互为补充。综合原则是目前世界上大多数国家采用的并罚原则。

《刑法》第六十九条规定:"判决宣告以前一人犯数罪的,除判处死刑和无期徒刑的以外,应当在总和刑期以下、数刑中最高刑期以上,酌情决定执行的刑期,但是管制最高不能超过三年,拘役最高不能超过一年,有期徒刑总和刑期不满三十五年的,最高不能超过二十年,总和刑期在三十五年以上的,最高不能超过二十五年。数罪中有判处有期徒刑和拘役的,执行有期徒刑。数罪中有判处有期徒刑和管制,或者拘役和管制的,有期徒刑、拘役执行完毕后,管制仍须执行。数罪中有判处附加刑的,附加刑仍须执行,其中附加刑种类相同的,合并执行,种类不同的,分别执行。"根据上述规定,我国理论一般认为,现行刑法采用了综合原则,对不同的刑种,适用不同的并罚原则,具体的理由如下:

第一,数罪中有判处死刑或无期徒刑的,采用吸收原则。即数罪中只要有一罪判处死刑或无期徒刑的,不论其他罪判处何种主刑,都只执行其中的一个死刑或无期徒刑,其他主刑被吸收而不予执行。因为死刑是剥夺生命的刑罚,无期徒刑是剥夺终身自由的刑罚,犯罪分子的生命或终身自由被剥夺以后,实际上其他主刑已不可能再执行。还同时强调,如果数罪被判处两个以上无期徒刑,绝对不能将其合并升格为死刑,因为无期徒刑和死刑是性质不同的两个刑种。

第二，数罪中的各罪被判处的刑罚均为有期徒刑，或均为拘役，或均为管制的，采用限制加重原则。即在总和刑期以下，数刑中最高刑期以上，酌情决定执行的刑期，但是管制最高不能超过三年，拘役最高不能超过一年，有期徒刑最高不能超过二十年（特殊情况的，不能超过二十五年）。因此，限制加重原则有两个含义：一是对犯有数罪的人要"加重"处罚。即决定执行的刑期需要在数刑中的最高刑期以上，甚至可以超过相关刑种的法定最高期限，但是绝对不能将同种刑合并升格为另一种更重的刑种或者无期徒刑、死刑。二是对"加重"要予以"限制"。例如，某甲先后犯有盗窃、诈骗、强奸三个罪，分别被判处有期徒刑五年、七年、十年，其总和刑期为二十二年，但对其宣告刑最高不能超过二十年。再如，某乙先后犯有盗窃、抢夺、抢劫三个罪，分别被判处有期徒刑十五年、十一年、十年，总和刑期为三十六年（在三十五年以上），对其宣告刑最高不能超过二十五年。

限制加重原则是对数罪被判处数个同种有期自由刑时而采用的。对数罪被判处数个不同刑种时如何并罚的问题，原来理论界有"折抵说""吸收说""分别执行说"三种不同的主张。多数学者倾向于折抵说，主张将不同刑种折抵为一种较重的刑种，数刑中包含有期徒刑的，应将拘役和管制折抵为有期徒刑；数刑中没有有期徒刑的，将管制折抵为拘役；折抵为同一刑种后，再按限制加重原则实行数罪并罚。《刑法修正案（九）》对此作了明确规定："数罪中有判处有期徒刑和拘役的，执行有期徒刑。数罪中有判处有期徒刑和管制，或者拘役和管制的，有期徒刑、拘役执行完毕后，管制仍须执行。"上述规定使理论争议暂时告一段落。但对于"数罪中有判处有期徒刑和拘役的，执行有期徒刑"如何理解不无疑问。权威教科书认为《刑法》第六十九条第二款规定的是吸收原则，即有期徒刑吸收了拘役刑。[1]

第三，数罪中有判处附加刑的，附加刑仍须执行。即数罪中主刑不论执行死刑、无期徒刑、有期徒刑、管制或拘役，如有判处附加刑的，附加刑仍须执行。关于数个附加刑如何并罚的问题，刑法只是明示附加刑仍须执行，但对于具体怎么并罚，刑法未作明确规定。

2000年11月15日最高人民法院《关于适用财产刑若干问题的规定》第三条规定："依法对犯罪分子所犯数罪分别判处罚金的，应当实行并罚，将所判处的罚金数额相加，执行总和数额。一人犯数罪依法同时并处罚金

---

① 贾宇主编（马工程教材）:《刑法学（上册·总论）》,高等教育出版社,2019年,第354页。

和没收财产的,应当合并执行;但并处没收全部财产的,只执行没收财产刑。"这条规定表明以下三点:数罪分别被判处几个罚金刑的,将罚金数额相加,执行总和数额,这体现的是并科原则;数罪被同时判处罚金和没收财产两种附加刑的,应当合并执行,这也采用的是并科原则;数罪被同时并处罚金和没收全部财产的,只执行没收全部财产,将其他罚金刑吸收,这采用的是吸收原则。

数罪中有判处剥夺政治权利数个附加刑,如何并罚的问题,尚未有明确规定。首先,对于数罪被判处数个有期限的剥夺政治权利的,理论界的一般见解是采取限制加重原则,即在数个剥夺政治权利刑的最高刑期以上、总和刑期以下,酌情决定最后执行的刑期,但决定执行的刑期最高不得超过十年;如果数个剥夺政治权利中有剥夺政治权利终身的,只执行剥夺政治权利终身,即采用吸收原则。其次,根据司法解释,对被判处有期徒刑的罪犯,主刑已执行完毕,在执行附加剥夺政治权利期间又重新犯罪,如果所犯新罪无需判处附加剥夺政治权利,应当按照刑法规定,在对被告人所犯新罪作出判决时,将新罪所判处的刑罚和前罪没有执行完毕的附加剥夺政治权利,按照数罪并罚原则,决定执行的刑罚,即在新罪所判处的刑罚执行完毕以后,继续执行前罪没有执行完毕的附加剥夺政治权利。

二、基于犯罪本质对数罪并罚制度完善建议

以上系统梳理目前我国刑法理论主流观点关于数罪并罚的理论主张,以及司法解释的态度。但流行的观点也并非都符合逻辑,习惯的做法背后也不都是由正确的理念支撑。笔者认为,基于对犯罪本质的理解,应当坚持并科为原则,不宜采用吸收原则,也不采用限制加重原则;对于同种数罪也应一律并罚(当然,法律有明文规定适用其他罚则的除外)。

数罪并罚的并科规则符合犯罪观和刑罚观。当代世界的刑法理念既然是坚持以行为为中心的行为刑法主导,兼采以反映行为人的社会危险人格的行为人刑法,于是,刑罚的正当性基础是以报应为主兼采功利主义的刑罚观;犯罪的内涵是显性的社会危害与潜在的再犯可能性的统一,由犯罪的内涵所决定犯罪的本质对国家法律秩序的破坏,而不是单纯的、孤立的法益侵害。由此,决定刑法上的正义,不是朴素的正义,也区别于民法意义上的正义;是立于国家法律立场对行为人的犯罪行为实行的按劳分配的"分配性正义"。所以,一罪一罚则是当然的原则。只有立于刑事新派或者以刑事新派为主导的刑法理论才会青睐吸收原则或者限制加重原则。

正如有的人一生发明了几十件、几百件,甚至几千件专利(如爱迪生一生发明二千多件),而有的人一辈子连一件发明都难以做到,罪犯也是一样。有的犯罪人身背几桩命案,如大魔头张君团伙是名副其实的江洋大盗。张君本人更是一个罪大恶极、十恶不赦的反社会型变态狂。他曾经纠集数十人,拥枪数十条,作恶数省市,历六年,犯下惊天大案十余起,杀死杀伤50余人,抢劫现金、金银首饰价值600多万元。再如,"爆头哥""法外狂徒"周克华这个苏湘豫系列枪击案的凶手,总共抢得财物近50万元,打死打伤14人,背负7起命案。最终张君被判处死刑并立即执行,周克华被当场击毙,死有余辜。再看药家鑫案,2010年10月,西安音乐学院学生药家鑫将张妙撞倒并连刺数刀致受害人张妙死亡;10月23日,药家鑫在父母的陪同下到公安机关投案。2011年4月,西安市中级人民法院对此案作出一审判决,以故意杀人罪判处药家鑫死刑,剥夺政治权利终身,并赔偿被害人家人经济损失费。药家鑫随后提起上诉。2011年5月,二审判决宣布维持原判;2011年6月7日,药家鑫被依法执行注射死刑。比较张君、周克华与药家鑫,三人都被宣告执行一个死刑(立即执行),其结局一样。案与案之间进行横向比较,判决的不公平,便显而易见。之所以会出现这样相同判决结果,其主要的原因在于采用了数罪并罚的限制加重和吸收原则。我们不难发现,这三个案件的差异性很大,最终都是一个死刑的判决结果,难以准确体现三个犯罪分子之罪行、罪责的差异。这实际上也揭示了一个现象:为什么一个人一旦背负命案,或者犯了重罪,就一发不可收拾,走上不归路:心狠手辣、穷凶极恶,无所顾忌,甚至孤注一掷,丧心病狂地连续作案,制造一系列恶性事件。不能不说,我国现行的数罪并罚的立法和理论仍存在一定漏洞和不尽之处。

假若依照并科原则,则对张君、周克华所触犯的每个死刑均应予以宣告,虽然各个死刑事实上不能都实际执行,但至少能表明国家和社会对其十恶不赦、恶贯满盈的犯罪行为否定性评价及其程度。由此向世人昭示:这些罪犯是"死有余辜"。如此,则更能充分发挥刑法行为规范的指引功能。一个人因多个重罪被判处了多个死刑,即使遇到大赦天下,赦免其一个死刑,像张君、周克华之流仍有剩余的死刑判决在等着执行他。同样道理,对于一个人因数个犯罪被判处数个无期徒刑的罪犯也是一样,即使遇到大赦,赦免其一个无期徒刑,仍然还有剩余的无期徒刑等着执行他。这种并科制度才体现了真正的公正、公平。让行为人在犯罪之时也好好掂量一下:到底他要犯多少罪、准备挣几个死刑或者无期徒刑!

再说,既然一个罪犯的犯罪能力不同,犯罪能力大的,所犯的罪多,那么,该罪犯自我改造能力和立功赎罪能力就应该大,在执行过程中他就可以多立功赎罪,争取减刑、假释。由此,对他的犯罪行为一罪一刑地判几个死刑或者无期徒刑,也是符合该罪犯的行为人特殊性的。

2.数罪并罚中,还有一个争议很大的问题是同种数罪是否并罚?

理论界有三种主张:一是一律并罚;二是择一重罪从重处罚;三是折中观点,即并罚与否,以罪责刑相适应来衡量具体问题具体分析。

笔者赞成第一种主张,不仅异种数罪应该并科,对于同种数罪也应当实行数罪并罚为原则,以按一罪从重处罚作为原则的例外。理由是:

第一,同种数罪不并罚的理论根据是新派理论,即行为人具有犯某一罪的社会危险性,只要这一社会危险不消除,那么行为人的人身危险性的反复发作,反复犯某种犯罪。但新派理论在当代刑法理论中不是处于主导地位,只是处于补充地位。因此,同种数罪的不并罚的见解从刑法哲学根基上是站不住脚的。

第二,罪刑关系主要取决于犯罪的社会危害性。犯罪的社会危害性既是罪与罪之间相区别的主要内容,也是衡量刑罚所遵循的事实依据。社会危害性大的犯罪当然要比社会危害性小的犯罪量刑要重。同种数罪加起来比一个犯罪的社会危害性要大。两个放火罪的社会危害性大于一个放火罪的社会危害性。为了贯彻罪责刑相适应原则,一般情况下,对同种数罪的处罚应当与异种数罪一样,都应数罪并罚。相反,如果对同种数罪与异种数罪在刑罚上区别对待(即对异种数罪实行数罪并罚,而对同种数罪实行按一罪从重处罚),将导致量刑的结果难以做到罪有应得。

第三,在我国,对于同种数罪并罚有很深刻的中华文化根基——善恶有报。我国传统文化的形成有两个重要的基础:一是小农自给经济的生产方式;二是家国一体,即由家及国的宗法社会政治结构。在这个基础上产生的必然是以伦理道德为核心的文化价值系统。因为家族宗法血缘关系本质上是一种人伦关系,是建立在伦理的基础上通过人们的情感信念来处理的关系。家族本位的特点,一方面使得家族伦理关系的调节成为社会生活的基本课题,家族伦理成为个体安身立命的重要基础;另一方面,在家国一体社会政治结构中,整个社会的组织系统是家族—村落(在一般情况下,村落是家族的集合或膨胀)—国家,文化精神的生长路向是家族—宗族—民族。家族的中心地位使得伦理在社会生活秩序的建构和调节中具有至关重要的意义。在传统社会中,人们社会生活是严格按照伦理的秩序进行的,尊卑亲疏、红白大事处理、人际交往的礼仪,都限制在"礼"的范围内,否则便是对伦理的僭越。这种伦理秩序的扩充,便上升为我国封建社会政治体制的基础——家长制。家长制的实质就是用家族伦理的机制来进行政治统治,是一种伦理政治。

与此相适应,伦理道德学说在各种文化形态中便处于中心地位。我国哲学是伦理型的,哲学体系的核心是伦理道德学说。我国哲学崇尚贤人的政治。我国的文学艺术也是以"善"为价值取向的。"文以载道",美善合一,是我国文化审美性格的特征,即使在科学技术中,伦理道德也是首要的价值取向。我国传统科技的价值观是以"正德"即有利于德性的提升为第一目标,然后才考虑"利用、厚生"的问题。因此,我国文化价值系统的特点是强调真、善、美统一,而以善为核心。其中,善恶报应的观念流淌在中国人的血脉之中。真善美反对假恶丑,崇尚先贤效法先贤争做英雄,以贤人为楷模的积极入世思想。另一方面,除了勿以善小而不为外,还谆谆告诫勿以恶小而为之——疾恶如仇的一面。中国人对假恶丑嗤之以鼻,善有善报恶有恶报的朴素报应观念,如"杀人者死伤人及盗抵罪";戏曲中清官杀奸臣,不杀奸臣,一出戏就难以结束;好人得好报,坏人得恶报。所以,我国的根深蒂固的善恶报应观念,是实质数罪并科原则的文化根基。如果数个同种犯罪只按其中的一罪处罚,其他犯罪被吸收掉,那么,在老百姓的意识中,这样的处罚对犯数个同种犯罪的人报应,就没有到位。

第四,按照"是原则就会有例外"的格言,从对现行刑法解释的角度,我们可以得出结论:现行刑法规定了同种数罪并科的一般规定(即原则),在特殊情况下(有明文规定的,作为原则的例外),才不并科。

如果有明文规定对同种数罪按一罪从重处罚的,那应适用按一罪从重处罚,这可以看作是同种数罪并罚原则的例外。所以,立法上没有明文规定对同种数罪按一罪从重处罚的,则应适用数罪并罚原则。司法实践依照《刑法》第七十条对判决宣告以后,刑罚执行完毕以前,发现被判刑的犯罪分子在判决宣告以前还有同种漏罪没有判决的,则按数罪并罚原则确定刑期,这是正确的。但是,司法实践依照《刑法》第六十九条对判决宣告以前犯同种数罪均按一罪从重处罚,是错误的。

第五,在具体的案件中,对于同种数罪不并罚就难以做到罪责刑相适应。在量刑幅度方面,我国刑法分则规定的量刑幅度,既有单一量刑幅度,例如《刑法》第三百五十四条容留他人吸毒罪处三年以下有期徒刑、拘役或者管制,也有轻重不同的两个或两个以上量刑幅度;第二百四十三条诬告陷害罪有三年以下有期徒刑、拘役或者管制和三年以上十年以下有期徒刑两个量刑幅度。但应当明确，不论是单一量刑幅度还是数个量刑幅度，均为一罪而并非为数罪所设置。

为一罪设置的单一量刑幅度显然不适应同种数罪的刑罚要求；而为一罪设置的数个轻重不同的量刑幅度，目的是适应一罪的轻重不同的诸种情节，对于同种数罪也不完全适应。所以，当罪犯犯较轻情节的同种数罪时，在数个量刑幅度内选择较重一个判处尚能基本满足刑罚要求；但当犯较重情节的同种数罪时，在数个量刑幅度内选择较重一个法定刑档次，即使在该较重量刑幅度内适用最重的刑种与刑度判处，也难以做到刑当其罪。如《刑法》第二百七十九条招摇撞骗罪有犯较轻情节处三年以下有期徒刑、拘役、管制或者剥夺政治权利与犯严重情节处三年以上十年以下有期徒刑两个量刑幅度。当犯两个招摇撞骗罪均为较轻情节时，依据目前的司法做法，不并罚，仅按照一罪，如果选择情节较轻情节量刑幅度即三年以下有期徒刑、拘役、管制或者剥夺政治权利判处，显然罚不当罪，因而可以把吸收掉的犯罪作为选择严重情节的理由，因此量刑幅度三年以上十年以下有期徒刑，这可以做到罪责刑相适应。但是，当所犯两个招摇撞骗罪均为情节严重时，即使适用较重量刑幅度三年以上十年以下有期徒刑中最重刑种与刑期，也不能适应刑罚要求。因为在此情形下，犯两个招摇撞骗罪与犯一个招摇撞骗罪均适用同一量刑幅度，难以区分数罪与一罪的刑罚轻重。

另外，在既犯同种数罪，又有其他法定从重处罚情节的状况下，也出现在法定较重量刑幅度内难以选择适宜刑罚的不合理现象。例如，《刑法》第三百五十八条强迫卖淫罪中"强迫多人卖淫或者多次强迫他人卖淫"与"强迫不满十四周岁的幼女卖淫、强奸后迫使卖淫和造成被强迫卖淫的人重伤、死亡或者其他严重后果"等情节，其量刑幅度同为十年以上有期徒刑或者无期徒刑。如果在构成数个强迫卖淫罪（即具备强迫多人卖淫或者多次强迫他人卖淫）的前提下，又兼有强迫不满十四周岁的幼女卖淫等情节，也均在同一量刑幅度十年以上有期徒刑或者无期徒刑内选择刑罚，这就不可避免地会产生不能区别刑罚轻重，做到罚当其罪。

第六，以电信网络诈骗罪的同种数罪为例分析并科合理性。

刑法对于同种数罪如何处罚，没有明确规定一般处罚规则。而按照我国刑法理论通说，对于同种数罪是按重罪吸收轻罪来处理的。司法解释也奉行了刑法理论通说的这一主张。既然刑法理论通说和司法解释都是不并罚，那么我们再继续讨论这一论题还是否有必要呢？答案当然是肯定的。

本来，对于同种数罪是否并罚素有争议。除了主张同种数罪不应实行数罪并罚①之外，还有其他主张。如，有的主张同种数罪应该数罪并罚；②有的主张对于同时存在既遂与未遂的同种数罪，应将既遂、未遂部分分别求得量刑幅度，再累计相加，或在此基础上再进行有限的从轻处理；③还有的主张将犯罪数额的累计相加的。④在存在既遂与未遂的同种数罪情况下，将未遂状态的犯罪数额按照一定的比例折算为"既遂状态"的犯罪数额，再按照既遂形态犯罪数额的标准进行定罪量刑。⑤

如果说理论争议的存在是务虚的话，那么面临实实在在的具体案件的公正处理则是无法回避的实践课题。因为，在具体的案件中如果不对同种数罪并罚，则难以做到罪责刑相适应，而且在横向比较则出现此案与彼案之间的严重不协调情况。例如，某A在2015年6至8月、2017年10至12月、2020年2至5月，曾先后在甲市、乙市、丙市实施电信诈骗行为，实施诈骗之后就更换城市，且时间间隔都在二年以上，这样某A构成了三个独立的电信诈骗罪，其诈骗数额分别依次为20万元、35万元、40万元。按照司法解释提供的规则，则对某A采用重罪吸收轻罪的规则，最终只能按诈骗数额40万元，即在数额巨大的法定刑区间裁量刑罚，即"数额巨大或者有其他严重情节的，处三年以上十年以下有期徒刑，并处罚金"。再假如某B是在上述时间段内曾先后在甲市、乙市、丙市实施电信诈骗行为，实施诈骗之后就更换城市，第一次与第二次的时间间隔在二年以内，第二次与第三次的时间间隔在二年以上，这样某B实施了三个电信诈骗行为，其诈骗数额分别依次为20万、35万、40万。按照司法解释的规定："二年内多次实施电信网络诈骗未经处理，诈骗数额累计计算构成犯罪的，应当依法定罪处罚"，那么，应该将时间间隔为二年以内的前两次诈骗数额累计相加即55万元与第三次诈骗罪构成同种数罪，其结果是按55万元犯罪数额来量刑，即属于犯罪数额特别巨大，"数额特别巨大或者有其他特别严重情

① 张小虎：《同种数罪不应实行数罪并罚》，《上海市政法管理干部学院学报》1999年第2期。

② 郑培兵：《同种数罪应该数罪并罚》，《法学》1982年第1期。

③ 刘宪权、张巍：《销售假冒注册商标的商品罪停止形态研究》，《法学杂志》2012年第4期。

④ 张平寿：《既遂、未遂并存情形下犯罪数额的处理》，《人民检察》2015年第11期。

⑤ 庄绪龙等：《销售假冒注册商标的商品罪中"既、未遂形态并存"的司法认定反思》，《政治与法律》2013年第3期。

的,处十年以上有期徒刑或者无期徒刑,并处罚金或者没收财产"。

这两个案子的情况比较近似,但最终的判决结果却差异巨大。在笔者看来是不合理的,其原因在于对数个同种数罪的没有并罚。总之,电信诈骗犯罪的同种数罪,以并罚为原则。

笔者主张,一般而言,同种数罪应该数罪并罚。因为对于同种数罪不并罚,其主要理由是基于刑事新派的犯罪是行为人的社会危险性格的征表,只要行为人的社会危险性存在,就会不断反复发作,所以就一直征表出同一种犯罪,故对于同种数罪不并罚。但根据《刑法》第五条规定罪责刑相适应的刑法基本原则和第六十一条规定的以行为的客观危害和行为人的主观恶性为基础兼顾行为人的社会危险性的量刑原则,表明了我国现行刑法奉行的是后期旧派的立场,而不是新派的立场。因此,对于同种数罪不并罚,首先就违背了刑法的基本原则和量刑原则。再者,为了与刑法(包括司法解释)关于"多次行为累计计算"的规定相协调;为了真正做到对一个案件判决的罪责刑相适应做到个案公正;为了对多个不同案件的横向平衡协调,应然而言,对于同种数罪以数罪并罚为原则,法律有特别规定的依照规定。

目前理论界有学者认为,按照单一的并科原则,有的犯罪分子可能被判处有期徒刑几十年甚至几百年,往往远远超过其生命极限,与无期徒刑的效果并无二致,实际上很难执行。如果数罪中有宣告死刑、无期徒刑或有期徒刑等几个刑种的,也无法将数刑相加。这些指责看似有理,实乃懒惰思想,关键是要发挥主观能动性,想办法解决问题,而不是自设篱笆,囿于以往的观点。一个人犯了数罪,不管是同种数罪还是异种数罪,说明其"犯罪能力"大。同样可以设想,该罪犯以后在改造过程中弃恶从善,接受改造的能力也会强,立功赎罪的能力也强。

为配合数罪并科原则,可以修改刑罚执行制度。在实施并科作为数罪并罚原则的情况下,那么无论是不同刑种的数个宣告刑,还是相同刑种的数个宣告刑的执行,都是不折算、不吸收而是合并执行;数个相同的附加刑刑种以并科为原则,也是当然结论。其关键是宣告刑执行的顺序。

以主刑的执行方法为例加以说明。首先,相同的宣告刑,直接相加,这比较简单。尽管刑期较长,惩罚严厉,但这是犯罪人咎由自取,罪有应得,没有冤枉犯罪人。其次,不同刑种的宣告刑,应先执行最重的宣告刑,后执行其次重的宣告刑,以此类推。第一,一个人犯了两个罪分别被判处死刑、无期徒刑,即其宣告刑是一个死刑和一个无期徒刑。在执行时先执行死刑,死刑执行完毕,无期徒刑没有办法执行,但判决书上清楚地记载着还有一个"无期徒刑",这个账还要记在犯罪人的名下,让他带着无期徒刑奔赴九泉之下,而不是"依法"直接就被吸收了。第二,一个人犯了两个罪,一个应该被判处无期徒刑,一个被判处五年有期徒刑。由此其宣告刑为一个是无期徒刑,一个是五年有期徒刑。按照并科原则,先执行无期徒刑,执行了十年,因罪犯认真改造并立功,该罪犯减刑为十二年有期徒刑,这样原来那个罪所判处的五年有期徒刑还在等着执行,由此,在不考虑减刑的情况下,罪犯再服刑十七年有期徒刑即可(当然罪犯在以后的执行过程中仍然可以依法减刑或者假释)。第三,一个人犯了三个罪,一个被判处六年有期徒刑,一个被判处五个月拘役,一个被判处一年管制,那么,该罪犯的宣告刑为三个:六年有期徒刑加五个月拘役加一年管制。执行时先执行六年有期徒刑,执行完毕之后再执行五个月拘役,剥夺自由的刑罚执行完毕之后,最后执行一年管制刑。

附加刑之间也是并科,与主刑同时执行,其原则也是依次先执行重的附加刑。

总之,采用并罚原则,可以节约很多立法资源,不需要在立法上对于这个刑种这样并罚,对于那个刑种那样并罚。刑法理论也不再存在"学者甲主张这个并罚规则,学者乙主张那个并罚方法,学者丙主张折中的方法"等混乱局面。

第二节　基于犯罪本质特殊实质数罪的并科

上一节分析了典型的实质数罪的并罚规则,本节研究特殊的实质数罪的并罚问题。所谓特殊的实质数罪,是指相对于典型的实质数罪而言的也是实质数罪,只不过被作为一罪处理的犯罪现象。具体包括想象竞合犯、连续犯、牵连犯等。

一、关于想象竞合犯

想象竞合犯的构成条件和处罚规则在中外刑法立法和刑法理论上都是极具争议的课题,其焦点集中于:想象竞合犯是犯罪论问题,还是刑罚论问题;是一罪还是数罪;处罚规则怎样?

有的国家刑法总则规定了想象竞合犯的处罚原则,如日本《刑法典》第五十四条规定,一个行为同时触犯两个以上罪,按照其最重的刑罚处断。再如德国《刑法典》第五十二条前段规定了想象竞合犯,德国刑法理论学说和判例都承认想象竞合犯,并将其分为同种类的想象竞合犯和异种类的想象竞合犯,而给予不同的处罚规则。①

我国刑法总则没有规定想象竞合犯的处罚原则,分则中有时作了零碎规定。因此,对于想象竞合犯问题的争议更大。刑法理论通说认为,想象竞合犯属于犯罪论问题,是实质的一罪,从一重而处断。②同时也存在其他观点,如主张想象竞合犯是实质的数罪,应该数罪并罚的观点,是近年来有力的学说。③笔者不赞成通说,而赞成后者。

(一)通说关于想象竞合犯的构成特征和处罚规则

想象竞合犯,是指一个行为触犯数个罪名的犯罪形态。例如,开一枪打死了甲,打伤了乙。这样,一个行为同时触犯了杀人罪与伤害罪。

想象竞合犯的构成特征有三:一是行为人只实施了"一个行为"。行为人实施数个行为,则不可能构成想象竞合犯。二是一个行为需要触犯数罪名。在理论上有两种学说:一种学说认为只能触犯不同罪名;另一种学说认为既可以是触犯不同罪名(异种类的想象竞合犯),也可以是触犯相同罪名(同种类的想象竞合犯)。通说认为,一个行为触犯数个同种罪名,实际上是一个行为触犯一个罪名,如一枪杀死两只珍贵野生动物,就是触犯一个非法杀害珍贵野生动物罪;从实践上看,认定想象竞合犯的目的,一方面在于说明这种犯罪不是数罪,另一方面在于解决行为触犯了数罪名时应按哪一罪名定罪量刑,承认同种类的想象竞合犯,没有实际意义。三是行为人对所触犯的数个罪名有数个罪过。行为人主观上可能是出于一个故意(比如故意开枪向人群中射击打死三人、打伤五人,其中对于有的结果是直接故意,有的结果是间接故意,对于有的结果可能是疏忽大意或者过于自信的过失)。同时符合上述三个特征的,成立想象竞合犯。根据上述条件,也不难区分想象竞合犯与法条竞合。

---

① [德]汉斯·海因里希·耶赛克、托马斯·魏根特:《德国刑法教科书》,徐久生译,中国法制出版社,2001年,第876—884页。

② 高铭暄、马克昌主编:《刑法学》,北京大学出版社、高等教育出版社,2016年,第186—187页。

③ 可查阅庄劲:《对想象竞合犯的法律本质与处断原则的反思》,《贵州省政法理干部学院学报》2001年第4期;蒋兰香:《想象竞合犯处罚原则的重构》,《中南林学院学报》2003年第3期;蔡英:《想象竞合犯的批评与再认识》,《西南大学学报》2007年第4期。

通说认为,想象竞合犯是实质的一罪,故对其按行为所触犯的罪名中的一个重罪论处而不实行数罪并罚;但刑法另有特别规定的,则应依照特别规定处断。

(二)想象竞合犯是实质的数罪并应对其数罪并罚

在想象竞合犯的场合,行为触犯数个罪名,即该行为侵害了数个犯罪客体;行为人主观上存在数个罪过。对于这些,大家都认可。分歧的关键是如何认识这里的"一个行为"——到底是怎样的一种行为? 由此决定着对其处罚规则的选择。

这里的"一个行为",是指在社会生活意义上被认为是一个行为。这里的"在社会生活意义上被评价为一个行为"不同于"刑法意义上的一个行为"。

刑法意义上的一个行为是规范评价的一个行为:既可以是一次举动,还可以是一系列的举动构成。一个行为既可以是作为,也可以是不作为。

问题的关键是,刑法意义上的一个行为,应该怎样界定呢? 有的观点主张,"行为是指行为人控制或应该控制一定的条件,作用于一定对象存在状态的过程"[①]。笔者在此基础上,适应我国《刑法》第十三条但书的要求,对我国刑法中的危害行为的界定,需要有"量"的限定。由此,本书把刑法的危害行为界定为:"在行为人的意识和意志支配下利用犯罪工具,实施触犯刑法的、危害社会,具有一定强度的一系列身体动或静。"[②]

这一界定与传统理论相比有三个特点:一是对危害行为的量的限度加以强调。目前世界范围内,无论中外,主流的刑法理论对危害行为的定义都没有进行"量"的限定。这在德日国家,没有问题,因为德日刑法关于犯罪的规定只定性不定量,犯罪的定量问题有司法人员自由心证,把轻微的行为筛出犯罪圈。但是,在我国的立法框架之下,不去对危害行为的量进行限定,却是严重的缺陷。因为根据我国《刑法》第十三条但书的规定,犯罪是具有"严重的"社会危害性的行为,其危害性既取决于危害行为的性质,同时也取决于危害行为的强度,二者缺一不可。所以,在界定危害行为时,需要也应该对其量的限定有所描述。二是强调了刑法上的行为,是一系列举动,既包括一个举动构成的一个危害行为的情形,也包括若干个举

---

① 蔡军:《想象竞合犯理论的批判与重构》,西南政法大学博士学位论文,2008年,摘要部分,第2页。

② 牛忠志、曲伶俐:《犯罪构成四要件的"立体化"修正》,《政法论丛》2019年第1期。

动组成的一个危害行为的情形,还包括一个举动分解为若干刑法上危害行为的情形。三是强调了行为人对犯罪工具的利用。按照马克思关于劳动的观点,人与动物最为实质的差异在于,人具有主观能动性,可以制造和利用工具进行劳动。劳动工具是人们在生产过程中用来直接劳动对象进行加工的物件。制造和使用生产工具是人区别于其他动物的实质性标志,是人类劳动过程独有的特征。人类劳动是从制造工具开始的。随着社会的发展和科学技术的进步,尤其是当今社会,任何劳动在许多场合越来越要借助于劳动工具来进行,同时,劳动工具也越来越复杂、愈来愈高级。犯罪也是一种劳动,只不过是一种“负价值”的劳动。在高科技时代,现实社会中的行为人“赤手空拳”实施犯罪的案件,几乎没有,而借助于犯罪工具,甚至是高科技犯罪工具,实施的犯罪案件却十分普遍。因而,关于危害行为的定义需要强调犯罪工具。

既然一方面可以把日常生活意义上的多个行为(多个举动)评价为一个刑法意义的危害行为,那么,反过来也可以把一个日常生活意义的行为(举动)分解为N个刑法意义上的行为。

一系列日常意义的行为被评价为一个刑法意义上的危害行为。例如,张某意图杀害其仇人乙,持刀向乙的头部猛砍三刀:第一刀被乙的右手挡住(结果右手被砍掉),第二刀下去把乙的脖子砍掉一半,第三刀下去才把乙的头彻底砍掉。该案中,甲砍出去的三刀一起被评价为故意杀人行为(多个举动被评价为一个刑法意义的危害行为)。这三个举动不能分别评价为故意伤害行为(致人重伤)、故意杀人行为(未遂)、又一个故意杀人行为(既遂)。

一个日常意义的行为(一个举动)可以被分解为N个刑法意义的危害行为。例如,某A与B有仇,意图杀死B,某一日正好碰见B抱着他的小儿子C在路边散步,明知砍杀B会伤到其儿子C,但报仇心切,顾不了许多,于是,从侧面向B一刀猛砍下去,结果把B的头砍掉(随后死亡),同时把B的小儿子C的左胳膊砍掉(后来司法鉴定为重伤)。由于A是练武出身,其力很大,刀也是新的锋利钢刀,所以,A猛砍的这一刀(日常观察是一个行为)所凝聚的能量是平常人的三倍。在本案中,我们可以把这一刀的2/3评价为故意杀人罪的实行行为;把这一刀的1/3评价为对小孩C的伤害行为。于是,A的一个日常意义的“砍人一刀”的行为构成了一个故意杀人罪和故意伤害罪。这样的认定结果,没有对B的行为事实重复评价,也没有冤枉B,而是全面地、充分地评价了他的犯罪行为。

再如,E与F有仇,意图杀死F,某一日正好碰见F抱着他的儿子M在路边散步,明知砍杀F会伤到其儿子M,但报仇心切,不计后果,从侧面向F一刀猛砍下去,结果把F的儿子M的左胳膊砍掉(后来司法鉴定为重伤),因为刀受到M胳膊的阻力,故只能把F的一只眼球砍碎(随后经及时救治F没有死亡,只是一只眼睛失明),E想要继续砍人时但被旁人及时制止。侦查实验和法医鉴定表明,如果不是受到M胳膊的阻力,E这一刀所蕴含的能量是足以把F的头砍掉的。本案中,E的行为构成了故意杀人罪(未遂)和故意伤害罪(致人重伤)。而且,对E故意伤害(间接故意)M的行为需要进行评价,因为"这一刀"如果不是被分解出来一个"故意伤害M的行为",那么其结果就能够把故意杀人的行为完成,即构成故意杀人罪(既遂)。正因为如此,就有理由把E砍杀评价为两个犯罪,并应该对其构成的这两个犯罪进行数罪并罚。

总之,在想象竞合犯的场合,行为人的一个日常意义的行为内在地蕴涵着很大量的能量,所以才能够侵害多个犯罪客体,同时行为人对其行为所侵害的多个犯罪客体都有罪过(可以都是故意,或者都是过失,或者一个故意一个过失等)。因此,认定这样"一个日常意义的行为"构成数罪,是正确的,既合法又合理。

还有一个问题需要讨论:所触犯的罪名,是否仅限于异种罪名? 通说主张只能限于异种罪名。我们主张,即使是触犯了同种罪名,也同样构成想象竞合犯,并数罪并罚。这个道理在前面关于同种数罪并罚部分已经有了详细的论证,此不赘述。德国刑法理论普遍承认同种数罪的想象竞合。根据德国刑法规定,对于同种类的想象竞合犯和异种类的想象竞合犯处罚规则,有所不同。

二、关于连续犯

(一)连续犯的概念和构成特征

连续犯,是指基于同一的或者概括的犯罪故意,连续实施性质相同的数个行为,触犯同一罪名的犯罪。

连续犯的构成特征包括四点:一是需要是行为人基于同一的或者概括的犯罪故意。同一的犯罪故意,是指行为人具有数次实施同一犯罪的故意;概括的犯罪故意,是指行为人主观上具有只要有条件就实施特定犯罪的故意。二是需要实施性质相同的数个犯罪行为。只实施一次行为的,不可能成立连续犯。数个行为是指二个以上的犯罪行为。连续犯仅限于每次行为能独立构成犯罪的情形。如果连续实施同一种行为,但每次都不能独立构成犯罪,只是这些行为的总和才构成犯罪的,则不是连续犯,可以成立徐行犯。三是数次行为具有连续性。是否具有连续性,应从主客观两个方面进行判断。既要看行为人有无连续实施某种犯罪行为的故意,又要通过分析客观行为的性质、对象、方式、环境、结果等来判断是否具有连续性。四是数次行为需要触犯同一罪名。触犯同一罪名,是指数次犯罪行为触犯同一具体罪名,而不包括触犯同类罪名的情况。值得注意的是,有的条文规定了不同的具体犯罪,因此,触犯同一条文的,不等于触犯同一罪名。例如,行为人先非法剥夺公民宗教信仰自由,后侵犯少数民族风俗习惯的,虽然只触犯了《刑法》第二百五十一条,但成立两个独立的罪,而不是连续犯。

我国绝大多数学者对于连续犯的性质和构成特征没有大的争议,基本认同连续犯是实质数罪(个别人除外,后面涉及)。司法实践中只是为了诉讼效率才将连续犯作为一罪来处理的。我国刑法总则是承认连续犯的。《刑法》第八十九条第一款规定:"追诉期限从犯罪之日起计算;犯罪行为有连续或者继续状态的,从犯罪行为终了之日起计算。"

(二)关于连续犯的处罚规则

1.刑法的规定情况

刑法总则并没有关于连续犯处罚规则的一般规定。刑法分则规定中,有的条文是将连续犯作为情节加重来处理的。如《刑法》第二百六十三条规定,"多次抢劫"是抢劫罪的情节加重,可以"处十年以上有期徒刑、无期徒刑或者死刑,并处罚金或者没收财产"。有的条文规定多次行为的处理,其中每一次行为都构成犯罪的,可以构成连续犯。如,《刑法》第一百五十三条第三款规定:"对多次走私未经处理的,按照累计走私货物、物品的偷逃应缴税额处罚。"第三百八十三条第二款规定:"对多次贪污未经处理的,按照累计贪污数额处罚。"①这里的多次贪污包含着构成连续犯的情形。

2.学界的不同观点

对于连续犯如何处罚,刑法理论争议较大。

通说主张对于连续犯应作为裁判上的一罪,视刑法分则对各个具体犯

---

① 因为这里规定的"数次行为""多次行为"实践中应包括数次行为都独立构成犯罪、数次行为都不独立构成犯罪、数次行为中有的独立构成犯罪,有的不独立构成犯罪等多种情况,所以能不能作为"连续犯"还要具体分析。

罪法定刑的设置情况,从重处罚或者加重处罚。例如,拐骗儿童罪只有一个法定刑,行为人连续拐骗构成连续犯的,只能从重处罚。再如,前述的抢劫罪,多次抢劫的法定刑升格,加重处罚;《刑法》第二百三十六条规定,"强奸妇女、奸淫幼女多人的",也是强奸罪的加重犯,法定刑升格,处十年以上有期徒刑、无期徒刑或者死刑。

近年来,许多学者反对通说的观点,提出了新见解。有的学者认为,理论通说关于连续犯的处罚方法,有鼓励犯罪之嫌,而且还会给案件的审理带来诸多麻烦,连续犯的概念应予废除。[①]有的学者认为,从连续犯在各国、地区的立法与司法命运看,废除连续犯是大势所趋;从我国的立法看,承认连续犯没有法律依据;从刑法原理看,连续犯有悖于罪数标准、罪刑相适应、有罪必罚等原理;从诉讼效率看,连续犯并不能带来诉讼经济。所以,连续犯的概念应当予以废除,原属于连续犯的情形应按照同种数罪处罚。同种数罪的并罚,不应适用《刑法》第六十九条"折刑合并"的方式,而应当适用"合罪定刑"的方式。[②]其所谓的"合罪定刑",如《刑法》第三百八十三条贪污罪的处罚中规定,"对多次贪污未经处理的,按照累计贪污数额处罚";《刑法》第二百三十六条强奸罪规定,将强奸妇女、奸淫幼女多人作为判处"十年以上有期徒刑、无期徒刑或者死刑"的加重情节,等等。根据这些规定,若行为人犯同种数罪多次,即可将其犯罪情节累计然后确定刑罚,或者作为加重情节确定刑罚,即属于"合罪定刑"。还有个别人认为连续犯是实质一罪,因为,连续犯在主观方面的犯罪故意是统一的,客观方面实施的数个行为具有紧密的连续关系,所以其本质上应该是一罪。既然是一罪就不应并罚。鉴于连续犯的社会危害性是重于单纯的一罪,而要轻于同种数罪的,那么,对连续犯的处罚原则应该按照一罪处罚,在法定刑幅度内应当从重处罚,或者可以加重处罚,即在司法实践中可以以这两种犯罪形态应当判处的法定刑为基础确定连续犯的刑罚的上下限,即连续犯在应当从重、可以加重的处罚原则下,所判处的刑罚应该在同一罪名的单纯的一罪的刑罚和并罚的数罪的刑罚之间。[③]

3.本书的观点

作为一个刑法术语,连续犯不应废除。刑法或者刑法理论要不要取消

① 杨彩霞:《论连续犯概念的存废》,《中国地质大学学报(社会科学版)》2003年第6期。
② 庄劲:《论连续犯概念之废除——兼论同种数罪的并罚模式》,《求索》2007年第1期。
③ 李向宇:《连续犯研究》,河南大学硕士学位论文,2016年,第60页。

连续犯的概念,不是问题的关键,关键在于对连续犯的处罚规则有不同的认识。目前,我国刑法总则并没有规定连续犯并罚或不并罚,故不存在法定的连续犯概念,也不存在法定的对连续犯处罚的一般规则;刑法理论通说也只是一种理论观点,刑法学者不应盲目崇信理论通说,应该实事求是地追问连续犯到底应该怎么处罚。取消论者实际是把复杂的问题简单化了。难道取消了连续犯的概念,问题就解决了吗?笔者认为,问题肯定不是立法或者理论上取消一个概念就能解决的;我国刑法应该在总则中明确规定连续犯处罚的一般规则。

连续犯是实质数罪,而不是"实质一罪",这一点不应该有异议。连续犯的每次行为的性质和强度都满足该罪实行行为的要求,而且,各次实施的实行行为在时间和空间上都有间隔,而不再是同一次犯罪,故"连续犯是实质数罪"这一判断成立的关键在于对"同一的或者概括的犯罪故意"的理解。"同一的犯罪故意",是指行为人具有实施数次同一犯罪的故意,而不是"仅实施一次犯罪的故意";"概括的犯罪故意",是指行为人主观上具有只要有条件就实施特定犯罪的故意,同样也不是"仅实施一次犯罪的故意"。可见,行为人的"犯罪故意"都是复合性质或者说是叠加型的,而不是简单的犯罪故意。明白了这一点,就不会再有到底是实质一罪还是实质数罪的疑惑。试想,如果把连续犯作为一个实质一罪,那么,实施两次犯罪行为之后,在实施第三次犯罪行为时被当场抓获(本次犯罪由于犯罪分子意志以外的原因没有得逞),那么,该案难道要按犯罪未遂形态处理吗?显然,实质一罪的观点是不科学的。因为如果说按前两次的犯罪既遂处理,就无法包含第三次犯罪未遂的评价。如果按犯罪既遂和未遂共同处理,显然违背实质一罪的观点。

基于我国现行的刑法框架,我国对连续犯应该数罪并罚。理论上,对于连续犯按一罪处理,则是新派的观点:行为人的社会危险性只要还存在,就会不断爆发,征表出某一犯罪行为;连续犯就是行为人具有的同一种社会危险性的典型的、反复的再现。既然如此,就不要数罪并罚。但我国刑法贯彻的主要的不是新派立场,而是当代刑法理念:基于对犯罪的内涵和犯罪本质的认识,《刑法》第五条和第六十一条坚持报应为主兼采功利的并合主义的刑罚观。既然以道义报应刑罚观为主,功利主义刑罚观只是辅助,那么对数罪实施并罚就是当然的结论;连续犯是实质数罪,所以对连续犯应该并罚。这是连续犯的一般处罚规则。但另一方面,考虑到犯罪是十分复杂的社会现象,如果刑法对某些连续犯作出了明确的处罚规定,则按照特别法优于普通法的法律适用规则,适用特别法。总之,对于连续犯,原则上数罪并罚,法律有特别规定的依照规定(作为并罚原则的例外)。

三、关于牵连犯

(一)牵连犯的概念及其构成特征

牵连犯,是指犯罪的手段行为或结果行为,与目的行为或原因行为分别触犯不同罪名的情况。即在犯罪行为可分为手段行为与目的行为时,如手段行为与目的行为分别触犯不同罪名,便成立牵连犯;在犯罪行为可分为原因行为与结果行为时,若原因行为与结果行为分别触犯不同罪名,便成立牵连犯。前者如,以伪造公文方法(手段行为)采矿(目的行为)的,后者如盗伐林木(原因行为)后又销赃的(结果行为)。

牵连犯的构成特征有以下三点:一是需要出于一个犯罪目的。这里的犯罪目的是指行为人在主观上有一个犯罪目的,即数个行为因为此目的而实施。有学者为了准确表达行为人主观意图而主张,牵连犯的主观标志应为"一个主导犯罪意图",而不宜谓之"一个犯罪目的"。[1]例如行为人进入他人的住宅抢劫,被其家人发现,又产生了杀人灭口的犯意杀了人,便不是出于一个犯罪目的。如果行为人主观上不是出于一个犯罪目的,而是具有多个犯罪目的,则不属于牵连犯。二是需有两个以上的危害行为,且各自触犯不同的罪名(手段行为或结果行为又触犯了其他罪名)。三是数行为之间存在手段行为与目的行为、原因行为与结果行为的牵连关系。关于牵连关系,过去理论上有三种主张:客观说认为,只要在经验上二种行为之间具有手段行为与目的行为、原因行为与结果行为之间的关系,就是有牵连关系(一直是日本刑法理论通说);主观说认为,只要行为人主观上将某种行为作为目的行为的手段行为或者作为原因行为的结果行为的,就是有牵连关系(为新派学者所坚持);主客观统一说认为,只有在两个行为在主观经验与客观上都具有牵连关系时,才是有牵连关系。根据不同的学说,对案件的认定则会有不同的结论。比如,行为人为了骗取保险金而杀人,按照客观说便不是牵连犯,因为杀人不是骗取保险金的通常行为;按照主观说,则是牵连犯;按照主客观统一说,也构成牵连犯。再如,如果按照主观说,则容易将许多预备行为解释为手段行为,进而扩大牵连犯的成立范围。

---

① 张小虎:《论牵连犯的典型界标》,《中国刑事法杂志》2013年第5期。

目前,主客观统一说是我国理论的通说。笔者赞成主客观统一说。犯罪是主观和客观的统一体,所以牵连犯的成立条件也是主观条件与客观条件的统一体。由此,关于牵连关系判断的主观说和客观说都是片面的。

(二)牵连犯的处罚规则

1.立法情况

我国《刑法》总则中没有明文规定牵连犯的处罚原则,[①]一些分则条文对于牵连犯的处罚有明确规定,归纳起来,有以下五种情况:一是从一重罪处罚,如《刑法》第三百九十九条第三款受贿又枉法。二是从一重罪从重处罚,如第一百七十一条伪造货币并出售或者运输的,以伪造货币罪从重处罚。三是视为数罪而并罚,如第一百五十七条第二款以暴力、威胁的方法抗拒缉私的,以走私罪和妨害公务罪并罚;第一百九十八条故意造成被保险人伤、亡或者疾病,骗取保险金的,数罪并罚。四是明确规定按其中一罪处理不加重也不并罚,如第一百九十六条第三款盗窃信用卡并使用的,定盗窃罪。五是从一重罪加重处罚,如第二百零五条第二款虚开增值税专用发票用以骗取国家税款的,加重处罚,可处无期徒刑或者死刑。

2.我国刑法理论界的观点

我国刑法学界有以下观点:从一重罪处罚说[②],从一重罪从重处罚说[③],并罚说[④]。

3.本书的观点

牵连犯属于实质的数罪,这是没有疑问的。既然是实质数罪,那么就应该以并罚为原则。具体的立法根据是《刑法》第五条规定的罪责刑相适应的基本原则和第六十一条规定量刑原则;理论根据就是我国刑法奉行的

---

① 1907年日本颁布的《日本刑法典》有牵连犯的规定。该法典因袭了德国旧刑法的有关内容,在总则部分规定了牵连犯的概念和处罚原则:"因一行为触犯数罪名或者犯罪的手段或结果行为触犯他罪名者,依其最重之刑的法条处断。"现行日本《刑法典》已经取消了这一规定。

② 马克昌:《犯罪通论》,武汉大学出版社,1999年,第687页;牛克乾:《法外牵连犯处断原则的困惑及解决——兼论因受贿而进行其他犯罪活动的行为如何定罪处罚》,《法律适用》2002年第9期。

③ 高铭暄:《刑法论牵连犯的几个问题学》,《现代法学》1993年第6期;张二军:《牵连犯中的牵连关系研究》,西南政法大学博士学位论文,2010年,第162页。

④ 储槐植、孟庆华:《论有牵连关系的两罪也应实行并罚》,《中外法学》1990年第5期;郝守才:《论牵连犯的价值取向》,《中州学刊》2002年第5期;陆诗忠:《牵连犯之基本问题新论》,《甘肃政法学院学报》2008年9月总第100期。

是当代刑法理念,以道义报应为主兼采功利主义的并合主义的刑罚观。

之所以许多学者主张对牵连犯从一重罪处罚或者从一重罪从重处罚,主要理由是鉴于牵连关系的存在,使得牵连犯的实质数罪与典型的实质数罪还有一些差别。如有学者认为:"牵连犯具有不同于典型数罪的特征,实行数罪并罚有过苛之嫌,采用从一重罪从重处断的原则,可以对牵连犯的数行为做出恰当的评价,因此,将牵连犯作为处断的一罪,我认为是妥当的。"[1]在笔者看来,这种理由没有什么说服力。牵连犯的实质数罪与典型的实质数罪在总体上是相同的地方多,相异的地方少,应该看大局、识大体,即牵连犯属于数罪,而不应该以偏概全,只看到有细微的差别,就抓住小的方面从而影响了大方向(不并罚)。

理论界主张牵连犯数罪并罚的学者越来越多。有的学者,干脆主张"牵连犯概念没有存在的必要,应当予以废除"[2]。

司法解释也体现出支持对牵连犯实行数罪并罚的趋向。如1998年最高人民法院、最高人民检察院《关于办理挪用公款案件适用法律若干问题的意见》规定:因挪用公款索取、收受贿赂构成犯罪的,数罪并罚;挪用公款进行违法活动构成犯罪的,数罪并罚。"再如2002年两高及海关总署《关于办理走私案件适用法律若干问题的意见》规定:海关工作人员受贿又放纵走私的数罪并罚。又如2016年4月18日最高人民法院、最高人民检察院《关于办理贪污贿赂刑事案件适用法律若干问题的解释》第十七条:"国家工作人员利用职务上的便利,收受他人财物,为他人谋取利益,同时构成受贿罪和刑法分则第三章第三节、第九章规定的渎职犯罪的,除刑法另有规定外,以受贿罪和渎职犯罪数罪并罚。"由此,只要是贯彻严惩刑事政策的司法解释都会规定对牵连犯实行并罚。

如果立足通说,结合司法解释,对于牵连犯处罚的规则是以从一重罪从重处罚为原则,以并罚为例外。这种由过去的不并罚到逐步并罚的趋势,符合笔者立足犯罪内涵与犯罪本质所演绎出来的"以并罚为原则"的主张。

---

[1] 陈兴良:《本体刑法学》,商务印书馆,2001年,第616页。

[2] 有观点认为,首先,将具备吸收关系特征的牵连犯置于吸收犯理论中讨论,其次,对剩余的牵连犯的处罚原则应当以数罪并罚为准。在此意义上,牵连犯概念没有存在的必要,应当予以废除。杨彩霞:《牵连犯若干问题探析》,《湖南公安高等专科学校学》2004年第4期。

本章小结

当代刑法理念是指二战之后至今,刑法学理论在后期古典学派理论基础上,关于犯罪的内涵、本质、犯罪成立条件和刑事制裁措施等根本问题不断完善和发展而形成基本思想。二战之后,世界范围内,刑法理论继续立足于刑事古典学派的基本立场,对新派中的科学成分不断汲取,以至于形成折中、调和之势。当代刑法理念的基本观点有:犯罪的原因是相对的自由意志为主的多元因论,犯罪的主要侧面是行为人的主观恶性和客观现实社会危害(或者危险),次要侧面是行为人的社会危险性(再犯可能性)。司法语境下,犯罪的本质是行为人基于其相对的自由意志的行为之违反法律规范性并具有严重的法益侵害性,以至于动摇或者可能动摇国家整体法律秩序(行为人的行为依法具有严重的社会危害性因而应受刑罚惩罚)。刑罚观秉持并合主义的刑罚观:以报应为主,兼采功利主义;责任的合理性根据是"包含了行为的社会危害性和行为人的社会危险性格的"人格责任论。世界当今主要国家的刑法,德国、日本、意大利、瑞士、俄罗斯、法国等"基本上"贯彻了当代刑法理念(尽管德国刑法对刑事新派理念的贯彻较为保守,体现的较少)。

我国刑法在总体上奉行了当代刑法理念。在立法阶段,这种奉行集中体现在刑法总则第五条规定的罪责刑相适应的基本原则和第六十一条规定量刑原则,以及对共同犯罪、未完成形态处罚规则的设定;分则对各罪的法定刑配置。在刑法运行阶段,体现在释罪、定罪量刑、行刑等全部刑法的实施过程之中。当然,现行刑法的一些规定、刑法理论对于一些问题的解读有背离当代刑法理念的地方。这是需要认真研究并花大力气加以调整的。

当代刑法理念和奉行了当代刑法理念的我国现行刑法所确立的基本原则要求与之相适应的数罪并罚制度,即以并科为原则,以刑法有特别规定为例外。其关键错误是违背了当代刑法属于"行为刑法主导、道义报应为主"的基本格调,因而需要改正。

参考文献

一、书籍

1.陈泽宪、李少平、黄京平主编:《当代中国的社会转型与刑法调整》,中国公安大学出版社,2013年。

2.[日]川端博:《刑法总论二十五讲》,甘添贵监译、余振华译,中国政法大学出版社,2003年。

3.[日]大谷实:《刑法讲义总论》(第2版),黎宏译,中国人民大学出版社,2008年。

4.[日]大冢仁:《刑法概说(总论)》,中国人民大学出版社,2003年。

5.[意]杜里奥·帕多瓦尼:《意大利刑法学原理》,陈忠林译,法律出版社,1998年。

6.高铭暄、马克昌主编:《刑法学》(第七版),北京大学出版社、高等教育出版社,2019年。

7.[德]汉斯·海因里希·耶赛克、托马斯·魏根特:《德国刑法教科书》,徐久生译,中国法制出版社,2001年。

8.[德]克劳斯·罗克辛:《德国刑法学总论(第1卷)》,王世洲译,法律出版社,2005年。

9.[德]李斯特著,施密特修订:《德国刑法教科书》,徐久生译,何秉松校订,法律出版社,2006年。

10.李晓明:《刑法学总论》,北京大学出版社,2017年。

11.梁根林主编:《刑法体系与犯罪改造》,北京大学出版社,2016年。

12.刘树德:《罪状解构——刑事法解释的展开》,法律出版社,2002年。

13.马克昌:《比较性法原理——外国刑法总论》,武汉大学出版社,2002年。

14.马克昌主编:《犯罪通论》,武汉大学出版社,1999年。

15.马克昌主编:《近代西方刑法学说史略》,中国检察出版社,1996年。

16.[日]前田雅英:《刑法总论讲义》(第6版),曾文科译,北京大学出版社,2017年。

17.[日]山口厚:《刑法总论》(第3版),付立庆译,我国人民大学出版社,2018年。

18.谢望原、郝兴旺主编:《刑法分论》,中国人民大学出版社,2008年。

19.杨兴培:《犯罪构成原理论》(修订版),北京大学出版社,2014年。

20.[日]野村稔:《刑法总论》,全理其译,法律出版社,2001年。

21.翟中东:《刑法中的人格问题研究》,中国法制出版社,2003年。

22.张明楷:《法益初论》,中国政法大学出版社,2000年。

23.张明楷:《刑法学(上下)》(第五版),法律出版社,2016年。

24.张文、刘艳红、甘怡群:《人格刑法导论》,法律出版社,2005年。

25.张志勇:《诈骗罪专题整理》,中国人民公安大学出版社,2007年。

26.赵秉志:《当代刑法问题新思考》,中国法制出版社,2015年。

二、论文

1.柏浪涛:《加重构成与量刑规则的实质区分》,《法律科学》2016年第6期。

2.柏浪涛:《论选择性要素的认识错误》,《法学研究》2022年第5期。

3.包雯等:《论风险社会下的刑罚目的观》,《河北经贸大学学报(综合版)》2013年第2期。

4.蔡道通:《经济犯罪"兜底条款"的限制解释》,《国家检察官学院学报》2016年第3期。

5.蔡道通:《论刑事司法解释的效力问题》,《南京师大学报(社会科学版)》2022年第1期。

6.蔡桂生:《论诈骗罪中财产损失的认定及排除》,《政治与法律》2014年第5期。

7.蔡桂生:《违法性认识不宜作为故意的要素》,《政治与法律》2020年第3期。

8.蔡军:《想象竞合犯理论的批判与重构》,西南政法大学博士学位论文,2008年。

9.蔡军:《有组织犯罪涉案财产处置规范研究》,《江西社会科学》2022年第2期。

10.曾粤兴:《我国刑法立法的回顾与展望》,《法治研究》2019年第6期。

11.曾粤兴等:《环境犯罪单位资格刑立法探析》,《科技与法律》2015年第2期。

12.车浩:《复数法益下的被害人同意——"优势法益说"之提倡》,《中国刑事法杂志》2008年第9期。

13.车浩:《责任理论的中国蜕变》,《政法论坛》2018年第3期。

14.陈洪兵:《持有型犯罪的立法扩张与司法限缩》,《北方法学》2017年第2期。

15.陈洪兵:《网络中立帮助行为可罚性探究》,《学术论坛》2021年第2期。

16.陈家林:《法益理论的问题与出路》,《法学》2019年第11期。

17.陈家林等:《违法性认识理论的本土化构建》,《湖北社会科学》2021年第6期。

18.陈庆安:《刑法修正案(十一)》的回应性特征与系统性反思,《政治与法律》2022年第8期。

19.陈荣飞:《犯罪客体要件地位论——以批判法益说为出发点》,《求索》2007年第4期。

20.陈伟、宋坤鹏:《个人信息依托型电信诈骗犯罪联防共治模式探究》,《犯罪研究》2020年第2期。

21.陈伟:《刑罚退出机制视域下减刑假释制度的体系完善》,《中国刑事法杂志》2022年第8期。

22.陈晓明:《风险社会之刑法应对》,《法学研究》2009年第6期。

23.陈兴良:《构成要件:犯罪论体系核心概念的反拨与再造》,《法学研究》2011年第2期。

24.陈兴良:《社会危害性理论:进一步的批判性清理》,《中国法学》2006年第4期。

25.陈兴良:《社会危害性理论——一个反思性检讨》,《法学研究》2000年第1期。

26.陈璇:《法益概念与刑事立法正当性检验》,《比较法研究》2020年第3期。

27.陈泽宪:《关于我国刑法学研究转型的思考》,《法学研究》2013年第1期。

28.陈志军:《轻微犯罪立法的反思与完善》,《国家检察官学院学报》

2018年第3期。

29.陈志军:《逾越民法含义的刑法解释现象研究》,《刑法论丛》2020年第3卷。

30.陈忠林:《现行犯罪构成理论共性比较》,《现代法学》2010年第1期。

31.陈自强:《刑罚的本质与国家刑罚权的根据新论》,《社会科学研究》2011年第5期。

32.陈自强:《刑法的调整对象新界说》,《西南民族大学学报(人文社会科学版)》2011年第3期。

33.储槐植、李梦:《刑事一体化视域下的微罪研究》,《刑事法评论》2020年第4卷。

34.储槐植、汪永乐:《再论我国刑法中犯罪概念的定量因素》,《法学研究》2000年第2期。

35.储槐植、张永红:《善待社会危害性观念——从我国刑法第13条但书说起》,《法学研究》2002年第3期。

36.邓子滨:《犯罪论的体系更迭与学派之争》,《法学研究》2013年第1期。

37.董邦俊:《环境法与环境刑法衔接问题思考》,《法学论坛》2014年第2期。

38.董玉庭:《从客观因果流程到刑法因果关系》,《中国法学》2019年第5期。

39.董玉庭:《刑法条文的规范张力》,《知与行》2016年第10期。

40.段启俊:《重大环境污染事故犯罪的立法完善》,《学术界》2008年第2期。

41.樊文:《犯罪控制的惩罚主义及其效果》,《法学研究》2011年第3期。

42.樊文:《罪刑法定与社会危害性的冲突》,《法律科学》1998年第1期。

43.方泉:《对犯罪概念的比较认识》,《江苏公安专科学校学报》2000年第5期。

44.方泉:《一般救助义务的刑事化问题》,《中山大学学报(社会科学版)》2021第4期。

45.冯军:《犯罪化的思考》,《法学研究》2008年第3期。

46.冯军:《非法提供假药、劣药犯罪的罪名确定与罪状解读》,《法治研究》2021年第2期。

47.冯军:《环境犯罪三元化制裁体系之建构》,《河北大学学报(人文社会科学版)》2015年第4期。

48. 冯军：《刑法教义学的立场和方法》，《中外法学》2014年第1期。

49. 冯卫国：《刑法中不作为之作为义务来源再探讨》，《法治研究》，2011年第6期。

50. 冯卫国：《原则与例外：刑事制裁双轨制的现实观察与理论省思》，《警学研究》2021年第5期。

51. 冯兆蕙等：《作为义务"二元论"的批判与出路》，《中国刑事法杂志》2014年第8期。

52. 付立庆：《犯罪概念的分层含义与阶层犯罪论体系的再宣扬》，《法学评论》2015年第2期。

53. 付立庆：《日本的行政刑法现象及其考察》，《比较法研究》2022年第4期。

54. 付玉明：《大数据时代个人信息的刑法保护——基于日本法的比较分析》，《国外社会科学》2022年第5期。

55. 付玉明等：《犯罪圈划定的实践取向与学理基底》，《刑法论丛》2019年第1卷·总第57卷。

56. 高飞：《从生态法益视觉重新认识犯罪本质》，《重庆大学学报(社会科学版)》2011年第6期。

57. 高铭暄：《论四要件犯罪构成理论的合理性暨对中国刑法学体系的坚持》，《中国法学》2009年第2期。

58. 高仕银：《法益的无限性与有限性—以计算机诈骗行为的分析为例》，《中国刑事法杂志》2011年第12期。

59. 高巍：《刑法教义学视野下法益原则的畛域》，《法学》2018年第4期。

60. 高巍：《重构罪刑法定原则》，《中国社会科学》2020年第3期。

61. 高维俭：《刑法情节的基本概念与适用规范探究》，《人民检察》2009年第1期。

62. 高维俭等：《共同犯罪圈的刑法界定》，《刑法论丛》2020年第3卷。

63. 葛磊：《电信诈骗罪立法问题研究》，《河北法学》2012年第2期。

64. [日]关哲夫：《现代社会中法益论的课题》，王充译，《刑法论丛》2007年第12卷。

65. 郭泽强：《人工智能时代权利与责任归属的域外经验与启示》，《国外社会科学》2020年第5期。

66. 郭泽强：《主观主义与中国刑法关系论纲—认真对待刑法主观主义》，《环球法律评论》2005年第4期。

67. 韩劲松:《社会危害性与罪刑法定原则关系的分析与厘清》,《山东警察学院学报》2017年第2期。

68. 韩瑞丽:《刑法法益的精神化倾向及其限定原则》,《郑州大学学报(哲学社会科学版)》2011年第6期。

69. 韩轶:《论法益保护与罪刑均衡》,《刑法论丛》2016年第1卷。

70. 韩轶:《网络数据安全领域的企业刑事合规体系建构》,《江西社会科学》2022年第5期。

71. 韩永初:《犯罪本质论——一种重新解说的社会危害性理论》,《法制与社会发展》2004年第6期。

72. 郝守才:《论牵连犯的价值取向》,《中州学刊》2002年第5期。

73. 何荣功:《经济自由与刑法理性:经济刑法的范围界定》,《法律科学》2014年第3期。

74. 何荣功:《我国行政刑法立法的回顾与思考》,《比较法研究》2022年第4期。

75. 侯艳芳,沈倩:《海洋污染犯罪中危险犯的设置》,《海南大学学报》2016年第6期。

76. 侯艳芳:《环境权利之刑事立法批判功能的实现》,《政法论丛》2022第3期。

77. 胡学相等:《对社会危险性理论的反思》,《中国刑事法杂志》2013年第9期。

78. 黄河、张庆彬、刘涛:《破解打击电信网络诈骗犯罪的五大难题——〈关于办理电信网络诈骗等刑事案件适用法律若干问题的意见〉解读》2017年第11期。

79. 黄华生:《两极化刑事政策之批判》,《法律科学》2008年第6期。

80. 黄京平:《新型网络犯罪认定中的规则判断》,《中国刑事法杂志》2017年第12期。

81. 黄京平:幅度刑量刑建议的相对合理性》,《法学杂志》2020年第3期。

82. 黄明儒:《论刑法的修改形式》,《法学论坛》2011年第3期。

83. 黄明儒:《为我国四要件犯罪构成理论辩护——以共犯论为视角》,《法商研究》2021年第6期。

84. 黄伟明:《论刑罚本位立场之倡导》,《法治研究》2013年第2期。

85. 黄晓亮,王忠诚:《论电信诈骗犯罪惩治与防范的国际合作——以大数据时代为背景》,《贵州社会科学》2016年第1期。

86.黄晓亮:《拐卖儿童犯罪的法益追问与规范再造》,《法学杂志》2020年第4期。

87.贾济东:《环境犯罪立法理念之演进》,《人民检察》2010年第9期。

88.贾健:《法益还是规范:见危不助究竟侵害了什么——以德国刑法典323条c为基点》,《安徽师范大学学报(人文社会科学版)》2012年第2期。

89.贾健等:《法益侵害论与规范违反论的后传统社会回应——以Roxin与Jakobs的理论为样本分析》,《甘肃政法学院学报》2011年第3期。

90.贾凌:《刑事一体化问题研究述评》,《刑法论丛》2009年第4卷。

91.贾学胜:《美国对环境犯罪的刑法规制及其启示》,《暨南学报》2014年第4期。

92.贾宇:《数字经济刑事法治保障研究》,《中国刑事法杂志》2022年第10期。

93.贾宇等:《论法定犯罪目的的实质》,《法律科学》2010年第4期。

94.姜敏:《犯罪本质特征检讨和重构》,《重庆工商大学学报(社会科学版)》2007年第5期。

95.姜敏:《积极刑法观之面相根据和实践限度的教义学分析》,《法学评论》2022年第6期。

96.姜涛、杨睿雅:《法益理论之立法检视功能的困境与出路》,《学术界(月刊)》2020年第4期。

97.姜涛:《基于法益保护位阶的刑法实质解释》,《学术界(月刊)》2013年第9期。

98.姜涛:《中国刑法走向何处去:对积极刑法立法观的反思》,《国家检察官学院学报》2021年第5期。

99.蒋兰香:《想象竞合犯处罚原则的重构》,《中南林学院学报》2003年第3期。

100.蒋兰香等:《试论环境犯罪惩治的检察监督》,《中南林业科技大学学报(社会科学版)》2016年第3期。

101.焦艳鹏:《法益解释机能的司法实现》,《现代法学》2014年第1期。

102.焦艳鹏:《生态文明保障的刑法机制》,《中国社会科学》2017年第11期。

103.金泽刚:《论结果加重犯的因果关系》,《东方法学》2013年第4期。

104.[德]克劳斯·罗克辛:《对批判立法之法益概念的检视》,陈璇译,《法学评论(双月刊)》2011年第1期。

105.赖早兴:《英美法系国家犯罪构成要件之辨正及其启示》,《法商研究》2007年第4期。

106.赖早兴等:《论行政犯立法中的行政前置》,《法学杂志》2021年第4期。

107.劳东燕:《功能主义刑法解释的体系性控制》,《清华法学》2020年第2期。

108.劳东燕:《网络时代刑法体系的功能化走向》,《中国法律评论》2020年第2期。

109.黎宏:《法益论的研究现状与展望》,《人民检察》2013年第7期。

110.黎宏:《法益侵害说和犯罪的认定》,《国家检察官学院学报》2006年第6期。

111.黎宏:《论抽象危险犯危险判断的经验法则之构建与适用》,《政治与法律》2013年第8期。

112.黎宏:《判断行为的社会危害性时不应考虑主观要素》,《法商研究》2006年第1期。

113.李邦友等:《论犯罪构成视野中社会危害性的重构》,《昆明理工大学学报》2009年第5期。

114.李本灿:《单位刑事责任论的反思与重构》,《环球法律评论》2020年第4期。

115.李凤梅:《刑法立法拟制研究》,《北京师范大学学报》2013年第4期。

116.李洁:《从立法目的看犯罪既遂之"遂"的应有内涵》,《法制与社会发展》1999年第3期。

117.李兰英:《"以刑制罪"在网络经济犯罪认定中的适用》,《厦门大学学报(哲社版)》2020年第4期。

118.李兰英等:《风险社会的刑法调适》,《河北法学》2012年第4期。

119.李立众、柯赛龙:《为现行犯罪概念辩护》,《法律科学》1999年第2期。

120.李立众:《罪刑法定与社会危害性的统一》,《政法论丛》1998年第6期。

121.李卫红:《现实与逻辑演绎的刑事政策》,《法学评论》2012年第5期。

122.李卫红:《刑事和解的实体性与程序性》,《政法论坛》2017年第2期。

123. 李文燕、左坚卫：《论我国缓刑适用制度的立法完善》，《山东公安专科学校学报》2003年第5期。

124. 李翔：《论刑法修正与刑罚结构调整》，《华东政法大学学报》2016年第4期。

125. 李翔：《情节犯的犯罪构成理论意义》，《云南大学学报法学版》2006年第4期。

126. 李晓明：《论刑法与行政刑法的并立》，《法学杂志》2017年第2期。

127. 李永升等：《盗窃GPS财物未遂问题探析》，《人民检察》2007年第3期。

128. 李跃利、吴洪帅：《论我国刑法对期待可能性的引入》，《天津法学》2015年第9期。

129. 利子平、章洁：《刑事禁止令之性质探究》，《南昌工程学院学报》2015年第5期。

130. 梁根林：《犯罪论体系与刑法学科建构》，《法学研究》2013年第1期。

131. 梁根林：《预备犯普遍处罚原则的困境与突围》，《中国法学》2011年第2期。

132. 廖瑜：《从狭义刑法学技术层面看犯罪本质》，《西南民族大学学报（人文社科版）》2007年第12期。

133. 林维：《真正身份犯之共犯问题展开》，《法学家》2013年第6期。

134. 林维：《中国死刑七十年：性质政策及追问》，《中国法律评论》2019年第10期。

135. 林亚刚等：《不纯正不作为犯等价性考量的具体标准研究》，《贵州警官职业学院学报》2014年第6期。

136. 刘德法等：《论被害人承诺成立要件》，《中国刑事法杂志》2015年第8期。

137. 刘德法等：《论多次犯》，《法治研究》2011年第9期。

138. 刘军：《该当与危险：新型刑罚目的对量刑的影响》，《中国法学》2014年第2期。

139. 刘军：《为什么是法益侵害说一元论？》，《甘肃政法学院学报》2011年第5期。

140. 刘明祥：《论我国刑法不采取共犯从属性说及利弊》，《中国法学》2015年第2期。

141. 刘明祥：《论诈骗罪中的交付财产行为》，《法学评论（双月刊）》2001年第2期。

142. 刘仁文、焦旭鹏：《风险刑法的社会基础》，《法学论坛》2014年第3期。

143. 刘仁文：《关于调整我国刑法结构的思考》，《法商研究》2007年第5期。

144. 刘仁文：《我国行政拘留纳入刑法体系构想》，《法制与社会发展》2021年第5期。

145. 刘士心：《论刑法中的复合危害行为》，《中国刑事法杂志》2004年第4期。

146. 刘士心：《英美刑法正当防卫中的"躲避原则"及其启示》，《中国刑事法杂志》2017年第10期。

147. 刘霜：《论我国刑法中行为结构层次理论的构建》，《河南大学学报》2006年第5期。

148. 刘文燕等：《我国环境犯罪刑罚问题研究》，《黑龙江省政法管理干部学院学报》2010年第1期。

149. 刘宪权：《数据犯罪刑法规制完善研究》，《中国刑事法杂志》2022年第10期。

150. 刘宪权等：《刑法中的法律拟制与注意规定区分新论》，《北京社会科学》2014年第3期。

151. 刘孝敏：《法益的体系性位置与功能》，《法学研究》2007年第1期。

152. 刘孝敏：《论法益侵害说与规范违反说之争》，《法学论坛》2006年第1期。

153. 刘艳红：《"法益性的欠缺"与法定犯的出罪——以行政要素的双重限缩解释为路径》，《比较法研究》2019年第1期。

154. 刘艳红：《犯罪构成要件：形式抑或实质类型》，《政法论坛》2008年第5期。

155. 刘艳红：《侵犯公民个人信息罪法益：个人法益及新型权利之确证》，《中国刑事法杂志》2019年第5期。

156. 刘艳红：《社会危害性理论之辩证》，《中国法学》2002年第2期。

157. 刘艳红：《刑法理论因应时代发展需处理好五种关系》，《东方法学》2020年第2期。

158. 刘远：《法益与行为规范的关系：从静态到动态的刑法学诠释》，

《法治研究》2017年第2期。

159. 刘远:《规范 vs 法益:基于〈刑法〉第13条的司法逻辑分析》,《甘肃政法学院学报》2011年第5期。

160. 刘之雄:《关于故意犯罪既遂标准的再思考》,《法商研究》1998年第6期。

161. 刘之雄:《刑罚根据完整化上的犯罪分类》,《中国法学》2005年第5期。

162. 刘志伟:《〈刑法修正案(九)〉的犯罪化立法问题》,《华东政法大学学报》2016年第2期。

163. 刘志远:《社会危害性概念之正当性考察》,《中国刑事法杂志》2003年第4期。

164. 柳忠卫:《刑事政策视野中犯罪未完成形态立法模式的理性建构》,《法学家》2012年第3期。

165. 楼佰坤:《论犯罪行为系统化研究的范围与方法》,《江汉论坛》2015年第5期。

166. 卢建平:《犯罪门槛下降及其对刑法体系的挑战》,《法学评论》2014年第6期。

167. 卢建平:《风险社会的刑事政策与刑法》,《法学论坛》2011年第7期。

168. 卢建平:《刑法法源与刑事立法模式》,《环球法律评论》2018年第6期。

169. 卢勤忠:《程序性构成要件要素概念的提倡》,《法律科学》2016年第6期。

170. 陆诗忠:《对我国犯罪本质理论的思考》,《华东政法大学学报》2010年第6期。

171. 陆诗忠:《论抽象危险犯理论研究中的若干认识误区》,《河南大学学报(社会科学版)》2016年第3期。

172. 陆诗忠:《牵连犯之基本问题新论》,《甘肃政法学院学报》2008年9月总第100期。

173. 罗翔:《法益理论的检讨性反思——以敲诈勒索罪中的权利行使为切入》,《中国刑事法杂志》2018年第2期。

174. [美]马库斯·德克·达博:《积极的一般预防与法益理论》,杨萌译,徐久生校,《刑事法评论》2007年第21卷。

175.马荣春,周建达:《为社会危害性概念的刑法学地位辨正——兼与陈兴良教授商榷》,《刑法论丛》2009年第3卷。

176.马荣春:《犯罪论体系的甄别:人权性构造性与统领性》,《东方法学》2016年第3期。

177.马荣春:《刑法典分则体系性的类型化强化》,《法治研究》2020年第4期。

178.马荣春等:《论犯罪社会危害性评价机制的确立》,《中国刑事法杂志》2007年第4期。

179.马松建等:《新形势下我国环境危险犯立法探析》,《中州学刊》2013年第8期。

180.马章民等:《京津冀协同发展背景下河北法治环境建设机制研究》,《河北法学》2016年第1期。

181.梅传强:《论刑事责任的根据》,《政法学刊》2004年第2期。

182.莫洪宪:《犯罪论构造应注重的规范性要素》,《湖北警官学院学报》2007年第1期。

183.莫开勤等:《无被害人犯罪研究》,《保定学院学报》2015年第5期。

184.聂立泽:《社会危害性与刑事违法性及其关系论》,《中山大学学报(社会科学版)》2003年第2期。

185.聂立泽等:《法人犯罪的义务犯本质与单一犯罪性质之确证》,《政法学刊》2020年第5期。

186.牛克乾:《法外牵连犯处断原则的困惑及解决——兼论因受贿而进行其他犯罪活动的行为如何定罪处罚》,《法律适用》2002年第9期。

187.牛克乾:《关于犯罪数额认定中若干实践问题的理论思考》,《法律适用》2008年第11期。

188.牛忠志、曲伶俐:《犯罪构成四要件的"立体化"修正》,《政法论丛》2019年第1期。

189.牛忠志:《犯罪本质之义务违反说论纲》,《山东社会科学》2014年第6期。

190.牛忠志:《论犯罪本质的义务违反说优越于法益说》,《法学论坛》2014年第1期。

191.牛忠志:《刑法目的新论》,《云南大学学报(法学版)》2006年第5期。

192.欧锦雄:《犯罪的定义对犯罪构成边界之限制》,《法商研究》2016

年第 2 期。

193. 欧阳本祺:《犯罪构成体系的价值评价:从存在论走向规范论》,《法学研究》2011 年第 1 期。

194. 欧阳本祺:《规范违反说之批判——与周光权教授商榷》,《法学评论(双月刊)》2009 年第 6 期。

195. 彭凤莲:《刑事政策的精神:惩治犯罪与促进社会发展的统一》,《法学杂志》2012 年第 6 期。

196. 彭文华:《法益与犯罪客体的体系性比较》,《浙江社会科学》2020 年第 4 期。

197. 彭文华:《刑罚的分配正义与刑罚制度体系化》,《中外法学》2021 年第 5 期。

198. 皮勇:《从手机改号软件泛滥看我国信息网络安全立法》,《法治论丛》2008 年第 6 期。

199. 皮勇:《论中国网络空间犯罪立法的本土化与国际化》,《比较法研究》2020 年第 1 期。

200. 齐文远、周详:《社会危害性与刑事违法性关系新论》,《中国法学》2003 年第 1 期。

201. 齐文远:《刑法应对社会风险之有所为与有所不为》,《法商研究》2011 年第 4 期。

202. 钱叶六:《双层区分制下正犯与共犯的区分》,《法学研究》2012 年第 1 期。

203. 钱叶六:《刑法处罚范围适度扩张的合理性及其限制》,《警学研究》2020 年第 5 期。

204. 秦鹏、李国庆:《论污染环境罪主观面的修正构成解释和适用》,《重庆大学学报》2016 年第 2 期。

205. 秦新承:《认定诈骗罪无需"处分意识"——以利用新型支付方式实施的诈骗案为例》,《法学》2012 年第 3 期。

206. 青峰:《犯罪的社会危害性新论》,《法学季刊》(《现代法学》)1991 年第 3 期。

207. 邱帅萍:《论行政犯侵害的法益》,《云南大学学报法学版》2011 年第 4 期。

208. 屈学武:《中国刑法上的罪量要素存废评析》,《政治与法律》2013 年第 1 期。

209.屈耀伦:《试论环境犯罪的刑法完善》,《兰州文理学院学报》2016年第1期。

210.曲伶俐:《三阶层犯罪论体系的理性检视与合理借鉴》,《求索》2011年第5期。

211.曲新久:《论侵犯公民个人信息犯罪的个人法益属性》,《人民检察》2015年第11期。

212.曲新久:《区分扩张解释与类推适用的路径新探》,《法学家》2012年第1期。

213.阮方民:《罪刑法定原则司法化的障碍及其克服》,《华东政法学院学报》2002年第6期。

214.阮齐林:《中国刑法学犯罪论体系之完善》,《法学研究》2013年第1期。

215.石经海:《从极端到理性刑罚个别化的进化及其当代意义》,《中外法学》2010年第6期。

216.石经海:《论量刑基准的回归》,《中国法学》2021年第5期。

217.时延安:《犯罪化与惩罚体系的完善》,《中国社会科学》2018年第10期。

218.时延安:《刑法调整违反经济规制行为的边界》,《中国人民大学学报》2017年第1期。

219.舒洪水,张晶:《法益在现代刑法中的困境与发展》,《政治与法律》2009年第7期。

220.舒洪水:《论终身监禁的必要性和体系化构建》,《法律科学》2018年第3期。

221.苏彩霞、刘志伟:《混合的犯罪概念之提倡——兼与陈兴良教授商榷》,《法学》2006年第3期。

222.苏永生:《法益保护理论中国化之反思与重构》,《政法论坛》2019年第1期。

223.苏永生:《论我国刑法中的法益保护原则》,《法商研究》2014年第1期。

224.孙昌军等:《刑法人格主义的检讨与革新》,《西南政法大学学报》2006年第1期。

225.孙国祥:《行政犯违法性判断的从属性和独立性研究》,《法学家》2017年第1期。

226. 孙国祥:《集体法益的刑法保护及其边界》,《法学研究》2018年第6期。

227. 孙万怀、郑梦凌:《"中立"的帮助行为》,《法学》2016年第1期。

228. 孙燕山:《无法逐出注释刑法领域的社会危害性——社会危害性研究40年》,《学术论坛》2018年第5期。

229. 孙佑海:《明确环境司法依据 从严打击环境犯罪——关于〈最高人民法院最高人民检察院关于办理环境污染刑事案件适用法律若干问题的解释〉的解读》,《政策》2013年第15期。

230. 唐稷尧:《论犯罪成立要件中规范性要素之认识错误及其判断路径》,《政治与法律》2019年第1期。

231. 田宏杰:《行政犯的法律属性及其责任》,《法学家》2013年第3期。

232. 田宏杰:《立法扩张与司法限缩:刑法谦抑性的展开》,《中国法学》2020年第1期。

233. 童德华:《犯罪本质的新诠释》,《湖北警官学院学报》2005年第3期。

234. 童德华:《关于刑事立法的讨论》,《暨南学报(哲社版)》2017年第2期。

235. 童伟华:《海洋刑法特性及其罪刑规范体系建构》,《刑法论丛》2019年第4卷。

236. 涂龙科等:《经济刑法法益二元"双环结构"之证成判断与展开》,《国家检察官学院学报》2020年第6期。

237. 汪明亮:《论定罪量刑的社会学模式》,《现代法学》2009年第5期。

238. 王安异:《法益侵害还是规范违反》,《刑法论丛》2007年第11卷。

239. 王安异等:《诈骗罪中利用信息网络的财产交付》,《法学》2015年第2期。

240. 王充:《从理论向实践的回归——论我国犯罪构成中构成要件的排列顺序》,《法制与社会发展》2003年第3期。

241. 王充:《论构成要件的属性问题——违法有责类型说的提倡》,《法律科学》2016年第2期。

242. 王充:《我国的刑法观:问题类型与立场选择》,《法学》2022年第11期。

243. 王钢:《法益与社会危害性之关系辩证》,《浙江社会科学》2020年第4期。

244. 王立志:《认定诈骗罪必需"处分意识"》,《政法论坛》2015年第

1期。

245.王利荣:《普通累犯制度的法律解析》,《中国刑事法杂志》2005年第6期。

246.王良顺:《预防刑法的合理性及限度》,《法商研究》2019年第6期。

247.王鹏祥:《单位犯罪的立法缺陷及其完善》,《法学杂志》2009年第5期。

248.王尚新:《关于刑法情节显著轻微规定的思考》,《法学研究》2001年第5期。

249.王世洲、刘孝敏:《论刑法中违法性的概念与体系性》,《中国刑事法杂志》2008年第5期。

250.王世洲:《中国刑法理论中犯罪概念的双重结构和功能》,《法学研究》1998年第5期。

251.王拓:《法益理论的危机与出路》,《西南科技大学学报(哲学社会科学版)》2011年第4期。

252.王文华:《论刑法中重罪与轻罪的划分》,《法学评论》2010年第2期。

253.王文华:《中美贸易谈判中侵犯商业秘密的刑事责任问题研究》,《经贸法律评论》2020年第4期。

254.王新:《总体国家安全观下我国反洗钱的刑事法律规制》,《法学家》2021年第3期。

255.王秀梅:《环境刑法价值理念的重构》,《法学评论》2001年第5期。

256.王秀梅等:《我国反恐刑事立法的反思》,《刑法论丛》2018年第3期。

257.王永茜:《论集体法益的刑法保护》,《环球法律评论》2013年第4期。

258.王永茜:《论现代刑法扩张的新手段——法益保护的提前化和刑事处罚的前置化》,《法学杂志》2013年第6期。

259.王勇:《环境犯罪立法:理念转换与趋势前瞻》,《当代法学》2014年第3期。

260.王政勋:《定量因素在犯罪构成中的地位》,《政法论坛》2007年第4期。

261.王政勋:《论社会危害性的地位》,《法律科学(西北政法学院学报)》2003年第2期。

262.王志祥、曾粤兴:《修正的犯罪构成理论之辨正》,《法商研究》2003年第1期。

263. 王志祥、姚兵:《论刑法第13条单书的功能》,《刑法论丛》2009年第2卷。

264. 王志祥等:《我国刑法典的轻罪化改造》,《苏州大学学报(哲学社会科学版)》2015年第1期。

265. 王志远:《环境犯罪视野下我国单位犯罪理念批判》,《当代法学》2010年第5期。

266. 王志远:《论我国刑法个罪设定上的"过渡类型化"》,《法学评论》2018年第2期。

267. 魏昌东:《中国经济刑法法益追问与立法选择》,《政法论坛》2016年第6期。

268. 魏东:《论社会危害性理论与实质刑法观的关联关系与风险防范》,《现代法学》2010年第6期。

269. 魏东:《论作为犯罪客体的法益及其理论问题》,《政治与法律》2003年第8期。

270. 魏东:《我国传统犯罪构成理论的实质合理性与逻辑自洽性》,《人民检察》2011年第11期。

271. 魏东等:《我国"轻微罪"立法与司法的理性思考》,《贵州大学学报(社科版)》2022年第1期。

272. 魏汉涛:《罪刑关系的反思与重构》,《政治与法律》2019年第4期。

273. [德]乌尔斯·金德霍伊泽尔:《论刑法的目的(法益保护与规范效力的保障)》,陈璇译,《中外法学》2015年第2期。

274. 吴大华等:《风险社会语境下环境犯罪的立法思考》,《中国社会科学院研究生院学报》2013年第6期。

275. 吴殿朝:《刑法视野中的环境问题》,《中州大学学报》2005年第1期。

276. 吴光侠:《〈王新明合同诈骗案〉的理解与参照——数额犯中既遂与未遂并存的量刑》,《人民司法(案例)》指导案例62号2017年第23期。

277. 吴情树:《治安管理处罚法与刑法的衔接》,《三明学院学报》2008年第1期。

278. 吴占英:《如何科学解读〈刑法修正案(八)〉第6条?——兼与陈金林同志商榷》,《政法论丛》2014年第4期。

279. 夏勇:《"风险社会"中的"风险"辨析 刑法学研究中"风险"误区之澄清》,《中外法学》2014年第2期。

280. 夏勇:《犯罪本质特征新论》,《法学研究》2001年第6期。

281.向朝阳等:《论恢复犯量刑法定化的理论根基》,《前沿》2011年第7期。

282.肖洪:《刑法的调整对象》,《现代法学》2004年第6期。

283.肖敏:《犯罪概念研究》,西南政法大学2008届博士学位论文。

284.肖敏:《社会危害性说地位之确证——以批判法益侵害说为视角》,《河南公安高等专科学校学报》2009年第3期。

285.肖中华:《刑法目的及其实践价值》,《法治研究》2015年第5期。

286.谢望原:《谨防刑法过分工具主义化》,《法学家》2019年第1期。

287.谢焱:《社会危害性认识在经济刑法中的适用》,《政治与法律》2017年第2期。

288.邢志人:《经济犯罪明知共犯的解释适用》,《辽宁大学学报》2015年第4期。

289.熊琦:《论法益之"益"》,《刑法论丛》2008年第15卷。

290.熊永明:《建言增设新罪现象的反思》,《法学论坛》2015年第3期。

291.徐岱、韩劲松:《论俄罗斯刑法的犯罪本质之争及中国反思》,《吉林大学社会科学学报》2017年第4期。

292.徐岱、李佳欣:《犯罪本质下的三大关系论》,《吉林大学社会科学学报》2011年第5期。

293.徐岱等:《犯罪本质与实质违法性的判定》,《吉林大学社会科学学报》2009年第6期。

294.徐松林:《保安处分及我国刑法制度的完善》,《法学论坛》2001年第4期。

295.许发民:《二层次四要件犯罪构成论——兼议正当化行为的体系地位》,《法律科学(西北政法学院学报)》2007年第4期。

296.许发民:《犯罪本质层次论》,《甘肃社会科学》2010年第1期。

297.许发民:《哲学立场与德国犯罪论体系的建构》,《甘肃社会科学》2011年第3期。

298.宣炳昭等:《犯罪阶层体系方法论探源》,《西安财经学院学报》2008年第6期。

299.薛双喜:《苏俄刑法学关于社会危害性理论的论争》,《中国刑事法杂志》2010年第3期。

300.严励:《广义刑事政策视角下的刑事政策横向结构分析》,《北方法学》2011年第3期。

301.阎二鹏:《海洋刑法学的提出与国际海上犯罪的立法规制》,《河南财经政法大学学报》2013年第1期。

302.阎二鹏:《预备行为实行化的法教义学审视与重构》,《法商研究》2016年第5期。

303.杨春然:《论划分刑法边界的标准》,《中国刑事法杂志》2012年第8期。

304.杨春洗、苗生明:《论刑法法益》,《北京大学学报(哲学社会科学版)》1996年第6期。

305.杨俊:《论保险诈骗罪中着手的判断》,《广西政法管理干部学院学报》2014年第5期。

306.杨萌:《德国刑法学中法益概念的内涵及其评价》,《暨南学报(哲学社会科学版)》2012年第6期。

307.杨萌:《德国刑法学中法益理论的历史发展及现状述评》,《学术界》2012年第6期。

308.杨兴培:《"法益理论"是在步"犯罪客体"后尘》,《上海法治报》2018年1月10日。

309.杨兴培:《犯罪客体:一个巨大而空洞的价值符号》,《中国刑事法杂志》2006年第6期。

310.杨兴培:《中国刑法领域"法益理论"的深度思考及商榷》,《法学》2015年第9期。

311.姚贝、王拓:《法益保护前置化问题研究》,《中国刑事法杂志》2012年第1期。

312.姚建龙等:《法典化语境下刑事立法的理性与抉择》,《法治社会》2022年第5期。

313.叶良芳:《异种有期自由刑的并罚原则研究》,《人民检察》2016年第10期。

314.叶良芳等:《法益概念的刑事政策机能之批判》,《浙江社会科学》2020年第4期。

315.阴建峰:《论共同过失犯罪》,《山东公安专科学校学报》2001年第6期。

316.阴建峰等:《论法治视阈下我国专门赦免机构之设立》,《刑法论丛》2019年第3期。

317.游伟、赵运锋:《"社会危害性"的刑法地位及其运用》,《法律适用》

2010年第9期。

318. 游伟等:《人身危险性在我国刑法中的功能定位》,《法学研究》2004年第4期。

319. 于波:《论网络中介服务商承担审查义务的合理性兰州学刊》,《兰州学刊》2014年第1期。

320. 于冲:《侵犯公民个人信息罪中"公民个人信息"的法益属性与入罪边界》,《政治与法律》2018年第4期。

321. 于阜民等:《海洋生态损害行为刑事责任论》,《当代法学》2009年第3期。

322. 于改之:《法域冲突的排除:立场、规则与适用》,《中国法学》2018年第4期。

323. 于改之等:《刑事立法:在目的和手段之间》,《现代法学》2016年第2期。

324. 于世忠:《缓刑的执行及其机制的完善》,《行政与法》2002年第5期。

325. 喻义东:《恐怖主义犯罪法益问题研究》《清华法治论衡》2014年第1期。

326. 袁彬:《刑法与相关部门法的关系模式及其反思》,《中南大学学报》2015年第1期。

327. 袁林:《刑法解释观应从规则主义适度转向人本主义》,《法商研究》2008年第6期。

328. 翟中东:《论社区劳动刑在中国的立法问题》,《辽宁师范大学学报》2019年第6期。

329. 詹红星:《社会危害性理论研究的逻辑前提》,《法学评论(双月刊)》2005年第4期。

330. 张爱艳:《刑事责任能力本质之新解》,《兰州学刊》2011年第5期。

331. 张波:《刑法学的若干基本理论探讨》,《现代法学》2004年第6期。

332. 张二军:《牵连犯中的牵连关系研究》,西南政法大学博士学位论文,2010年。

333. 张福德:《美国环境犯罪严格刑事责任的演化与评析》,《北方法学》2013年第1期。

334. 张明楷:《法益保护与比例原则》,《中国社会科学》2017年第7期。

335. 张明楷:《结果无价值论的法益观——与周光权教授商榷》,《中外法学》2012年第1期。

336. 张明楷:《新刑法与法益侵害说》,《法学研究》2000年第1期。

337. 张鹏、厉文华:《诈骗罪处分意识的类型化解释》,《人民司法》2011年第13期。

338. 张绍谦:《〈刑法修正案(八)〉对我国刑罚制度的修改与补充》,《中州学刊》2011年第3期。

339. 张天虹、张帆:《〈监察法〉〈刑法〉衔接视域下监察对象的界定》,《中共山西省委党校学报》2019年第5期。

340. 张伟:《数额犯若干问题研究》,《中国刑事法杂志》2010年第3期。

341. 张文:《行为刑法危机与人格刑法构想》,《井冈山大学学报(社会科学版)》2014年第4期。

342. 张霞、周文升:《中外环境犯罪形态与因果关系认定之比较》,《山东社会科学》2013年第9期。

343. 张小虎:《论牵连犯的典型界标》,《中国刑事法杂志》2013年第5期。

344. 张小虎:《同种数罪不应实行数罪并罚》,《上海市政法管理干部学院学报》1999年第2期。

345. 张心向:《犯罪构成之三维形态解读》,《法学杂志》2011年第4期。

346. 张心向:《刑法教义学与刑法社会学的冲突与融合》,《政治与法律》2022年第8期。

347. 张旭:《中国环境犯罪立法的梳理与前瞻》,《东北师大学报(哲学社会科学版)》2016年第1期。

348. 张旭:《中国刑法学研究:现状梳理、问题分析与发展前瞻》,《当代法学》2020年第6期。

349. 张亚平:《环境风险的刑法应对》,《河南大学学报(社会科学版)》2015年第2期。

350. 张永红:《我国犯罪构成要件的新表述》,《甘肃政法学院学报》2007年第3期。

351. 张远煌:《论犯罪学犯罪概念与刑法犯罪概念的区别》,《河南公安高等专科学校学报》2008年第6期。

352. 张智辉、陈伟强:《社会危害性的刑法价值》,《国家检察官学院学报》,2010年第5期。

353. 张智辉等:《行政处罚与刑事处罚的衔接》,《人民检察》2010年第9期。

354.赵丙贵:《结果加重犯的本然、实然和应然》,《当代法学》2019年第1期。

355.赵秉志、陈志军:《社会危害性理论之当代中国命运》,《法学家》2011年第6期。

356.赵秉志、陈志军:《社会危害性与刑事违法性的矛盾及其解决》,《法学研究》2003年第6期。

357.赵秉志:《当代中国刑法法典化研究》,《法学研究》2014年第6期。

358.赵书鸿:《犯罪化的正当性:法益保护?》,《中国刑事法杂志》2019年第3期。

359.赵书鸿:《论诈骗罪中作出事实性说明的欺诈》,《中国法学》2012年第4期。

360.赵微:《海上刑法的理论定位与实践价值》,《中国社会科学报》2010年9月7日。

361.赵星、王芝静:《国外海洋环境污染犯罪刑事立法与司法存在的问题及应对》,《江汉论坛》2016年第5期。

362.赵星:《法益保护和权利保障视域中的环境犯罪立法与解释》,《政法论坛》2011年第6期。

363.郑丽萍:《轻罪重罪之法定界分》,《中国法学》2013年第2期。

364.郑培兵:《同种数罪应该数罪并罚》,《法学》1982年第1期。

365.郑泽善:《诈骗罪中的财产损害》,《北方法学》2013年第4期。

366.周光权:《法典化时代的刑法典修订》,《中国法学》2021年第5期。

367.周光权:《犯罪构成要件理论的论证及其长远影响》,《政治与法律》2017年第3期。

368.周光权:《行为无价值论之提倡》,《比较法研究》2003年第5期。

369.周光权:《论刑法学中的规范违反说》,《环球法律评论》2005年第2期。

370.周少华:《刑法的变更及其实践意义》,《法治研究》2019年第6期。

371.周详:《刑法形式解释论与实质解释论之争》,《法学研究》2012年第3期。

372.周佑勇等:《行政执法与刑事执法相衔接的程序机制研究》,《东南大学学报》2008年第1期。

373.周长军:《刑法教义学与犯罪论体系的分野》,《政法论丛》2009年第3期。

374.周振杰:《涉案企业合规刑法立法建议与论证》,《中国刑事法杂志》2022年第6期。

375.朱建华:《论犯罪的社会危害性的内在属性》,《法学研究》1987年第1期。

376.朱建华:《论犯罪客体不是犯罪构成要件》,《广东社会科学》2005年第3期。

377.朱建华等:《不作为犯之归责问题初探》,《南昌大学学报(人文社科版)》2014年第5期。

378.朱伟临:《论对"社会危害性是犯罪的本质特征"表述的限定与奉法为尊》,《甘肃政法学院学报》1996年第1期。

379.庄劲:《递进的犯罪构成体系:不可能之任务》,《法律科学(西北政法大学学报)》2015年第5期。

380.庄劲:《对想象竞合犯的法律本质与处断原则的反思》,《贵州省政法干部学院学报》2001年第4期。

381.左坚卫:《论现代企业制度对防控企业刑事风险的价值》,《云南社会科学》2016年第4期。